L'AVENTURE DES MANUSCRITS DE LA MER MORTE

Sous la direction de
Hershel Shanks

L'AVENTURE DES MANUSCRITS DE LA MER MORTE

TRADUIT DE L'ANGLAIS
PAR SYLVIE CARTERON

OUVRAGE TRADUIT ET PUBLIÉ
AVEC LE CONCOURS DU
CENTRE NATIONAL DU LIVRE

LE GRAND LIVRE DU MOIS

Titre original : *Understanding the Dead Sea Scrolls*
Éditeur original : Random House, New York
© original : 1992, Biblical Archaeology Society
ISBN original : 0-679-41448-7

Remerciements

Ce livre est le fruit d'un véritable effort collectif. Je suis heureux d'exprimer la gratitude de la Biblical Archaeology Society envers tous ceux qui y ont contribué.

Tout d'abord, les auteurs des différents chapitres et les photographes des illustrations[1].

Deux des auteurs sont décédés – mon ami Yigael Yadin et Harry Thomas Frank. Mon souhait eût été qu'ils fussent encore là pour voir leurs écrits publiés à nouveau sous cette forme.

Seule une personne ayant coordonné un projet semblable et l'ayant suivi jusqu'à sa dernière touche peut apprécier à sa juste valeur l'aide apportée par l'éditeur de la *Biblical Archaeology Review* et la *Bible Review*, Susan Laden – infatigable à la tâche et d'un jugement infaillible.

Suzanne F. Singer, directrice de la rédaction de ces deux revues, a prévu les illustrations et donné son approbation au manuscrit final. L'ont assisté avec compétence les secrétaires de rédaction Nita Sue Kent et Carol Andrews qui ont assuré la coordination de l'intégralité du texte.

Les tableaux et les cartes ont été conçus par Auras Design.

Les professeurs James C. VanderKam de l'université de Notre Dame et Lawrence H. Schiffman de l'université de New York méritent des remerciements particuliers pour leur rôle officieux de consultants et de conseillers techniques. Il est impossible de citer les multiples erreurs qu'ils nous ont évitées, et, s'il en subsiste, comme je l'exprime ci-dessous, j'en suis responsable.

Autre chose encore ? Certes : il a fallu rechercher les meilleurs clichés, saisir et corriger le texte, préparer les biographies des auteurs,

1. Pour l'édition américaine.

vérifier les citations, travaux dont nous sommes redevables à Janet Bowman, Coleta M. A. Campanale, Jennifer Horn, Cheryl R. W. McGowan, Katherine Munro et Judith Wohlberg.

Peu d'auteurs, d'après mon expérience, sont satisfaits de leur éditeur. Nous faisons exception et exprimons notre vive reconnaissance à Jason Epstein (surnommé à juste titre « vrai mandarin des lettres américaines » par Norman Mailer), directeur des éditions Random House et à son directeur-adjoint Maryam Mohit pour le travail accompli.

Robert B. Barnett, Esq., s'est chargé de nos relations officielles avec Random House – non seulement avec succès, mais avec amabilité.

A tous, nous exprimons notre gratitude.

J'ai déclaré, dans d'autres publications, qu'écrire sur les manuscrits de la mer Morte sans aucune erreur était impossible. C'est certainement le cas dans ce livre. Je ne peux que rappeler ma responsabilité pour toute erreur et m'en excuse à l'avance. Si les lecteurs de la *Biblical Archaeology Review* et de la *Bible Review* sont quelque peu tels que je le présume, les lecteurs de ce livre ne manqueront pas de m'adresser certaines critiques. J'espère avoir l'occasion de corriger ces erreurs lors d'éditions futures.

Hershel Shanks,
directeur de la publication de
Biblical Archaeology Review et *Bible Review*,
1er février 1992, Washington, DC.

Des grottes et des savants
Survol

Hershel Shanks

Les manuscrits de la mer Morte représentent la plus grande découverte de manuscrits au XXe siècle, en tout cas dans le domaine des études bibliques. Mêlant imbroglios et spéculations, ils ont enflammé l'imagination tant des savants que du grand public. La raison est facile à comprendre : cette bibliothèque de plus de huit cents textes jette une lumière directe sur la période critique d'où émergèrent, il y a plus de deux mille ans, à la fois le christianisme et le judaïsme rabbinique.

En l'an 70 apr. J.-C., les Romains détruisirent Jérusalem et son temple. Cette date est devenue comme un mur pratiquement impénétrable pour les chercheurs étudiant le judaïsme rabbinique et le christianisme primitif, qui se sont heurtés à d'extrêmes difficultés dans leurs tentatives de le franchir. Parmi les différents courants du judaïsme rivalisant d'influence à l'époque où le Temple se dressait encore, seul subsista après 70 le judaïsme normatif, dit « rabbinique », le judaïsme que nous connaissons aujourd'hui. L'unique autre forme de « judaïsme » qui survécut à la tragédie de 70 fut le christianisme ; elle finit par dominer, évidemment transformée, le monde occidental.

Cependant, le plus ancien document du judaïsme rabbinique qui soit postérieur à 70, la Mishna, date d'environ 200 apr. J.-C. Si les épîtres de Paul furent écrites avant la destruction de Jérusalem par les Romains, tel n'est pas le cas pour les autres textes de la littérature chrétienne, excepté peut-être pour l'évangile de Marc. C'est pourquoi les chercheurs ont rencontré tant de difficultés pour comprendre comment ces deux grands mouvements – le judaïsme rabbinique et le christianisme – émergèrent de l'extraordinaire diversité du judaïsme antérieur à 70. Comment le judaïsme rabbinique et le christianisme se sont-ils développés à partir du même sol, celui du judaïsme d'avant 70 ?

Or voici que soudain, à notre époque, les manuscrits de la mer Morte viennent fournir aux chercheurs une vaste bibliothèque de plus de huit cents volumes éclairant le judaïsme antérieur à 70 d'une lumière directe, inaltérée par les idéologies personnelles et les partis pris des compilateurs ultérieurs. C'est pour nous la promesse – loin, aujourd'hui encore, d'avoir épuisé toutes ses richesses – de mieux comprendre comment se sont progressivement formés ces deux grands mouvements religieux.

La dénomination « rouleaux de la mer Morte » renferme une imprécision. Au sens restreint, elle désigne les matériaux écrits découverts dans onze grottes du Wadi[1] Qoumrân sur le rivage nord-ouest de la mer Morte. Mais les savants englobent souvent sous cette expression des manuscrits trouvés dans d'autres sites proches le long de la mer Morte – au Wadi Murabba'ât, au Nahal[2] Hever, à Khirbet Mird, et même à Massada. A l'occasion, cette dénomination inclut aussi des documents découverts dans le Wadi ed-Daliyé, au nord de Jéricho. Pour l'essentiel, cependant, ce livre traitera des manuscrits de la mer Morte au sens restreint – c'est-à-dire les documents livrés par les onze grottes du Wadi Qoumrân. Les documents de sites proches (sauf Massada) datent d'autres périodes que ceux du Wadi Qoumrân et soulèvent donc des questions entièrement différentes. Traiter des découvertes du Wadi Qoumrân suffit amplement à un seul livre.

Le sens du mot « rouleaux » pose également un problème. Les sept premiers rouleaux, ainsi que des fragments de certains autres, furent trouvés en 1947 par un berger bédouin. Archéologues et Bédouins fouillèrent ensuite d'autres grottes à la recherche d'autres manuscrits. Entre 1952 et 1956, on découvrit dans le Wadi Qoumrân dix nouvelles grottes contenant des matériaux avec des inscriptions (je dis « matériaux avec des inscriptions » car l'une des onze grottes ne contenait qu'une petite inscription sur un tesson de poterie – un ostracon). Dans ces grottes, numérotées ensuite de 1 à 11, on mit au jour des centaines d'autres manuscrits. Mais il n'y avait que très peu de rouleaux totalement conservés. Suivant ce que l'on entend par « intact », en définitive trois à cinq rouleaux intacts furent découverts, en plus des sept manuscrits intacts de la grotte 1. Le reste n'était que fragments. Décrire ces

1. Wadi (ou *oued*) en arabe : lit de rivière ou vallée asséchés, où les eaux coulent de nouveau après une pluie hivernale.

2. *Nahal* : équivalent hébreu de l'arabe *wadi*.

documents comme des rouleaux peut donc induire quelque peu en erreur si l'on n'a pas compris que leur état était fragmentaire. Ce furent autrefois des rouleaux, mais il n'en subsiste que des bribes, des morceaux qui, souvent, ne sont pas plus grands qu'un ongle.

Parmi les différents manuscrits (plus de huit cents) identifiés par les spécialistes dans les onze grottes, certains ne consistent qu'en un seul fragment. D'autres sont formés de plusieurs morceaux. Les fragments sont tantôt grands, tantôt minuscules. Même les bribes, néanmoins, peuvent être riches d'informations.

De toute évidence, il s'agit des restes d'une importante bibliothèque de l'Antiquité – mais d'où venait-elle, et qui rédigea les documents ? Ces questions demeurent un objet de controverses. Pour certains spécialistes, ils furent écrits dans une localité voisine dont les ruines sont nommées Qoumrân. Pour d'autres, cette bibliothèque provenait sans doute de Jérusalem et fut apportée à Qoumrân pour la protéger lorsque les Romains attaquèrent la ville, puis finirent par la détruire en l'an 70 de l'ère chrétienne. Dans l'un ou l'autre cas, il est clair que les manuscrits de Qoumrân formaient pour l'époque une vaste bibliothèque d'une grande diversité.

Les documents furent écrits approximativement entre 250 av. J.-C. et 68 apr. J.-C., date où la localité de Qoumrân, selon l'archéologue qui mena les fouilles de ce site, fut détruite par l'armée romaine en prélude à son attaque de Jérusalem. C'est assurément à cette période qu'ils appartiennent ; cependant, certains ont peut-être été composés beaucoup plus tôt. Il s'avère, en effet, que les plus anciens documents parmi les manuscrits de la mer Morte furent écrits avant l'établissement de la localité voisine des grottes à laquelle ils sont souvent associés.

La période de l'histoire juive où furent écrits les manuscrits de la mer Morte est d'une extrême complexité et ne se trouve rapportée que dans des sources ambiguës. Les gouvernements étaient instables, souvent incapables d'assurer la tranquillité sociale. La violence éclatait fréquemment. La politique religieuse jouait un rôle majeur dans le maintien – ou la destruction – de la stabilité sociale. Au IIe siècle av. J.-C., les Maccabées, famille de juifs originaires de Modi'in dans le centre de la Palestine, se rebellèrent contre le souverain assyrien (séleucide[1]) Antiochus IV Épiphane qui gouvernait alors la terre des

1. Après la mort d'Alexandre le Grand en 323 av. J.-C., son royaume fut divisé entre les Ptolémées et les Séleucides. L'une ou l'autre de ces deux maisons régnantes, à diverses époques, gouverna la Palestine.

juifs. La libération du Temple de Jérusalem, dirigée par les Maccabées et finalement couronnée de succès, continue aujourd'hui à être célébrée par la fête juive de Hanoukka. La lutte pour un État juif indépendant dura en fait un quart de siècle ; elle se termina par l'instauration d'une dynastie de souverains juifs, les Hasmonéens. Cependant, même avant la révolte des Maccabées, la corruption avait conduit à la nomination de grands-prêtres n'appartenant pas à la lignée des Sadocides établie par le roi Salomon. On accusait les Hasmonéens de perpétuer cette usurpation. Les souverains hasmonéens cumulaient entre leurs seules mains l'autorité politique et religieuse. Ils suscitaient l'âpre opposition de différentes parties de la population – à cause de ce qui était considéré comme une usurpation de la fonction de grand-prêtre, mais aussi en raison de la symbiose particulière de l'hellénisme et du judaïsme qu'ils avaient mise en œuvre. A la dynastie hasmonéenne succéda, au milieu du Ier siècle av. J.-C., la période hérodienne, ainsi nommée d'après sa plus illustre figure, Hérode le Grand (37-4 av. J.-C.).

Durant la période hasmonéenne, de nombreux groupes religieux juifs souvent rivaux, parfois désignés comme des sectes, avaient commencé à se former. Ils continuèrent à rivaliser d'influence au cours de la période hérodienne. Parmi eux, les plus connus étaient les Pharisiens, le seul groupe (autre que les chrétiens) qui survécut à la destruction de Jérusalem par les Romains en 70 apr. J.-C. C'est ainsi que la pensée des Pharisiens devint le fondement du judaïsme rabbinique, le judaïsme qui a perduré jusqu'à maintenant. Mais nombre d'autres groupes juifs rivalisèrent d'influence durant la période antérieure à 70. Parmi eux se trouvaient les Sadducéens et les Esséniens, décrits par l'historien juif Flavius Josèphe (env. 37-100 apr. J.-C.).

Les Sadducéens, groupe aristocratique et sacerdotal jouissant de grandes richesses et d'une certaine prééminence politique, occupaient des fonctions de diplomates et de chefs militaires. Ils se déclaraient aussi les seuls prêtres légitimes et leur attitude dans nombre de questions juridiques était apparemment plus stricte que celle des Pharisiens. Malheureusement, les Sadducéens n'ont laissé aucune littérature qui leur soit propre – à moins qu'elle ne soit reflétée dans les manuscrits de la mer Morte. Ainsi, nous ne savons pas comment eux-mêmes se seraient décrits. Toutes les descriptions que nous connaissons – les plus importantes viennent de Flavius Josèphe et du Nouveau Testament – dénotent à leur égard une hostilité larvée ou marquée.

Les Pharisiens sont mieux connus. Ce sont eux qui, en dernier lieu, donnèrent à la vie juive la forme qu'elle a gardée jusqu'à nos jours.

Leur nom dériverait de l'hébreu *paroush*, « séparé » ou « qui se tient à part ». Ce que nous savons d'eux, cependant, provient en majeure partie d'écrits rabbiniques postérieurs à cette époque. Les références aux Pharisiens présentes dans le Nouveau Testament sont nettement hostiles – et partiales. C'était, semble-t-il, le groupe social juif le plus populaire auprès des masses. Selon l'opinion courante, leur interprétation des lois religieuses était plus modérée et plus clémente que celle des Sadducéens, mais ce n'était pas toujours le cas. La différence entre leurs croyances est donc difficile à définir en une ou deux phrases. Toutefois, il est clair que les Pharisiens acceptaient en la Loi orale le développement authentique de la Loi écrite de Moïse, contrairement à leurs rivaux sadducéens.

Les Esséniens, comparés aux Pharisiens, formaient un groupe moins nombreux. Or Josèphe, curieusement, les décrit avec plus de détails que les Pharisiens ou les Sadducéens – pensant peut-être que ses lecteurs seraient fascinés par une secte au comportement si singulier, si original. Une organisation sévère la gouvernait, ses règles d'admission étaient rigoureuses, ses châtiments nettement fixés. Des communautés esséniennes existaient à travers tout le pays, y compris à Jérusalem, mais un sous-groupe peu nombreux s'était établi dans le désert près de la mer Morte. Leur vie était vouée à la stricte observance de la Loi. Nous en apprendrons beaucoup plus sur eux lorsque nous évoquerons les documents de la secte découverts parmi les manuscrits de la mer Morte.

Ces trois groupes n'étaient pas les seuls à se montrer actifs dans la vie juive. Il en existait nombre d'autres – les Hassidim, les Zélotes, les Sicaires, les Boéthusiens, et, vers la fin de cette époque, les premiers chrétiens.

On peut diviser les manuscrits de la mer Morte en deux catégories : les textes bibliques et les textes non bibliques. 20 à 25 % des documents sont des textes bibliques. Chaque livre de la Bible hébraïque est représenté, ne serait-ce que par un fragment, excepté le *Livre d'Esther*. Coïncidence ou non, c'est le seul livre de la Bible hébraïque qui ne mentionne pas le nom de Dieu.

Pour les savants, les textes bibliques sont plus faciles à traiter que les non bibliques, même s'il ne subsiste que de petits fragments d'un livre. En effet, le texte biblique est connu par des copies ultérieures qui fournissent une structure permettant d'agencer les fragments de Qoumrân. C'est également vrai pour certains textes non bibliques, tels le *Livre d'Hénoch* et le *Livre des Jubilés*, que nous connaissions déjà.

Mais un grand nombre des textes non bibliques nous étaient entièrement inconnus avant leur découverte dans les grottes de Qoumrân, et regrouper les fragments de ces textes dans un ordre sensé est souvent difficile.

Les textes non bibliques sont d'une remarquable diversité et peuvent être subdivisés sous différents angles, par exemple par genre : hymnes et psaumes, commentaires bibliques, livres sapientiaux, textes juridiques, une lettre, des pseudépigraphes[1], une référence à un trésor caché. Une autre subdivision possible consiste à déterminer si c'est un texte « sectaire » ou non : autrement dit, représente-t-il les concepts et les idées du groupe religieux particulier qui a rassemblé cette bibliothèque ?

Certains – les textes sectaires – semblent refléter les règles et les croyances d'un unique groupe ou secte de juifs, que les chercheurs nomment la secte de Qoumrân. Mais qui constituait cette secte ? Selon la réponse habituelle, c'étaient les Esséniens, mentionnés non seulement par Flavius Josèphe, mais aussi par Pline l'Ancien (23-79 av. J.-C.) et Philon d'Alexandrie (env. 20 av. J.-C. – 50 apr. J.-C.). Cependant, d'autres exégètes contestent cette identification. Deux chapitres de ce livre débattent de cette question avec vigueur[2]. Ceux qui refusent l'identification essénienne soutiennent que, souvent, les textes dits « sectaires » semblent ne pas correspondre à la doctrine essénienne telle que la reflètent d'autres sources et ne s'accordent même pas entre eux. Comment, par exemple, les déclarations militantes, voire belliqueuses, de certains textes de Qoumrân cadreraient-elles avec l'opinion courante selon laquelle les Esséniens étaient pacifistes ?

D'autres questions concernent l'établissement de Qoumrân. Quel lien a-t-il avec les rouleaux ? Est-ce là qu'ils furent écrits ? La bibliothèque lui appartenait-elle ? Ou bien les manuscrits furent-ils apportés dans les grottes par d'autres personnes susceptibles d'avoir – ou de ne pas avoir – un lien avec cette communauté ? Les fouilles de Qoumrân furent menées entre 1951 et 1956 par le père Roland de Vaux, de l'École biblique et archéologique française, à Jérusalem, qui mourut en 1971 sans avoir rédigé de rapport final sur cette mission. De Vaux,

1. Textes de type biblique, souvent attribués faussement à une grande personnalité des temps anciens, tel Hénoch ou Noé. [« Pseudépigraphe » est le terme protestant désignant les « apocryphes » dans la terminologie catholique. *(NdT)*]

2. Voir chap. 3 et 4.

un dominicain, considérait l'établissement comme une sorte de monastère. Le professeur Norman Golb, de l'université de Chicago, estime qu'il s'agissait d'un fort militaire. Les archéologues qui préparent actuellement le rapport final des fouilles en se fondant sur les données laissées par de Vaux suggèrent que ce lieu pourrait avoir été une résidence d'hiver, une sorte de plantation dans le désert, destinée à des habitants aisés et peut-être puissants de Jérusalem.

Le site comprenait de très nombreuses réserves d'eau. Mais les bassins étaient-ils tous des citernes d'eau potable ? Ou certains servaient-ils de bains ? Et, dans ce cas, certains étaient-ils destinés aux bains rituels ?

De Vaux mit partiellement au jour un vaste cimetière adjacent au site et découvrit les restes de deux femmes et d'un enfant parmi le millier de tombes. Étaient-ce de simples servantes, ou bien leur présence détruit-elle la thèse que les moines de ce lieu observaient la chasteté et que la population de Qoumrân était entièrement masculine ?

Les sept grands rouleaux intacts de la grotte 1 furent publiés dans un délai raisonnable quelques années après être parvenus entre des mains érudites, par des chercheurs israéliens et américains. Au fil des ans, les textes fragmentaires des autres grottes (ainsi que ceux de la grotte 1) furent également publiés – à l'exception de ceux de la grotte 4. Mais les problèmes soulevés par ces derniers allaient finalement jeter un discrédit sur l'entreprise de publication tout entière.

Dès le départ, la grotte 4 présenta un problème particulier. Comme la majorité des découvertes, elle fut trouvée par les Bédouins. De toutes les grottes, elle se révéla la plus riche, livrant plus de cinq cents manuscrits différents – mais tous en lambeaux. Pas un seul rouleau intact ne put être récupéré dans ce fatras. Pourtant, cette cache représentait plus de cinq huitièmes des textes de Qoumrân, dont le total se montait à près de huit cents.

Si l'on a répertorié approximativement cinq cents manuscrits distincts dans la grotte 4, le nombre de fragments est bien plus élevé Entre dix mille et cent mille selon les estimations, les plus courantes étant d'environ quinze mille fragments pour cette cache. En effet, ces fragments constituent un gigantesque puzzle – ou plus exactement cinq cents puzzles différents dont manquent 90 % des morceaux.

Mais il y aurait pu avoir pire encore. Si les Bédouins qui avaient découvert la grotte 4 avaient vendu les fragments à différents acquéreurs sur le marché des antiquités, rassembler tous les fragments en un seul lieu serait devenu impossible, et jamais les savants n'auraient pu travailler sur les morceaux récupérés des puzzles.

Afin d'éviter ce désastre, un arrangement fut conclu avec les Bédouins au début des années 1950 pour leur acheter les fragments de la grotte 4, à raison de 1 dinar jordanien par centimètre (5,60 dollars à l'époque). L'argent provint d'un groupe d'écoles dites « nationales » – c'est-à-dire des écoles étrangères établies dans la partie Est de Jérusalem, vouées à la recherche archéologique et biblique. Parmi les participants figuraient les Français, les Américains, les Anglais et les Allemands. Le Vatican fournit aussi des fonds. On convint qu'une fois les fragments assemblés pour reconstituer des documents individuels, puis publiés, les originaux seraient répartis entre les différentes écoles nationales ayant procuré les fonds pour les acheter. Ainsi, le contenu de la cache ne fut pas dispersé ; on le regroupa dans les locaux d'une fondation privée à Jérusalem, le Musée archéologique de Palestine (aujourd'hui musée Rockefeller).

Pour travailler sur les textes, une équipe internationale de jeunes chercheurs fut réunie sous des auspices jordaniens puisque la Jordanie, à l'époque, contrôlait la région dénommée à présent Cisjordanie, où les manuscrits furent découverts, et la partie Est de Jérusalem, où l'on rassembla le contenu des grottes. L'équipe ne devait comprendre aucun juif et son recrutement incomba au père de Vaux. Le membre allemand du groupe, Claus Hunzinger, s'en retira bientôt, laissant une équipe de sept jeunes chercheurs, en majorité des religieux catholiques, qui s'attelèrent à la reconstitution des puzzles

Le travail s'effectuait dans une longue salle du musée qu'ils appelèrent la Scrollery (« salle des Rouleaux », de l'anglais *scroll*, « rouleau ») – dans certaines conditions qui seraient aujourd'hui jugées épouvantables, mais c'était une autre époque. Peu d'efforts étaient entrepris pour empêcher la détérioration des fragments. Aucun document d'archives ne présenta les fragments originaux dans leur état primitif. Des photos montrent les jeunes savants – le plus âgé avait trente-deux ans – travaillant dans une salle aux fenêtres ouvertes, où le soleil entrait à flots, tenant des fragments dans leurs mains tout en fumant des cigarettes. S'efforçant de regrouper les fragments en documents distincts et de rechercher d'éventuels morceaux intermédiaires, chacun était libre de les déplacer sous les plaques de verre.

Vers la fin des années 1950, l'équipe avait en grande partie achevé l'assemblage des fragments. Disons « en grande partie », car c'est une tâche sans fin ; il y aura sans cesse des améliorations possibles. La génération suivante de chercheurs trouvera toujours de nouveaux rapprochements. Et l'équipe d'aujourd'hui continue en fait à améliorer les agencements précédents.

Une fois les fragments ainsi assemblés en documents individuels, les membres de l'équipe se répartirent les cinq cents textes en vue de la publication. Rétrospectivement parlant, on peut dire que c'était faire preuve d'une démesure et d'un orgueil sans nom. De toute évidence, ils se chargèrent d'un travail excédant leurs possibilités : leur vie entière n'y suffirait pas. Seul l'Anglais John M. Allegro publia toute la part qui lui avait été assignée, mais ses travaux contenaient tellement d'erreurs qu'ils suscitèrent, pour les corriger, un article encore plus long que cette publication. Néanmoins, Allegro publia effectivement ses textes – on ne peut en dire autant d'aucun autre chercheur de l'équipe.

A la fin des années 1950, ils avaient réussi à transcrire les textes en recopiant simplement les lettres sous une forme aisément lisible, comme on le ferait pour étudier une lettre tracée par une plume maladroite ou dans le style du XVIIIe siècle. Dans le cas des fragments de Qoumrân, les caractères sont souvent difficiles à déchiffrer – non qu'une mauvaise lisibilité originelle en soit tellement la cause, mais en raison des ravages du temps.

Quand les transcriptions furent presque achevées, on demanda à quatre autres jeunes chercheurs de créer une concordance des textes non bibliques, en établissant la liste de chaque mot du texte accompagné de la référence du document où il figurait, de sa colonne, de sa ligne et des mots adjacents [1]. Pour quiconque tenterait de traduire et de comprendre ces textes hébreux et araméens souvent obscurs, cette concordance constituerait un outil inestimable.

C'est là l'histoire de l'équipe de la grotte 4 jusque vers 1960. Durant les trois décennies suivantes, cette équipe parvint à publier moins d'un centième de ses cinq cents textes – soit environ 20 % de la tâche qu'elle s'était assignée. Les quatre cents textes non publiés représentent à peu près la moitié de la totalité des manuscrits de Qoumrân.

Selon une convention du monde érudit qui ne se trouve nulle part écrite ou même mentionnée par écrit, un savant chargé de publier un texte a toute autorité sur ce dernier. Il peut prendre le temps qu'il souhaite pour le publier. D'autres personnes ne peuvent voir le texte qu'avec sa permission. Nul autre n'est autorisé à faire paraître ce texte.

1. Cette concordance comprend les textes non bibliques des grottes 1 à 10.

L'équipe de la grotte 4 affirma farouchement ses « droits de publication » Parmi les membres de l'équipe originelle, plusieurs sont décédés, et ils « léguèrent » leurs « droits de publication » à des confrères qui avaient toute leur confiance et exercèrent ensuite eux-mêmes le droit d'exclure les autres. Les requêtes présentées par des chercheurs extérieurs pour consulter différents textes furent rejetées. Des membres de l'équipe « donnèrent » même des textes à leurs étudiants en thèse de doctorat, alors qu'ils excluaient des savants plus chevronnés.

Au fil des années, le mécontentement des chercheurs exclus grandit. En 1977, l'un d'eux, le professeur Geza Vermès, d'Oxford, fit cette prédiction aujourd'hui célèbre : le projet de publication des manuscrits de la mer Morte deviendrait « le scandale académique par excellence du XXe siècle ». Dix ans plus tard, Vermès constata que ce qu'il avait prévu était devenu réalité.

En 1985, en tant que directeur de la *Biblical Archaeology Review*, j'assistai, à l'université de New York, à une conférence au cours de laquelle John Strugnell, de l'équipe éditrice des manuscrits, s'adressa à une assistance composée d'érudits de Qoumrân. Strugnell était l'unique membre présent de l'équipe ; lui seul avait accès aux textes. Il parla avec une autorité dont lui seul pouvait disposer. Morton Smith, distingué professeur de l'université de Columbia, qualifia la situation d'« écœurante ». D'autres chercheurs montrèrent une obséquieuse gratitude pour les miettes que leur lâchait Strugnell, tout en bouillant intérieurement de ressentiment.

Ce jour marqua le début d'une campagne de six années entreprise par la *Biblical Archaeology Review* pour libérer les manuscrits de la mer Morte.

Il faut le reconnaître en toute équité : à mesure que montait la pression, l'équipe éditrice réagit en accélérant le processus de parution. Devenu éditeur en chef en 1987, John Strugnell élargit l'équipe en admettant, pour la première fois, des juifs et des Israéliens. Il convainquit l'un des membres de l'équipe initiale, Jozef T. Milik, d'abandonner une portion importante de son trésor originel pour la réaffecter à des chercheurs plus jeunes. En accord avec les autres éditeurs, il établit une « suggestion de calendrier » pour l'achèvement du travail.

A la même époque, l'Office des antiquités d'Israël (intitulé alors Département des antiquités) commença pour la première fois à faire valoir ses droits concernant le problème de la publication des manuscrits de la mer Morte.

Israël obtint la possession matérielle des fragments de la grotte 4 à l'issue de la guerre des Six Jours en 1967. Ironie de la situation, c'est le gouvernement jordanien lui-même qui donna à Israël un droit sur les fragments de manuscrits de cette grotte que ce pays, sinon, n'aurait point détenu. Comme nous l'avons dit plus haut, ils avaient été achetés avec des fonds provenant des écoles nationales, qui pouvaient donc, vraisemblablement, prétendre à leur propriété. Cependant, en 1961, le gouvernement jordanien brouilla les cartes, et c'est un euphémisme. Voici la trame de l'histoire.

La majorité des éditeurs originels étaient des religieux catholiques. Parmi eux, un seul agnostique : John M. Allegro. Ses idées particulières sur les manuscrits et leur contenu lui aliénèrent rapidement le reste de l'équipe. Au cours du conflit qui s'ensuivit entre Allegro et les autres membres, il tenta de rallier à sa cause ses amis dans le gouvernement jordanien. La Jordanie, soutenait-il, devrait arracher à ces religieux catholiques les documents qu'ils utilisaient pour étayer leurs propres croyances religieuses, tout en supprimant par ailleurs les interprétations des manuscrits qui leur semblaient susceptibles de les saper. L'histoire intégrale de cette lutte reste à conter. Mais, en 1961, le gouvernement jordanien nationalisa les manuscrits (puis le Musée archéologique, en novembre 1966). Il affirma ensuite sa propriété sur les fragments de la grotte 4 (les rouleaux intacts appartenant à Israël étaient bien entendu abrités dans son propre musée – la Maison du Livre, située dans la partie Ouest de Jérusalem).

Or, quand Jérusalem et le musée tombèrent aux mains des Israéliens durant la guerre des Six Jours, les biens de l'État jordanien, comprenant les fragments de manuscrits de la grotte 4, se trouvèrent soumis à l'administration israélienne. Même sans la nationalisation des manuscrits par la Jordanie, les Israéliens auraient eu de fortes raisons de les revendiquer – non seulement parce que la souveraineté jordanienne sur la Cisjordanie où ils avaient été découverts ne fut reconnue que par deux pays (la Grande-Bretagne et le Pakistan), mais aussi parce que les documents eux-mêmes représentent le patrimoine d'Israël, et non celui de la Jordanie.

Quoi qu'il en soit, lorsqu'en 1967 les fragments devinrent propriété d'Israël, ce pays ne s'efforça nullement de contrôler le projet de publication – peut-être par crainte d'un échec politique si des questions de propriété étaient soulevées. Les autorités israéliennes ne firent donc aucune tentative pour ajouter des juifs à l'équipe officielle de publication. Au contraire, Israël accepta de reconnaître les « droits de publication » de l'équipe en place, à la seule condition que les fragments soient rapidement publiés.

Évidemment, ce ne fut pas le cas. Israël ne fit néanmoins aucun effort pour affirmer son autorité jusqu'à ce qu'un général de réserve, Amir Drori, soit nommé directeur de l'Office des antiquités, en 1988. Drori introduisit de nombreuses réformes dans cet organisme et lui insuffla une nouvelle vigueur. Son influence se fit aussi sentir à propos des manuscrits de la mer Morte. Il déclara plus tard que ses réformes n'eurent rien à voir avec la campagne de la *Biblical Archaeology Review* visant à permettre le libre accès aux rouleaux, et c'est probablement la vérité.

Sous l'égide de Drori, un comité de surveillance des manuscrits fut nommé, avec pour mission de représenter Israël dans le projet de publication des manuscrits de la mer Morte.

Bien que Drori, sur la recommandation de ce comité consultatif, ait ratifié la nomination de Strugnell en tant qu'éditeur en chef, les relations entre ce dernier et l'Office des antiquités se détériorèrent bientôt, tournant à la lutte de pouvoir. Fin 1990, les Israéliens nommèrent Emanuel Tov, professeur à l'Université hébraïque, coéditeur en chef avec Strugnell ; cependant, détail significatif, Tov en référait non pas à Strugnell, mais à l'Office des antiquités d'Israël.

Strugnell réagit avec fureur à la nomination de Tov, qu'il considérait comme un coup de force. Selon un rapport de l'Associated Press, « Strugnell déclara qu'il combattrait la nomination de Tov, la qualifiant de "tentative alarmante" effectuée par les savants israéliens pour revendiquer le mérite des recherches ».

Peu après, Strugnell accorda une interview violemment antisémite à un journaliste israélien. Elle fut publiée d'abord en hébreu dans un quotidien de Tel-Aviv, puis en anglais dans la *Biblical Archaeology Review*[1]. Strugnell fut promptement relevé de ses fonctions d'éditeur en chef, mais non retiré de l'équipe. Au moment où sont écrites ces lignes, il détient encore son lot réservé de textes.

Suite au retrait de Strugnell, furent nommés directeurs de l'édition, outre Emanuel Tov, le professeur Eugene Ulrich, de l'université de Notre Dame et le père Émile Puech, de l'École biblique, à Jérusalem.

Depuis lors, l'équipe dirigeante a fonctionné en harmonie et avec efficacité. Elle continue à répondre au scandale international en augmentant les effectifs du cartel éditorial, en fixant des échéances pour la

1. Voir chap. 20.

fin des divers travaux et en pressant les différents éditeurs d'accélérer leurs recherches. Elle en a également persuadé certains – en particulier J. T. Milik – de céder à d'autres spécialistes une plus grande part de leur trésor.

Par ailleurs, l'équipe ainsi que l'Office des antiquités et son comité de surveillance des manuscrits ont vigoureusement défendu le groupe en place, tout en insistant pour qu'il soit élargi : les textes inédits doivent demeurer secrets, sous réserve de permission accordée à d'autres chercheurs qualifiés de les consulter, à condition que ces derniers s'engagent à ne pas les faire paraître avant que l'édition princeps ne soit publiée par un éditeur de l'équipe.

Dans ses efforts pour accélérer le processus de publication, Strugnell inclut la décision, en 1988, d'imprimer à l'usage exclusif des éditeurs de l'équipe la concordance préparée vers la fin des années 1950. Jusqu'en 1988, elle avait stagné dans le sous-sol du musée Rockefeller, où elle était donc, en pratique, inaccessible. Une concordance, indiquant au chercheur tous les emplois d'un terme particulier ainsi que son contexte, serait un instrument d'une valeur inestimable pour quiconque travaillerait sur les textes. En 1988, sous la direction de Strugnell, trente exemplaires de la concordance furent imprimés et distribués.

L'équipe s'était abstenue de divulguer la concordance plus tôt, par crainte que, sur cette base, quelqu'un ne parvienne à reconstituer les transcriptions secrètes qui avaient servi à l'établir. Tâche laborieuse, certes, mais que ces chercheurs savaient possible. En effet, quand Strugnell fit enfin imprimer la concordance en 1988, l'ère de l'ordinateur était advenue. Reconstituer les transcriptions secrètes d'après la concordance n'était donc plus si ardu. Leurs craintes se concrétisèrent.

Le professeur Ben Zion Wacholder, du Hebrew Union College à Cincinnati, dans l'Ohio, a soixante-sept ans, les cheveux blancs, et il est presque aveugle. Il a consacré une grande partie de sa vie professionnelle à étudier les manuscrits de la mer Morte et a publié un livre sur ses recherches[1]. Lors d'une assemblée de scientifiques, en novembre 1990, Wacholder fit une communication sur un texte spécifique des manuscrits de la mer Morte et l'un de ses confrères souleva une question à laquelle, supposait Wacholder, un fragment non publié pouvait répondre. De retour à Cincinnati, assisté de Martin G. Abegg,

1. Ben Zion Wacholder, *The Dawn of Qumran*, Cincinnati, Hebrew Union College Press, 1983.

un de ses étudiants de troisième cycle (et un mordu d'informatique), il recréa, d'après la concordance, les fragments du texte inédit en utilisant l'ordinateur d'Abegg. Leur satisfaction fut telle, en voyant le résultat, qu'ils commencèrent à produire d'autres transcriptions – des transcriptions de textes qui avaient été préparées par les éditeurs de l'équipe dans les années 1950, mais tenues secrètes sauf dans la mesure où elles avaient servi de base à la concordance.

Après maints débats de conscience, Wacholder et Abegg décidèrent de mettre leurs travaux à la disposition de l'ensemble du monde savant. Ils prirent des dispositions avec la Biblical Archaeology Society (Société d'archéologie biblique, à Washington) pour publier en fascicules les transcriptions reconstituées par informatique. Le premier parut le 4 septembre 1991.

Dès le lendemain, la nouvelle de cette publication faisait la une du *New York Times*, du *Washington Post*, du *Baltimore Sun* et d'autres quotidiens. Des éditoriaux approbateurs suivirent sans délai dans ces journaux et d'autres. « Applaudissons MM. Wacholder et Abegg pour leurs travaux, déclarait le *New York Times*. Le comité [d'éditeurs officiels de l'équipe], avec son obsession de la confidentialité et son érudition de cape et d'épée, a depuis longtemps épuisé sa crédibilité tant auprès des savants que du grand public. Les deux chercheurs de Cincinnati savent apparemment ce qu'a oublié le comité : ces manuscrits et leurs données sur les racines communes du christianisme et du judaïsme rabbinique appartiennent à la civilisation, et non à quelques professeurs retranchés[1]. »

Ni les éditeurs de l'équipe, ni l'Office des antiquités d'Israël, ni son comité consultatif des manuscrits n'acceptèrent cet avis largement partagé. Au contraire, ils réagirent avec leur violence coutumière. Strugnell accusa Wacholder et Abegg d'avoir volé le travail des chercheurs. Un membre du comité consultatif qualifia la publication de « piraterie intellectuelle ». L'un des éditeurs en chef accusa la maison d'édition de violation du droit international et la menaça de poursuites judiciaires.

Pendant ce temps, à l'insu de la Biblical Archaeology Society, la bibliothèque Huntington de San Marino, en Californie, ménageait sa propre surprise. La Huntington possédait une série de négatifs des fragments des manuscrits, qu'elle avait reçus d'une philanthrope californienne, Elizabeth Hay Bechtel. Mme Bechtel avait fondé l'Ancient Biblical Manuscript Center à Claremont, en Californie. Plus de dix ans

1. *The New York Times*, 7 septembre 1991.

auparavant, elle avait obtenu d'envoyer à Jérusalem un photographe chargé de photographier les manuscrits, ou plutôt des photographies des manuscrits, pour des besoins de sécurité ; ainsi, une série de négatifs serait disponible au cas où les originaux subiraient quelque dommage. Elle avait l'intention de déposer ces négatifs dans son Ancient Biblical Manuscript Center. Mais, avant ce dépôt, un différend l'opposa au directeur du centre, le professeur James A. Sanders. S'ensuivit une lutte de pouvoir pour le contrôle du centre, qu'elle perdit – mais elle possédait les négatifs. Dans le règlement de cette querelle, Mme Bechtel donna une série des négatifs à l'Ancient Biblical Manuscript Center, mais en garda une série pour elle-même. Le centre s'engagea, dans un accord écrit avec l'Office des antiquités d'Israël, à ne laisser personne voir sa propre série de négatifs sans la permission expresse de l'éditeur à qui la publication du texte avait été attribuée. Mme Bechtel ne signa aucun accord de ce genre. Elle déposa les siens à la Huntington. En 1987, elle mourut, laissant à cette bibliothèque ses négatifs des manuscrits.

En 1990, un nouveau directeur, William A. Moffett, fut nommé à la Huntington. C'était un homme indépendant, un esprit enclin au refus des absurdités en matière de liberté intellectuelle. Quand il prit connaissance des négatifs Bechtel et de la controverse concernant le monopole des textes exercé par l'équipe de Jérusalem, il annonça que l'accès aux documents archivés à la Huntington était ouvert à tous les savants. Cette déclaration fut publiée le 22 septembre 1991, dans un article à la une du *New York Times* du dimanche, avec une manchette sur trois colonnes : « Fin du monopole sur les manuscrits de la mer Morte. »

De nouveau, applaudissements universels – sauf, bien sûr, de l'Office des antiquités d'Israël, de son comité consultatif des manuscrits et des éditeurs de l'équipe officielle. Vint leur réaction désormais prévisible : accusations de rupture d'accord, de conduite contraire à la déontologie, d'action immorale, de vol du travail des chercheurs, et menaces de procès. Mais la Huntington n'était pas disposée à se laisser intimider. Par ailleurs, ses moyens administratifs ne la mettaient pas en mesure de répondre à l'afflux des demandes d'accès aux négatifs.

L'Office des antiquités et l'équipe de publication des manuscrits cherchèrent alors à faire revenir la Huntington sur sa décision en négociant une définition d'accès restrictive. Après l'avoir menacée de procès, l'Office des antiquités et l'éditeur en chef Emanuel Tov organisèrent une assemblée à Jérusalem pour le 4 décembre 1991, à laquelle ils invitèrent les institutions possédant des négatifs des manuscrits. En plus de la Huntington et de l'Ancient Biblical Manuscript Center, deux autres institutions en détenaient : le Hebrew Union College – dont la série est partielle – et l'Oxford Centre for Postgraduate Hebrew Studies (Institut des hautes études hébraïques d'Oxford) qui en avait récemment obtenu une copie par l'intermédiaire d'une fondation britannique finançant les travaux de l'équipe officielle. Si l'Office des antiquités et les éditeurs de l'équipe étaient « en principe d'accord pour faciliter le libre accès aux photographies des manuscrits », ils exprimèrent aussi leur inquiétude que « de nouvelles dispositions ne nuisent aux travaux des chercheurs qui s'étaient engagés ces dernières années à publier des textes ». Les négociations subséquentes avec les invités firent transparaître l'objectif des monopolisateurs : ils étaient prêts à autoriser l'accès aux manuscrits à d'autres spécialistes, mais à condition que ces derniers s'engagent expressément à ne pas publier ce qu'ils verraient.

Lorsque la Huntington refusa de participer à cette réunion et se montra clairement déterminée à ne pas se soumettre aux restrictions que l'Office des antiquités et l'équipe officielle entendaient imposer, l'Office et l'éditeur en chef Emanuel Tov tentèrent de prendre les devants : ils annulèrent l'assemblée et annoncèrent, lors d'une conférence de presse, qu'ils autorisaient le libre accès aux manuscrits pour tous les chercheurs. Mais cette proclamation cachait les mêmes restrictions. Le professeur James M. Robinson, de la Claremont Graduate School, directeur de l'Institute for Antiquity and Christianity, la taxa de « paravent », et d'autres de « subterfuge ». Car elle dissimulait un communiqué de presse informant que tout savant demandant à consulter le texte non publié devait signer une déclaration certifiant que la consultation était destinée « uniquement à des recherches personnelles et non à la préparation de l'édition d'un texte ». En d'autres termes, on pouvait regarder, mais non utiliser ce qu'on avait vu pour une publication. Cette annonce des autorités israéliennes ne satisfaisait évidemment pas les critiques.

Le dernier acte du drame s'acheva le 19 novembre 1991, quand la Biblical Archaeology Society publia une édition, en deux volumes, de photographies des manuscrits inédits. Ce projet était en préparation depuis un an. Où la Biblical Archaeology Society avait-elle obtenu ses photos ? Le mystère demeure. L'introduction de l'ouvrage indique que la bibliothèque Huntington n'en était pas la source.

L'édition des photos des textes non publiés contient 1187 planches –

toutes de fragments. C'est le matériau brut de l'érudition, enfin disponible. Le problème de l'accès est maintenant résolu.

La révélation qui, ensuite, ne manqua pas de stupéfier est assurément celle des conditions épouvantables dans lesquelles les fragments avaient été conservés. Juste avant la guerre israélo-arabe de 1956, ils furent emballés et expédiés à Amman où on les emmagasina, pour les protéger, dans le sous-sol humide de la Banque ottomane. Quand ils réintégrèrent Jérusalem quelques mois plus tard, des moisissures s'étaient déjà formées sur certains fragments. Il fallut plusieurs mois pour les nettoyer. Mais, même à Jérusalem, ils n'étaient pas conservés dans un environnement d'hygrométrie et de température contrôlées ; résultat : de nombreux fragments sont aujourd'hui illisibles. Ceci signifie que, dans bien des cas, sinon dans la majorité, le meilleur témoignage des textes n'est pas le fragment original, mais sa photographie effectuée dans les premiers temps de la découverte.

Heureusement, les fragments disposés en planches avaient été photographiés pendant une période de plusieurs années par l'excellent photographe arabe Najib Albina, l'un des héros méconnus de l'épopée des manuscrits de la mer Morte. Il prit nombre de ses photos avec des films à infrarouge, faisant ainsi ressortir le texte. Depuis que les fragments sont devenus possession israélienne, jamais ils n'ont été rephotographiés dans leur intégralité. Les négatifs des différents dépositaires sont en majorité des copies de ceux d'Albina.

Hélas, les négatifs d'Albina furent conservés dans d'aussi mauvaises conditions que les fragments et se sont eux aussi gravement détériorés – certains à tel point qu'ils durent être jetés, d'autres étant trop déformés pour qu'on puisse les reproduire en leur superposant une pellicule. La détérioration des fragments combinée à celle des négatifs d'Albina explique pourquoi de nombreuses planches de l'édition photographique des manuscrits sont illisibles et inutilisables. La somme des pertes dues à cette négligence est incalculable.

Pratiquement dès le départ, les rouleaux soulevèrent des controverses. Dans les premiers temps, les discussions portèrent en grande partie sur cette question : dans quelle mesure leur contenu allait-il amoindrir le christianisme en le « remettant à sa place » ? C'était un thème que le long article d'Edmund Wilson, dans le *New Yorker*, publié ensuite en livre, *The Scrolls from the Dead Sea*[1], avait lancé dans le grand public.

1. Edmund Wilson, *The Scrolls from the Dead Sea*, Londres, Collins, 1955.

Mais presque chaque autre aspect des manuscrits fut aussi l'occasion de débats souvent vindicatifs entre savants : étaient-ils des contrefaçons datant du Moyen Age, quelle était leur date, pouvait-on y trouver des références à Jésus, à Paul, à Jean-Baptiste ou à Jacques, frère de Jésus, et les fragments incluaient-ils les Évangiles ou d'autres livres du Nouveau Testament ?

Ensuite, vers 1960, les manuscrits tombèrent dans l'oubli. Durant vingt-cinq ans, non seulement le public, mais les savants eux aussi semblèrent ne plus y penser. L'équipe officielle d'éditeurs ne publia pas grand-chose pendant cette période – et nul ne paraissait s'en soucier.

Puis, vers le milieu de la décennie 1980, l'archéologue israélien Yigael Yadin publia en anglais le *Rouleau du Temple*. Ce texte, dernier des manuscrits de la mer Morte récupérés par Israël – qui le confisqua intact à un marchand d'antiquités arabe après la guerre des Six Jours en 1967 – et exhumé à environ huit mètres de profondeur, est le plus long.

Vers la même époque, nous avons commencé à entendre parler d'une lettre, émanant peut-être du chef de la secte des rouleaux de la mer Morte en personne, dénommé le Maître de Justice. Elle avait apparemment été découverte parmi les fragments de la grotte 4. Si tel était le cas, ce serait l'unique lettre (bien que copiée en de multiples exemplaires, soulignant son importance) trouvée à Qoumrân.

Enfin, toujours vers le milieu de la décennie 1980, la *Biblical Archaeology Review* commença à se plaindre de la pénible lenteur de la publication et du secret obsessionnel maintenu par les éditeurs autour des textes non publiés, dont une bonne moitié demeurait inaccessible pour les autres chercheurs plus de trente ans après leur découverte.

Curieusement, la grande presse relança cette mystérieuse affaire des manuscrits. Pourquoi le public se prit-il d'un immense intérêt pour des textes aussi abstrus ? D'aucuns ont tenté de l'expliquer en argumentant que, dans l'esprit du public, les textes non publiés contenaient des preuves susceptibles de saper les dogmes fondamentaux, soit du christianisme, soit du judaïsme – conjecture entretenue par le secret obsessionnel des éditeurs officiels. Je n'adhère pas à cette théorie. Je crois plutôt que des hommes et des femmes intelligents et non engagés dans la controverse avaient compris que ces fragments en lambeaux leur apporteraient des connaissances sur les sources de leur culture, et savaient qu'un principe d'une importance capitale était en jeu. L'approbation du public lors de la parution des manuscrits fut proportionnelle au scandale qui avait accompagné l'interdiction de leur divulgation.

Les différents chapitres de ce livre reflètent les controverses, mais aussi les péripéties épiques entourant les manuscrits. A commencer par la découverte initiale des sept rouleaux intacts dans la grotte 1, ou leur acquisition finale par Israël après le voyage aux États-Unis de quatre d'entre eux et leur vente par l'intermédiaire, on ne peut plus étrange, d'une petite annonce dans le *Wall Street Journal* (chap. 1).

Par qui, où et pourquoi, fut réunie cette bibliothèque ? C'est le sujet d'une brillante synthèse effectuée par le professeur Frank M. Cross, de l'université de Harvard (chap. 2).

Ces dernières années, une nouvelle génération de spécialistes des manuscrits de la mer Morte est arrivée à maturité. Certains d'entre eux remettent maintenant en question des conclusions depuis longtemps acceptées – par exemple, l'affirmation de Cross que les textes sectaires de Qoumrân représentent la pensée de la secte juive des Esséniens. Au chapitre 3, le professeur Lawrence H. Schiffman, de l'université de New York, conteste la théorie essénienne et suggère qu'en fait la secte de Qoumrân puise ses origines parmi les Sadducéens – affirmation carrément combattue par l'un des étudiants de Cross, James C. VanderKam, de l'université de Notre Dame (chap. 4). Ce n'est pas une simple dénomination qui se trouve en jeu. C'est la philosophie fondamentale des textes sectaires.

Fait singulier, le texte le plus important pour la recherche des origines de la secte de Qoumrân ne fut pas découvert dans les grottes de Qoumrân – du moins pas en premier lieu. On le trouva dans une synagogue du Caire, il y a près de cent ans, et il était depuis longtemps à la disposition des savants à l'époque des trouvailles de Qoumrân. C'est l'*Écrit de Damas* (ainsi nommé parce que le groupe fit un voyage, soit réel soit symbolique, à Damas, ou à partir de Damas). Ce document reflète la pensée d'un groupe juif qui, selon les conjectures émises il y a longtemps par quelques savants perspicaces, vécut avant la destruction du Temple de Jérusalem par les Romains, bien que les deux manuscrits retrouvés dans la synagogue du Caire datent de plus de mille ans après cette tragédie. Imaginez la surprise lorsque le monde érudit apprit qu'au moins huit copies de ce texte figuraient dans la bibliothèque de Qoumrân ! Certains ont donc appelé les deux copies de l'*Écrit de Damas* trouvées au Caire les « premiers manuscrits de la mer Morte » découverts (chap. 5). Le chapitre 6 examine plus en détail en quoi ce document concerne justement les origines des manuscrits de la mer Morte.

En 1967, tout le monde supposait que l'intégralité des manuscrits découverts par les Bédouins était entre les mains des savants – tout le monde, sauf l'archéologue israélien Yigael Yadin. Pendant des années, il avait poursuivi – secrètement et sans succès – la négociation d'un autre rouleau auprès d'un marchand d'antiquités de Bethléem. L'intermédiaire (rappelons-nous que Bethléem appartenait alors à la Jordanie) était un pasteur américain que Yadin désignera uniquement sous l'initiale de Monsieur Z. Quand Bethléem tomba aux mains des Israéliens après la guerre des Six Jours en 1967, Yadin se rendit immédiatement chez le marchand d'antiquités, souleva quelques pavés du sol, et y trouva le *Rouleau du Temple* aujourd'hui célèbre – l'un des manuscrits les plus importants et les plus controversés. Au chapitre 7, Yadin lui-même traite de sa découverte et de sa signification. Le temple visionnaire qui a donné son titre au manuscrit est décrit au chapitre 8 par Magen Broshi, conservateur en chef de la Maison du Livre à Jérusalem, où sont abrités les sept rouleaux intacts de la grotte 1, acquis par Israël vers le milieu de la décennie 1950, ainsi que le *Rouleau du Temple* acquis en 1967.

M. Z, le pasteur américain représentant le marchand de Bethléem dans ses négociations avant 1967 avec Yadin, apprit tout d'abord qu'Israël avait acquis le *Rouleau du Temple* par l'article de Yadin publié dans la *Biblical Archaeology Review*. M. Z donna alors sa propre version de l'affaire de la négociation avortée – assez différente de celle de Yadin, décédé en 1984 (deux mois avant la parution de l'article). Le chapitre 9 expose le récit de ce télévangélisateur américain, Joe Uhrig, qui s'évertua à acquérir le manuscrit pour Yadin et vit ses efforts échouer parce que, atteste-t-il, Yadin l'induisit en erreur. Cette affaire des manuscrits est bel et bien une aventure de cape et d'épée, comme Yadin l'a toujours affirmé.

Hartmut Stegemann, remarquable spécialiste allemand des manuscrits de la mer Morte, explique au chapitre 10 ses raisons de croire que le *Rouleau du Temple* est en fait le sixième livre de la Torah (*Pentateuque*) longtemps perdu, qui avait été éliminé lors de la sélection finale du texte officiel.

Ceci nous amène tout naturellement à analyser l'importance des manuscrits bibliques de Qoumrân – environ 25 % des rouleaux sont des livres de la Bible hébraïque – pour mieux comprendre le développement du texte biblique. Avant les découvertes de Qoumrân, les plus anciens textes de la Bible hébraïque que nous possédions dataient du Moyen Age (du Xe siècle et des siècles suivants). Les découvertes de Qoumrân nous mettent soudain en présence de manuscrits de mille ans plus anciens – remontant à une époque où les textes bibliques n'avaient pas encore été normalisés. Les chapitres 11, 12 et 13 étudient ce que les manuscrits de la mer Morte peuvent nous apprendre sur le développement primitif du texte biblique, comment un passage du *Livre de Samuel* fut accidentellement omis dans la Bible hébraïque, et comment les exégètes utilisent les textes bibliques de Qoumrân pour interpréter différents passages difficiles de la Bible hébraïque.

Au chapitre 14, le professeur VanderKam examine le lien entre les manuscrits de la mer Morte et le christianisme, sujet qui doit être considéré sous de nombreux angles. L'étude magistrale de VanderKam, menée avec sobriété sur une question complexe, aboutit à deux conclusions qui ne manqueront pas de surprendre : 1) le christianisme primitif s'enracine plus profondément dans la pensée juive qu'on ne le supposait auparavant ; 2) certains aspects des croyances chrétiennes considérés avant comme sans précédent faisaient en réalité partie du bagage intellectuel de l'époque. Néanmoins, la synthèse chrétienne de ces éléments avec son Messie unique en son genre demeure sans parallèle.

Le chapitre 15 aborde l'exemple d'un texte de Qoumrân présentant de remarquables correspondances avec un passage de l'évangile de Luc.

Au chapitre 16, l'éminent savant allemand Otto Betz étudie la possibilité que Jean-Baptiste ait passé les années de sa jeunesse à Qoumrân et conclut qu'il le fit sans doute, mais qu'il décida plus tard de propager son message parmi un plus large auditoire.

Le professeur Schiffman, au chapitre 17, fait pour le judaïsme rabbinique une étude analogue à celle de VanderKam pour le christianisme, exposée au chapitre 14.

Si le plus ancien manuscrit de la mer Morte – l'*Écrit de Damas* – ne fut pas trouvé dans les grottes de la mer Morte, mais dans une synagogue du Caire, peut-être pouvons-nous dire alors que le *Rouleau de Cuivre*, bien que découvert dans la grotte 3 de Qoumrân, ne constitue pas véritablement un manuscrit de la mer Morte, pour la bonne raison que le *Rouleau de Cuivre*, à presque tous égards, se démarque des autres manuscrits de la mer Morte et ne présente guère de lien avec eux. On l'a trouvé rangé à l'écart des autres dans la grotte 3. Le texte est gravé sur des feuilles de cuivre – c'est le seul rouleau de cette sorte. Il constitue la carte d'un « trésor caché » – encore un fait unique parmi les rouleaux. Certains ont supposé que le *Rouleau de Cuivre* était un guide secret indiquant le lieu où les trésors du Temple de Jérusalem avaient été cachés pour empêcher que les Romains ne s'en emparent. Mais saurons-nous jamais déchiffrer leur code secret? Et reste-t-il encore quelque chose du trésor à trouver? Le professeur P. Kyle McCarter, de l'université Johns Hopkins à Baltimore, dans le Maryland, prépare une nouvelle édition du *Rouleau de Cuivre* (publié une première fois il y a trente ans) en se fondant sur des clichés nouveaux, et remarquables, pris par Bruce et Kenneth Zuckerman. Il expose au chapitre 18 les plus récentes lumières apportées par cette seconde édition du *Rouleau de Cuivre.*

Au chapitre 19, nous revenons aux problèmes des rouleaux fragmentaires et des moyens employés pour les reconstituer. L'auteur, Hartmut Stegemann, est le plus grand spécialiste mondial sur ce sujet. Il a même conçu certaines méthodes novatrices pour situer les uns par rapport aux autres des fragments qui ne s'emboîtent pas.

Dans la dernière partie de ce livre, nous reproduisons l'interview antisémite et anti-israélienne qui fit relever John Strugnell de ses fonctions d'éditeur en chef des rouleaux (chap. 20). Une question dont on a beaucoup parlé en sourdine mais rarement discuté ouvertement est ensuite débattue : l'antisémitisme a-t-il affecté – et s'il l'a fait, comment – la gestion et l'interprétation des manuscrits ? (chap. 21).

Pour finir, nous examinons l'accusation largement exprimée que, d'une manière ou d'une autre, le Vatican a occulté les manuscrits parce qu'ils ébranlaient la doctrine de l'Église (chap. 22).

Nous n'avons pas inclus de chapitre sur la teneur des manuscrits non publiés, pour l'évidente raison que personne n'est encore certain de leur contenu. Mais, vraisemblablement, ils ne recèlent aucune surprise majeure, telle qu'une copie des Évangiles ou une mention directe de Jésus de Nazareth. Une proportion suffisante des manuscrits a été publiée pour permettre de supposer la teneur générale des textes encore inédits. De nouvelles lumières, certes, mais rien qui fasse l'effet d'une bombe.

D'autres manuscrits vont-ils encore surgir? C'est une éventualité séduisante. Une des sources pourrait être les grottes elles-mêmes. Une nouvelle exploration de celles-ci, plus systématique, est en cours. Cette possibilité n'est donc pas exclue.

Seconde possibilité : d'autres manuscrits pourraient avoir été découverts il y a longtemps, mais secrètement gardés par un antiquaire ou même un homme d'affaires rusé. L'ancien éditeur en chef, Strugnell, soutient qu'il existe au moins quatre manuscrits de ce genre, et que le dernier directeur britannique du Département des antiquités en

Jordanie, Lankester Harding, lui confia sur son lit de mort l'existence de trois d'entre eux. Strugnell lui-même prétend en connaître deux, dont l'un recoupe les trois révélés par Harding. D'après Strugnell, ces manuscrits se trouvent en Jordanie ; certains ont été achetés par des banquiers : « Ils sont tous conservés avec le plus grand soin, nul n'a de souci à se faire à leur sujet. Ils constituent un investissement supérieur à toute valeur de la Bourse israélienne ou celle de New York. »

Excepté cette introduction, rédigée spécialement pour ce livre, les études présentées ici sont déjà toutes parues ou paraîtront soit dans la *Biblical Archaelogy Review* soit dans sa revue jumelée, la *Bible Review*. Chacun des chapitres est à la pointe de l'érudition. Leur ensemble représente les idées pionnières de plusieurs spécialistes des manuscrits de la mer Morte parmi les plus éminents dans le monde.

PREMIÈRE PARTIE

La découverte

CHAPITRE PREMIER

La découverte des manuscrits

Harry Thomas Frank

Nombreux et parfois contradictoires sont les récits relatant comment les manuscrits de la mer Morte furent découverts et parvinrent entre les mains de savants. On ne connaîtra peut-être jamais tous les détails avec certitude. Mais cet exposé du professeur Harry Thomas Frank ne le cède aux autres ni en fiabilité ni en épiques péripéties. Frank mourut en 1980, à l'âge de quarante-sept ans.

Ce chapitre ne concerne que la découverte de la grotte 1, la première de Qoumrân où furent mis au jour des manuscrits. On en retira sept rouleaux presque intacts. Dix autres grottes contenant des matériaux écrits furent ensuite trouvées[1].

*

La découverte archéologique la plus sensationnelle du siècle fut le fruit du pur hasard. Par un matin de l'hiver 1946-1947, trois bergers de la tribu bédouine des Ta'amré regardaient leurs chèvres bondir avec agilité sur les falaises situées juste au sud de ruines antiques dominant le rivage nord-ouest de la mer Morte. Ces ruines, que l'on avait crues à un moment celles de la Ville du Sel mentionnée dans l'Ancien Testament (*Josué* 15,62) avaient régulièrement intrigué des archéologues. Mais depuis la moitié du XIXe siècle, époque où ils commencèrent à travailler dans la région, ils avaient déclaré que ce site désolé ne contenait pas grand-chose. Peut-être s'agissait-il d'un fortin romain d'importance mineure. Peut-être, même, avançaient les plus imaginatifs, était-ce Gomorrhe !

1. Les introductions aux divers chapitres de ce livre sont dues à Hershel Shanks, directeur de la publication.

Un bon kilomètre et demi au sud des ruines, au lieu-dit Aïn Feshka, jaillit l'une des plus grandes sources d'eau douce parmi toutes celles entourant la mer Morte. C'est là que les trois Bédouins abreuvaient leurs bêtes. Puis ils laissaient, comme David, leurs troupeaux parcourir les hauteurs des falaises et les sauvages étendues arides en quête de nourriture. En ce jour crucial se répétait la scène immémoriale, et les chèvres noires défiaient l'inclinaison des pentes escarpées, bondissaient, s'arrêtaient çà et là pour brouter. Au-dessous, un berger, apparemment indifférent, se promenait avec nonchalance ; cependant, rien n'échappait à son regard. Quelques chèvres montaient trop haut ; il se faisait tard et il était temps de les ramener en bas. Joum'a Mohammed – ainsi se nommait le berger – se montra lui aussi d'une grande agilité pour grimper le flanc de la falaise. Pendant son escalade, quelque chose attira son attention : il y avait deux petits orifices dans la roche. C'étaient des grottes, ou peut-être deux ouvertures d'une même grotte. Mais si étroites : impossible à un homme de passer à travers la plus basse ; sans doute parviendrait-il tout juste à se glisser dans celle du haut. Le berger lança une pierre dans l'ouverture. Un bruit de poterie brisée lui répondit. Que pouvait-il y avoir, dans ces grottes isolées, sinon un trésor ? Peut-être sa vie de berger, à suivre les moutons, allait-elle prendre fin. Il scruta les profondeurs obscures de la grotte, sans rien pouvoir distinguer. Il cria à ses deux cousins, restés en bas, de venir. Khalil Mousa était plus âgé ; Mohammed Ahmed el-Hamed plus jeune, un adolescent. Ils montèrent et apprirent l'excitante nouvelle. Mais le soir tombait maintenant et les chèvres devaient être rassemblées. Demain, il faudrait les ramener à Aïn Feshka. L'après-midi, ils remonteraient examiner la grotte qui les intriguait.

Cependant, revenus d'Aïn Feshka un peu plus tard que prévu, ils ne purent explorer la grotte avant le surlendemain. A l'aube, Mohammed Ahmed el-Hamed, surnommé « le Loup » (ed-Dhib), s'éveilla le premier. Laissant ses deux cousins endormis à même le sol, il escalada les quelque cent mètres jusqu'à la grotte trouvée par Joum'a deux jours auparavant. Avec difficulté, le garçon, qui était mince, parvint à se couler, les pieds en avant, à l'intérieur. Le sol était jonché de débris comprenant des poteries brisées. Mais le long du mur étaient alignées plusieurs jarres étroites, certaines encore surmontées de leur couvercle en forme de bol. Ed-Dhib enjamba les débris et plongea la main dans l'une des jarres. Rien. Avec frénésie, il arracha le couvercle d'une autre jarre, palpant avidement l'intérieur lisse du récipient vide. D'une autre jarre encore, puis d'une autre, et ainsi de suite, avec le même résultat. La neuvième était pleine de terre. Le jeune Bédouin, de plus en plus désespéré, referma enfin la main sur un objet enveloppé de tissu. Il extirpa deux autres paquets semblables, puis un troisième, recouvert de cuir mais sans enveloppe. Cuir et tissus étaient verdis par l'âge. C'est tout ce qu'ed-Dhib retira de la grotte ce matin-là.

Il ressortit en se glissant péniblement à travers l'orifice et, moitié courant moitié tombant, dévala le flanc de la falaise afin de montrer sa trouvaille à ses cousins ensommeillés. Un véritable trésor ! Les savants qui interrogèrent plus tard ed-Dhib pensent que, ce matin d'hiver, le garçon ne tenait entre ses mains rien de moins que le grand *Rouleau d'Isaïe*, le *Commentaire d'Habacuc* et le *Manuel de Discipline* !

Les manuscrits que leur montra ed-Dhib n'intéressèrent pas le moins du monde Khalil et Joum'a. Où était le trésor ? L'avait-il caché pour se le réserver ? Soumis à un interrogatoire impitoyable, quelque peu rudoyé, ed-Dhib finit malgré tout par les convaincre qu'il n'avait rien trouvé d'autre que ces rouleaux sans valeur. Mais avait-il regardé avec soin ? Peut-être y avait-il d'autres jarres. L'une des jarres brisées recelait peut-être un précieux contenu qui se serait déversé sur le sol, gisant maintenant parmi les débris.

Une fois encore, tous trois grimpèrent jusqu'à la grotte. Ed-Dhib fit passer plusieurs jarres par l'ouverture, mais ils les laissèrent devant la grotte après avoir constaté qu'elles étaient vides, comme il l'avait dit. Découragés, les bergers redescendirent en zigzag jusqu'à leur campement de fortune. Joum'a fourra les rouleaux dans un sac. Plus tard, quand ils rentrèrent à l'agglomération des Ta'amré près de Bethléem, il les emporta. Le sac rempli de son « trésor » – infiniment plus riche que les bergers désappointés n'auraient jamais cru – fut suspendu à un poteau de tente. Combien de temps y demeura-t-il ? Nous ne le savons pas précisément. Parfois, on sortait son contenu pour le passer à la ronde parmi les membres de la tribu les plus curieux. Seule la couverture du *Rouleau d'Isaïe* fut endommagée ; le précieux texte resta intact. Quand le *Manuel de Discipline* atteignit le monastère Saint-Marc à Jérusalem, quelques mois plus tard, il était en deux morceaux. Toutefois, nul ne peut affirmer que ce fut par la faute des Ta'amré. La cassure, d'après son aspect, pourrait être survenue dans des temps très anciens.

Quelques semaines après la découverte initiale de cette grotte – nommée plus tard par les savants la grotte 1 de Qoumrân, la grotte des grands manuscrits –, Joum'a y revint avec d'autres Bédouins ; ils trouvèrent encore plusieurs rouleaux et les emportèrent. Pour autant qu'on puisse reconstituer aujourd'hui cet épisode, ils retirèrent en tout sept manuscrits importants : les quatre qui aboutirent au monastère Saint-Marc et les trois qui devinrent possession de l'Université hébraïque.

Ainsi furent découverts les rouleaux de la mer Morte, manuscrits de mille ans plus anciens que les plus vieux textes de la Bible en hébreu dont nous ayons connaissance. Beaucoup furent écrits cent ans avant la naissance de Jésus et au moins un pourrait l'avoir été presque trois cents ans avant le voyage de Marie et Joseph à Bethléem.

Comment ces manuscrits passèrent-ils du poteau d'une tente bédouine à la salle de travail des épigraphistes ? C'est une aventure aussi fascinante que le hasard de leur découverte. Cette phase de l'histoire se déroula dans le décor des derniers jours du mandat britannique en Palestine. Le ministère des Affaires étrangères de Sa Majesté avait décidé, avec une certaine irresponsabilité, que, le problème de la Palestine ne pouvant être résolu par la raison, la Grande-Bretagne se retirerait, laissant les deux parties déterminer l'issue par le sang. La peur et la méfiance séparèrent soudain violemment des familles juives et des familles arabes qui vivaient côte à côte depuis des générations. Des barbelés apparurent dans les endroits les plus inattendus. Les immigrants, légaux et clandestins, augmentèrent encore la fièvre d'une situation qui empirait. Les Britanniques étaient littéralement assiégés des deux côtés, mais surtout par l'armée juive clandestine. Les meurtres se multipliaient. Une bombe détruisit l'hôtel King David à Jérusalem, faisant de nombreux morts. Dans ces conditions, les jeunes Bédouins se demandaient s'ils allaient pouvoir trouver un acquéreur pour leurs rouleaux verdâtres.

Au début d'avril 1947, Joum'a et Khalil les emportèrent à Bethléem, principale ville de marché des Ta'amré. Ils se rendirent à la boutique d'Ibrahim 'Ijha, un charpentier faisant commerce d'antiquités en amateur, pour lui montrer trois rouleaux et deux jarres. Faidi Salahi, un autre marchand d'antiquités, était présent. Il allait jouer plus tard un rôle important dans l'histoire des rouleaux, mais, ce jour-là, il recommanda la prudence à 'Ijha : ces objets avaient peut-être été volés, et de gros ennuis pourraient s'ensuivre. Les deux bergers repartirent avec leurs jarres et leurs rouleaux.

Sur la place du marché, Joum'a, muni des rouleaux, tomba sur son ami George Ishaya Shamoun, qui venait souvent le samedi à Bethléem vendre des houppelandes aux Bédouins. Joum'a lui raconta l'histoire des rouleaux sans valeur. Quelqu'un leur suggéra alors d'aller à la boutique du cordonnier Khalil Iskander Shahin – mieux connu sous le nom de Kando. C'était un Arabe chrétien de rite syrien orthodoxe (jacobite). Il s'intéressa sérieusement aux rouleaux. Kando et George acceptaient de se charger de les vendre, pour un tiers du prix de vente qu'ils obtiendraient, quel qu'il soit. Marché conclu. Joum'a et Khalil reçurent cinq livres palestiniennes et laissèrent les rouleaux dans la petite boutique de Bethléem.

Pendant la semaine sainte, George, qui était lui aussi jacobite, parla des manuscrits à Athanase Josué Samuel, métropolite (archevêque) syrien orthodoxe de Jérusalem. Ils étaient écrits en syriaque, enveloppés « comme des momies », et avaient été trouvés dans le désert près de la mer Morte, dit-il au religieux. Samuel savait qu'ils devaient être très anciens s'ils étaient authentiques, parce que cette région était restée inhabitée depuis les premiers temps chrétiens. Il manifesta de l'intérêt pour les rouleaux et pressa Kando de les apporter au monastère Saint-Marc.

Avant la fin de la semaine, Kando et George arrivèrent au monastère avec un manuscrit, le *Manuel de Discipline*. Le métropolite Samuel vit tout de suite qu'il était rédigé non en syriaque, mais en hébreu. Puis, au grand étonnement de ses visiteurs, il déchira un morceau de la marge et le brûla. Ce moyen quelque peu brutal, mais efficace, lui montra qu'il s'agissait de parchemin. Oui, Samuel achèterait ce manuscrit et tout autre rouleau que les Bédouins pourraient détenir. Kando prit congé, le manuscrit en sécurité entre ses mains, mais promit de contacter ses amis dans le désert. Pendant plusieurs jours, des appels téléphoniques anxieux parvinrent du monastère à la boutique de Kando, située près de la place de la Mangeoire à Bethléem. Les conversations demeurèrent stériles. Des semaines s'écoulèrent. La frustration de Samuel se mua en résignation.

Le premier samedi de juillet 1947, Kando appela. Deux Bédouins avaient apporté quelques rouleaux à Bethléem. Se risqueraient-ils à les apporter jusqu'à Jérusalem ? demanda Samuel. Oui. La vague de violence entre juifs, Arabes et Britanniques s'amplifiait. Le terrorisme juif, principalement dirigé contre les Britanniques, commençait à se faire lourdement sentir dans certaines régions arabes. Le pire allait venir, mais c'était déjà une époque difficile et dangereuse à Jérusalem et aux alentours. Dans cette atmosphère, Samuel s'alarma quand, à midi, les Bédouins et leurs manuscrits n'avaient toujours pas paru. Pourtant, il n'avait parlé à personne de son rendez-vous, craignant encore que toute l'histoire ne fût une supercherie. Affamé, agité, Samuel s'assit pour déjeuner. Au milieu des propos détendus du repas, le métropolite entendit l'un des pères mentionner qu'il avait renvoyé des Bédouins qui s'étaient présentés à la porte plus tôt dans la matinée. Questionné, il affirma qu'ils portaient des rouleaux manuscrits. Le moine jacobite avait même vérifié qu'ils étaient écrits en hébreu. Sans doute de vieilles Torahs dénichées quelque part, mais crasseuses et couvertes de goudron ou d'une autre substance qui sentait tout aussi mauvais. Il avait fermement refusé de les admettre dans l'enceinte du monastère, et encore moins en présence de Son Excellence, comme l'exigeaient leurs porteurs.

Samuel regagna son bureau pour appeler Kando. Au moment où il tendait la main vers le téléphone, la sonnerie retentit. C'était justement son paroissien de Bethléem, profondément offensé du traitement infligé à ses amis. Le métropolite donna ses explications, présenta des excuses, puis s'enquit : où se trouvaient les rouleaux à présent ? Grâce à George, et uniquement grâce à lui, insista Kando, ils étaient de nouveau en sécurité à Bethléem.

Apparemment, quand les Bédouins et George – l'homme le plus proche des bergers dans toute cette affaire – se virent refuser l'accès au monastère, ils se rendirent à la porte de Jaffa pour prendre le car qui les ramènerait à Bethléem. Là, ils lièrent conversation avec un commerçant juif qui fit une offre pour acheter les manuscrits. George, cependant, avait deviné la raison de leurs ennuis à la porte de Saint-Marc. De plus, il s'était engagé auprès du métropolite. Il délibéra avec ses amis et finit par avoir gain de cause : tous trois montèrent dans le car pour Bethléem avec les manuscrits. Kando sauta sur son téléphone dès qu'il apprit la mésaventure.

L'authenticité de cet incident à la porte de Jaffa, il faut le souligner, n'a pas été établie en toute certitude et pourrait faire partie de la vaste légende qui s'est brodée autour des manuscrits de la mer Morte.

Deux semaines s'écoulèrent avant que Kando ne puisse se rendre à Jérusalem. Il fut reçu avec des égards par les pères jacobites. Samuel écouta le récit de la découverte de la grotte et de son contenu. Voir Kando sortir du sac cinq rouleaux, dont celui qui avait été apporté auparavant, aiguisa encore plus son intérêt. Deux documents étaient dans un état critique. Deux autres se ressemblaient et il s'avéra plus tard qu'il s'agissait des deux moitiés du *Manuel de Discipline*. Le cinquième, le plus grand, était magnifiquement conservé. Il put être déroulé sans difficulté, révélant d'élégants caractères hébraïques. Un marché fut rapidement conclu. Le métropolite remit à Kando 24 livres palestiniennes (97 dollars), dont les deux tiers revinrent à Joum'a et à Khalil.

Trois mois après que Samuel eut entendu pour la première fois parler de l'existence des manuscrits, ils se trouvaient en sa possession. Les doutes commencèrent alors à s'insinuer dans son esprit. Étaient-ils authentiques ? La grotte qui lui avait été décrite existait-elle vraiment ? Le père Yousef, moine de Saint-Marc, visita les lieux avec l'aide de George ; il rapporta à son supérieur que cette grotte était réelle et contenait même des bribes d'autres manuscrits ainsi qu'une grande jarre destinée à conserver beaucoup d'eau.

Sa foi dans l'authenticité des manuscrits maintenant ranimée, le métropolite entreprit de déterminer leur contenu et de confirmer, ou au contraire d'infirmer, son opinion qu'ils dataient des premiers temps du christianisme. On pourrait croire que dans une ville comme Jérusalem, étant donné la multiplicité de ses communautés religieuses et de ses prestigieuses institutions savantes, cette démarche était relativement simple. Mais peu de choses sont simples à Jérusalem – encore moins dans une période de violence et lorsque la recherche concerne une question aussi extravagante que l'authentification de manuscrits vieux de deux millénaires. Six bons mois s'écoulèrent avant que le rêve de Samuel ne se trouve confirmé.

Son premier contact se fit avec le Département des antiquités de Palestine, en la personne de Stephen Hanna Stephen, membre de l'Église syrienne orthodoxe et donc bien connu de Samuel. A l'époque byzantine et auparavant, on avait signalé que des manuscrits avaient été trouvés près de Jéricho (Qoumrân est à douze kilomètres au sud de cette ville). Des IIe, IIIe et IVe siècles de l'ère chrétienne étaient provenues des indications sur la découverte, dans cette région, de livres en grec et en hébreu rangés dans des jarres. Origène, l'un des premiers Pères de l'Église, en aurait utilisé certains pour compiler ses fameux *Hexaples*. A la fin du VIIIe siècle, le patriarche Timothée Ier relata une découverte analogue, en notant que les manuscrits avaient été trouvés dans des grottes. Stephen ignorait apparemment ces faits, pourtant notoires parmi les savants. En revanche, il connaissait nombre d'incidents dus à des contrefaçons d'antiquités. En réponse au métropolite, il laissa entendre que la situation serait fort embarrassante si ses manuscrits se révélaient en définitive des faux. Stephen accepterait-il, demanda Samuel, de porter les manuscrits à l'attention des spécialistes du Département des antiquités susceptibles de donner un avis compétent ? Stephen préféra s'abstenir, craignant de se ridiculiser devant ses collègues.

Sans se laisser démonter par cette rebuffade, le prêtre jacobite, se tourna alors vers la célèbre École biblique – le monastère dominicain de Saint-Étienne et foyer de l'École française biblique et archéologique. Il y fut reçu par le père Marmadji, un compatriote syrien, ami de longue date, qui écouta le récit de la découverte des rouleaux avec un certain intérêt. Quelques jours plus tard, le père Marmadji se rendit à Saint-Marc, accompagné d'un jeune dominicain hollandais, le père J. Van der Ploeg. Ensemble, ils examinèrent les matériaux. Ni l'un ni l'autre ne pensaient que les écrits fussent aussi anciens qu'on le prétendait. Cependant, le Hollandais reconnut immédiatement que le plus long des manuscrits était le *Livre d'Isaïe*. Il fut le tout premier à s'en rendre compte. De retour à l'École biblique, Van der Ploeg parla avec enthousiasme des documents qu'il venait de voir. L.-H. Vincent, l'éminent savant dominicain et pilier du monastère français depuis quarante ans, observant que c'était le premier séjour du moine hol landais à Jérusalem, lui suggéra de ne pas se laisser si aisément berne. Peut-être, estimait l'érudit Vincent, si Samuel pouvait montrer de la poterie provenant du prétendu lieu où les textes avaient été découverts, ce témoignage pourrait-il étayer ses affirmations. Ne voyant poindre aucune poterie, Van der Ploeg ne poursuivit pas plus loin l'affaire.

Le métropolite Samuel persévéra dans ses efforts pour trouver l'aide d'un expert concernant les manuscrits et tenta même d'apprendre l'hébreu. Un jour, à la suite d'un contact d'affaires fortuit, les manuscrits furent examinés par deux bibliothécaires de l'Université hébraïque. Selon Samuel, ils exprimèrent le souhait d'en photographier quelques parties pour une étude plus approfondie. Le monastère se mit à leur disposition pour ce travail, mais ils ne revinrent jamais, peut-être empêchés par le danger croissant couru par tout juif dans la Vieille Ville. Un peu plus tard, un marchand d'antiquités conseilla d'envoyer les manuscrits en Europe ou en Amérique, où ils pourraient être évalués. Mais les services postaux se détériorant sous le poids du conflit civil, Samuel estima malavisé de confier ses documents à la poste.

Fin janvier 1948, les manuscrits de Saint-Marc parvinrent temporairement entre les mains de E. L. Sukenik, l'archéologue renommé de l'Université hébraïque. A l'insu de tous excepté quelques rares personnes, Sukenik avait eu sous les yeux, depuis le mois de novembre précédent, d'autres manuscrits issus de la découverte des Bédouins. Son témoignage illustre le contexte chaotique de cette époque et les dangers personnels quotidiennement courus.

Le dimanche 23 novembre 1947, Sukenik reçut un message d'un ami arménien, Faidi Salahi, marchand d'antiquités. Il avait quelque chose d'intéressant à montrer au savant. Le lendemain matin, selon le récit palpitant du professeur, tous deux se rencontrèrent de part et d'autre de l'une des barricades de barbelés dressées par les Britanniques, qui s'efforçaient de maintenir une séparation entre les factions violentes. L'Arménien tendit un morceau de cuir. Des caractères hébraïques y étaient écrits ; Sukenik nota immédiatement leur ressemblance avec ceux qu'il avait vus sur des ossuaires funéraires juifs très anciens. L'espace d'un instant, la pensée s'imposa à son esprit qu'il s'agissait sûrement d'une contrefaçon. Jamais il n'avait entendu parler de ce type d'écriture sur du cuir, du parchemin ou du papyrus, sauf pour le papyrus Nash. Mais l'homme qui le tenait était un vieil ami digne de confiance et, en outre, le fragment présentait toutes les apparences de l'authenticité. Sur le champ, il prit la décision d'acheter le document d'où provenait ce morceau. Pourrait-il voir d'autres fragments ? Oui, dit l'Arménien, ils se trouvaient à Bethléem. Pourraient-ils être apportés à Jérusalem ? Oui.

Le jeudi, Sukenik, à présent muni d'un laissez-passer lui permettant de franchir les barrages, se rendit au magasin de son ami et examina d'autres fragments du manuscrit. Il fut convaincu. Il devait aller à Bethléem et traiter directement avec le marchand arabe qui détenait le document. Sukenik courait de grands risques personnels en se rendant en zone arabe. Sans compter que, le lendemain même, les Nations unies avaient prévu de se prononcer par un vote sur la partition de la Palestine. Quelle que soit l'issue du vote, des hostilités générales allaient certainement s'ensuivre. Conscients du danger, sa femme et son fils Yigael (Yadin), alors commandant des forces armées juives, argumentèrent pour l'en dissuader. Leur persuasion eut gain de cause et ajourna la réalisation d'un rêve d'archéologue. Puis les Nations unies retardèrent leur vote. Jérusalem retenait son souffle. Une ouverture s'offrait à Sukenik. On était le 29 novembre 1947.

Les événements de cette journée, en ce qui concerne les manuscrits de la mer Morte, baignent dans une certaine confusion. Selon une version, Sukenik risqua sa vie en allant à Bethléem, ville arabe. Là, on lui montra trois rouleaux et il fut même autorisé à les emporter à Jérusalem. Selon un autre récit, un ami arabe du professeur les lui apporta à Jérusalem. Peu importe, le résultat final est le même. Sukenik entra en possession de trois manuscrits, qui s'avérèrent être le *Rouleau de la Guerre*, le *Rouleau des Hymnes d'action de grâces* et une autre copie d'*Isaïe*, en un peu moins bon état que le magnifique manuscrit d'*Isaïe*, alors conservé à Saint-Marc.

Le lendemain du jour où ces antiques manuscrits hébreux parvinrent à l'Université hébraïque, les Nations unies votèrent la partition de la Palestine. Très ému par les deux événements, Sukenik vit dans cette coïncidence un signe symbolique. Ravi de l'acquisition des documents, le professeur raconta sa bonne fortune à quiconque voulait bien l'écouter. Environ une semaine plus tard, il en parla aux bibliothécaires de l'université. Dans un silence stupéfait, Sukenik entendit l'un d'eux lui relater que, quelques mois auparavant, il s'était rendu avec un autre membre du personnel de la bibliothèque au monastère Saint-Marc, dans la Vieille Ville, afin d'examiner quelques manuscrits. Le métropolite jacobite voulait connaître leur contenu, leur âge et savoir si l'Université hébraïque souhaiterait éventuellement les acquérir. Ils étaient écrits en caractères samaritains, avaient alors estimé les deux bibliothécaires, et n'étaient pas très anciens. Un peu plus tard, ce bibliothécaire avait téléphoné au monastère Saint-Marc pour transmettre la proposition d'un spécialiste de textes samaritains, mais Samuel était absent. On laissa donc tomber l'affaire.

Abasourdi, Sukenik n'en croyait pas ses oreilles. Ces manuscrits supposés samaritains faisaient partie de la collection qu'il possédait à présent, il en était certain. Il était tenté de passer par Saint-Marc en retournant chez lui, mais la Vieille Ville était maintenant possession arabe et personne n'y entrait sans laissez-passer. Or il n'était pas près d'en obtenir un, étant donné le grade de son fils. Même si, par quelque miracle, il obtenait ce laissez-passer, il n'avait pas d'argent à offrir pour les manuscrits.

Sukenik rentra chez lui et se mit à l'œuvre pour réunir des fonds. Lentement, de diverses sources, un peu d'argent commença à s'accumuler. Sukenik pensait qu'environ 1 500 livres palestiniennes (à l'époque environ 6 075 dollars) pourraient suffire. Les efforts entrepris pour atteindre le métropolite jacobite et entamer des négociations n'aboutirent pas. Puis, vers la fin de janvier, arriva de la Vieille Ville une lettre, envoyée par un homme dans la propriété duquel Sukenik avait dégagé, en 1945, une tombe juive très ancienne. Son nom était Anton Kiraz. Il proposait de lui montrer quelques rouleaux manuscrits mis en vente. Kiraz était un paroissien de Saint-Marc et, de plus, extrêmement proche de Samuel. Comme Sukenik avait effectué des fouilles dans une partie de sa propriété et le connaissait personnellement, Kiraz était excellemment placé pour servir d'intermédiaire entre le religieux et le professeur.

Kiraz prit des dispositions pour que Sukenik puisse examiner les manuscrits à l'YMCA (Young Men Christian Association), alors située en territoire neutre. Dès qu'il les vit, Sukenik offrit 100 livres pour les documents, se rappela Kiraz. Dans ses propres souvenirs écrits de cet épisode, Sukenik ne mentionne aucune offre. Quoi qu'il en soit, Kiraz lui permit d'emporter un rouleau à l'Université hébraïque pour une étude plus approfondie. Les autres documents demeurèrent dans un tiroir à l'YMCA. Le *Rouleau d'Isaïe* resta près d'une semaine à l'université, durant laquelle une portion (chap. 42 et 43) fut copiée à la hâte et avec quelques erreurs. En le rendant, Sukenik annonça que l'université était intéressée par l'achat de tous les rouleaux.

D'après Kiraz, le chiffre de 500 livres (2 025 dollars) fut mentionné. Mais, avait-il répondu, il devait en référer au métropolite Samuel. Sukenik aurait alors porté l'offre à 1 000 livres (750 pour Kiraz et 250 pour Samuel) ; cependant, Kiraz insista : il devait parler au métropolite. Il contacterait Sukenik dès qu'il aurait eu l'occasion de discuter de son offre. L'affaire en resta là.

C'est alors, début février 1948 et une bonne année depuis qu'ed-Dhib s'était pour la première fois glissé dans la grotte, que Samuel vit revenir à Saint-Marc, après un temps d'absence, son ami et compagnon de toujours, le moine Boutros Sowmy. C'était un homme cultivé et doué de jugement. Avec un intérêt grandissant, il apprit l'histoire de l'offre de Sukenik et l'apparent empressement de Samuel à l'accepter. Si Sukenik tenait tellement à acquérir ces documents, raisonna Sowmy, mieux valait demander un autre avis avant de les vendre. Kiraz écrivit au professeur effondré qu'ils ne souhaitaient pas vendre immédiatement, mais attendraient que la situation locale se stabilise un peu afin de pouvoir, peut-être, obtenir l'avis d'experts internationaux et des offres de l'étranger.

Entre-temps, Sowmy se rappela ses relations cordiales avec l'American School of Oriental Research, située au nord de la Vieille Ville, assez près de l'École biblique. Il téléphona et son appel fut transmis à John Trever, chercheur attaché à l'École américaine, qui en était temporairement responsable en l'absence du directeur, Millar Burrows. Sowmy demanda si Trever pourrait l'aider à dater quelques vieux manuscrits qui traînaient dans la bibliothèque de Saint-Marc depuis des années. Par prudence, les Américains ne se rendaient plus dans la Vieille Ville depuis un certain temps. C'était à présent extrêmement dangereux. Les documents pouvaient-ils être apportés à l'École américaine ? En réponse, Sowmy convint de venir lui-même avec les rouleaux le lendemain après-midi à quatorze heures trente.

Trever examina les manuscrits avec une excitation croissante. Les caractères du *Rouleau d'Isaïe*, bien qu'étant de toute évidence hébraïques, lui semblaient néanmoins étranges. Pourtant, il avait déjà vu quelque part une forme d'écriture similaire. Trever, photographe remarquable et invétéré, n'était pas homme à rester bien loin des appareils photographiques et des clichés. Sur son bureau se trouvait une série de diapositives concernant les origines de la Bible anglaise. Il en retira une photo du *Codex* du British Museum, datant du IXe siècle apr. J.-C. L'écriture des manuscrits apportés par Sowmy était plus ancienne. Il sortit ensuite une diapositive du papyrus Nash, fragment du IIe siècle où figurait l'hébreu biblique le plus ancien alors connu. L'écriture était similaire, mais non exactement identique. Difficile de parvenir à une certitude : la diapositive était bien trop petite pour permettre une comparaison détaillée dans la visionneuse manuelle. Ses appareils photographiques se trouvant malheureusement au musée du Département des antiquités, Trever copia à la main cette portion du manuscrit ouvert devant lui. Il proposa ensuite à Sowmy d'effectuer des documents photographiques complets de tous les rouleaux. Le moine était favorable à cette idée, mais devait en référer à son supérieur.

Sowmy partit. Trever établit rapidement qu'il avait copié une partie du chapitre 65 d'*Isaïe*. Le reste du *Livre d'Isaïe* figurait-il sur ce rouleau ? Se pouvait-il qu'il soit aussi ancien que le papyrus Nash ? Tôt le lendemain matin, après une nuit presque blanche, Trever décida de se rendre à Saint-Marc malgré le danger. Aidé de Mlle Faris, la secrétaire arabe de l'École américaine, il obtint les permis nécessaires et, risquant sa vie, à travers les ruelles hasardeuses, il se rendit, conduit par elle, au monastère orthodoxe. Il y rencontra le métropolite et finit par le convaincre : les manuscrits devaient être de nouveau apportés à l'École américaine, où le matériel photographique et les conditions étaient plus aptes à obtenir de bons résultats que dans la pénombre de la bibliothèque de Saint-Marc.

John Trever et William Brownlee passèrent le reste de la journée dans la bibliothèque de l'École américaine à écumer tous les matériaux qu'ils purent trouver sur les manuscrits anciens. Malheureusement, dans l'après-midi, l'électricité fut coupée à Jérusalem à cause des combats et des sabotages. Après avoir travaillé tard dans la nuit à la lumière de lampes à pétrole, les deux hommes acquirent la conviction que la forme d'écriture figurant sur le *Rouleau d'Isaïe* était aussi ancienne, sinon plus, que le papyrus Nash.

Le lendemain, un samedi, l'aube apparut lumineuse – du moins dehors, car l'électricité n'était toujours pas rétablie dans l'École. A neuf heures et demie, le métropolite et le père Sowmy arrivèrent avec les documents à photographier. Juste au moment où Trever allait utiliser la lumière du jour à travers une fenêtre, l'électricité revint. Avec l'aide de Brownlee, deux manuscrits, celui d'*Isaïe* et le *Commentaire d'Habacuc*, furent déroulés et photographiés. Vers la fin de l'après-midi, la tâche n'était pas achevée. Il restait trois rouleaux. Mais, à présent, les deux jeunes Américains avaient gagné la confiance des jacobites, qui leur laissèrent volontiers les rouleaux non photographiés et un fragment avant de rentrer à Saint-Marc. Parmi les multiples coïncidences entourant les manuscrits, nulle ne fut plus heureuse que la présence d'un photographe aussi remarquable que Trever. Ses clichés du contenu des quatre manuscrits de la mer Morte provenant du monastère syrien orthodoxe (le cinquième était trop fragile pour qu'on l'ouvrît alors) constituent aujourd'hui les meilleurs matériaux disponibles pour l'étude de ces documents. C'est encore plus vrai depuis que les originaux ont pâli sous l'effet de l'exposition à la lumière, malgré des conditions de conservation contrôlées avec le plus grand soin.

Des fouilles ultérieures menées dans les grottes ont montré que les rouleaux avaient été endommagés quand on les sortit de leurs jarres et retira leur enveloppe. Des fragments des manuscrits étaient restés sur le sol de la grotte. Les documents avaient aussi été dépouillés de leur étoffe protectrice en lin et transbahutés çà et là dans des sacoches, des sacs en papier ou par d'autres moyens. Mais les précieux rouleaux étaient enfin entre des mains dévouées. Avant de les rendre au monastère Saint-Marc, on les enveloppa soigneusement. Le rouleau de cuir sérieusement endommagé fut placé dans une boîte confectionnée exprès. Pendant ces préparatifs, Trever envoya des copies photographiques à W. F. Albright, le doyen des archéologues du monde palestinien et le plus grand spécialiste des écritures anciennes, à l'université Johns Hopkins à Baltimore.

Les jours suivants, Trever, parfois accompagné de Burrows à présent de retour, se rendit fréquemment à Saint-Marc ; chaque trajet était semé de dangers particuliers et nombreux. Souvent, le monastère fournit des vigiles pour assurer sa sécurité. Une fois au moins, les rouleaux revinrent à l'École américaine. Trever n'était pas satisfait de tous ses clichés initiaux. Incorrigible perfectionniste en matière de photographie, il voulait recommencer ceux du *Rouleau d'Isaïe*. Pour cela, il fallait fouiller les boutiques de la ville en quête de la pellicule adéquate

– une recherche difficile. On ne dénicha que des pellicules pour portrait périmées. Néanmoins, Trever se réjouit de cette trouvaille.

Le 15 mars, une lettre des États-Unis parvint à l'École américaine :

> Mes très chaleureuses congratulations pour la plus magnifique découverte de manuscrits survenue à l'époque moderne ! Je n'ai personnellement aucun doute : cette écriture est plus archaïque que celle du papyrus Nash [...] Je miserais plutôt sur une date autour de 100 av. J.-C. ! [...] Quelle découverte absolument incroyable ! Et il ne peut heureusement exister le moindre doute sur l'authenticité du manuscrit.

L'œil expert d'Albright avait confirmé les espoirs du métropolite et l'avis érudit de Trever et de Brownlee.

Deux semaines plus tard, devant la montée régulière de la violence, l'École américaine dut être abandonnée. Trever fut le dernier à partir, le 5 avril. Samuel, sur les instances de différentes personnes, chercha un lieu sûr pour ses rouleaux. Saint-Marc était situé à un endroit particulièrement vulnérable. Un meilleur refuge, suggéra Sowmy, serait la chambre forte d'une banque de Beyrouth. Peu après, Sowmy fut tué par des éclats de bombe alors qu'il se tenait dans la cour du monastère. Beyrouth devint une étape pour les manuscrits en route vers l'Amérique, où le métropolite les emporta ensuite.

Finalement, Burrows, Trever et Brownlee purent continuer leurs travaux sur les textes et les publier. A présent célèbres, les manuscrits de la mer Morte furent exposés dans plusieurs villes des États-Unis et des milliers de personnes purent les voir. Une telle publicité augmentait leur valeur, mais les tentatives du métropolite pour les vendre étaient contrecarrées par les revendications à l'égard des manuscrits avancées à la fois par la Jordanie, la nouvelle nation d'Israël et l'intermédiaire Anton Kiraz. Si confuse semblait la propriété des manuscrits que les universités de Yale et de Duke trouvèrent des raisons de ne pas les acheter. Yale fit l'acquisition d'un *Journal* de Boswell pour une somme dite de 450 000 dollars. Duke construisit un autre bâtiment. La bibliothèque du Congrès exposa les manuscrits, mais se montra peu intéressée par leur éventuel achat. Enfin, ils furent placés en sécurité dans un coffre-fort qui leur fut spécialement destiné, chez un chrétien syrien orthodoxe à Worcester, dans le Massachusetts.

Pendant ce temps, les savants n'étaient pas tous d'accord avec l'opinion du professeur Albright, partagée pourtant par un nombre important et croissant de gens. Tovia Wechsler, journaliste et quelque peu féru d'hébreu, qui avait été l'un des premiers à voir les rouleaux et, à l'époque, les avait rejetés avec mépris, attaqua les opinions de Trever et maintint catégoriquement que l'histoire de leur découverte était pure supercherie. Les manuscrits n'étaient pas les seuls à se trouver en butte aux attaques : le métropolite Samuel, déclaré hors-la-loi en Jordanie, vit son intégrité et sa réputation publiquement mises en doute. Il décida de vendre les rouleaux par n'importe quel moyen. L'un d'eux consistait à passer une simple petite annonce. Le 1er juin 1954, dans le *Wall Street Journal*, parut cette offre de vente :

VENTES DIVERSES

LES QUATRE MANUSCRITS DE LA MER MORTE

> Des manuscrits bibliques remontant au moins au IIe siècle av. J.-C. sont à vendre. Constitueraient un don idéal à faire individuellement ou collectivement à une institution religieuse ou à un organisme culturel. Boîte postale F 206, *Wall Street Journal.*

Le 1er juillet, après de délicates négociations, le métropolite, muni des rouleaux et accompagné de deux autres personnes, arriva à l'hôtel Waldorf Astoria de New York. Ils y rencontrèrent Sidney Esteridge, l'acquéreur potentiel, assisté de ses avocats et de plusieurs experts. Le prix d'achat, 250 000 dollars, avait été convenu à l'avance. C'était de toute évidence une aubaine. Après des discussions considérables portant sur différents détails de l'acte de vente, l'affaire fut conclue. Trois mois plus tard, la « Fondation Archevêque Samuel » d'aide aux églises syriennes orthodoxes se trouva fortement enrichie. Mais les statuts juridiques de la fondation n'avaient pas été correctement établis. La somme fut inscrite en tant que revenu personnel et le Service des revenus internes des États-Unis empocha le plus gros du prix d'achat.

Tout ce que le métropolite savait, c'était que les rouleaux se trouvaient dans la collection privée d'un riche Américain. En février 1955, le Premier ministre israélien annonça que ces quatre manuscrits étaient en Israël. Comment devinrent-ils possession de l'État d'Israël ? La question resta mystérieuse jusqu'à ce que le professeur Yigael Yadin n'en révélât le fin mot. Il raconta comment, au cours d'un bref séjour aux États-Unis, on attira son attention sur la petite annonce. Il connaissait la valeur de ces manuscrits et se rappelait les tentatives désespérées de son père, le professeur Sukenik, pour les obtenir en juillet 1948. Yadin décida d'essayer de les acheter pour l'État d'Israël. Une démarche directe eût été peu avisée. Un subterfuge fut donc conçu. Sidney Esteridge agissait en fait pour Yadin et le gouvernement israélien.

Ainsi, les quatre rouleaux possédés auparavant par le métropolite Samuel réintégrèrent Jérusalem pour rejoindre d'autres rouleaux importants de la grotte 1 de Qoumrân. Ils arrivèrent à l'Université hébraïque, que le professeur Sukenik avait si longtemps honorée de ses connaissances. Mais, pour lui, c'était trop tard. Il était mort l'année précédente, écrivant dans son journal intime : « Le peuple juif a perdu un précieux héritage[1]. » Grâce à la diligence de son fils, les rouleaux avaient bouclé la boucle, après être passés entre les mains de bergers, de religieux et de savants, de musulmans, de chrétiens et de juifs, jusqu'à leur demeure présente dans la Maison du Livre à Jérusalem.

1. *The Shrine of the Book and Its Scrolls*, brochure publiée par la Maison du Livre, Jérusalem, p. 5.

CHAPITRE DEUX

Le contexte historique des manuscrits

Frank Moore Cross

Frank Cross, éminent professeur de Harvard, analyse ici la datation des manuscrits et en explique les méthodes de détermination. Il nous introduit ainsi à la paléographie, la science – ou l'art – d'analyser les écritures anciennes, et aux fouilles du site voisin des grottes où furent découverts les rouleaux. Il expose ensuite ses raisons d'identifier dans les habitants de Qoumrân les membres d'une secte religieuse nommés les Esséniens. Cross est convaincu de la véracité de sa conclusion – et son point de vue continue à représenter la tendance générale du monde érudit. En revanche, un certain nombre de savants ont récemment mis en doute cette identification. Dans les deux chapitres suivants, deux jeunes chercheurs – Lawrence Schiffman de l'université de New York et James VanderKam de l'université de Notre Dame – débattent avec vigueur cette question. Dans ce chapitre, le professeur Cross décrit les croyances des Esséniens telles que les reflètent les manuscrits de la mer Morte. Qu'il ait raison ou non d'affirmer que la secte de Qoumrân était essénienne, sa perspective sur le contenu des manuscrits superbement exprimée remporte l'assentiment général et sa description des concepts théologiques de la secte de Qoumrân est assurément pertinente. Pour terminer, Cross tente de situer l'histoire des Esséniens (que sont, selon lui, les habitants de la communauté de Qoumrân) dans un contexte historique spécifique, allant jusqu'à identifier le Prêtre Impie si souvent vilipendé dans les manuscrits de la mer Morte.

*

Après un quart de siècle de découvertes et de publications, l'étude des manuscrits du désert de Judée est entrée dans une phase nouvelle, plus mûre. Il est vrai que le bruit et la fureur des premières controverses ne se sont pas entièrement dissipés. De temps à autre s'élève le cri d'agonie d'un savant se débattant sous une théorie effondrée. Et nul doute que, dans la presse à sensation, la « bataille des manuscrits » ne continue quelque temps encore à être perpétuée par des mercenaires. Néanmoins, la période initiale de confusion appartient au passé. Dans le jeune champ de la recherche sur les manuscrits et des nouvelles disciplines qui en naquirent, ont germé certains schémas cohérents de faits et de significations.

Grâce à des analyses externes fournies par les archéologues et les paléographes, on peut situer avec une relative certitude ces manuscrits et les hommes qui les écrivirent dans un cadre historique général. Une fois les manuscrits replacés à une époque spécifique, l'historien doit entamer son ardu labeur – ardu parce que le langage ésotérique des données internes des manuscrits posent des problèmes historiographiques particuliers. Les méthodes habituelles de la critique historique sont difficiles à appliquer sans que ne s'infiltre une subjectivité excessive.

Le contexte archéologique de la communauté de la mer Morte – ses grottes, son centre communautaire à Qoumrân, son annexe agricole à Aïn Feshka – a été établi au cours de six grandes saisons de fouilles. L'antique centre de Qoumrân a révélé une stratification archéologique très claire, et les couches, à leur tour, sont datées avec précision par les objets fabriqués qu'elles contiennent, notamment des pièces de monnaie. Pour l'époque qui nous intéresse tout particulièrement, le site témoigne de trois phases.

La première, dite Période 1a, est constituée par les restes des structures communautaires primitives les plus anciennes. Durant la Période 1b, l'établissement fut presque entièrement reconstruit et agrandi. Les monnaies suggèrent que les bâtiments de la deuxième phase ne furent pas construits après l'époque d'Alexandre Jannée (103-76 av. J.-C.). La datation de la première phase est plus difficile. La reconstruction des structures de cette période fut si complète qu'on n'en laissa que le minimum des fondations. Le problème est encore compliqué par la brièveté relative de la première phase et la petite dimension des objets retrouvés. Les pièces de monnaies accumulées dans les fondations des premières années d'occupation sont peu nombreuses. De plus, les monnaies ont une durée de validité considérable. Quand Alexandre

Jannée introduisit les nouvelles monnaies juives, des pièces des rois séleucides continuèrent à circuler. Les plus anciennes pièces de la Période 1a sont apparemment cinq pièces de cuivre séleucides d'une date imprécise à partir du règne d'Antiochus VII Sidétês (138-129 av. J.-C.). Ce fait et d'autres témoignages numismatiques indiquent que les premiers bâtiments furent sans doute construits dans le site du désert de Qoumrân à un moment donné entre 140 et 100 av. J.-C.

Dans la deuxième phase, la Période 1b, le centre communautaire prit sa forme permanente, peut-on dire, même si des réparations ou des agrandissements mineurs furent introduits avant la destruction de ses bâtiments dans le séisme de l'an 31 av. J.-C., que rapporte Flavius Josèphe, l'historien du Ier siècle de l'ère chrétienne. Après une période d'abandon courte mais précise, le site – dans la troisième phase – fut réoccupé, reconstruit et restauré selon le plan exact de l'ancienne communauté. Il prospéra jusqu'en 68 apr. J.-C., date où l'armée de l'empereur Vespasien le prit d'assaut et l'occupa.

En théorie, il n'existait pas, à mon avis, forcément de lien entre les communautés occupant les ruines à chacune de ces phases[1]. Mais en fait, les communautés des deuxième et troisième phases, et très probablement celle de la première phase, peu connue, constituaient le prolongement d'une même communauté. Concevoir l'existence de deux communautés successives, menant la vie particulière reflétée à Qoumrân et sans relation l'une avec l'autre, dépasse l'imagination normalement vive de l'historien. Le cadre même de la communauté appelle une explication spéciale, car seules de puissantes motivations pourraient envoyer un important groupe de personnes dans cette région désertique. Le caractère singulier du centre communautaire, cependant, est encore plus difficile à expliquer que l'environnement désolé choisi par ces gens. Le site construit se composait d'installations communautaires pour l'étude, l'écriture, les repas, les industries domestiques et les entrepôts communs. Les membres de la communauté (du moins la plupart) n'habitaient pas dans ces bâtiments, mais dans des grottes et des abris situés dans un rayon proche. Les fonctions architecturales des pièces et des structures correspondent donc à un mode particulier de vie religieuse et communautaire. Nous pouvons seulement conclure que les adeptes des manuscrits fondèrent la communauté dans la seconde moitié du IIe siècle apr. J.-C. et l'occupèrent,

1. Comme le prétend, par exemple, G. R. Driver dans son étude arbitraire et fantaisiste, *The Judaean Scrolls*, Oxford, Blackwell, 1965.

avec une brève interruption sous le règne d'Hérode le Grand, jusqu'aux jours terribles de la Révolte juive (66-70 apr. J.-C.), qui s'acheva avec la destruction de l'État juif par les Romains. L'analyse paléographique de quelque huit cents manuscrits retrouvés à Qoumrân corrobore immédiatement cette datation fournie par les témoignages archéologiques.

Les grandes lignes de l'évolution de l'écriture araméenne tardive et de l'écriture juive primitive employée pour les livres avaient déjà été établies en se fondant sur des documents et inscriptions analysés entre les deux guerres mondiales[1]. A présent, grâce aux découvertes du désert de Judée, la paléographie juive des temps primitifs s'est enrichie en matériaux utiles à la typologie des écritures[2]. Ces découvertes ne se limitent pas aux manuscrits de Qoumrân en caractères littéraires paléo-hébraïques, juifs et grecs, mais comprennent aussi les importantes découvertes du Wadi Murabba'ât et du Nahal Hever, écrits dans les deux formes – officielle et cursive – de même qu'en grec, latin et nabatéen. Tandis que ces découvertes occupaient le centre de la scène, d'autres, provenant du Wadi ed-Daliyé au nord de Jéricho, des fouilles de Khirbet Qoumrân, des tombes de Jérusalem, de Khirbet el-Kom et des fouilles de Massada, pour ne mentionner que les plus importantes, se sont régulièrement étendues, accroissant nos connaissances sur l'évolution et la datation relative des caractères juifs primitifs.

Non seulement nous possédons maintenant d'abondants matériaux pour une analyse typologique précise des caractères des manuscrits de Qoumrân, mais nous avons aussi rassemblé une série de caractères, datés par des études extérieures à notre recherche, qui permettent de confirmer avec une certitude absolue des dates auparavant relatives obtenues par l'étude typologique. Les documents les plus frappants sont sans aucun doute ceux contenant des formules de dates de la fin du IVe siècle av. J.-C. (ed-Daliyé), du IIIe siècle av. J.-C. (el-Kom), et des Ier et IIe siècles de l'ère chrétienne (Qoumrân, Murabba'ât et Hever), qui se chevauchent en partie et reculent plus tôt le début et plus tard la fin de la collection de Qoumrân. A ces documents peuvent être ajoutés ceux de fouilles, notamment de Qoumrân même et de Massada, datés du Ier siècle av. J.-C. et plus tard grâce à leur environnement archéologique.

1. W. F. Albright, « A Biblical Fragment from the Maccabean Age : The Nash Papyrus », *Journal of Biblical Literature*, vol. 56, 1937, p. 145-176.
2. F. M. Cross, « The Development of Jewish Scripts », dans G. Ernest Wright, éd., *The Bible and the Ancient Near East*, New York, Doubleday, 1961.

Les caractères de Qoumrân appartiennent à trois périodes de développement paléographique. Un très petit groupe de manuscrits bibliques appartient à un style archaïque dont les limites sont environ 250-150 av. J.-C. Ensuite, un grand nombre de manuscrits de Qoumrân, bibliques et non bibliques, furent écrits dans un style reflétant la période hasmonéenne, c'est-à-dire entre 150 et 30 av. J.-C. Parmi eux, des rouleaux au contenu spécifiquement sectaire, dont beaucoup furent composés et copiés à Qoumrân, ne commencent que vers le milieu de la période hasmonéenne – environ 100 av. J.-C. Enfin, vient un corpus assez important de manuscrits hérodiens datés entre 30 av. J.-C. et 70 apr. J.-C.

La fin de la collection, avec des caractères hérodiens tardifs, correspond précisément aux données archéologiques. La bibliothèque fut abandonnée au moment de la destruction de la communauté en 68 apr. J.-C. Nous devons aussi établir les origines de la communauté à une époque qui ne soit pas plus tardive que la date des plus anciens textes sectaires, c'est-à-dire un peu avant 10 av. J.-C. Les rouleaux non sectaires, en particulier les manuscrits bibliques, commencent à se faire nombreux vers 150 av. J.-C. Les rouleaux de la période archaïque sont extrêmement rares et constituaient probablement des originaux apportés dans la communauté au moment de sa fondation. Les copies de rouleaux sectaires aussi caractéristiques que la *Règle de la Communauté* et l'*Écrit de Damas* remontent au début du Ier siècle av. J.-C. Les commentaires sectaires d'*Habacuc*, *Nahum* et d'autres œuvres bibliques datent en majorité de la seconde moitié du Ier siècle av. J.-C. et contiennent un fonds traditionnel d'interprétations bibliques développées dans la communauté durant ses premiers temps, puis catalysées en textes pendant une brève période assez tard dans la vie de la secte.

Les textes classiques ayant subsisté et traitant du IIe siècle av. J.-C. mentionnent quatre mouvements juifs en Judée : le hassidisme, « congrégation » pieuse disparue à l'époque des Maccabées (175-37 av. J.-C.), et trois ordres nés au plus tard au début de la période hasmonéenne[1] qui puisent sans doute leur origine dans la période des Maccabées. Ce sont les Esséniens, les Pharisiens et les Sadducéens. Parmi eux, seul l'ordre essénien peut être décrit comme séparatiste, au sens radical où ses adeptes se considéraient comme l'unique véritable

1. Les souverains de la Judée, après la révolte des Maccabées, furent la dynastie hasmonéenne.

Israël et s'abstenaient de tout contact avec leurs frères juifs. Josèphe nous apprend que les Esséniens rejetaient même le service sacrificiel du Temple, qu'ils jugeaient impur, et « offraient eux-mêmes leurs sacrifices ». Pline l'Ancien (ou plus exactement ses sources) parle de leur « ville » dans le désert entre Jéricho et Ein Gedi, près du rivage de la mer Morte – là où se trouvent les ruines de Qoumrân.

Cette mention de Pline, en l'absence d'arguments contraires, est un élément décisif pour l'identification essénienne des sectaires de Qoumrân. Nous ne connaissons aucune autre secte née au IIe siècle av. J.-C. qui puisse être associée à la communauté du désert. L'exploration de la surface du site n'a révélé aucun autre établissement rival pendant l'ère en question. De plus, la communauté de Qoumrân était précisément organisée comme un nouvel Israël, une véritable secte qui répudiait la prêtrise et les cultes de Jérusalem. Ni les Pharisiens ni les Sadducéens ne correspondent à ces caractéristiques, alors que c'est totalement le cas pour les Esséniens. Il n'y a nulle raison de s'acharner contre cette perspective. Un examen attentif des références classiques parallèlement aux textes de Qoumrân établit cette identification, à mon avis, au-delà de tout ergotage.

L'argument le plus fort qu'on ait pu opposer à l'identification de la secte de Qoumrân avec les Esséniens est le suivant : puisque la Palestine « fourmillait » de sectes obscures au Ier siècle de l'ère chrétienne, il faut se montrer très prudent dans l'assimilation de la secte de la mer Morte à un groupe connu. Or cet argument ne restait plausible que du temps où l'on connaissait seulement quelques manuscrits, de date incertaine.

La secte de Qoumrân n'était pas l'un de ces petits groupes éphémères du Ier siècle de l'ère chrétienne. Son importante communauté de Qoumrân fut établie au IIe siècle av. J.-C. et fleurit encore pendant deux siècles ensuite, ou davantage. En outre, elle n'était pas limitée à Qoumrân, mais, comme les Esséniens des sources classiques, comptait des camps et des communautés sédentaires à travers les villages de toute la Judée.

Sa propre littérature sectaire, extrêmement abondante, exerça une influence considérable sur la littérature des sectes postérieures, y compris chrétienne. La tâche, donc, consiste à identifier une secte majeure du judaïsme. Supposer qu'un important groupe juif de cette époque passa inaperçu dans nos sources est tout simplement invraisemblable.

Le chercheur continuant à « se montrer très prudent » dans l'identification essénienne de la secte de Qoumrân se place dans une position surprenante : il doit proposer avec des arguments sérieux la thèse que *deux* groupes majeurs formaient des collectivités religieuses de type communautaire dans la même région du désert de la mer Morte et vécurent effectivement ensemble pendant deux siècles, professant des vues analogues et singulières, pratiquant des lustrations, des repas rituels et des cérémonies similaires ou plutôt identiques. Il doit supposer qu'un de ces groupes, soigneusement décrit par des auteurs classiques, disparut sans laisser de vestiges de constructions ni même de tessons ; l'autre groupe, systématiquement ignoré par les sources classiques, laissa de vastes ruines, et même une bibliothèque fabuleuse. Je préfère user de hardiesse et assimiler carrément les hommes de Qoumrân à leurs hôtes perpétuels, les Esséniens. Quoi qu'il en soit, dans les pages suivantes, je vais adopter cette identification et faire largement appel aux textes classiques et à ceux de Qoumrân.

Les Esséniens de Qoumrân constituaient un groupe sacerdotal. Leur chef était un prêtre. L'ennemi suprême de la secte était un prêtre, généralement nommé le Prêtre Impie. Le protocole de la communauté essénienne donnait la préséance aux prêtres et le rang d'un prêtre-messie dans les temps à venir était supérieur à celui du messie traditionnel davidique ou royal. Certaines raisons portent à croire que la secte observait un système sacrificiel dans sa communauté de Qoumrân. En tout cas, la communauté se préoccupait des traditions sacerdotales, de la loi cérémonielle, des ordres des prêtres et du calendrier liturgique. Un grand nombre de leurs textes sectaires reflètent un intérêt presque obsessionnel pour l'orthopraxie (la pratique et l'observance orthodoxes correctes).

La communauté désignait ses prêtres du nom de « fils de Sadoq », c'est-à-dire les membres de la lignée ancienne de grands-prêtres instituée dans l'Écriture. En même temps, elle couvrait de mépris et d'âpres condamnations les prêtres impies de Jérusalem, qui, affirmait-elle, étaient illégitimes. Cette animosité manifestée par les prêtres de Qoumrân envers la prêtrise au pouvoir en Judée n'avait pas simplement pour origine des différences doctrinales. Nos textes reflètent plutôt une lutte historique pour le pouvoir entre des familles de grands-prêtres. Perdants, les Esséniens se retirèrent et formèrent leur communauté en exil, organisée comme un contre-Israël dirigé par une contre-prêtrise, ou aux yeux des Esséniens, comme l'authentique Israël de Dieu dirigé par la prêtrise légitime. Le théocrate de Jérusalem, surnommé le Prêtre Impie, attaqua la prêtrise essénienne, même en exil, et attenta à la vie du Maître de Justice, chef et grand-prêtre des Esséniens. Pour leur part, les prêtres esséniens attendaient avec confiance l'intervention divine qui établirait leur cause. Le Prêtre Impie et sa clique, prédisaient-ils, mourraient de mort violente par la main de Dieu et celle de leurs ennemis. Et ils fouillaient minutieusement l'Écriture à la recherche de prophéties sur la fin des temps, lorsque, eux, les pauvres du désert, seraient réhabilités à leur juste place dans une Jérusalem nouvelle, transfigurée.

Mentionner les espoirs esséniens d'une nouvelle ère de gloire nous conduit naturellement à quelques commentaires sur les conceptions théologiques particulières de la secte des Esséniens ; elles nourrissaient sa compréhension de l'histoire et donnaient à sa communauté ses institutions spécifiques. Les Esséniens étaient au cœur du mouvement dit *apocalyptique*. Les derniers visionnaires de l'Ancien Testament, notamment l'auteur du *Livre de Daniel*, de même que les communautés baptistes et chrétiennes ultérieures, prirent conscience qu'ils vivaient à la fin de l'Ère ancienne, ou plutôt aux jours où l'Ère ancienne s'achevait tandis que naissait le Royaume de Dieu. Selon l'apocalyptique, la montée des forces du mal dans l'histoire reflétait l'ultime assaut provocateur des pouvoirs cosmiques de Satan. Les dons de l'Esprit-Saint, manifestes dans la communauté des fidèles, préfiguraient l'Ère de l'Esprit qui allait succéder à la guerre finale pendant laquelle l'Esprit de Vérité et ses armées célestes mettraient un terme au règne des forces des ténèbres.

La constitution de la communauté essénienne était la cristallisation d'une vision apocalyptique. Chaque institution de la communauté, chacune de ses pratiques représentaient une préparation à la vie dans la Nouvelle Ère du règne de Dieu, ou, par anticipation, une réalisation de cette vie. D'une part, leur vie communautaire évoquait une reconstitution des événements des derniers temps, tant ceux de l'Ère ancienne que de l'Harmaguédôn ; d'autre part, cette vie communautaire étant l'héritière du royaume, elle participait déjà aux dons et aux splendeurs qui étaient les premiers fruits de l'ère à venir.

Pour les apocalypticiens de Qoumrân, la clef de ces mystères futurs étaient à portée de main. Il suffisait de lire les prophéties bibliques avec la compréhension insufflée à l'interprète inspiré (c'est-à-dire à celui qui lit sous le pouvoir de l'Esprit-Saint), parce que les secrets des événements des temps derniers étaient annoncés par Dieu à travers la bouche de ses saints prophètes. Les Esséniens scrutaient donc l'Écriture. Ils développèrent un corpus d'exégèse traditionnelle, sans nul doute guidée par les modèles qu'avait exposés leur fondateur, comme le reflètent la majorité de leurs œuvres et surtout leurs commentaires bibliques (*pesharim*), où fut consignée la tradition de leur communauté.

Dans l'exégèse apocalyptique, trois principes doivent être gardés à l'esprit. D'abord, la prophétie concerne, en termes clairs ou énigmatiques, les temps derniers. Ensuite, ces temps dits derniers sont en fait le présent, l'époque de la vie de la secte. Enfin, l'histoire de la rédemption de l'Israël ancien, son administration et ses institutions sont les prototypes des événements et des grandes figures du nouvel Israël.

Sur cette base, le camp des Esséniens dans le désert a trouvé son prototype dans le camp de Moïse décrit dans les *Nombres* (voir versets 2-4; 9,15-10,28). Les Esséniens se retirèrent dans le désert pour y « préparer les voies du Seigneur ». Comme Dieu avait établi son antique alliance dans le désert, de même les Esséniens entrèrent dans la Nouvelle Alliance lors de leur retour au désert. Comme Israël dans le désert fut rassemblé en rangs d'armée afin de préparer la guerre sainte de la conquête, de même les Esséniens rassemblèrent leur communauté en ordre de bataille et rédigèrent des liturgies de la guerre sainte de l'Harmaguédôn, ne vivant que pour le jour de la seconde conquête où ils marcheraient sur Sion avec leurs chefs messianiques. En attendant, ils observaient les lois de pureté édictées dans l'Écriture pour les soldats de la guerre sainte, et ce régime ascétique était en même temps une anticipation de la vie avec les saints anges au pied du trône de Dieu, requérant une pureté rituelle similaire.

L'administration de la secte reflète cette typologie apocalyptique. Le nombre des effectifs du conseil communautaire était calqué sur celui des princes d'Israël et de Lévi dans le désert; en même temps, ses membres préfiguraient les juges qui gouverneraient les tribus d'Israël pendant la Nouvelle Ère. Comme Dieu avait envoyé Moïse, Aaron et David, ainsi les Esséniens cherchaient trois messies – un prophète, un prêtre et un roi. Le fondateur de leur communauté portait un surnom tiré de la Bible, le Maître de Justice (d'après l'interprétation essénienne d'*Osée* 10,12 et de *Joël* 2,23[1]), apparemment compris

1. Car la « pluie automnale » du *Rouleau des Hymnes* (O, 16) rappelle ce verset de Joël et le mot hébreu (*môrêh*, *yôrèh*) peut signifier « pluie automnale » ou bien « celui qui enseigne, le maître », comme l'explique A. Dupont-Sommer dans *Les Écrits esséniens découverts près de la mer Morte*, Paris, Payot, 1960, p. 242, n. 6. *(NdT)*

comme le titre d'un prêtre précurseur de l'âge messianique. Et même les ennemis de la secte, tels le Faux Oracle, le Lion Courroucé et d'autres encore, portaient tous des noms ingénieusement choisis d'après les prophéties.

Les grands événements historiques de leur époque étaient découverts dans l'Écriture, prédits sous forme de signes des temps eschatologiques : le règne séleucide, les guerres des Hasmonéens, la montée des Romains et la conquête de la Palestine par Pompée. Les péripéties internes de la vie et de l'histoire de la secte étaient annoncées dans les paroles des prophètes sur un ton encore plus dramatique. Nous nous heurtons ici à l'une des difficultés majeures lorsqu'on veut écrire l'histoire des Esséniens. Les événements politiques importants et les événements – de notre point de vue – mineurs ou privés de la vie de la secte sont imbriqués dans l'exposition essénienne de l'Écriture avec une complexité étourdissante et, comme si ce problème ne suffisait pas à compliquer la tâche, l'ensemble est enrobé dans le langage ésotérique de l'apocalyptique.

En résumé, les Esséniens de Qoumrân étaient une communauté formée et guidée par un groupe de prêtres sadocides. Pendant la seconde moitié du IIe siècle av. J.-C., ayant perdu l'espoir de regagner leur ancienne autorité dans la théocratie de Jérusalem et poursuivis par l'active persécution d'une nouvelle maison de prêtres régnants, ils s'enfuirent dans le désert. Là, fondant une nouvelle espérance sur des rêves apocalyptiques, ils se préparèrent au jugement dernier qu'ils croyaient imminent, où leurs ennemis seraient vaincus et, à eux-mêmes, les élus de Dieu, serait donnée la victoire finale selon les prédictions des prophètes.

Discerner le conflit sacerdotal qui entraîna la constitution du groupe essénien dissident ne présente guère de difficulté. Sous le règne d'Antiochus IV Épiphane (175-164 av. J.-C.), la succession légitime des grands-prêtres sadocides s'entacha d'irrégularité. La fonction de grand-prêtre devint une récompense dispensée par le souverain séleucide Antiochus et adjugeable au plus offrant. La lutte entre les rivaux prétendant au ministère théocratique prit bientôt l'ampleur d'une guerre civile. Profitant du chaos qui s'ensuivit, Antiochus perpétra d'effroyables massacres, terminant par la profanation mémorable du Temple et l'hellénisation de la sainte Jérusalem. Le décor était planté pour la montée des Maccabées ; leur destinée fut de conduire les juifs au cours d'une héroïque guerre d'indépendance ; puis, après avoir gagné la popularité en délivrant Juda des souverains étrangers, ils usurpèrent à leur tour la fonction sacerdotale. Ainsi, l'antique maison des Sadocides fit place à l'énergique, mais illégitime, dynastie hasmonéenne. C'est précisément dans la lutte entre les maisons sacerdotales et leurs fidèles qu'il faut chercher l'origine des Esséniens.

L'historien ne devrait peut-être rien dire de plus. Cependant, les allusions historiques figurant dans les commentaires bibliques esséniens suscitent l'envie de reconstituer avec davantage de précision les origines de la secte de Qoumrân. Nous aimerions connaître l'identité du Prêtre Impie de Jérusalem et déterminer plus exactement les circonstances de la fuite et de la persécution des dissidents. Et nous aimerions, si possible, comprendre le lien existant entre la secte essénienne et les autres groupes juifs, en particulier celui des Pharisiens, qui naquit dans le même contexte historique. Peut-être est-ce trop demander que de vouloir identifier le Maître essénien ou d'autres grandes figures de la secte qui, replacées dans une perspective historique générale, ne jouèrent que des rôles insignifiants.

Les débats des spécialistes sur ces détails plus précis de l'histoire des Esséniens ne sont point clos. Aucun consensus n'a fini par émerger. Mes propres idées ont notablement évolué à mesure que les données archéologiques et paléographiques se sont accumulées, réduisant le champ des possibilités. Il est néanmoins fort vraisemblable, à mon avis, que le Prêtre Impie de Jérusalem puisse être le grand-prêtre Simon Maccabée, le dernier et peut-être le plus grand des cinq frères Maccabées. En février 134 av. J.-C., Simon, accompagné de Judas (sans doute son fils aîné) et de Mattathias (son plus jeune fils), entama le tour des villes de Judée. Manifestement, il passait en revue les fortifications qu'il avait fait édifier ou en cours de construction. Durant ce voyage, Simon et ses fils descendirent à Jéricho, alors administrée sous l'autorité de Simon par un nommé Ptolémée, fils d'Aboubos. Ptolémée, qui nourrissait l'ambition de prendre le pouvoir en Judée, organisa un complot de vaste envergure.

L'occasion rêvée par Ptolémée survint à l'occasion de la visite de Simon à Jéricho. Ptolémée offrit un banquet en l'honneur de ses victimes dans une forteresse récemment achevée qui gardait Jéricho. Quand Simon et ses fils sombrèrent dans l'ivresse, les hommes de Ptolémée assassinèrent Simon, et plus tard ses deux fils. Mais le complot se solda par un échec : Jean Hyrcan, le fils survivant de Simon, qui se trouvait alors à Gézer, échappa aux assassins envoyés pour le tuer et s'enfuit à Jérusalem, à temps pour rallier des juifs loyaux contre les troupes qu'avait envoyées Ptolémée afin de prendre la ville. Ptolémée appela immédiatement à l'aide Antiochus VII Sidétês. Une aide qui arriva trop tard pour le secourir ; cependant, Antiochus réussit à soumettre le pays et força Jérusalem à se rendre.

Ces événements s'accordent bien avec certaines allusions historiques trouvées dans la *Liste des Testimonia* de la grotte 4 de Qoumrân. L'un des *Testimonia* (le quatrième) parle d'un « Maudit », prédit dans *Josué* 6,20, verset qui suit le récit de la destruction de Jéricho : « Que le Seigneur maudisse la lumière qui se pose sur l'homme s'avançant pour rebâtir cette ville de Jéricho : les fondations lui coûteront son fils aîné, les portes lui coûteront son benjamin. »

La malédiction se réalisa une fois au IXe siècle av. J.-C. Jéricho fut rebâtie par un certain Hiel qui y perdit ses fils (voir I *Rois* 16,34). Les Esséniens choisirent ce texte, dont la prophétie s'était réalisée une fois, et le réappliquèrent à leur propre époque. Un passage des *Testimonia* en partie reconstitué annonce :

> Or voici qu'un homme maudit, un homme de Bélial, viendra au pouvoir pour être un filet de piégeur et une destruction pour tous ses voisins. Il viendra au pouvoir et [ses fils avec lui...], tous deux devenant des instruments de violence ; ils rebâtiront la [ville...], érig[eront] pour elle une muraille et des tours afin d'en faire une forteresse d'impiété [dans le pays, de perpétrer un grand mal] en Israël et des horreurs en Éphraïm et en Juda [... ils] comm[ettront] la profanation dans le pays et une grande honte parmi les enfants de [Jacob ; ils verseront le sa]ng comme de l'eau sur les remparts de la fille de Sion et dans le district de Jérusalem.

Si nous suivons le schéma de l'exégèse apocalyptique adaptée précisément aux événements de la secte et prévalant dans son exposition de l'Écriture, nous devons chercher une péripétie ayant un lien avec la fortification de Jéricho par un grand ennemi de la secte lorsque la terrible malédiction de Josué se reproduisit. Et, plus exactement, nous devons chercher un grand-prêtre de Jérusalem qui associa ses fils à son ministère.

Les événements entourant le meurtre de Simon et ses deux fils à Jéricho lorsqu'ils vinrent en inspecter les nouvelles fortifications, de même que les répercussions sanglantes de leur triple assassinat, semblent expliquer avec pertinence la résurrection, par les Esséniens, de l'ancienne malédiction lancée sur Jéricho. La plupart des éléments de la prophétie offrent une correspondance frappante : l'homme maudit associé à ses deux fils dans la fortification de Jéricho, leur mort sous la main des acolytes de Ptolémée comme preuve de l'efficacité de la malédiction, la dévastation et l'effusion de sang qui s'ensuivirent en Judée et à Jérusalem. Il me paraît très difficile de ne pas conclure que Simon représente le Maudit des *Testimonia*.

Ce Maudit est-il le même homme que le Prêtre Impie ? Les autres *Testimonia* concernent le prophète, le prêtre et le roi messianiques, ainsi que le prêtre précurseur de la Nouvelle Ère qui fonda la secte. La présentation du Maudit dans le même contexte que les autres figures principales de la secte laisse à penser qu'il est en fait le Prêtre Impie.

Jonathan (162-143 av. J.-C.), le deuxième des frères Maccabées, et non Simon, fut le premier à usurper la fonction de grand-prêtre ; certains exégètes ont suggéré que ce serait plutôt lui le Prêtre Impie. Cependant, plusieurs facteurs historiques rendent cette supposition peu plausible. La position de Jonathan resta fragile tout au long de son ministère de grand-prêtre. L'indépendance juive ne fut pleinement gagnée que sous le règne de Simon. Jusqu'à la fin de sa vie, Jonathan lutta pour se maintenir face à des ennemis étrangers. Qu'il se soit senti suffisamment en sécurité pour se retourner contre ses compatriotes juifs et persécuter les Sadocides (Esséniens) semble peu probable. En outre, étant donné la nature *de facto* de son gouvernement théocratique et l'incertitude de l'époque, les prêtres sadocides n'auraient pas fui Jérusalem en perdant tout espoir lorsque Jonathan revêtit la robe de grand-prêtre. Au contraire, on s'attendrait plutôt à ce que cette fuite ne fasse qu'*amorcer* les hostilités entre les nationalistes partisans des Maccabées et les orthodoxes.

Simon, le successeur de Jonathan, réalisa les rêves nationalistes de ses frères. La deuxième année de son gouvernement, il réussit à chasser la garnison syrienne de la citadelle de Jérusalem. C'est alors seulement que la Judée se libéra entièrement du joug des Séleucides. Simon gouverna en paix et eut toute latitude pour consolider son royaume. En 140 av. J.-C., la troisième année de son gouvernement, se tint une grande assemblée « des prêtres, du peuple, des chefs de la nation et des anciens du pays ». On ne saurait sous-estimer l'œuvre de cette assemblée et la portée de son décret pour l'histoire de la haute prêtrise. Ce décret fut gravé sur des stèles de bronze érigées ensuite sur le mont Sion. Simon fut nommé grand-prêtre *de jure* et la haute prêtrise fut donnée à jamais à la maison de Simon, « jusqu'à ce que paraisse un prophète légitime » (I *Maccabées* 14,30-39). Ici se trouve revendiquée la passation légale de la haute prêtrise de la dynastie des Sadocides (investie de cette fonction par David !) à celle des Hasmonéens. L'illégitimité de la maison de Simon est tacitement admise dans la phrase « jusqu'à ce que paraisse un prophète légitime », c'est-à-dire, jusqu'à ce que se manifeste dans les temps à venir un arbitre définitif entre les maisons rivales. Le décret, en outre, avertissait qu'aucune opposition à Simon par un laïc ou un prêtre ne serait tolérée, interdisait les réunions privées (sans l'autorisation de Simon) et menaçait de punition tous ceux qui contreviendraient à ces décisions.

Dans ce décret se discerne nettement la détermination du nouveau pontife, prêt à écraser toute opposition et à persécuter quiconque refuserait de reconnaître l'entière légitimité de sa fonction. Un tel programme, survenant dans les premières années de l'ethnarchie de Simon, semble fournir l'occasion appropriée pour déclencher la cristallisation de la secte essénienne, sa persécution et celle du Maître de Justice, ainsi que l'exil dans le désert de Judée.

Simon avait la liberté, le pouvoir, la popularité nécessaires pour éliminer l'opposition juive à la montée de son parti et de sa maison, et il en avait l'inclination. Certains textes, en particulier les *Testimonia*, témoignent en faveur de mon assimilation du Prêtre Impie à Simon. Enfin, on ne doit pas négliger le fait que les témoignages archéologiques réunis pour la datation de la fondation de la communauté correspondent plus aisément à une date du règne de Simon que de celui de Jonathan.

Bien sûr, je n'ai pas parlé d'un grand nombre de textes concernant le Prêtre Impie et ses relations avec le Maître de Justice et la communauté exilée. La plupart correspondent tout aussi bien à Jonathan qu'à Simon, et même en fait à plusieurs autres prêtres – on ne saurait invoquer une pénurie de prêtres impies à cette époque, si l'on peut dire. Mais un dernier texte mérite d'être mentionné. Dans un passage du *Commentaire d'Habacuc*, l'exégète explique : « Ceci désigne le prêtre dont l'infamie est devenue plus grande que l'honneur. Car il [...] a marché dans les voies de l'ivresse afin d'étancher sa soif. Mais la coupe de la colère de Dieu l'engloutira [...]. » Le grand-prêtre fit ribote une fois de trop. A Jéricho, sous la main de Ptolémée, la coupe du plaisir se changea en coupe de colère et engloutit Simon. C'est ainsi que j'interprète le texte.

J'ai défini le cadre général de la vie de la communauté essénienne dans le désert, peut-être également réussi à identifier le scélérat décrit dans les textes ésotériques et, sans aucun doute, illustré les difficultés complexes et les frustrations qui attendent quiconque étudie la bibliothèque essénienne de Qoumrân.

DEUXIÈME PARTIE

Les origines

CHAPITRE TROIS

Les origines sadducéennes de la secte des manuscrits de la mer Morte

Lawrence H. Schiffman

Certains désaccords profonds, auxquels nous introduit ce chapitre, opposent les chercheurs à propos des manuscrits de la mer Morte. Pourtant, où que soit la vérité, nous trouvons ici des données précieuses sur leur contexte et elles font l'unanimité.

L'auteur de cet article, un jeune et remarquable savant juif, étudie les manuscrits dans une perspective plus juive que ne l'ont fait nombre d'exégètes dans le passé.

Selon sa thèse principale, les dissidents de Qoumrân n'étaient pas des Esséniens – ou bien, s'ils l'étaient, nous devons changer radicalement nos idées sur ce qu'être essénien signifiait. Pour lui, les sectaires de Qoumrân, s'ils ne sont des Sadducéens, seraient d'origine sadducéenne.

*Examiner ses arguments nous apprend beaucoup d'autres choses sur les rouleaux. Nous abordons pour la première fois l'*Écrit de Damas*, que le chapitre 5 reprendra plus en détail. Nous découvrons aussi des textes livrés par d'autres grottes que la grotte 1. Et même des textes provenant d'autres sites que Qoumrân – dont Massada.*

Schiffman expose ici son estimation générale de la signification des manuscrits, des lumières qu'ils apportent sur le judaïsme du Second Temple, sur les racines du judaïsme rabbinique et du christianisme primitif. Il voit dans différents courants du judaïsme du Second Temple les sources idéologiques du judaïsme rabbinique et du christianisme primitif. Il explique aussi comment, à son avis, la bibliothèque de Qoumrân nous instruit beaucoup sur les mouvements religieux juifs autres que les sectaires de Qoumrân – sur les Esséniens, mais aussi les Pharisiens et les Sadducéens. Enfin, il montre comment l'influence hellénistique affecta les divers courants du judaïsme du Second Temple.

On peut ne pas être d'accord avec tout le contenu de ce chapitre, il n'en constitue pas moins un brillant tour de force. Au chapitre suivant, James VanderKam conteste vigoureusement la tentative de Schiffman de dissocier les Esséniens des documents de Qoumrân.

*

La science des manuscrits de la mer Morte est en train de subir une véritable révolution. Idées et perspectives nouvelles filtrent parmi le petit groupe des spécialistes qui se consacrent à la recherche première sur le contenu des rouleaux. Des publications récentes se concentrent sur les changements majeurs survenus dans l'influence de cette recherche sur notre compréhension de l'histoire du judaïsme et du christianisme.

Quelles sont ces nouvelles perspectives ? En quoi diffèrent-elles de la science des manuscrits des cinquante dernières années ? Que peut-on s'attendre à voir émerger des matériaux non encore publiés ? Telles sont les questions que nous allons tenter d'explorer ici.

Assez curieusement, la recherche sur les manuscrits de la mer Morte commença en fait cinquante ans avant leur découverte en 1947[1]. En 1896, Solomon Schechter, un érudit, professeur de l'université de Cambridge, se rendit en Égypte pour acheter les restes de la *guéniza*[2] du Caire. Un trésor découvert par hasard : c'étaient des manuscrits hébreux provenant du dépôt d'une synagogue à Fostat, dans le Vieux Caire. Parmi les nombreux documents importants qu'il y récupéra se trouvaient deux manuscrits médiévaux contenant une partie d'une œuvre jusqu'alors inconnue, aujourd'hui intitulée par les savants l'*Écrit de Damas* (parce qu'il mentionne un exil à Damas).

Schechter saisit immédiatement que ces manuscrits représentaient les textes d'une secte juive bien plus ancienne que les copies médiévales de la *guéniza* du Caire. Un autre talmudiste de l'époque, Louis Ginzberg, dans une série d'articles sur l'*Écrit de Damas* parus plus tard, parvint à définir la nature de cette secte – qui s'avéra ensuite être

1. Voir chap. 5.

2. Le terme *guéniza*, en hébreu, désigne un dépôt où des livres saints et d'autres textes hébreux sont « cachés » (*gnz*) quand ils sont hors d'usage, les jeter de toute autre manière étant un manque de respect.

celle des manuscrits de la mer Morte. Des fragments de plusieurs copies de l'*Écrit de Damas* furent en effet découverts dans la grotte 4 de Qoumrân. Ginzberg avait compris que l'*Écrit de Damas*[1] trouvé dans la *guéniza* du Caire représentait un vestige d'une secte juive qui s'était séparée des structures dominantes du judaïsme du Second Temple avant la destruction du Temple par les Romains en 70 de l'ère chrétienne. Il parvint à décrire les lois, la théologie et même certains aspects de l'histoire de cette secte. Nous savons maintenant qu'il se fourvoya sur un seul point : son insistance sur l'existence d'un lien étroit entre cette secte et le pharisianisme.

En 1947, dans une grotte des falaises proches du Wadi Qoumrân, surplombant la mer Morte juste au sud de Jéricho, un berger trouva par hasard le premier des documents aujourd'hui connus sous le nom collectif de *manuscrits de la mer Morte*. Sept rouleaux furent finalement vendus en deux lots : à l'Université hébraïque et à l'État d'Israël. Ils sont à présent conservés dans la Maison du Livre du musée Israël.

Quand le mandat britannique en Palestine s'acheva, avec la proclamation de l'État d'Israël en 1948, l'action changea de pays et se situa dans le royaume de Jordanie qui, en conséquence de la guerre d'Indépendance d'Israël, détenait dès lors la région rocheuse où avaient été découverts les premiers rouleaux. Au début des années 1950, les Bédouins – et dans une moindre mesure les archéologues professionnels – retirèrent de dix nouvelles grottes une quantité impressionnante d'autres fragments et quelques rouleaux complets. Le site de la grotte 4 se révéla particulièrement riche. On y trouva environ quinze mille fragments – des morceaux qui appartenaient à plus de cinq cents rouleaux différents. Tous ces textes furent rassemblés au Musée archéologique de Palestine (nommé plus tard musée Rockefeller) dans la partie Est de Jérusalem, alors sous contrôle jordanien.

Les manuscrits furent triés avec soin par une équipe de spécialistes composée principalement de membres des American Schools of Oriental Research et de l'École biblique et archéologique française (catholique), à Jérusalem. Les chercheurs accomplirent des travaux

1. Voir Louis Ginzberg, « Eine unbekannte jüdische Sekte », paru en premier dans *Monatsschrift für die Geschichte und Wissenschaft des Judentums* 55-58, 1911-1914, publié en livre à titre privé en 1922. Ginzberg souhaitait faire paraître d'autres matériaux, mais, quand éclata la Seconde Guerre mondiale, il renonça à publier en allemand. Ses recherches ne se trouvèrent donc intégralement publiées qu'au moment de l'édition anglaise, *An Unknown Jewish Sect*, New York, Jewish Theological Seminary, 1976.

initiaux remarquables : ils assemblèrent les fragments en colonnes plus larges et rangées en « plaques », transcrivirent les textes, et préparèrent même une concordance de tous les mots des textes non bibliques. Ce fut seulement plus tard, au début de la décennie 1960, quand les fonds s'épuisèrent et qu'intervinrent d'autres facteurs, à la fois personnels et politiques, que leurs travaux restèrent pratiquement au point mort durant près de vingt ans.

Les textes entre les mains d'Israël furent promptement édités. En fait, trois des rouleaux avaient déjà été publiés par les American Schools of Oriental Research avant l'acquisition israélienne. Les archéologues israéliens E. L. Sukenik, Nahman Avigad et Yigael Yadin publièrent les quatre autres rouleaux achetés par Israël.

Après la guerre des Six Jours en 1967, les Israéliens acquirent le dernier des rouleaux presque complets (par opposition aux textes fragmentaires), le long *Rouleau du Temple*. La publication de ce grand texte par Yigael Yadin[1] vint couronner l'œuvre accomplie pour les manuscrits israéliens[2].

Cette édition en hébreu du *Rouleau du Temple* en 1977 par Yadin déclencha un regain d'intérêt dans le domaine des manuscrits. Vers la même époque, d'importantes publications de textes issus du lot originel jordanien, passé ensuite aux mains des Israéliens, commencèrent à paraître. Des fragments du *Livre d'Hénoch*, publiés par J. T. Milik[3], et de textes liturgiques publiés par Maurice Baillet[4] se révélèrent d'une portée particulière.

Alors que la première génération de l'équipe des manuscrits de la mer Morte était surtout formée de spécialistes de la Bible hébraïque et du Nouveau Testament, les savants aujourd'hui engagés dans cette

1. *Megillat ha-Miqdash*, 3 vol., Jérusalem, Israel Exploration Society, 1977 ; *The Temple Scroll*, 3 vol., Jérusalem, Israel Exploration Society, 1983 ; et, rédigé pour un plus grand public, *The Temple Scroll, The Hidden Law of the Dead Sea Sect*, New York, Random House, 1985. Voir aussi l'article de Yigael Yadin, « The Temple Scroll – The Longest and Most Recently Discovered Dead Sea Scroll », et le compte rendu de Jacob Milgrom sur *The Temple Scroll*, tous deux parus dans la *Biblical Archaeology Review*, septembre-octobre 1984. Voir aussi, dans la même revue, juillet-août 1985, le compte rendu de Lawrence Schiffman sur *The Temple Scroll : The Hidden Law of the Dead Sea Sect*.

2. Voir chap. 7.

3. J. T. Milik, *The Book of Enoch, Aramaic Fragments from Qumran Cave*, Oxford, Clarendon Press, 1976.

4. Maurice Baillet, « Discoveries in the Judaean Desert », *Qumran Grotte 4, III (4Q482-4Q520)*, vol. VII, Oxford, Grande-Bretagne, Clarendon Press, 1982.

recherche représentent, dans une large mesure, une nouvelle génération. Ils ont entrepris l'étude de questions spécifiquement juives dans les manuscrits – l'histoire, le droit, la théologie et le messianisme juifs. C'est à cette génération que j'appartiens, car, depuis près de vingt ans, je me consacre presque à plein temps à la recherche sur les manuscrits de la mer Morte (les études « qoumrâniennes », dans le jargon du métier). Cette plus jeune génération, non assujettie aux premières théories des pionniers qui identifièrent les auteurs des rouleaux, a rouvert toutes sortes d'interrogations liées aux origines des textes.

La polémique initiale des manuscrits de la mer Morte portait sur leur date et sur l'identité de ceux qui les avaient écrits. Un groupe de chercheurs réunis autour de Solomon Zeitlin, du Dropsie College à Philadelphie, affirmait qu'il s'agissait de documents médiévaux associés aux Qaraïtes, une secte juive qui fondait exclusivement ses lois sur la Bible et rejetait le Talmud[1].

Un autre groupe de chercheurs, partisan d'une date vers la fin du Ier siècle de l'ère chrétienne, associait les rouleaux soit aux Zélotes (rebelles juifs instigateurs de la Première Révolte juive contre Rome, qui s'acheva par la destruction de Jérusalem en 70 apr. J.-C.), soit aux premiers chrétiens.

Ces théories finirent toutes par s'effondrer, aboutissant à un quasi-consensus des chercheurs pour attribuer essentiellement les rouleaux à la période hasmonéenne (152-63 av. J.-C.) et à la période romaine primitive (63 av. J.-C.-68 apr. J.-C.). Certains matériaux des grottes de Qoumrân sont même antérieurs. Cette datation est étayée par des témoignages archéologiques provenant de l'établissement de Qoumrân voisin des grottes où furent découverts les rouleaux, par des tests au carbone 14 réalisés sur l'étoffe qui enveloppait les rouleaux depuis les temps anciens, par des tests au carbone 14 plus récents effectués sur les rouleaux eux-mêmes[2], par des témoignages paléographiques (forme et position des lettres) et, plus généralement, par le contenu des manuscrits déjà publiés.

Un consensus sur la datation des manuscrits ayant ainsi émergé, un autre se fit jour sur l'identité de la secte à laquelle il fallait les associer : les Esséniens. C'était un groupe, ou une secte, de juifs menant

1. Solomon Zeitlin, *The Zadokite Fragments*, Jewish Quarterly Review Monograph series, Philadelphie, Dropsie College, 1952.

2. G. Bonani, M. Broshi, I. Carmi, S. Ivy, J. Strugnell, W. Wolfli, « Radiocarbon Dating of the Dead Sea Scrolls », *'Atiqot* 20, 1991, p. 27-32.

une vie de piété strictement réglée, dans la communauté des biens. Leur centre était situé au bord de la mer Morte, mais leurs membres auraient aussi été disséminés à travers les villes de Palestine. Les Esséniens sont décrits – trop brièvement, malheureusement – par l'historien juif du Ier siècle Flavius Josèphe, par son contemporain juif d'Alexandrie, le philosophe Philon, et par l'historien romain Pline l'Ancien. Ce fut E. L. Sukenik, de l'Université hébraïque[1], qui, le premier, suggéra l'existence d'un lien entre les textes de Qoumrân et les Esséniens. Cette position a été développée, avec une analyse extrêmement approfondie, dans les ouvrages de Frank M. Cross, de Millar Burrows et d'André Dupont-Sommer[2]. L'hypothèse essénienne devint rapidement la théorie prédominante, et le demeure encore.

Cette théorie présente un certain attrait superficiel. Josèphe, Philon et Pline décrivent tous trois les Esséniens du bord de la mer Morte, et leur mode de vie n'est pas incompatible avec ce que les vestiges des constructions de Qoumrân ont semblé révéler. (Les fouilles furent menées au milieu de la décennie 1950. Malheureusement, leur directeur, Roland de Vaux, de l'École biblique, ne parvint jamais à publier un rapport final des travaux ; seuls parurent des rapports préliminaires et un volume d'étude générale[3]. De Vaux mourut en 1971.) A bien des égards, en outre, nos connaissances sur les Esséniens trouvaient un parallèle dans les données des textes de Qoumrân, ou ce qu'ils semblaient impliquer : rites d'initiation, modes d'organisation, calendrier religieux spécifique. On supposa donc que les Esséniens étaient les auteurs de presque tous les rouleaux, sauf des textes bibliques et des copies de certains apocryphes déjà connus, tels les *Jubilés*.

La théorie essénienne prenait aussi une autre dimension. Nombre de doctrines des Esséniens, dénomination que l'on estimait alors synonyme de la secte de Qoumrân, avaient des parallèles dans le christia-

1. E. L. Sukenik, *Megillot Genuzot, Seqirah Rishonah*, Jérusalem, Mossad Bialik, 1948.

2. Frank M. Cross, *The Ancient Library of Qumran and Modern Biblical Studies*, Garden City, NY, Doubleday, 1958 ; Millar Burrows, *The Dead Sea Scrolls*, New York, Viking, 1956 (trad. franç. : *Les Manuscrits de la mer Morte*, Paris, Laffont, 1957, rééd. 1972), et *More Light on the Dead Sea Scrolls*, Londres, Secker and Warburg, 1958 ; et André Dupont-Sommer, *Les Écrits esséniens découverts près de la mer Morte*, Paris, Payot, 1960.

3. Les fouilles du site se déroulèrent en 1953-1956. Des rapports préliminaires parurent dans la *Revue biblique*, 61-63, 1954-1956. Le volume de l'étude parut d'abord en français en 1961, puis fut revu sous le titre *Archaeology and the Dead Sea Scrolls*, de Roland de Vaux, Londres, Oxford University Press, 1973.

nisme primitif. Les Esséniens firent ainsi figure de précurseurs du christianisme, et même, peut-être en étaient-ils une forme primitive.

Méthodologiquement, l'assimilation de la secte de Qoumrân aux Esséniens fut souvent étayée par un sophisme en cercle vicieux : s'il était possible d'identifier les matériaux sectaires des textes de la mer Morte comme appartenant aux Esséniens, alors, pour soutenir cette thèse, toute information issue des sources grecques (Philon, Josèphe et Pline) pouvait être sollicitée et harmonisée avec les témoignages fournis par les manuscrits. Et si les rouleaux étaient effectivement esséniens, alors ils pouvaient à leur tour être utilisés pour interpréter les matériaux de Philon, Josèphe et Pline. Un cercle vicieux similaire servait à établir un lien entre les manuscrits et les textes du Nouveau Testament. Les données du Nouveau Testament concernant l'Église primitive étaient interprétées à la lumière des manuscrits, et vice versa. Cette démarche, qui fut l'hypothèse dominante pendant près de quarante ans, a produit les termes « moines », « monastère », « évêque », « célibat », et nombre d'autres extrapolations terminologiques employées pour décrire le contexte des manuscrits de Qoumrân ; derrière ces mots se cache en réalité tout un lot d'idées préconçues. En majeure partie, l'erreur de ces raisonnements semble avoir échappé à l'œil scrutateur du monde érudit.

Les arguments opposés à l'hypothèse essénienne « officielle » commencèrent à percer en 1985 lors d'une conférence à l'université de New York[1] – où ils furent présentés comme le champ de la recherche érudite de pointe – et la contestation persiste aujourd'hui. Peu à peu émergea une rupture du consensus, qui appelle à l'ajournement de conclusions définitives sur l'identité de la secte jusqu'à la publication du corpus tout entier. Elle met fortement en question le droit des quelques chercheurs détenant l'accès exclusif aux matériaux encore inédits d'exiger l'adhésion des autres à leurs théories. En effet, il est actuellement entendu que le terme *Essénien* pourrait avoir désigné

1. Conférence parrainé par le Hagop Kevorkian Center for Near Eastern Studies. Le volume de la conférence fut publié sous le titre *Archaeology and History in the Dead Sea Scrolls*, Lawrence H. Schiffman, éd., Journal for the Study of the Old Testament Supplement Series 8 and JSOT/ASOR Monographs 2, Sheffield, Grande-Bretagne, Sheffield Academic Press, 1990. Des conférences ultérieures eurent lieu en Angleterre à Londres et Manchester, en Pologne à Mogilany, en Israël à Jérusalem, aux Pays-Bas à Groningue, de nouveau à Mogilany, puis à Madrid. Toutes engendrèrent la publication de livres réunissant les communications présentées.

une variété de groupes sectaires partageant certaines caractéristiques.

En conséquence, beaucoup de savants refusent désormais d'admettre qu'il s'agit des Esséniens et parlent de la « secte de Qoumrân ». De même, on réexamine la nature de la « bibliothèque antique ».

La collection des textes de Qoumrân comprend des manuscrits bibliques, les textes spécifiques de cette secte (généralement rédigés selon ses particularités linguistiques) et d'autres textes très divers rassemblés par les anciens habitants de Qoumrân. Quel était le lien entre ces autres textes et la secte ? Il n'est pas clairement défini. Apparemment, de nombreux textes furent apportés à Qoumrân et conservés parce qu'ils présentaient une certaine affinité avec les croyances des sectaires. Ces textes pourraient provenir de milieux sectaires antérieurs et quelque peu différents, ou encore de groupes contemporains proches de la secte de Qoumrân par leur idéologie. On ne peut considérer qu'ils représentent la secte de Qoumrân elle-même parce qu'ils n'en comportent pas les thèmes, la polémique ou la terminologie caractéristiques, et ne sont pas non plus rédigés dans le langage ou le style distinctifs des œuvres de la secte.

Tout récemment, ont été publiés plusieurs textes fragmentaires provenant de Massada (la forteresse d'Hérode dans le désert, située à une cinquantaine de kilomètres au sud de Qoumrân), que les rebelles occupèrent pendant la Première Révolte juive contre Rome. Or, un manuscrit des *Cantiques du Sabbat* (liturgie angélique), existant en plusieurs exemplaires à Qoumrân, fut trouvé à Massada. Ainsi, les défenseurs juifs de Massada possédaient des livres du même type que ceux de la collection de Qoumrân, alors qu'ils n'avaient pas de lien direct avec la secte. En d'autres termes, un grand nombre d'œuvres mises au jour à Qoumrân représentaient l'héritage commun du judaïsme du Second Temple et ne provenaient pas des milieux sectaires de Qoumrân ou n'étaient pas limités à eux.

Les documents sectaires de Qoumrân, cependant, forment le cœur de cette collection diverse. Qu'était la secte, et quelle fut son origine ? Un texte inédit, intitulé dans les milieux érudits le MMT (initiales de *Miqsat Ma'aseh ha-Torah* – littéralement « Quelques règles appartenant à la Torah » – sous le sigle 4QMMT, 4Q désignant la grotte 4 de Qoumrân), jettera sans doute une vive et nouvelle lumière sur ces questions. Nommé aussi la Lettre halakhique, parce qu'il se présente comme une lettre et contient quelque vingt-deux lois religieuses (*halakhot*), le MMT est essentiellement un document fondateur de la secte de Qoumrân. Malgré sa découverte en 1952, son contenu ne fut divulgué qu'en 1984 par le chercheur chargé de sa publication[1]. L'auteur du MMT affirme que la secte se sépara du judaïsme officiel de Jérusalem à cause de différends concernant ces lois religieuses. Il déclare que la secte reviendra si ses adversaires, qui savent depuis le début que les sectaires ont raison, se rétractent.

Les chercheurs préparant actuellement une édition critique du MMT, John Strugnell et Elisha Qimron, ont eu l'amabilité de mettre à ma disposition ce texte, accompagné de leur commentaire. J'ai comparé les lois du MMT avec des passages de la Mishna et du Talmud – textes rabbiniques – définissant les concepts juridiques des Pharisiens et des Sadducéens, deux mouvements juifs qui fleurissaient avant la destruction du Temple par les Romains. Cette investigation m'a permis de montrer que les origines de la secte de Qoumrân sont sadducéennes. La secte juive des Sadducéens, que nous connaissons surtout comme les adversaires des Pharisiens, se sépara de ses frères juifs après la révolte des Maccabées (168-164 av. J.-C.), grâce à laquelle les dirigeants juifs hasmonéens reprirent au souverain syrien séleucide Antiochus IV le contrôle de leur pays et de leur Temple. Les Hasmonéens instaurèrent leur propre autorité sur le Temple et firent cause commune avec les Pharisiens ; cette situation dura jusqu'à la période hérodienne (qui commença lorsque Hérode le Grand prit le pouvoir en 37 av. J.-C.). Certains Sadducéens infléchirent leurs principes et s'adaptèrent à la nouvelle réalité. D'autres non. Pour ceux qui refusaient de s'y adapter ou de compromettre les principes juridiques et exégétiques qui leur étaient profondément chers, cette condition s'avéra intolérable. Malgré leur teneur assez pratique, les lois religieuses des deux groupes différaient considérablement. C'est dans ce contexte que nous devons comprendre le MMT.

Le MMT date de la période hasmonéenne. C'est une lettre envoyée par les dissidents qui refusaient d'accepter les décisions de lois énoncées par les grands-prêtres. Dans ses parties juridiques, le MMT argumente contre les Sadducéens qui ont accepté un compromis, en exposant, d'une part, la loi correcte et, d'autre part, la loi édictée par les Hasmonéens. A la fin de la lettre, l'auteur s'adresse directement à l'ethnarque hasmonéen et tente de le gagner à la perspective du MMT

1. Elisha Qimron et John Strugnell, « An Unpublished Halakhic Letter from Qumran », dans *Biblical Archaeology Today*, Janet Amitai, éd., Jérusalem, Israel Exploration Society, 1985, p. 400-407 ; et un article différent sous le même titre, *Israel Museum Journal*, 4, 1985, p. 9-12.

en l'avertissant que Dieu ne bénit que les dirigeants qui observent Ses voies[1].

Le MMT révolutionne la question des origines de Qoumrân et nous oblige à reconsidérer toute l'hypothèse essénienne. Ce texte montre sans l'ombre d'un doute que soit la secte n'était pas essénienne, mais sadducéenne, soit il faut entièrement redéfinir le mouvement essénien comme ayant émergé de débuts sadducéens. Cette possibilité s'accorde avec les conclusions principales de Schechter, auxquelles il avait abouti sur la seule base de l'*Écrit de Damas*, bien avant la découverte des manuscrits de la mer Morte. Schechter intitula ce texte une « œuvre sadocide » et brossa les grandes lignes de ses affinités avec les Sadducéens.

Selon le scénario le plus vraisemblable, fondé sur l'ensemble des documents de Qoumrân, mais spécialement sur le MMT encore inédit, un processus de sectarisme et une mentalité séparatiste se développèrent durant toute la période hasmonéenne, puis s'épanouirent lors de la période hérodienne. A la suite de cette évolution, un groupe de prêtres originellement sadducéens, sous la conduite du Maître de Justice (qui, selon moi, devint chef de la secte seulement après la rédaction du MMT), forma la communauté qui nous laissa les textes sectaires trouvés à Qoumrân.

A mesure que progresse le nombre de manuscrits publiés, notre compréhension de la nature de cette collection s'élargit. Les rouleaux – ce fait est de plus en plus clair – constituent la source première pour l'étude des divers courants du judaïsme pendant les derniers siècles avant l'ère chrétienne. En résumé, ce corpus ne nous donne pas simplement accès à la secte qui habitait la localité voisine des grottes, il nous apporte une somme colossale d'informations sur *les* judaïsmes, dans leur grande diversité, des périodes hasmonéenne et hérodienne. En évaluant l'importance de la collection, rappelons-nous que nous

1. Voir Schiffman, « The Temple Scroll and the Systems of Jewish Law in the Second Temple Period », dans *Temple Scroll Studies*, George J. Brooke, éd., Sheffield, Grande-Bretagne, Journal for the Study of the Old Testament Press, 1989, p. 239-255 ; « *Miqsat Ma'aseh ha-Torah* and the *Temple Scroll* », *Revue de Qumran*, 14, 1990, p. 435-457 ; « The Prohibition of the Skins of Animals in the Temple Scroll and *Miqsat Ma'aseh ha-Torah* », *Proceedings of the Tenth World Congress of Jewish Studies*, Division A, Jérusalem, World Union of Jewish Studies, 1990, p. 191-198 ; « The New Halakhic Letter (4QMMT) and the Origins of the Dead Sea Sect », *Biblical Archaeologist*, 53, n° 2, juin 1990, p. 64-73 ; et l'étude extrêmement importante de Y. Sussman, « History of *Halakha* and the Dead Sea Scrolls – Preliminary Observations on *Miqsat Ma'aseh ha-Torah* (4QMMT) » (hébreu), *Tarbiz*, 59, 1989-1990, p. 11-76.

ne disposons pratiquement d'aucune autre source première en hébreu ou en araméen pour reconstituer le judaïsme de ces périodes. Ces documents fournissent ainsi un arrière-plan capital pour étudier l'émergence, plus tard, du judaïsme rabbinique et de l'Église chrétienne primitive.

En général, les savants pensaient que la bibliothèque était tout entière le produit des habitants de Qoumrân. Or on peut maintenant affirmer que cette profusion de manuscrits embrasse des matériaux représentant divers groupes juifs et des polémiques contre d'autres groupes juifs. Cette nouvelle compréhension permet une meilleure exploitation des manuscrits.

En particulier, très récemment encore, on croyait ne posséder pour l'étude des Pharisiens aucune source qui leur soit contemporaine durant la période hasmonéenne. Les Pharisiens ayant légué leur perspective au judaïsme rabbinique qui se dégagea après la destruction de Jérusalem par les Romains, ce manque de sources s'avérait spécialement gênant. La situation était analogue à propos des Sadducéens. On ne savait pas non plus grand-chose des différents groupes apocalyptiques dont les savants ne pouvaient que supposer l'existence.

Or, ces dernières années, nous avons commencé à saisir l'inexactitude de ce point de vue. En effet, les manuscrits nous renseignent sur la secte singulière qui habita les ruines de Qoumrân – mais aussi sur d'autres groupes.

Commençons par les Pharisiens – ce groupe, pour nous difficile à cerner, de maîtres laïcs exposant la Torah. Auparavant, nous ne le connaissions que par les descriptions de Josèphe, par l'image très critique qu'en donne le Nouveau Testament et par les références disséminées à travers la littérature talmudique. Il prend maintenant vie sous nos yeux. Pour autant que nous puissions le déduire d'après les documents publiés, les rouleaux ne comprennent des matériaux sur les Pharisiens que dans un contexte polémique, mais néanmoins susceptible de nous apprendre beaucoup sur eux. Et qui sait ce que révéleront les documents encore inédits ?

Il existe deux sortes de polémiques contre les Pharisiens. Dans les textes sectaires les mieux connus, ils sont désignés par différents noms de code, tel « Éphraïm[1] ». Les Pharisiens y sont des « bâtisseurs du mur[2] » : ils bâtissent des clôtures autour de la Torah en édictant des

1. *Pesher Nahum* 3-4 i 12 ; ii 2,8 ; iii 5. *Pesher Psaumes (A)* I-2 ii 17.
2. *Écrit de Damas* 4,19 ; 8,12 ; 19,25, 31.

prescriptions supplémentaires destinées à assurer son observance. Ces clôtures n'étaient pas plus acceptables pour la secte de Qoumrân que les *halakhot* (lois) des Pharisiens. Usant avec dérision d'un jeu de mots sur « loi », les Qoumrâniens surnomment les Pharisiens *doreshe halaqot*, traduit au mieux par « ceux qui interprètent de fausses lois [1] ». Le même écrit taxe de fausseté le *talmud* (littéralement « étude ») d'Éphraïm, faisant ainsi certainement référence à la méthode pharisienne d'inférer, à partir d'expressions de l'Écriture, de nouvelles lois plus détaillées. Ces textes de Qoumrân nous montrent que les descriptions faites par Josèphe des Pharisiens et de leurs traditions – ces traditions qui furent les précurseurs du concept de loi rabbinique orale, plus tard cristallisée dans le Talmud officiel – étaient déjà en place sous la dynastie hasmonéenne.

Le MMT reflète un second type de polémique antipharisienne. L'auteur du MMT commence par fustiger ses adversaires, puis expose sa propre perspective, en spécifiant où réside la violation de la loi impliquée par leurs interprétations. Dans nombre de cas, les lois dénoncées par le ou les auteurs sont précisément des lois que les sources rabbiniques ultérieures attribuent aux Pharisiens, et les lois adoptées par le ou les auteurs du MMT s'accordent avec celles des Sadducéens telles que les reflètent les textes rabbiniques ultérieurs. Nous avons donc de bonnes raisons de croire que le MMT contient des *halakhot*, comme on les appelait déjà pendant la période hasmonéenne, soutenues par les Pharisiens.

Cette lettre oblige à remettre en question l'opinion de savants éminents – tout particulièrement Jacob Neusner [2] – qui doutent de la fiabilité des rabbins à propos des Pharisiens. Les données talmudiques sont bien plus exactes qu'on ne l'estimait auparavant.

Tout d'abord, la perspective pharisienne prédomina effectivement durant une bonne partie de la période hasmonéenne. Bref, elle ne constitue pas une innovation anachronique, postérieure, du Talmud. Deuxièmement, la terminologie, et même plusieurs lois telles qu'elles sont consignées dans les sources rabbiniques (certaines au nom des Pharisiens, d'autres attribuées à des sages anonymes du Ier siècle), furent réellement appliquées et professées par les Pharisiens. En d'autres

1. *Hodayot* 2,15, 32 ; *Pesher Nahum* 3-4 i 2, 7 ; ii 2, 4 ; iii 3, 7 ; *Écrit de Damas* 1,18.

2. Jacob Neusner, *The Rabbinic Traditions about the Pharisees before 70*, 3 vol., Leyde, E. J. Brill, 1971.

termes – et ce point est d'une extrême importance –, le judaïsme rabbinique tel qu'il est formulé dans le Talmud n'est pas une innovation survenue après la destruction du Temple, comme l'ont soutenu certains savants. Au contraire, les racines du judaïsme rabbinique remontent au moins à la période hasmonéenne.

Les textes de Qoumrân nous apportent aussi beaucoup de connaissances sur les Sadducéens. Dans le *Pesher Nahum*, ils sont appelés « Manassé[1] », les adversaires d'« Éphraïm » (nom de code désignant les Pharisiens). Ici, les Sadducéens sont décrits comme des membres aristocratiques de la classe dirigeante. Cette position correspond à la fin de la souveraineté hasmonéenne (juste avant la conquête de la Palestine par les Romains en 63 avant l'ère chrétienne) ; à cette époque, les Pharisiens s'étaient brouillés avec les Hasmonéens. Tous ces éléments concordent parfaitement avec la description des Sadducéens faite par Josèphe. De même que sa description des Pharisiens, celle des Sadducéens est, dans l'ensemble, exacte. De plus, comme indiqué plus haut, les vingt-deux exemples de lois sadducéennes cités dans le MMT concordent souvent avec des opinions attribuées aux Sadducéens dans les sources talmudiques.

Plusieurs lois sadducéennes figurant dans le MMT ont aussi des parallèles dans le *Rouleau du Temple*[2]. Dans certains cas, ce dernier fournit une base scripturaire là où le MMT ne fait que citer la loi. Bien que le texte final du *Rouleau du Temple* ait été rédigé pendant la période hasmonéenne, certaines de ses sources remontent apparemment à une date antérieure – avant la naissance de la secte de Qoumrân, à une époque où ces enseignements étaient en fait sadducéens. L'auteur-éditeur du texte final du *Rouleau du Temple* complet, qu'il soit membre de la secte de Qoumrân ou bien de quelque groupe similaire ou relié à la secte, utilisa ces sources sadducéennes. Retrouver les sources du *Rouleau du Temple* a permis de dégager une représentation de plus en plus claire des concepts des Sadducéens. Nous commençons enfin à comprendre leur forme de littéralisme – que suggèrent à peine les indications plus tardives fournies par la littérature ancienne. En un mot, les Sadducéens exigeaient que toutes les lois soient fondées sur l'Écriture ; ils rejetaient les lois dénuées de lien direct avec la Bible.

Les rouleaux de Qoumrân sont aussi une source d'informations sur

1. *Pesher Nahum* 3-4 iii 9 ; iv 1,3, 6 ; *Pesher Psaumes (A)* 1-2 ii 17.
2. Voir chap. 7.

différents groupes apocalyptiques dont les enseignements ont une si grande importance pour comprendre le développement ultérieur de certains aspects du mysticisme juif ainsi que de l'apocalyptique chrétienne. Tout le contexte social et historique de ces groupes apocalyptiques nous manque malheureusement – du moins jusqu'à présent. Mais qui sait ce que nous réservent les manuscrits de Qoumrân non encore publiés ? Des textes comme le *Livre de Noé*, de même que les livres de *Daniel* et d'*Hénoch*, ont une structure commune : les secrets divins du présent et de la fin des temps sont révélés au héros. Souvent, ces textes parlent d'ascensions au ciel et autres voyages analogues que l'on retrouve fréquemment dans le mysticisme juif plus tardif. Leurs notions d'un accomplissement messianique immédiat influença sans doute fortement le messianisme chrétien et cette influence se discerne aussi dans les pressions messianiques exhortant les juifs à résister à l'autorité de Rome. Ces pressions constituèrent des facteurs importants dans les deux révoltes juives – la Première Révolte de 66-70 de l'ère chrétienne et la Seconde Révolte, dite révolte de Bar Kokhba, de 132-135 –, toutes deux empreintes de résonances messianiques.

Peut-être devrais-je, ici, commenter brièvement l'hypothèse récemment avancée sur les rouleaux de la mer Morte par le professeur Norman Golb de l'université de Chicago. D'après lui, ces rouleaux seraient la bibliothèque du Temple de Jérusalem, apportée de Jérusalem et cachée à Qoumrân durant la Première Révolte juive contre Rome. Les documents de Qoumrân, soutient Golb, représentent donc un tableau équilibré du judaïsme de l'époque du Second Temple. Il va même jusqu'à affirmer qu'il n'existait pas de secte de Qoumrân et que les constructions de ce lieu étaient une forteresse militaire. A son avis, les ruines de Qoumrân n'ont aucun lien avec les rouleaux découverts dans les grottes voisines[1].

Malgré son âpre défense de cette théorie, jamais il ne l'a étayée par une étude des textes eux-mêmes ou par des citations de ces textes. De fait, il passe sous silence les preuves issues du MMT que nous avons citées (mais en toute équité, il faut préciser qu'il n'a disposé, au mieux, que d'une copie piratée des textes inédits du MMT). Autre point d'une égale importance : il néglige aussi le caractère nettement sectaire de la collection considérée dans son ensemble, du moins ce qui a été publié jusqu'à présent.

1. Norman Golb, « The Dead Sea Scrolls, A New Perspective », *The American Scholar*, printemps 1989, p. 177-207.

Ajoutons encore que les constructions du site de Qoumrân sont d'un type bien trop peu résistant pour constituer celles d'une forteresse. Son système d'approvisionnement en eau était complètement à découvert et dépourvu de protection, contrairement aux installations attendues dans une forteresse. Son emplacement était exposé, le dos et un côté confinant à une falaise qui permettait de l'attaquer et de l'anéantir. Le mur qui entourait au moins une partie des bâtiments n'était pas un mur de forteresse, mais une simple enceinte, à peine plus large que les murs des bâtiments intérieurs. Golb s'appuie sur le fait qu'un bâtiment du site fut assimilé à une tour par l'archéologue de la fouille. L'unique raison donnant à ce bâtiment l'apparence d'une tour est que, par coïncidence, c'est le seul qui soit conservé jusqu'à la hauteur de son deuxième étage.

Golb attire aussi notre attention sur l'identification de tombes de femmes et d'enfants – et non seulement d'hommes – dans le site. Cet élément, soutient-il avec raison, réfute l'affirmation que la localité était un monastère de moines voués à la chasteté. Mais l'existence de ces tombes de femmes et d'enfants bat aussi en brèche son argument présentant Qoumrân comme une forteresse. En résumé, l'hypothèse de Golb n'est pas valide. Elle est avancée en dépit de faits irréfutables, et non dans un effort d'élucider, sur la base d'informations connues, des questions en suspens[1].

Examinons maintenant ce que les textes de Qoumrân peuvent nous enseigner sur le christianisme primitif. Il est évident que nombre d'expressions, de thèmes et de concepts du christianisme primitif ont leur origine dans le milieu des sectes juives de la période du Second Temple, comme le reflètent les écrits de Qoumrân. C'est chose constatée depuis longtemps. J'en conviens également, l'utilisation de la littérature rabbinique postérieure à la destruction du Temple, qui servit à un moment de source première pour établir et interpréter l'arrière-plan des idées chrétiennes, se révèle finalement peu judicieuse à la lumière de notre connaissance actuelle de la diversité du judaïsme à l'époque gréco-romaine. Des idées comme le dualisme de la lumière et des ténèbres, la présentation du personnage du messie combinant différents rôles de chef connus d'après des sources hébraïques antérieures,

1. Une réfutation complète et méthodique de l'hypothèse de Golb figure dans « A "Groningen" Hypothesis of Qumran Origins and Early History » de Florentino García-Martínez, qui paraîtra dans le numéro de la *Revue de Qumran* consacré aux rapports de la conférence de Groningue. L'hypothèse « de Groningue », cependant, devra être sérieusement modifiée après la publication du MMT.

le messianisme immédiat – toutes ces idées, nous les retrouvons dans les textes de Qoumrân.

Pourtant, la recherche de parallèles et d'antécédents des doctrines et idées chrétiennes devrait rester secondaire. Une meilleure utilisation des textes de Qoumrân pour comprendre le christianisme primitif consiste à voir qu'ils éclairent tout l'éventail des groupes juifs de la période hellénistique en Palestine. Si nous gardons à l'esprit la teneur fortement sectaire de la collection globale, les manuscrits de Qoumrân s'avèrent alors capables d'apporter à la préhistoire du christianisme une contribution encore plus riche[1].

Le judaïsme du Second Temple peut maintenant être considéré comme une période de transition où le sectarisme et l'apocalyptique de l'époque cédèrent progressivement le pas au judaïsme rabbinique d'une part, et au christianisme d'autre part. En effet, il est clair aujourd'hui qu'un processus de tri parmi les différents courants se déroula pendant la période du Second Temple.

Jusqu'à la révolte des Maccabées (168-164 av. J.-C.), les communautés juives de Palestine et de la Diaspora débattaient férocement cette question : dans quelle mesure allaient-elles partager et absorber la culture hellénistique qui les entouraient de toute part ? Le succès de la révolte des Maccabées résolut ce problème : l'hellénisme extrême fut massivement rejeté par le judaïsme de Palestine. Le judaïsme n'allait donc pas se réduire à l'un des cultes hellénistiques ; néanmoins, le nouvel environnement culturel déterminé par le contact avec l'hellénisme conduisit à reconsidérer de nombreuses questions dans le judaïsme. La diversité des réponses qui se développèrent entraîna la division de la communauté juive en plusieurs groupes – ou peut-être sectes, dans certains cas – chacun cherchant à dominer la scène religieuse. Dans les manuscrits de la mer Morte, nous l'avons vu, on peut glaner les écrits de certains de ces groupes et, sur d'autres, une somme considérable d'informations.

La concurrence entre les groupes rivaux persista durant toute la période hasmonéenne. Elle ne vit son terme qu'à la suite de la révolte de Bar Kokhba (135 apr. J.-C.). Les tendances messianiques apocalyptiques, aujourd'hui bien mieux comprises grâce aux textes sectaires rédigés par des membres de la communauté de Qoumrân (et à certains autres textes conservés dans ce même site), continuèrent à s'accentuer parmi quelques groupes. Cette évolution finit par aboutir aux deux

1. García-Martínez, « Significado de los Manuscritos de Qumran para el Conocimiento de Jesucristo y del Cristianismo », *Communio* 22, 1989, p. 338-342.

révoltes juives contre Rome. Ces mêmes tendances amenèrent un petit groupe de juifs à conclure que leur chef, Jésus de Nazareth, était réellement le « fils de l'homme », expression interprétée par certains comme un nom messianique. Nous connaissons bien ce terme, à travers le *Livre de Daniel* et aussi les textes hénochiens conservés à Qoumrân.

Dans l'ensemble, le judaïsme rabbinique postérieur à la destruction du Temple se fondait sur le pharisianisme, tout en incluant par ailleurs différents aspects des traditions des groupes sectaires et apocalyptiques. Le christianisme, en revanche, hérita principalement de l'apocalyptique immédiate de ces groupes. Il adopta, ou adapta, aussi certaines tendances dualistes et une grande variété de thèmes présents dans les doctrines de ces groupes. En d'autres termes, le christianisme, dans une large mesure, est le prolongement de courants internes du judaïsme du Second Temple rejetés par le courant dominant rabbinique-pharisien qui opérait alors sa percée.

Enfin, considérons les lumières que les manuscrits de Qoumrân peuvent apporter à l'histoire des textes bibliques. Là encore, des études récentes obligent à revoir les idées auparavant admises. Durant les premières années des études qoumrâniennes, on pensait que les textes bibliques découverts dans les grottes – chaque livre de la Bible hébraïque, excepté celui d'*Esther*, s'y trouve représenté au moins par des fragments – éclaireraient un peu le texte « originel » élaboré par l'antique Israël. Cette idée s'est révélée complètement fausse. Nous savons maintenant que la transmission des textes au cours de la période postbiblique a entraîné de nombreuses variantes. Inhérentes au processus de copie, elles étaient encore augmentées par l'interprétation du texte et par des modernisations linguistiques, phénomènes qui n'auraient pu être compris avant la découverte des rouleaux [1].

Très tôt dans l'étude des manuscrits bibliques de Qoumrân, une thèse fut émise, d'abord par William F. Albright [2], puis, plus en détail [3], par Frank M. Cross [4] qui pensaient avoir identifié trois types de textes.

1. Shemaryahu Talmon, *The World of Qumran from Within*, Jérusalem et Leyde, Magnes Press et E. J. Brill, 1989, p. 71-141.

2. William F. Albright, « New Light on Early Recensions of the Hebrew Bible », *Bulletin of American Schools of Oriental Research*, 140, 1955, p. 27-33.

3. Pour les idées de Cross, voir chap. 11.

4. Frank M. Cross, « The History of the Biblical Text in Light of Discoveries in the Judaean Desert », *Harvard Theological Review*, 57, 1964, p. 281-299; *The Ancient Library of Qumran and Modern Biblical Studies*, Garden City, NY, Doubleday, 1958, p. 120-145.

L'un était la base du texte massorétique, l'exégèse juive traditionnelle en hébreu faisant autorité pour le judaïsme rabbinique. Un deuxième, la base du *Pentateuque* samaritain (avant l'introduction de certaines modifications polémiques effectuées par les Samaritains). Un troisième, la base du texte conservé seulement dans la version grecque de la Septante. Il était montré, dans cette thèse, que les trois familles de textes coexistaient à Qoumrân ; et largement supposé qu'elles étaient représentées par un nombre de textes à peu près équivalent – alors que cette supposition ne reposait que sur un échantillonnage limité.

Des recherches récentes obligent à revoir cette approche. La plupart des manuscrits bibliques de Qoumrân indiquent en fait une prédominance du type de texte protomassorétique : le processus de normalisation, qui donna à ce texte autorité dans le judaïsme rabbinique, a donc pu se dérouler bien plus tôt qu'on ne l'estimait. En résumé, à l'arrivée de la période hasmonéenne, la tradition protomassorétique prenait une importance croissante. Ce type de texte était vraisemblablement le plus courant parce que le plus ancien. Le processus de normalisation fut en réalité une élimination progressive des variantes des textes. Telle est, en fait, la situation représentée dans la littérature rabbinique.

Une autre modification de l'analyse de Cross s'impose. Dans une certaine mesure, la plupart des textes bibliques de Qoumrân constituent des mélanges de types de textes. Les manuscrits bibliques partagent souvent des interprétations avec d'autres textes, à tel point que peu d'entre eux peuvent être considérés comme représentatifs d'un seul et unique type[1]. Et la notion même de type de texte projette en quelque sorte dans le passé les « témoins » écrits survivant dans les copies plus tardives – c'est-à-dire le texte massorétique hébreu, le *Pentateuque* samaritain et la version grecque de la Septante – que nous connaissions avant les découvertes de Qoumrân. Sans la Bible de la Septante et celle des Samaritains, les matériaux de Qoumrân ne nous auraient jamais suffi pour conclure qu'il existait trois familles de textes. Afin de brosser un tableau plus exact de la situation, il faudrait décrire les courants reflétés à des degrés divers dans les textes bibliques de Qoumrân. Cette description expliquerait bien mieux la prédominance des nombreux textes mixtes de la Bible hébraïque découverts à Qoumrân.

1. Voir Emanuel Tov, « A Modern Textual Outlook Based on the Qumran Scrolls », *Hebrew Union College Annual*, 53, 1982, p. 11-27 ; « Hebrew Biblical Manuscripts from the Judaean Desert : Their Contribution to Textual Criticism », *Journal of Jewish Studies*, 39, 1988, p. 5-37.

Des manuscrits du Nouveau Testament auraient été trouvés à Qoumrân, prétendent certains. Cette affirmation peut être démentie en une phrase : on n'en a trouvé aucun, pour l'excellente raison que les textes du Nouveau Testament sont postérieurs à ceux de Qoumrân.

Les données exposées ici, concernant la collection de Qoumrân et ses implications, sont fondées sur des documents publiés et sur un certain nombre de matériaux inédits – dont le MMT, que les éditeurs officiels m'ont permis d'étudier. J'ai également disposé de la concordance établie pour l'ensemble des manuscrits, y compris les textes inédits. Et l'on peut s'attendre à d'autres connaissances dans l'avenir, puisque quelque quatre cents documents, en majorité très fragmentaires, doivent encore être publiés – soit environ la moitié des documents des grottes de Qoumrân. A l'heure actuelle, les chercheurs mettent à jour les anciens catalogues des manuscrits de Qoumrân et un catalogue complet sera bientôt disponible. Quand l'intégralité du corpus sera enfin publiée, ce sera une véritable fête pour tous ceux qui étudient les différents courants du judaïsme du Second Temple et leurs liens avec le judaïsme rabbinique ou le christianisme primitif.

CHAPITRE QUATRE

Les adeptes des manuscrits de la mer Morte : esséniens ou sadducéens ?

James C. VanderKam

Dans ce chapitre, James VanderKam, brillant chercheur de l'université de Notre Dame, conteste vigoureusement les idées de Lawrence Schiffman exprimées au chapitre précédent. Pour lui, la thèse de l'identité essénienne des sectaires de Qoumrân est pratiquement irréfutable. Il fonde ses arguments sur l'étude attentive des sources grecques de l'Antiquité concernant les Esséniens et sur leur comparaison, d'une part, avec les témoignages archéologiques provenant de Qoumrân mais aussi les croyances reflétées dans les manuscrits de la mer Morte. Il compare, d'autre part, ces croyances avec celles des Pharisiens et des Sadducéens. Il en conclut que les croyances reflétées dans les manuscrits sont bien plus proches des Esséniens que de tout autre groupe juif de cette époque parvenu à notre connaissance.

Dans ce débat, VanderKam attire notre attention sur la difficulté de décider, parmi les documents de Qoumrân, lesquels sont effectivement des textes sectaires, problème que nous réaborderons au chapitre 10. Il examine aussi les détails du document de Qoumrân intitulé le MMT, d'une immense importance mais encore inédit. Le chapitre se termine par une introduction au Rouleau du Temple, *qui sera un élément essentiel des chapitres suivants.*

*

A côté des onze grottes situées sur le rivage nord-ouest de la mer Morte où furent découverts les fameux manuscrits de la mer Morte, on aperçoit les vestiges d'anciens bâtiments dominant le Wadi Qoumrân.

Ce furent presque certainement les habitants de ce lieu qui placèrent les rouleaux dans ces grottes. Dans deux de ces grottes – la 4 et la 11 –, les archéologues constatèrent la présence de trous régulièrement espacés dans les murs, où s'encastraient autrefois les supports d'étagères. Avant que les étagères ne s'effondrent ou ne soient détruites, des rangées de rouleaux y étaient sans aucun doute soigneusement empilées.

Mais qui étaient les gens qui vécurent là et rassemblèrent ces manuscrits ?

Selon la position prédominante dans toute l'histoire de la recherche sur les manuscrits de la mer Morte, ces habitants appartenaient à une secte juive nommée les Esséniens. Certains savants, il est vrai, contestèrent cette opinion et virent plutôt, dans ce groupe des Pharisiens, des Sadducéens ou même des chrétiens, mais leurs idées ne reçurent qu'un très modeste soutien.

Au cours de l'année dernière, cependant, un brillant chercheur de l'université de New York, Lawrence H. Schiffman, a soutenu que certains textes de Qoumrân (c'est-à-dire des rouleaux de la mer Morte), importants et devenus récemment accessibles, présentaient des caractéristiques sadducéennes. S'il en est ainsi, nous devons soulever à nouveau la question : qui vivait à Qoumrân ?

Schiffman s'appuie principalement sur un document encore inédit, désigné sous le sigle 4QMMT[1] ou, en abrégé, le MMT, et, dans une moindre mesure, sur le fameux *Rouleau du Temple*.

Au chapitre précédent, Schiffman développe assez longuement sa position[2]. Il déclare : « Le MMT révolutionne la question des origines de Qoumrân et nous oblige à reconsidérer toute l'hypothèse essénienne. Ce texte montre sans l'ombre d'un doute que soit la secte n'était pas essénienne, mais sadducéenne, soit il faut entièrement redéfinir le mouvement essénien comme ayant émergé de débuts sadducéens. »

Je ne vois aucune justification à la première alternative de Schiffman (« la secte n'était pas essénienne, mais sadducéenne »). Quant à la seconde (« il faut entièrement redéfinir le mouvement essénien comme ayant émergé de débuts sadducéens »), telle qu'il l'a formulée, elle induit en erreur – bien qu'elle indique en définitive la bonne direction.

1. Le chiffre 4 indique qu'il a été trouvé dans la quatrième grotte, Q désigne Qoumrân, et les lettres MMT sont les initiales des mots hébreux *Miqsat Ma'aseh ha-Torah* (« Quelques règles appartenant à la Torah ») proposés comme titre de l'œuvre par les éditeurs, John Strugnell et Elisha Qimron. [Ces mots figurent à la fin du texte.]

2. Voir chap. 3.

D'après des textes aussi divers que les écrits de l'historien Josèphe au Ier siècle apr. J.-C., le Nouveau Testament et la Mishna[1], nous savons que les deux grands groupes juifs durant les deux derniers siècles av. J.-C. et le premier apr. J.-C. étaient les Sadducéens et les Pharisiens. Mais aucun document sadducéen ou pharisien n'a survécu, à moins que, pour les Sadducéens, Schiffman n'ait raison à propos d'œuvres telles que le MMT[2]. Nous ne connaissons donc les Sadducéens et les Pharisiens qu'à travers les rapports de personnes extérieures à leur groupe – rapports parfois hostiles (Nouveau Testament), parfois postérieurs (Mishna et Talmud), et toujours partiaux.

La situation en ce qui concerne les Esséniens – la troisième des trois sectes ou philosophies mentionnées par Josèphe – est encore plus problématique. Dans les textes anciens, les Esséniens sont mentionnés encore plus rarement que les Pharisiens et les Sadducéens. Ils le sont d'abord par Josèphe dans son exposé de l'histoire juive durant le ministère de Jonathan Maccabée en tant que grand-prêtre (152-142 av. J.-C.)[3]. Ces trois groupes – Pharisiens, Sadducéens et Esséniens – semblent avoir gardé une continuelle activité depuis au moins la moitié du IIe siècle av. J.-C. jusqu'à la fin de la Première Révolte juive contre Rome (66-70 apr. J.-C.).

Les Esséniens sont mentionnés moins souvent que les Pharisiens et les Sadducéens ; cependant, ils ont peut-être marqué aujourd'hui un point sur leurs rivaux mieux connus, puisque, selon la majorité des chercheurs, les auteurs et les copistes des manuscrits de la mer Morte étaient esséniens. S'il s'agissait effectivement d'Esséniens, nous pouvons maintenant connaître leurs idées d'après leurs propres écrits, sans nous contenter des rapports et des déformations sous la plume d'étrangers. Curieusement, les Esséniens, peu connus, pourraient aujourd'hui avoir émergé de l'ombre dans une plus vive lumière que leurs coreligionnaires pourtant plus célèbres.

La communauté détentrice des manuscrits de la mer Morte a été identifiée comme essénienne à partir de deux sortes de critères : 1) le témoignage du géographe romain Pline l'Ancien, et 2) le contenu

1. La Mishna : code de la Loi juive rédigé par le rabbin Judah haNasi vers 200 apr. J.-C.

2. Il pourrait y avoir une ou deux autres exceptions. Certains pensent que les psaumes de Salomon sont pharisiens.

3. Flavius Josèphe, *Antiquités judaïques*, XIII. 5, 9, sec. 171-172. Trad. angl. : Ralph Marcus, Loeb Classical Library, Londres, Heinemann/Cambridge, MA, Harvard University Press, 1966.

même des rouleaux, comparé aux descriptions de croyances et pratiques esséniennes rapportées par Josèphe et d'autres auteurs. Le terme *essénien*, toutefois, ne figure pas dans les rouleaux.

Le groupe que mentionne Pline l'Ancien (23-79 apr. J.-C.), en le désignant du nom d'*Esséniens*, est presque certainement celui de Qoumrân. Dans sa grande *Histoire naturelle*, il décrit la Judée et la mer Morte :

> Sur la rive occidentale de la mer Morte, mais éloigné des exhalaisons nocives de la côte, vit le peuple solitaire des Esséniens, remarquable plus que tous les autres peuples du monde entier, car il ne comprend pas de femmes et a renoncé à tout désir sexuel, n'emploie pas d'argent, a les palmiers pour seule compagnie. De jour en jour, l'adhésion de nombreux arrivants las de la vie et poussés par les fluctuations de la fortune à adopter ses mœurs vient l'augmenter en nombre égal d'une foule de réfugiés. Ainsi, durant des milliers de siècles, chose incroyable, subsiste éternellement une race dans laquelle il ne naît personne – si féconde à son avantage est la lassitude qu'éprouvent de la vie les autres hommes !
> *Sise en dessous des Esséniens* [littéralement : sise en dessous de ceux-ci] se trouvait autrefois la ville d'Engedi, qui ne le cédait qu'à *Jérusalem* pour la fertilité de sa terre et ses bosquets de palmiers, mais réduite maintenant comme Jérusalem à un tas de cendres [1]. [J'ai mis en italiques deux points qui seront discutés ci-dessous.]

Le seul endroit sur le rivage occidental de la mer Morte, au nord d'Ein Gedi, où furent trouvés les vestiges archéologiques d'un centre communautaire est Qoumrân, comme les chercheurs l'ont vite constaté. Et précisément dans ce lieu, dit Pline, vivaient ces singuliers Esséniens dont il semble si bien connaître le mode de vie.

Déduire que Pline parle des habitants du site de Qoumrân a soulevé des objections mineures. « Sise en dessous de ceux-ci », ont suggéré certains, indiquerait qu'il situait les Esséniens sur les hauteurs dominant Ein Gedi. Mais aucun bâtiment n'existait à cet endroit. Pline fait bien quelques erreurs, imputables aussi aux témoignages subsistant aujourd'hui du texte de son livre (ce pourrait alors être des erreurs de copistes). La première mention de *Jérusalem* (en italiques ci-dessus) – encore plus fertile qu'Ein Gedi – devrait être en fait *Jéricho*. Pline semble également très optimiste sur l'ancienneté des Esséniens, en suggérant que ce « peuple » existait depuis des « milliers de siècles ».

1. Pline, *Histoire naturelle*, II, 5. 15, 73. Trad. angl. : H. Rackham, Loeb Classical Library, Londres, Heinemann/Cambridge, MA, Harvard University Press, 1969.

Mais ce ne sont que des points mineurs ; à juste titre, ils n'ont guère pesé dans la discussion.

Plus important, certains chercheurs sont parvenus à cette conclusion : puisque Pline parle des Esséniens au présent et puisque son livre, dédié à Titus avant qu'il ne devienne empereur, fut écrit vers l'an 77 de l'ère chrétienne – après la destruction de la communauté de Qoumrân survenue en l'an 68[1] –, il pourrait difficilement être en train de décrire Qoumrân et ses résidents. Cette objection, potentiellement dangereuse, ne saurait toutefois être fatale. Pline décrit souvent des sites au temps présent. De plus, dans cette section de son livre, il a, selon toute vraisemblance, fondé sa description sur une source antérieure. Pline lui-même reconnaissait qu'il était fortement redevable à ses sources ; il en nomme une centaine pour son *Histoire naturelle*. Pour le seul Livre 5, il énumère cinquante-neuf autorités dont il a tiré des informations. H. Rackham a évoqué la minceur des contributions personnelles de Pline à son livre : « [Elles] ne représentent qu'une fraction réduite de l'œuvre, qui, dans l'ensemble, est une compilation de seconde main à partir des œuvres d'autres auteurs[2]. » La date à laquelle Pline acheva son livre ne correspond pas forcément, ni même probablement, à la date à laquelle fut rédigée sa description des Esséniens, tirée sans doute d'un autre auteur.

Tout compte fait, le résultat s'avère une agréable surprise : un auteur latin, qui n'aurait eu aucune raison de fabriquer ce rapport, a trouvé une communauté d'Esséniens retirée au nord-ouest de la mer Morte – précisément là où se situe Qoumrân. Et apparemment, il a pris la peine de découvrir que ce groupe observait le célibat, ne possédait pas de propriété privée et accueillait régulièrement de nouvelles recrues.

Le second argument fondamental en faveur de l'identité essénienne des résidents de Qoumrân est que le contenu des *textes spécifiquement sectaires* parmi les rouleaux s'accorde remarquablement avec ce que les auteurs de l'Antiquité – Pline, Philon et surtout Josèphe – nous apprennent sur les croyances et les pratiques des Esséniens. Les don-

1. *Ibid.*, I, préface de l'éd. angl., 1938, p. VIII.

2. *Ibid.*, p. IX. Une source possible du passage en question serait Marcus Agrippa, qui écrivit avant 12 av. J.-C. C'est la première autorité que Pline énumère comme source d'information pour le Livre 5 (le très long catalogue des sources constitue le premier livre de cette œuvre de Pline). Voir les commentaires de J. J. Tierney, « The Map of Agrippa », *Proceedings of the Royal Irish Academy*, vol. 63, section C, n° 4, Dublin, Hodges, Figgis, 1963, p. 155. Je remercie mon collègue Stephen Goranson pour cette référence.

nées des textes sectaires correspondent bien davantage à la pensée et l'action esséniennes que les données des sources sur les concepts pharisiens et sadducéens.

Pour ces comparaisons, le texte de Qoumrân le plus important est le *Manuel de Discipline* – l'un des premiers rouleaux publiés[1] (intitulé aussi la *Règle de la Communauté*, en hébreu *Serekh Hay-Yahad*, sous le sigle 1QS). Il décrit, entre autres, certaines croyances fondamentales du groupe de Qoumrân, le processus et les cérémonies d'initiation pour les nouveaux membres, les règles gouvernant sa vie quotidienne et ses assemblées.

Considérons, par exemple, l'harmonie frappante entre la doctrine du destin, ou prédéterminisme, reflétée d'abord dans Josèphe, puis dans le *Manuel de Discipline*. Les trois groupes juifs, expose Josèphe, professaient des opinions différentes à ce sujet :

> Quant aux Pharisiens, ils disent que certains événements sont l'œuvre du Destin, mais pas tous ; pour les autres événements, il dépend de nous qu'ils se produisent ou non. *La secte des Esséniens, cependant, déclare que le Destin est maître de toutes choses*, et que rien n'arrive aux hommes si ce n'est en accord avec son décret. *Mais les Sadducéens se passent du Destin* ; ils affirment qu'une telle chose n'existe pas et que les actions des hommes ne sont pas effectuées en accord avec son décret, mais que toutes choses dépendent de notre propre pouvoir, de sorte que nous-même sommes responsables de notre bien-être, et subissons des malheurs par notre propre inconséquence[2]. [Italiques ajoutées.]

Comparons ce passage avec le *Manuel de Discipline*, qui exprime une théologie fortement prédéterministe de l'histoire du monde et de l'entreprise humaine :

> Du Dieu de Connaissance provient tout ce qui est et sera. Avant même l'existence [des êtres], Il a établi tout leur plan, et quand, ainsi qu'il en a été ordonné pour eux, ils prennent naissance, c'est en accord avec Son glorieux plan qu'ils accomplissent leur tâche sans rien y changer[3].

1. *The Dead Sea Scrolls of St. Mark's Monastery*, vol. II, fasc. 2 : *Plates and Transcriptions of the Manual of Discipline*, éd. Millar Burrows, New Haven, CT, American Schools of Oriental Research, 1951.
2. Flavius Josèphe, *Antiquités judaïques*, XIII. 5, 9, sec. 171-173.
3. Toutes les traductions anglaises des textes de Qoumrân sont celles de Geza Vermès, *The Dead Sea Scrolls in English*, Sheffield, Grande-Bretagne, Journal for the Study of the Old Testament Press, 3e éd., 1987 ; Vermès intitule le *Manuel de Discipline* (1QS) : la *Règle de la Communauté*, 3. 15-16.

Et encore :

> L'Ange des ténèbres égare tous les enfants de justice et, jusqu'à sa fin, tout leur péché, toutes leurs iniquités, toute leur vilenie, et toutes les rebellions de leurs actes illicites sont l'effet de son empire conformément aux mystères de Dieu[1].

De tels sentiments placent les sectaires de Qoumrân *à l'extrême opposé des Sadducéens* (tels que les décrit Josèphe), un peu plus près des Pharisiens, et c'est nettement des Esséniens qu'ils sont les plus proches. Pour être plus précis : les concepts exprimés dans le *Manuel de Discipline* sont identiques à la pensée essénienne décrite par Josèphe. Qu'il s'agisse de points théoriques comme ce dernier ou d'autres sujets plus matériels, la série de ressemblances continue. Josèphe nous parle de la communauté de propriété des Esséniens :

> Ils méprisent les richesses et leur communauté de biens est vraiment admirable; vous n'en trouverez pas un parmi eux qui se distingue par une plus grande aisance qu'un autre. Ils ont une loi requérant que les nouveaux membres, lors de leur admission dans la secte, remettent leurs biens à l'ordre, de sorte qu'on ne verra nulle part une abjecte pauvreté ou une richesse excessive. Les possessions de l'individu rejoignent la réserve commune et tous, comme des frères, jouissent d'un unique patrimoine[2].

Comparons ce passage avec le *Manuel de Discipline* :

> [...] quand [le novice] aura achevé une année dans la Communauté, la Congrégation délibérera sur son cas en examinant sa compréhension et son observance de la Loi. Et si sa destinée, selon la décision des Prêtres et de l'assemblée nombreuse de leur Alliance, est d'entrer dans la compagnie de la Communauté, ses biens et les revenus [de son travail] seront remis au trésorier de la Congrégation, qui les inscrira à son compte et ne les dépensera pas pour le groupe [...] Mais quand il aura achevé la deuxième année, il sera examiné, [...] ; ses biens fusionneront [...][3]. [Les points de suspension indiquent une lacune dans le texte.]

1. Geza Vermès, *The Dead Sea Scrolls*, *op. cit.*, 3. 21-23.
2. Flavius Josèphe, *La Guerre des Juifs*, II. 8, 3, sec. 122 ; trad. angl. : H. St. J. Thackeray, Loeb Classical Library, Londres, Heinemann/Cambridge, MA, Harvard University Press, 1976.
3. Geza Vermès, *The Dead Sea Scrolls*, *op. cit.*, 6. 17-22.

Il est vrai que certains détails diffèrent – par exemple, dans la division précise des années d'initiation préliminaire. Mais, en définitive, l'étendue de la concordance entre les deux est étonnante.

Voyons un point aussi mineur que la règle de s'abstenir de cracher quand le groupe est assemblé. Josèphe écrit : « Ils prennent soin de ne pas cracher au milieu de la compagnie ni à droite[1]. » Le *Manuel de Discipline* prescrit : « Quiconque crachera pendant une assemblée du groupe fera pénitence pendant trente jours[2]. »

On pourrait ajouter beaucoup d'autres exemples, mais l'idée est claire. Dans une analyse récente des données contenues dans Josèphe et dans les manuscrits sectaires, Todd Beall a établi entre ces deux sources, concernant les Esséniens, vingt-sept parallèles nets, vingt et un parallèles probables, dix cas où les affirmations de Josèphe sur les Esséniens n'ont pas de parallèles connus dans les manuscrits, et six cas de désaccords entre les deux[3]. Sur deux de ces six désaccords, les manuscrits eux-mêmes ne sont pas unanimes. Par exemple, sur la question de la communauté des biens : Josèphe (et Pline) et le *Manuel de Discipline* la mentionnent ; mais un autre document sectaire parmi les rouleaux, l'*Écrit de Damas*, parle du dépôt des gains d'« au moins deux jours de chaque mois dans la main du Gardien et des Juges » pour les distributions charitables[4]. Cette pratique ne ressemble pas à une communauté des biens. Toutefois, selon la thèse classique, l'*Écrit de Damas* énonce la loi pour les Esséniens vivant dans les villes et les villages, tandis que le *Manuel de Discipline* légifère pour la branche vivant à Qoumrân. Ainsi, des groupes d'Esséniens différents semblent avoir eu des règles distinctes sur ce genre de sujets.

L'assimilation des résidents de Qoumrân aux Esséniens est donc étayée par de solides arguments, et la majorité des chercheurs l'ont acceptée.

Avant de passer à la contestation opposée par Schiffman à cette thèse, je souhaite cependant ajouter quelques remarques. Premièrement, comme le suggère la discussion exposée ci-dessus, avant de faire ce type de comparaisons, il faut d'abord établir quels documents provenant des grottes sont spécifiquement sectaires. Un texte ne peut être consi-

1. Flavius Josèphe, *La Guerre des Juifs*, II. 8, 9, sec. 147.
2. Geza Vermès, *The Dead Sea Scrolls*, *op. cit.*, 7. 13.
3. Todd Beall, *Josephus' Description of the Essenes Illustrated by the Dead Sea Scrolls*, Society for New Testament Studies Monograph Series 58, Cambridge, Grande-Bretagne, Cambridge University Press, 1988.
4. Geza Vermès, *The Dead Sea Scrolls*, 14. 12-13, voir 9. 10-16.

déré comme sectaire simplement parce qu'il a été trouvé dans l'une des onze grottes de Qoumrân contenant des manuscrits. Si cette raison suffisait, il faudrait alors considérer comme esséniens tous les manuscrits bibliques, et ils ne sont évidemment pas d'origine essénienne. Il est surprenant que les chercheurs aient mis si longtemps à s'attaquer à cette question. La méthode employée pour déterminer quels documents sont sectaires doit commencer par l'analyse d'un ou deux textes indubitablement sectaires – comme le *Manuel de Discipline*, les commentaires bibliques et le *Rouleau des Hymnes*. Ensuite, à partir de ces textes, on procédera par extrapolation pour d'autres textes[1]. Il est parfois difficile de dire si un texte est un document sectaire – par exemple, pour le *Rouleau du Temple* – mais ce problème ne saurait nous arrêter ici parce que c'est précisément le *Manuel de Discipline*, document indéniablement sectaire, qui présente ces concordances nombreuses, et de poids, avec ce que rapporte Josèphe sur les Esséniens. Ceci constitue donc un point rassurant à l'appui de l'assimilation des habitants de Qoumrân aux Esséniens.

Deuxièmement, un mot d'appel à la prudence : nous ne pouvons comparer le contenu des documents de Qoumrân qu'avec ce que d'autres auteurs anciens ont relaté sur ces différents groupes dans des écrits qui ont survécu. Peut-être, si leurs descriptions avaient été plus amples ou avaient survécu en plus grand nombre, d'autres concordances ou désaccords feraient-ils surface.

Troisièmement, on est un peu troublé par le fait que certaines caractéristiques patentes dans les rouleaux n'ont été notées ni par Josèphe ni par aucun autre mémorialiste ancien des croyances esséniennes. Par exemple, le calendrier solaire de 364 jours – tout de même particulier – mentionné dans plusieurs textes de Qoumrân ne l'est dans aucun écrit d'auteurs de l'Antiquité. De même pour la croyance des sectaires de Qoumrân en la venue de deux messies. On pourrait penser que Josèphe, pour sa part, n'a pas mentionné ces faits à propos des Esséniens parce qu'il les estimait sans intérêt pour son public gréco-romain ou parce qu'il n'avait consigné ce genre de données pour aucun des autres groupes juifs. Mais on se demande alors si la règle de ne pas cracher durant leurs assemblées communautaires observée par les

1. Voir l'étude récente et précieuse de Carol Newsom, « "Sexually Explicit" Literature from Qumran », dans *The Hebrew Bible and Its Interpreters*, William H. Propp, Baruch Halpern et David Noel Freedman, éd., Biblical and Judaic Studies I, Winona Lake, IN, Eisenbrauns, 1990, p. 167-187.

Esséniens aurait davantage intéressé son public. Bref, voilà quelques mystérieuses omissions.

Quatrièmement, là où des différences apparaissent entre Josèphe et les textes de Qoumrân, il se pourrait que l'historien reflète simplement une version plus tardive des croyances esséniennes qui ont pu se modifier avec le temps, ou qu'il parle d'une autre branche essénienne ne vivant pas à Qoumrân et qui lui aurait été familière. Les Esséniens n'étaient certainement pas tous d'accord sur tout, et leurs conceptions ne demeurèrent pas non plus statiques pendant environ deux siècles.

A la lumière de tous les témoignages ajoutés ci-dessus, je pense que la majorité des chercheurs tomberont d'accord avec cette énergique déclaration de Frank Cross[1] :

> Le chercheur voulant « se montrer très prudent » dans l'identification de la secte de Qoumrân avec les Esséniens se place dans une position surprenante : il doit proposer avec des arguments sérieux la thèse que *deux* groupes majeurs formaient des collectivités religieuses de type communautaire dans la même région du désert de la mer Morte et vécurent effectivement ensemble pendant deux siècles, professant des vues analogues et singulières, pratiquant des lustrations, des repas rituels et des cérémonies similaires ou plutôt identiques. Il doit supposer que ce groupe, soigneusement décrit par des auteurs classiques, disparut sans laisser de vestiges de constructions ni même de tessons ; l'autre groupe, systématiquement ignoré par les sources classiques, laissa de vastes ruines, et même une bibliothèque fabuleuse. Je préfère user de hardiesse et assimiler carrément les hommes de Qoumrân à leurs hôtes perpétuels, les Esséniens[2].

La conférence de Cross, d'où est tirée cette citation, fut d'abord présentée en 1966. Beaucoup de choses ont changé depuis. En premier lieu, le *Rouleau du Temple* – le plus long document de Qoumrân – a été publié. Son contenu à forte teneur de loi a fait l'objet d'une analyse minutieuse. Certains le considèrent comme une formulation extrêmement importante de loi sectaire. D'autres lui nient toute appartenance sectaire – qu'elle soit qoumrânienne ou essénienne. Un second texte, bien qu'encore inédit, entre aussi largement dans le débat essénien-sadducéen : le MMT, qui serait d'après ses éditeurs une lettre, adressée

1. Voir chap. 2.
2. Frank M. Cross, « The Early History of the Qumran Community », dans *New Directions in Biblical Archaeology*, David Noel Freedman et Jonas C. Greenfield, éd., Garden City, NY, Doubleday, 1971, p. 400-407.

– peut-être par le Maître de Justice en personne[1] – aux adversaires du groupe[2]. Dans cette lettre (s'il s'agit bien d'une lettre), le groupe distingue ses propres conceptions de celles de ses adversaires à propos de vingt-deux lois. Le texte du MMT présente successivement les énoncés des lois par des formules telles que « vous dites » et « mais nous pensons » ; la conception de l'auteur et celle des adversaires sur chaque loi nous sont donc connues. Dans un exemplaire de ce curieux texte – dont on a retrouvé des fragments d'au moins sept copies –, la partie « épistolaire » est précédée d'un calendrier annuel complet de 364 jours indiquant les dates des diverses fêtes de l'année. Ce document est nettement sectaire.

Pour Schiffman, le MMT est un document sadducéen – c'est-à-dire que les concepts de loi défendus dans ce texte recouvrent considérablement des positions que la littérature rabbinique postérieure attribue aux Sadducéens. S'il a raison et si le MMT est un texte sectaire datant à peu près du commencement des écrits de Qoumrân, ceci impliquerait que la secte, à ses débuts, était sadducéenne ou du moins reflétait une forte influence sadducéenne dans ses positions juridiques[3].

Cette perpective ne me paraît guère plausible.

Une série de désaccords entre les Pharisiens et les Sadducéens rapportés dans la Mishna (*Yadayim* 4,6-7), où quatre points controversés sont soulevés, constitue un élément décisif dans la thèse de Schiffman. Il trouve des échos de ces quatre points dans le MMT. Dans chaque cas, la position sadducéenne, telle que la reproduit la Mishna, est défendue dans le MMT avec une logique solide, alors que la conception des Pharisiens est attribuée aux adversaires du MMT. C'est ce que dit Schiffman.

Dans l'appendice de ce chapitre, j'examine ces quatre points de loi et compare le texte de la Mishna avec le MMT pour essayer de déterminer si, effectivement, l'auteur du MMT est d'accord, dans

1. Le Maître de Justice fut le premier chef et maître vénéré du groupe de Qoumrân. Il passe pour avoir été un interprète inspiré des prophètes.

2. Elisha Qimron et John Strugnell, « An Unpublished Halakhic Letter from Qumran », dans *Biblical Archaeology Today*, Janet Amitai, éd., Jérusalem, Israel Exploration Society, 1985, p. 400-407.

3. Schiffman traite ce sujet au chap. 3. Pour un plus ample développement, voir son article « The Temple Scroll and Systems of Jewish Law of the Second Temple Period », dans *Temple Scroll Studies*, George J. Brooke, éd., Journal for the Study of the Pseudepigrapha Supplement Series 7, Sheffield, Grande-Bretagne, Sheffield Academic Press, 1989, p. 245-251.

chaque cas, avec la position des Sadducéens rapportée dans la Mishna. Ma conclusion est que l'auteur du MMT s'accorde sans doute avec la position sadducéenne, telle que la présente la Mishna, pour trois des quatre cas. Il y a, en outre, d'autres exemples où la position des Sadducéens coïncide avec celle de Qoumrân.

Mais comment faut-il interpréter ces constatations ? Je doute fort que les conclusions d'une portée considérable tirées par Schiffman découlent réellement de ces minces preuves. Même si les conceptions sadducéennes exposées dans la Mishna et les lois du MMT concordaient dans deux fois plus d'exemples, ce serait intéressant, peut-être, mais non d'une énorme importance. Il pourrait fort bien y avoir de nombreux domaines où Sadducéens et Esséniens s'accordaient ; être sadducéen ou essénien ne signifiait sans doute pas un désaccord sur tout. En particulier dans le cas de ces deux groupes, on peut s'attendre à certaines conceptions communes car tous deux avaient de fortes racines sacerdotales. Le groupe de Qoumrân fut fondé et dirigé par des prêtres, les fils de Sadoq ; quant aux *Sadducéens*, leur nom même semble dériver de ce Sadoq et l'on sait que des prêtres influents furent des Sadducéens.

Par ailleurs, il n'est pas aisé de déterminer le degré de fiabilité de la Mishna dans son exposé des désaccords entre Sadducéens et Pharisiens. Peut-être a-t-elle conservé le recueil précis des différences entre les deux groupes. Mais peut-être pas. La Mishna fut rédigée longtemps après la fin de leur existence (vers 200 av. J.-C.). De plus, elle se range régulièrement du côté des Pharisiens et envisage donc les désaccords selon leur perspective. C'est si flagrant que, estime Emil Schürer, les « attaques des Sadducéens contre les Pharisiens mentionnées dans [ce passage de la Mishna] ne peuvent qu'être destinées à tourner [les Sadducéens] en dérision[1] ».

Schiffman fait reposer une conclusion capitale sur quelques concordances entre des lois religieuses (*halakhot*) : parce que les conceptions du MMT et celles attribuées beaucoup plus tard aux Sadducéens se correspondent pour quelques lois particulières, Schiffman en déduit que le groupe de Qoumrân était sadducéen ou fut à ses débuts forte-

1. Emil Schürer, *The History of the Jewish People in the Age of Jesus Christ*, rév. et éd. par Geza Vermès, Fergus Millar et Matthew Black, Édimbourg, T. & T. Clark, 1979, p. 410, n. 31. Le MMT montre que ses auteurs adoptèrent effectivement une position – concernant l'écoulement de liquide discuté dans l'appendice de ce chapitre – que Schürer jugeait une plaisanterie.

ment influencé par les Sadducéens. Pour parvenir à cette conclusion, il lui faut ignorer le témoignage *contemporain* de Pline. Ainsi que les concordances fondamentales existant entre la description de la pensée et des pratiques des Esséniens par Josèphe, d'une part, et, d'autre part, le contenu des documents sectaires de Qoumrân.

Autre faille importante, Schiffman ignore le fait que les textes sectaires de Qoumrân enseignent des doctrines aussi profondément non sadducéennes que l'existence de multitudes d'anges[1] et le pouvoir omnipotent du destin. Schiffman reste muet sur la manière dont les Sadducéens seraient censés avoir développé de tels enseignements – certes étranges pour des Sadducéens. Qu'un document sectaire *des plus anciens* comme le *Manuel de Discipline* professe des positions notoirement esséniennes, non sadducéennes, rend fort improbable que les résidents de Qoumrân aient eu des origines sadducéennes. Si tel fut cependant le cas, ils sont parvenus, en quelques années, à effectuer un revirement sur des principes théologiques essentiels – passant, pour ne citer qu'un exemple – de l'absence de prédestination à un déterminisme absolu. Ce scénario est parfaitement invraisemblable. Les quelques détails de lois sur lesquels s'appuie Schiffman – des lois particulières qui pourraient bien ne représenter que certains des nombreux points de concordance entre Sadducéens et Esséniens (ces derniers en partageaient d'autres avec les Pharisiens) – pourraient difficilement l'emporter sur les descriptions fournies par des auteurs comme Josèphe et Pline (ou ses sources), qui ont réellement été témoins des coutumes et de la théologie des Esséniens, et sur les données issues des principaux textes de Qoumrân.

Les maigres éléments révélés par Schiffman (et avant lui par Joseph Baumgarten) ne font que mettre en évidence un fait déjà connu : les Esséniens (y compris ceux de Qoumrân) et les Sadducéens avaient des

1. David Daube, dans « On Acts 23 : Sadducees and Angels », *Journal of Biblical Literature*, 109, 1990, p. 493-497, a fait dernièrement cette suggestion intéressante : le verset 23,9 des *Actes des Apôtres* – le seul passage de texte antique disant que les Sadducéens niaient l'existence d'anges et d'esprits – signifie que les Sadducéens rejetaient la notion d'une phase intermédiaire dans un état similaire à celui d'anges ou d'esprits pour les défunts avant la grande résurrection générale (qu'ils rejetaient aussi). Je ne suis pas convaincu qu'il ait raison et que sa thèse explique la raillerie des Pharisiens dans ce verset 23,8, mais il aurait été étrange pour les Sadducéens de nier l'existence des anges alors qu'ils figuraient en abondance dans leur Bible. Ce verset, a-t-on suggéré aussi, signifierait simplement qu'ils niaient l'existence de vastes armées d'anges tout en acceptant celle d'un plus petit nombre.

origines similaires dans la classe sacerdotale de Judée, et ces deux groupes (dans leur stricte conception de la Loi) semblent s'être opposés à l'adoucissement de certaines lois et certains châtiments apporté par les Pharisiens. Que Sadducéens et Esséniens se soient accordés sur quelques points n'a rien d'étonnant ; ce sont leurs désaccords fondamentaux sur d'autres points qui ont permis de les identifier en tant que groupes différents. Un bien étrange historique de la communauté de Qoumrân devrait être avancé pour soutenir qu'ils commencèrent sadducéens et évoluèrent rapidement en un groupe professant des conceptions diamétralement opposées. Puisque nous ne savons pas lequel des deux groupes naquit en premier – Esséniens ou Sadducéens –, il est préférable de *ne pas* parler d'une forte influence sadducéenne sur les origines de la communauté de Qoumrân. Ce que l'on peut dire, en se fondant sur les témoignages, c'est que les deux groupes partagèrent de profondes racines sacerdotales mais, ensuite, se développèrent suivant une évolution assez différente.

Appendice

Dissection de la Loi dans la Mishna et dans un texte de Qoumrân

Dans sa thèse soutenant que les sectaires de Qoumrân étaient des Sadducéens, du moins à l'origine, Lawrence Schiffman s'appuie sur une comparaison entre quatre lois traitée dans le MMT, document sectaire, et aussi dans la Mishna, texte rabbinique remontant environ au début du IIIe siècle apr. J.-C. Le passage de la Mishna (*Yadayim* 4,6-7) relate un désaccord entre les Pharisiens et les Sadducéens sur quatre points de loi plutôt obscurs. D'après Schiffman, le MMT défend les mêmes conceptions que celles attribuées aux Sadducéens dans la Mishna.

Ce passage de la Mishna dit :

> Les Sadducéens disent : « Nous crions contre vous, ô Pharisiens, car vous dites : "Les Saintes Écritures souillent les mains", [et] "Les écrits de Hamiram [Homère ?] ne souillent pas les mains". »
> Rabbi Yohanan b.[1] Zakkaï [lui-même Pharisien] dit [peut-être par

1. « b. », abréviation classique de *ben*, « fils de », dans les textes rabbiniques.

> moquerie] : « N'avons-nous rien d'autre que cela contre les Pharisiens ? Car regardez, les [Pharisiens disent] : "Les os d'un âne sont [rituellement] purs [donc ils peuvent servir à fabriquer des ustensiles de cuisine], et les os de Yohanan le Grand-Prêtre sont impurs." »
> Ils [les Pharisiens] lui dirent : « Tel est notre amour pour eux [nos parents], telle est leur impureté [de leurs os : on ne peut les utiliser pour fabriquer des ustensiles de cuisine] – nul homme ne peut faire des cuillers avec les os de son père ou sa mère. »
> Il [Yohanan] leur dit [aux Sadducéens] : « Et de même pour les Saintes Écritures : tel est notre amour pour elles, telle est leur impureté ; [tandis que] les écrits de Hamiram, dont on ne tient nullement compte, ne salissent pas les mains. »
> Les Sadducéens disent : « Nous crions contre vous, ô Pharisiens, car vous déclarez pur un filet continu de liquide [versé dans quelque chose de rituellement impur ; selon les Pharisiens, le récipient d'origine du liquide versé n'est pas rendu impur par le filet continu de liquide qui touche le récipient impur]. » Les Pharisiens disent : « Nous crions contre vous, ô Sadducéens, car vous déclarez pur un courant d'eau qui coule d'un lieu de sépulture[1]. »

Quatre points de droit religieux sont ici en litige. Premièrement, les livres de Hamiram (Homère ?)[2] souillent-ils les mains ? Schiffman relie cette question au fait que les feuilles des livres sont en parchemin, c'est-à-dire de la peau animale ; cette peau est-elle pure ou impure ? Cela peut dépendre du lieu où l'animal fut abattu. Les Sadducéens, contrairement aux Pharisiens, croyaient que tous les livres, y compris ceux de Hamiram, souillaient les mains. Les livres étant écrits sur du parchemin, si le parchemin provenait d'animaux tués en dehors du Temple, ce qui était sans doute le cas pour les livres de Hamiram, les livres étaient impurs. C'était du moins la position sadducéenne, telle que l'expose Schiffman. Une partie endommagée du MMT traite effectivement des peaux animales et indique qu'elles rendaient impure la personne qui les transportait. Mais dire qu'il s'agit bien de cela dans cette première controverse relève plus d'une supposition que d'un fait.

Le litige suivant porte sur la pureté rituelle des os. Selon la conception pharisienne telle que l'exprime la Mishna, les os, même ceux d'un animal non casher comme par exemple un âne, peuvent servir à fabriquer une cuiller – ou

1. *The Mishnah*, Herbert Danby, trad., Oxford, Oxford University Press, 1933, avec révisions.

2. Le sens de ce terme obscur a été longuement débattu. Philip Blackman (*Mishnayoth*, vol. 6, *Order Taharoth*, Gateshead, Grande-Bretagne, Judaica Press, 2e éd., 1977, p. 771) énumère les interprétations suivantes qui ont été suggérées : Jésus ben Sira, ben Laanah, l'auteur du *Livre de Tagla*, Homère, ou l'apostat l'hérétique.

du moins les Sadducéens accusent les Pharisiens de soutenir ce point de vue.

Les Sadducéens déclaraient impurs tous les os d'animaux impurs. De même qu'ils ne feraient pas de cuillers avec les os de leurs parents, ils n'en feraient pas avec les os d'un animal.

Yohanan prend ensuite les Sadducéens en flagrant délit d'illogisme (bien que ce soit un illogisme sans importance pour notre propos) : si, comme les Sadducéens le prétendent, leur grand respect (ou amour) pour les os de leurs parents (et ceux des animaux) rend les os impurs, et si leur amour de l'Écriture rend ces livres impurs, comment se fait-il que les livres de Hamiram (probablement Homère), que le texte nous dit sans valeur et donc certainement non aimés, souillent les mains ?

Mis à part cet illogisme, il est vrai que l'on peut raisonnablement déduire des paroles conservées dans le MMT qu'il est interdit de fabriquer des poignées de récipient avec des os et du cuir [1] ; le contact avec les os d'animaux, comme avec les os humains, rend impur. La même position, soit dit en passant, est formulée dans le *Rouleau du Temple*. Le passage de la Mishna implique, par les paroles de Rabbi Yohanan b. Zakkaï, que les Sadducéens embrassaient cette position [2]. Schiffman marque ainsi un point dans le deuxième litige.

Le troisième litige est de savoir si un écoulement de liquide peut communiquer l'impureté. Imaginons une eau pure (c'est-à-dire rituellement pure) versée d'un récipient pur dans un récipient impur. En entrant en contact avec le récipient impur, l'eau dans le récipient impur devient impure. Mais que deviennent l'eau dans le récipient pur et le récipient lui-même ? L'impureté qui affecte l'eau quand elle touche le récipient impur remonte-t-elle le courant de l'eau, contaminant ainsi l'eau qui reste dans le récipient auparavant pur ? Les Sadducéens disent que l'impureté s'attache effectivement au courant de liquide, rendant impurs à la fois l'eau dans le récipient auparavant pur et le récipient lui-même. Les Pharisiens, plus libéraux, sont de l'avis contraire.

Ici, le MMT s'accorde nettement avec les Sadducéens. La forme du terme désignant un écoulement de liquide n'est pas exactement la même dans les deux textes, mais la position de loi est identique [3].

Le quatrième litige est en fait un contre-exemple du troisième. Malgré leur interprétation rigoureuse, les Sadducéens ne la maintiennent pas en ce qui concerne un cours d'eau traversant un lieu de sépulture et qui devrait donc, selon la logique sadducéenne, être impur. En résumé, les Pharisiens soutiennent que les Sadducéens font preuve d'illogisme parce que, dans le cas d'un cours d'eau provenant d'un lieu de sépulture, ils semblent ne pas appliquer leur propre principe, énoncé dans le cas précédent, qu'un écoulement de liquide communique l'impureté.

1. Voir MMT, lignes B18-23.

2. Joseph M. Baumgarten, « The Pharisaic-Sadducean Controversies about Purity and Qumran Texts », *Journal of Jewish Studies*, 31, 1980, p. 161-163.

3. *Ibid.*, p. 163-164, où Baumgarten en fit le premier la remarque.

Le MMT s'accorde probablement avec la position sadducéenne, telle que la reflète la Mishna, dans deux des quatre cas (le deuxième et le troisième), alors que, dans le dernier cas, on peut affirmer que le principe d'identité entre le MMT et les Sadducéens ne s'applique pas.

Mais cette comparaison est de peu de poids pour reconnaître des Sadducéens dans les sectaires de Qoumrân. Elle permet toutefois au lecteur de saisir combien sont difficiles la lecture et la compréhension de la logique dans un texte aussi dense et important que la Mishna.

CHAPITRE CINQ

Le « premier rouleau de la mer Morte » : trouvé en Égypte cinquante ans avant les découvertes de Qoumrân

Raphael Levy

*Nous avons déjà eu un aperçu de l'*Écrit de Damas *et de son importance pour la discussion sur l'origine des sectaires de Qoumrân. Or, curieux antécédent, deux copies fragmentaires de ce document datant de l'époque médiévale (un millénaire après le dépôt des rouleaux dans les grottes de Qoumrân) furent trouvés au siècle dernier, non pas dans des grottes au bord de la mer Morte, mais dans la* guéniza *(entrepôt des manuscrits hors d'usage) d'une vieille synagogue du Caire. En un sens, ces exemplaires du Caire furent les premiers manuscrits de la mer Morte découverts. Cinquante ans après cette trouvaille dans la synagogue, les grottes de Qoumrân livraient au moins neuf copies fragmentaires de ce même document – confirmant non seulement la grande ancienneté de sa composition, mais, de surcroît, nombre d'intuitions lumineuses du savant juif qui apporta ces premières copies en Angleterre à l'université de Cambridge.*

*C'est l'aventure de cette découverte du XIXe siècle – arrière-plan approprié de l'aventure plus tardive de la découverte des rouleaux au bord de la mer Morte – que relate ici Raphael Levy. Il décrit aussi le contenu des copies de l'*Écrit de Damas *entreposées au Caire, qui explique leur importance capitale dans la recherche de l'origine des sectaires de Qoumrân.*

*L'intégralité des copies fragmentaires de l'*Écrit de Damas *trouvées à Qoumrân n'a toujours pas été publiée. Comme l'indique ce chapitre, la mission de les publier fut originellement attribuée à Jozef T. Milik, qui, plus de trente ans après, n'était pas encore parvenu à s'en acquitter. Dernièrement, cependant, les copies de Qoumrân ont* *été réattribuées au professeur Joseph Baumgarten, de l'Université hébraïque à Baltimore. Entre-temps, les transcriptions en hébreu de huit des copies de Qoumrân préparées dans les années 1950 par Milik sont devenues accessibles dans les textes reconstitués grâce à l'informatique par le professeur Ben Zion Wacholder et Martin Abegg, du Hebrew Union College à Cincinnati*[1]. *Ces copies qoumrâniennes de l'Écrit de Damas doublent et peut-être même triplent la longueur du texte fournie par les copies du Caire. La pleine portée des nouveaux matériaux ainsi disponibles n'est pas encore évidente.*

Néanmoins, les copies du Caire sont en elles-mêmes extraordinaires. Elles décrivent une secte juive qui se considérait comme le Véritable Israël et s'opposait âprement aux gouvernants juifs de Jérusalem dont elle s'était enfuie. La secte était dirigée par un Maître de Justice qui fut « repris », mais qui était censé revenir en tant que Messie à la fin des temps.

Comme pour les manuscrits de la mer Morte trouvés plus tard, des thèses exagérées furent anciennement avancées sur le lien entre la secte juive décrite dans les copies du Caire et Jésus, Jean le Baptiste et Paul.

*

Certains l'appellent le « premier rouleau de la mer Morte » – mais il fut trouvé au Caire. Et ce n'était pas dans une grotte, mais dans une *guéniza* : le dépôt, dans une synagogue, des exemplaires de textes sacrés hors d'usage. Le savant talentueux qui le découvrit, Solomon Schechter, l'offrit avec une masse d'autres manuscrits hébreux anciens à l'université de Cambridge, où il est maintenant conservé.

Bien sûr, personne ne l'appelait le « premier rouleau de la mer Morte » en 1897. C'était cinquante ans avant la fabuleuse trouvaille, en 1947, des manuscrits de la mer Morte proprement dits dans les grottes de Qoumrân, sur la rive nord-ouest de la mer Morte. Le manuscrit dégagé par Schechter ne reçut son surnom qu'après cette constatation des chercheurs : il s'agissait d'une copie d'un document appartenant à la secte dont la bibliothèque cachée avait été exhumée à Qoumrân, et qui décrivait cette secte.

1. *A Preliminary Edition of the Unpublished Dead Sea Scrolls : The Hebrew and Aramaic Texts from Cave Four*, fascicule 1, reconstitué et édité par Ben Zion Wacholder et Martin G. Abegg, Washington, Biblical Archaeology Society, 1991. [Note de H. Shanks.]

Aujourd'hui, l'*Écrit de Damas* (ou *Fragments sadocides*), titre donné par les savants au manuscrit de cette *guéniza*, est considéré comme le document le plus important dont on dispose pour comprendre l'histoire des Esséniens, ces hommes qui produisirent les rouleaux puis les cachèrent dans les grottes de Qoumrân. Et d'après ces pages en lambeaux, Schechter, qui n'aurait jamais pu imaginer le trésor de Qoumrân et mourut avant sa découverte, fut capable de brosser le premier portrait reconnaissable de la secte de Qoumrân.

Un étonnant portrait, d'ailleurs, et pendant longtemps inexplicable. « Les annales de l'histoire juive, écrivait Schechter, ne contiennent aucune description d'une secte correspondant en tous points avec celle représentée [...] [1]. »

Schechter parlait d'une étrange fraternité juive datant de l'époque du Second Temple, inconnue, fortement structurée, vouée à une ardente piété, pratiquant la communauté des biens et croyant en un Messie. Leurs différences doctrinales avec le judaïsme officiel, supposait-il, « les poussèrent à se séparer complètement [...] de la masse de la nation juive [2] ».

Dans le rapport de Schechter sur l'histoire et les lois de cette fraternité figuraient la plupart des personnages, des lieux et des événements mystérieux et fascinants qui donnent à l'histoire de la secte des manuscrits de la mer Morte sa saveur particulière. Schechter, dans son étude pionnière sur le document de la *guéniza* du Caire publiée en 1910, nous parlait du chef de la secte, à l'énigmatique identité, le Maître de Justice, et de son pire ennemi, l'Homme de Raillerie.

Il nous parlait aussi de la « fuite à Damas » de la secte (d'où le nom d'*Écrit de Damas* donné par les savants) pour échapper à la persécution qu'elle subissait dans son pays, et de son adoption en exil d'une Nouvelle Alliance. Enfin, disait-il, malgré la mort du Maître de Justice, la secte croyait que, si elle demeurait fidèle à ses enseignements, le Maître reviendrait en tant que Messie.

Ces personnages, ces événements sont évidemment les mêmes que ceux révélés dans des manuscrits de la mer Morte tels que le *Commentaire d'Habacuc* et le *Manuel de Discipline*. De nombreux chercheurs, depuis l'époque de Schechter, se sont évertués à identifier qui étaient vraiment ces hommes dont parlent les manuscrits, à déterminer à

1. Solomon Schechter, *Documents of Jewish Sectaries : Fragments of a Zadokite Work*, Cambridge, Cambridge University Press, 1910, Introduction, p. XVIII.
2. *Ibid.*, p. XIII.

quelle date les situer et à clarifier le contexte historique des événements décrits. Mais c'est à Schechter qu'il faut attribuer le mérite d'avoir, le premier, porté à l'attention du monde ce chapitre mystérieux de notre histoire commune.

Les circonstances qui menèrent Solomon Schechter à la *guéniza* du Caire forment déjà une histoire passionnante. En 1896, quand il partit pour Le Caire, Schechter était chargé d'enseignement du Talmud et de littérature rabbinique à l'université de Cambridge. Né en Roumanie dans une petite communauté juive, il se montra brillant étudiant et fut envoyé dans différentes *yeshivot* (écoles d'études rabbiniques). Plus tard, il partit à Vienne et Berlin, où il compléta ses études rabbiniques par des matières laïques comprenant la nouvelle *Jüdische Wissenschaft*, l'étude scientifique de l'histoire juive.

En 1882, Claude Goldsmid Montefiore, riche descendant de deux grandes familles anglo-juives, demanda à Schechter d'être son professeur particulier en études rabbiniques et le fit venir à Londres. Schechter se plut beaucoup en Angleterre et y resta. Les juifs anglais jouissaient de nombreuses libertés inconnues des juifs d'Allemagne. A cet attrait s'ajoutait pour Schechter celui des fameuses collections de manuscrits et livres hébreux abritées par la Bibliothèque bodléienne d'Oxford et le British Museum.

En 1890, il fut nommé maître de conférences sur le Talmud à Cambridge. A cette date, il avait déjà acquis une certaine réputation de savant et d'essayiste ; à l'université, son esprit et ses compétences lui gagnèrent bientôt des amis chaleureux. L'un d'eux fut Charles Taylor, mathématicien, éminent hébraïsant chrétien et directeur de St. John's College.

Puis apparurent deux femmes remarquables : Mmes Agnes Smith Lewis et Margaret Dunlop Gibson, sœurs jumelles « incroyablement cultivées [...] incroyablement originales [...] et totalement inséparables[1] ». Ces deux veuves écossaises, fortunées, se consacraient à l'érudition biblique, aux voyages et à la recherche de manuscrits anciens. D'autres femmes victoriennes se seraient sans doute cantonnées à la maison comme le voulait la bonne société, mais les « Giblews » avaient déjà fait trois audacieux voyages à dos de chameau, allant du Caire jusqu'au monastère Sainte-Catherine au mont Sinaï, pour étudier et photographier les textes anciens de sa biblio-

1. A. Whigham Price, *The Ladies of Castlebrae*, Durham, Grande-Bretagne, University of Durham Press, 1964, p. 1.

thèque. En mai 1896, elles revinrent à Cambridge après un autre voyage au Proche-Orient, cette fois en Palestine et en Égypte. Elles y avaient acheté des feuillets anciens de textes hébreux et demandèrent à Schechter de les examiner.

A son grand étonnement, il reconnut dans l'un des feuillets une partie du texte hébreu – depuis longtemps perdu – du *Siracide*, œuvre juive du IIe siècle av. J.-C. intitulée aussi l'*Ecclésiastique*. Depuis près de mille ans, on avait perdu de vue la version en hébreu de la *Sagesse* de Ben Sira, livre que les catholiques intègrent dans la Bible, les protestants et les juifs dans les apocryphes. Les juifs, récusant son authenticité biblique, l'avaient écarté de l'Ancien Testament, mais l'Église chrétienne primitive l'avait conservé dans sa traduction en grec et en d'autres langues.

La découverte de Schechter établit pour la première fois que l'*Ecclésiastique* avait bien été rédigé en hébreu à l'origine. Beaucoup plus tard, en 1964, des fragments d'un texte hébreu original de Ben Sira furent trouvés à Massada par Yigael Yadin. Ils montraient que le feuillet de Schechter, bien qu'écrit au Moyen Age, était le texte hébreu authentique et non une traduction du grec en hébreu comme l'avaient suggéré certains sceptiques.

Mme Lewis fit alors part à la presse de la découverte de Schechter. La révélation poussa d'autres savants à rechercher des matériaux supplémentaires de Ben Sira. Deux savants d'Oxford annoncèrent bientôt qu'ils avaient trouvé de nouveaux feuillets de Ben Sira parmi les acquisitions récentes de la Bodléienne. Soudain, la presse, dans un concert de communiqués tout frais, se mit à annoncer l'existence d'autres pièces concernant la Bible, récemment acquises par des bibliothèques anglaises. A mesure que Schechter examinait personnellement nombre de ces pièces, germa en lui une intuition que personne n'avait encore eue : la plupart de ces nouveaux matériaux provenaient d'une source unique et, selon toute vraisemblance, cette source était la *guéniza* de la millénaire synagogue Ben Ezra, située à Fostat dans le Vieux Caire.

Fostat avait jadis été un centre important de la communauté juive, surtout aux XIe et XIIe siècles, quand l'Égypte, ainsi qu'une bonne partie du Proche-Orient, de l'Afrique du Nord et certaines régions de l'Europe se trouvaient sous domination islamique. Sa communauté juive prospère avait entretenu des relations étroites avec des communautés coreligionnaires de Babylone, de Palestine, d'Espagne et d'autres pays méditerranéens. De grands érudits juifs et chefs religieux, tels Sa'adia ben Joseph (882-943), Yehouda ha-Levi (1075-1141) et l'illustre théologien et philosophe Moïse Maimonide (1135-1204), vécurent à Fostat ou s'y arrêtèrent au cours de leurs voyages.

Schechter osait à peine imaginer ce que pouvait receler la *guéniza* de la synagogue de Fostat. Il savait qu'il devait absolument se rendre au Caire pour tenter de la « vider » et de rapporter à Cambridge la masse de textes qu'elle contenait afin que les savants puissent les étudier. Soutenu par ses collègues, il soumit son projet aux autorités de Cambridge et gagna leur approbation. Son ami, le professeur Taylor, finança l'expédition avec ses propres fonds. En décembre 1896, Schechter naviguait vers l'Égypte, muni d'une impressionnante lettre de recommandation adressée par l'université de Cambridge aux chefs juifs de la communauté cairote, et d'une autre du grand rabbin de Grande-Bretagne au grand rabbin du Caire.

Contrairement à la croyance en vogue, Schechter ne découvrit pas la *guéniza* du Caire et s'efforça de démentir cette idée. Plusieurs générations de voyageurs, de chasseurs de manuscrits et d'érudits connaissaient déjà son existence. Mais des malheurs affreux étaient censés s'abattre sur quiconque s'aventurerait à retirer son contenu. Une légende évoquait un grand serpent qui protégeait l'entrée et attaquait les éventuels chasseurs de textes. Peut-être de tels récits contribuèrent-ils à protéger le contenu de la *guéniza* à travers les siècles.

Un autre élément dissuasif pourrait avoir découragé les potentiels chercheurs de textes : les difficultés réelles qu'ils allaient rencontrer en essayant d'entrer dans la *guéniza* elle-même et de la fouiller. Cette pièce était une sorte de grenier – sombre, sans air ni fenêtre. On y entrait en grimpant au sommet d'une haute échelle branlante dressée contre le mur au fond de la galerie des femmes dans la synagogue. Jacob Saphir, voyageur et érudit du XIXe siècle, pénétra dans la *guéniza* en 1864, mais abandonna au bout de deux jours sans rien avoir trouvé de remarquable, vaincu par la poussière, la saleté et les hordes d'insectes.

A partir du milieu du XIXe siècle, cependant, malgré les obstacles dissuasifs, les matériaux de la *guéniza* du Caire firent leur chemin jusque entre les mains de particuliers et d'institutions en Angleterre, en Palestine et ailleurs. L'université de Cambridge acquit son premier fragment de manuscrit provenant de la *guéniza* en 1891. On se procurait généralement des fragments auprès de marchands du Caire dans des magasins d'« antiquités » et leur véritable source demeurait inconnue. Quant aux marchands, ils avaient découvert que les pots-de-vin, généreusement octroyés aux gardiens de la synagogue, faisaient s'envoler bien des difficultés.

Au moins deux visiteurs précédant Schechter dans la synagogue Ben Ezra réussirent par leurs propres moyens à acquérir une quantité substantielle de matériaux. Tous deux sont inscrits dans la mémoire collective parmi les chercheurs de manuscrits hébreux les plus industrieux, et qui ont été récompensés par les plus belles découvertes de leur époque.

L'un, Abraham Firkowitch (1786-1874), semble avoir atteint Le Caire à la fin des années 1860. Ce rabbi qaraïte de Crimée recherchait particulièrement des textes étayant le rejet du judaïsme talmudique par les Qaraïtes. Deux grandes collections rassemblées par Firkowitch font partie des importantes possessions hébraïques de la bibliothèque nationale Saltykov-Scherin de Leningrad. La seconde collection contiendrait des documents précieux provenant sans doute de la *guéniza.*

Le deuxième chasseur de manuscrits avant Schechter fut Elkan Nathan Adler (1861-1946), avocat londonien, bibliophile et voyageur à travers le monde. Il se constitua une vaste bibliothèque hébraïque d'environ cinq mille manuscrits et fragments en hébreu, aujourd'hui possédés par le Jewish Theological Seminary, à New York. En janvier 1896, Adler fut autorisé à emporter de la *guéniza* du Caire autant de textes qu'il le pouvait dans une vieille couverture de Torah. Schechter s'entretint brièvement avec Adler avant de s'embarquer pour Le Caire.

Mais il lui restait encore fort à faire pour réussir à pénétrer dans le fabuleux dépôt et à le vider autant que possible. Pour accomplir cet exploit, il lui fallut déployer tout son pouvoir de persuasion (il n'en manquait pas), toute sa patience, son érudition et – ce n'était pas la moindre nécessité – tout simplement son endurance physique. Des bakchichs considérables s'avérèrent nécessaires pour amadouer les gardiens de la synagogue. Après tout, chaque fragment qu'il emportait les privait de leurs « bénéfices marginaux » – les objets qu'ils pouvaient subrepticement vendre à des visiteurs et à des marchands.

Le rapport incomplet de son expédition laisse à penser que Schechter passa entre six et huit semaines à assurer sa prise. Il partit pour l'Égypte à la mi-décembre 1896. Dans la seconde quinzaine de janvier 1897, il écrivit du Caire que le travail était effectué « à fond » et qu'il avait l'intention d'envoyer les résultats en Angleterre. Il ajoutait sa plainte récurrente : « Les gens volent des fragments et les vendent aux marchands[1]. »

1. Norman Bentwich, *Solomon Schechter, A Biography*, Philadelphie, The Jewish Publication Society of America, 1938, p. 130.

Depuis les temps anciens, les juifs ont coutume d'enterrer les exemplaires hors d'usage ou défectueux des textes sacrés afin de les protéger de la profanation. Normalement, une *guéniza* attachée à une synagogue, comme au Caire, servait de dépôt temporaire en attendant que son contenu puisse être enterré dans un lieu consacré. Nul ne sait pourquoi celui de la *guéniza* du Caire fut autorisé – fort heureusement – à s'accumuler durant des siècles. Mais, de prime abord, la proposition que fit Schechter au grand rabbin et aux chefs laïcs de la communauté juive du Caire de « vider » la *guéniza* et d'emporter ses textes « presque » enterrés dut les frapper comme une inconcevable profanation.

C'est là que sa profonde connaissance de la loi et la tradition juives lui rendit un précieux service – et fournit l'assurance que le transfert des textes et des manuscrits dans une grande université, loin de représenter une profanation, garantirait au contraire leur respect et leur protection.

Enfin, le grand rabbin se rendit en voiture avec Schechter à la synagogue Ben Ezra et lui fit visiter les lieux. Schechter écrit : « Le rabbin me présenta aux bedeaux de la synagogue, qui sont en même temps les gardiens de la *guéniza*, et m'autorisa à y prendre ce que je voulais, et autant que je voulais[1]. » Armé de ce crucial aval que les gardiens n'avaient guère la possibilité d'ignorer, il put enfin grimper dans le dépôt. Et voici le spectacle qui s'offrit à ses yeux :

> C'est un champ de bataille de livres, où s'est combattue la production littéraire de multiples siècles, et leurs *membra disjecta* jonchent le sol. Certains des belligérants, totalement anéantis, ont été littéralement réduits en poussière dans leur terrible lutte pour l'espace, tandis que d'autres sont comprimés en de grosses masses informes, qui [...] ne peuvent plus être dissociées sans de graves dommages[2].

A l'intérieur de la *guéniza*, Schechter trouva aussi de sérieuses menaces pour sa santé. Chaque mouvement soulevait une poussière séculaire – une poussière qui s'infiltrait dans ses yeux, sa gorge et tous les pores de sa peau. Il se sentait au bord de la suffocation, mais persévérait. Pour venir à bout du travail, il accepta à regret l'aide des gardiens de la synagogue, qui refusaient un paiement régulier mais demandaient des bakchichs. Il nota plus tard, pince-sans-rire : le bak-

1. Solomon Schechter, *Studies in Judaism. Second Series*, Philadelphie, The Jewish Publication Society of America, 1938, p. 6.
2. *Ibid.*, p. 6.

chich, « outre le fait de représenter une plus digne forme de rémunération, a aussi l'avantage d'être attendu pour services non rendus[1] ». Schechter acheta également, à un marchand d'« antiquités » au Caire, quelques objets qui l'intéressaient particulièrement – des objets qui, visiblement, sortaient tout juste de la *guéniza.*

Schechter limita plus ou moins sa recherche à des matériaux manuscrits. Il choisit peu d'œuvres imprimées, qu'il écartait en les qualifiant de « secondaires ». En quelques semaines, il posséda environ trente grands sacs bourrés de ses trouvailles. Se heurtant à des difficultés pour exporter ses matériaux à Liverpool, il demanda l'aide du Bureau du représentant britannique. Les problèmes s'envolèrent sans délai. Lord Cromer, le représentant britannique, était un érudit de la culture grecque parfaitement susceptible d'apprécier le fait que les fragments de Schechter allaient accroître les trésors culturels de l'Angleterre. A peu de chose près, c'était lui qui dirigeait l'Égypte.

Au début du printemps – après son unique visite en Palestine –, Schechter revint à Cambridge. Il se plongea immédiatement dans la tâche gigantesque d'examiner, classer, conserver et emmagasiner son superbe butin. Il estimait avoir rapporté cent mille fragments et textes. Mais aujourd'hui, à Cambridge, la collection est évaluée à cent quarante mille pièces. Conserver, classer et loger cette profusion de documents afin que les savants aient toute facilité pour les étudier prit huit décennies.

La nouvelle de l'exploit de Schechter dans le domaine de l'érudition se répandit rapidement. Il devint bientôt une célébrité. Des hommes cultivés lui rendaient visite dans sa salle de travail à la bibliothèque de l'université, désireux d'entr'apercevoir ce qu'il avait rapporté du Caire. Le professeur Taylor venait presque tous les jours l'aider à repérer d'autres feuillets de Ben Sira et examiner, avec un profond plaisir, toute trouvaille inédite.

En juin 1898, le conseil de l'université de Cambridge fut informé que les professeurs Taylor et Schechter avaient offert à l'université, sous certaines conditions, « la précieuse collection de manuscrits [...] rapportés de la *guéniza* du Vieux Caire avec le consentement des chefs de la communauté juive[2] ». La donation, acceptée en bonne et due forme le 10 novembre 1898, fonda la célèbre collection Taylor-Schechter de la *guéniza* appartenant à la bibliothèque de l'université de Cambridge.

1. *Ibid.*, p. 8.
2. *Ibid.*, p. 10.

Schechter avait tout d'abord nourri l'espoir de « vider » la *guéniza.* Il accomplit effectivement un travail magnifique en emportant ses plus anciens documents, mais il ne la vida pas complètement et d'autres achevèrent la tâche. Aujourd'hui, s'il existe d'autres grandes collections de matériaux provenant de la *guéniza* (obtenus avant et après l'expédition de Schechter), à Oxford, Londres, New York, Leningrad et dans d'autres villes, aucune n'égale la collection de Cambridge, ni en ampleur ni en quantité de trouvailles précieuses.

Jusqu'à la découverte des manuscrits de la mer Morte, la collection Taylor-Schechter de la *guéniza* représentait sans nul doute la plus importante récupération, à notre époque, de matériaux provenant de manuscrits hébreux anciens. Pour certains, elle le demeure, étant donné la somme de lumières nouvelles éclairant les siècles oubliés de la vie et de la pensée juive qu'elle a apportées.

Schechter lui-même quitta Cambridge en 1902 pour devenir président du Jewish Theological Seminary, à New York, poste qu'il occupa jusqu'à sa mort survenue en 1915. Aux États-Unis, il contribua à faire du mouvement conservateur, alors en difficulté, une institution majeure du judaïsme contemporain. Il arriva à New York avec l'espoir d'entamer des études dans plusieurs domaines suggérés par certains fragments de la *guéniza* qu'il venait d'examiner. Mais les responsabilités de son poste devenant bientôt trop prenantes, il commença à encourager d'autres membres du séminaire à entreprendre ces études.

Il n'en continua pas moins à travailler sur deux écrits singuliers qu'il avait trouvés dans la *guéniza* du Caire. En 1910, il publia les résultats, dans un ouvrage en deux volumes intitulé *Documents of Jewish Sectaries*. Le titre du second volume était *Fragments of the Book of Commandments by Anan*. Anan est considéré comme le huitième fondateur du qaraïsme, un schisme juif reposant sur l'interprétation littérale de l'Écriture et rejetant le Talmud, ou Tradition orale. Le qaraïsme existe toujours, suivi par un petit nombre d'adeptes. Le premier volume contenait les *Fragments of a Zadokite Work* (« Fragments d'une œuvre sadocide ») de Schechter et était consacré à l'*Écrit de Damas* aujourd'hui célèbre.

L'*Écrit de Damas* (*Cairo Damascus*, abrégé en CD par les savants) est un codex – un livre. Il se compose de deux manuscrits incomplets et se recouvrant en partie. Le premier (A) date du Xᵉ siècle, le second (B), plus court, du XIIᵉ siècle. Tous deux sont rédigés en hébreu biblique et ne reflètent aucun trait de l'évolution ultérieure survenue dans la langue hébraïque après la chute de Jérusalem aux mains de

Rome en 70 apr. J.-C. Schechter en conclut correctement que le texte originel de ses deux manuscrits médiévaux avait sans doute été écrit avant la destruction du Temple par les Romains.

L'*Écrit de Damas* révèle l'histoire d'une secte juive qui se considérait comme le Véritable Israël et s'opposait âprement aux chefs religieux juifs de Jérusalem. Les débuts de cette secte remontent à une Ère de la Colère, qui eut lieu vers 196 av. J.-C., 390 ans après la destruction de Jérusalem par Babylone, en 587 av. J.-C. Durant l'Ère de la Colère, indique le document, les pieux cherchaient à tâtons le chemin vers la justice. Apparut un Maître de Justice envoyé par Dieu pour les guider. Mais apparut aussi un ennemi puissant, en la personne de l'Homme de Raillerie. En conséquence, le Maître et ses fidèles adeptes fuirent la Judée pour se réfugier au « pays de Damas ». Là, ils adoptèrent une Nouvelle Alliance, et là, également, le Maître fut « repris » (dans le sein de Dieu). Il était censé revenir en tant que Messie « à la fin des jours ».

La seconde partie de l'*Écrit de Damas* contient les Ordonnances de la secte. Elles reflètent une organisation extrêmement structurée. Les sectaires se divisaient en prêtres (nommés *b'nei Sadoq* – les fils de Sadoq), lévites, Israélites et prosélytes. Les Ordonnances montrent aussi l'interprétation personnelle de certaines injonctions bibliques par la secte ; elle inclut entre autres points la stricte observance du Sabbat, la stricte monogamie sans divorce, et intègre des règles rigoureuses de propreté à l'observance religieuse. La secte suivait aussi un calendrier hétérodoxe de douze mois égaux de trente jours, plus quatre jours intercalaires.

En se fondant sur le nom de « fils de Sadoq » donné aux prêtres et sur d'autres témoignages, Schechter avança l'hypothèse que le groupe d'où provenaient les deux manuscrits était cette même mystérieuse « secte des Sadocides » mentionnée dans les premiers écrits, peu connus, des Qaraïtes.

Sadoq, dont le nom est mentionné directement dans l'*Écrit de Damas*, était le prêtre principal du roi David et le fondateur de la lignée dans laquelle fut toujours choisi le grand-prêtre du Temple jusqu'au IIe siècle av. J.-C. Sous la domination hellénistique, la fonction de grand-prêtre fut attribuée au plus offrant ; enfin, sous les Maccabées, les Hasmonéens occupèrent eux-mêmes cette fonction. Mais, aux yeux du Maître de Justice et de ses adeptes, ces grands-prêtres étaient illégitimes. Les membres de la secte se considéraient apparemment comme les héritiers de la tradition et de la pratique sadocides – et donc comme les authentiques défenseurs de la foi juive.

Schechter ne put offrir qu'une hypothèse sur l'identité de la secte. Mais il fit sur leur mode de vie un certain nombre d'observations qu'on relit aujourd'hui avec étonnement tant ses descriptions semblent prophétiques.

Remarquant dans ce texte la présence de plusieurs références à leurs œuvres alors inconnues, il écrit : « La secte fut sans doute également en possession de plusieurs pseudépigraphes maintenant perdus. » Et un peu plus loin : « Ceci pourrait suggérer que la secte était en possession de quelque manuel contenant ses principes, et peut-être d'un ensemble formel de règles de discipline[1]. »

Cinquante ans plus tard, avec la découverte des manuscrits de la mer Morte, nombre des pseudépigraphes perdus commencèrent à réapparaître. Parmi eux se trouvait un rouleau contenant un « ensemble formel de règles de discipline » (aujourd'hui connu sous le titre de *Règle de la Communauté* ou du *Manuel de Discipline*, sigle 1QS).

La publication de l'*Écrit de Damas* devança la découverte des manuscrits de la mer Morte d'une autre manière encore. Peu après leur mise au jour, apparurent des allégations exagérées sur leur lien avec le christianisme primitif[2]. Certains assimilaient à Jésus le Maître de Justice des rouleaux. D'autres voyaient en la secte de Qoumrân un précurseur direct du christianisme, peut-être sous la direction de Jean-Baptiste. Ces mêmes affirmations avaient toutes été émises auparavant, peu après que Schechter eut publié l'*Écrit de Damas*. Le jour de Noël 1910, un article faisait la une du *New York Times* avec ce gros titre explosif :

UN MANUSCRIT JUIF ANTÉRIEUR AUX ÉVANGILES

LE PROFESSEUR SCHECHTER DÉCOUVRE UN TEXTE
DU Ier SIÈCLE DE L'ÈRE CHRÉTIENNE

IL MENTIONNE UNE « NOUVELLE ALLIANCE »

IL DÉCRIT DES PERSONNAGES QUI SERAIENT
LE CHRIST, JEAN-BAPTISTE
ET L'APÔTRE PAUL

1. Solomon Schechter, *Documents of Jewish Sectaries : Fragments of a Zadokite Work*, Cambridge, *op. cit.*, p. XV-XVI.
2. Voir chap. 14.

Il fallait lire l'histoire avec grande attention pour repérer que ce n'était pas Schechter qui avait établi un lien entre l'*Écrit de Damas* et les débuts du christianisme. La thèse faisant les manchettes du journal avait été avancée par le professeur George Margoliouth, conservateur des manuscrits hébreux au British Museum. Analysant l'ouvrage publié par Schechter, il avait avancé ses propres conclusions concernant l'*Écrit de Damas*.

Selon Margoliouth, le texte provenait d'un « groupe judéo-chrétien primitif qui [...] s'efforçait de combiner la pleine observance de la loi mosaïque avec les principes de la Nouvelle Alliance ». D'après la lecture que Margoliouth faisait de l'*Écrit de Damas*, la secte avait deux Messies. Le premier, un Messie sacerdotal descendant d'Aaron, était Jean-Baptiste. Le second, le Maître de Connaissance (ou Maître de Justice) était sûrement Jésus ! Quant à l'Homme de Raillerie, il n'était autre que Paul, en qui la secte abhorrait un hellénisateur chrétien.

Le *Times* continua d'exploiter cette histoire d'un « évangile hébreu antérieur aux évangiles du Nouveau Testament » en lui consacrant un article en pleine page une semaine plus tard dans son magazine du dimanche. Schechter, quant à lui, ignora en grande partie cette interprétation sensationnelle – qu'il n'avait rien fait pour encourager. Cependant Margoliouth s'obstina à le talonner avec sa thèse pendant plusieurs années.

Vers la fin de l'année 1947 et au début de 1948, le monde n'avait pas encore entendu parler de l'extraordinaire trouvaille des manuscrits de la mer Morte. Mais dans la ville de Jérusalem en proie aux tensions, les chercheurs étudiaient le premier des rouleaux récemment découverts – sept en tout. Des nomades bédouins les avaient trouvés dans une grotte près de Qoumrân et les avaient apportés à un marchand de Bethléem.

Quand l'émérite savant et archéologue E. L. Sukenik (père de Yigael Yadin) examina les trois rouleaux qu'il avait achetés fin 1947 pour l'Université hébraïque à Jérusalem, il saisit immédiatement le lien entre l'*Écrit de Damas* et les manuscrits de la mer Morte.

De son côté, en mars 1948, Millar Burrows, directeur des American Schools of Oriental Research, fit lui aussi ce rapprochement. Assisté de deux jeunes chercheurs, John C. Trever et William H. Brownlee – aujourd'hui renommés pour leurs travaux sur les manuscrits de la mer Morte –, Burrows étudia les quatre rouleaux restants que possédait alors le métropolite Samuel, supérieur du monastère orthodoxe syrien

Saint-Marc. Le métropolite les avait achetés à ce même marchand qui avait vendu les trois premiers rouleaux au professeur Sukenik.

Les rouleaux comprenaient le *Commentaire d'Habacuc* (1QpHab) et le *Manuel de Discipline* (ou *Règle de la Communauté* 1QS), les deux œuvres qui présentent les liens les plus évidents avec l'*Écrit de Damas* de Schechter. En examinant le *Commentaire d'Habacuc*, Burrows fut frappé par la similitude de ses détails avec l'étrange document qui, se souvenait-il, avait été trouvé bien des années auparavant dans la *guéniza* du Caire. Les trois chercheurs se procurèrent immédiatement l'ouvrage de Schechter, *Fragments of a Zadokite Work*, à la bibliothèque de l'école.

« La similitude des deux contenus était indéniable. Je me rappelle l'enthousiasme de Brownlee quand il découvrit le Maître de Justice et d'autres personnages du *Commentaire d'Habacuc* dans l'*Écrit de Damas* », écrivit Burrows plus tard[1]. A présent, c'était clair, la secte des manuscrits de la mer Morte et la secte de l'*Écrit de Damas* ne faisaient qu'un.

Le lien entre la secte de Qoumrân et celle décrite dans l'*Écrit de Damas* allait bientôt être précisé sans que subsiste le moindre doute. En septembre 1952, des Bédouins découvrirent les grottes de Qoumrân dites maintenant grottes 4 et 6. Les archéologues trouvèrent peu de fragments dans la grotte 6, mais ce maigre butin comprenait des petits morceaux d'une copie de l'*Écrit de Damas* ! Ces morceaux ont été datés d'environ 80-75 av. J.-C.

La grotte 4 contenait près de quinze mille fragments de rouleaux représentant plus de cinq cents manuscrits. Parmi ce monceau, les savants finirent par identifier des fragments d'au moins sept copies de l'*Écrit de Damas* !

J. T. Milik, l'un des éditeurs des manuscrits de la mer Morte, a étudié tous les fragments de l'*Écrit de Damas* trouvés à Qoumrân. Il en a conclu, comme l'avait fait Schechter plus tôt, que le texte de la *guéniza* est incomplet et que manquent à la fois son commencement et sa fin. Ces lacunes ont maintenant été en partie comblées grâce aux fragments de Qoumrân, qui ont également fait connaître d'autres règles gouvernant la secte de ce rouleau. Milik a aussi montré que la pagination du manuscrit A de la *guéniza* n'était pas dans le bon ordre et l'a corrigée.

Les fragments de Qoumrân ont permis aux chercheurs de reconstituer l'intégralité du texte de l'*Écrit de Damas*. Cependant, les nou-

1. Millar Burrows, *The Dead Sea Scrolls*, New York, Viking, 1956, p. 187.

veaux fragments ne font que compléter les manuscrits exhumés de la *guéniza* par Solomon Schechter, ils ne les remplacent pas. Grâce aux documents de la *guéniza*, Schechter nous a brossé le premier tableau de la secte de Qoumrân – quelque peu estompé, mais reconnaissable – bien avant la découverte des rouleaux. De l'ensemble des manuscrits retrouvés, les chercheurs d'aujourd'hui ont tiré des lumières neuves permettant de mieux comprendre qui étaient réellement les habitants de Qoumrân.

CHAPITRE SIX

L'origine des Esséniens : Palestine ou Babylonie ?

Hershel Shanks

*Ce chapitre explique, en le plaçant dans son contexte historique, pourquoi l'*Écrit de Damas *a une si grande importance lorsqu'on cherche à déterminer l'origine des Esséniens. Au chapitre 2, Frank Cross, de l'université de Harvard, exposait sa reconstitution historique de cette origine en la situant en Palestine sous la dynastie hasmonéenne au moment où fut usurpée la fonction de grand-prêtre. Ici, nous envisageons une autre thèse, proposée par le père Jerome Murphy-O'Connor de l'École biblique, à Jérusalem : l'origine des Esséniens remonterait à l'exil des juifs à Babylone. Cette curieuse hypothèse s'appuie largement sur l'*Écrit de Damas *et la fuite à Damas qu'il décrit.*

L'auteur envisage aussi ce qu'il a pu finalement advenir des Esséniens – du moins ceux qui restèrent en Babylonie. Peut-être refirent-ils surface des centaines d'années plus tard dans une secte de juifs nommés les Qaraïtes, qui a survécu jusqu'à nos jours. Hitler voulait les exterminer ; pour les sauver, les autorités rabbiniques décrétèrent qu'ils n'étaient pas juifs.

*

Les chercheurs ont proposé deux thèses fondamentales concernant l'origine des hommes qui rédigèrent les manuscrits de la mer Morte. L'une suggère que les Esséniens venaient de Palestine, l'autre de Babylonie. L'*Écrit de Damas* tient une place capitale dans l'exposition de ces deux perspectives.

Selon la thèse palestinienne, le mouvement essénien naquit en réaction contre l'hellénisation du judaïsme de Palestine. Ce processus d'hellénisation commença presque imperceptiblement au IIIe siècle av. J.-C., mais gagna du terrain sur le plan culturel et politique durant la première partie du IIe siècle av. J.-C. Puis, en 172 av. J.-C., Onias III, le grand-prêtre légitime, fut assassiné à Jérusalem : Onias était un Sadocide, un prêtre descendant de Sadoq (grand-prêtre de David et fondateur de la lignée des grands-prêtres du Temple à Jérusalem). A sa place, les souverains syriens nommèrent Ménélas, un juif extrêmement hellénisé n'appartenant pas à la lignée sadocide. Aux yeux de nombreux fidèles, Ménélas ne pouvait être qu'un usurpateur.

La montée de l'hellénisation et de l'oppression religieuse, imposées par le souverain syrien Antiochus IV, aggrava encore la situation. En 165 av. J.-C., la Judée finit par se soulever. Sous la brillante conduite militaire de Judas Maccabée, la révolte fut couronnée de succès et permit de rétablir un État juif indépendant. Cette victoire est encore célébrée aujourd'hui par les juifs lors de la fête de Hanoukka.

Ainsi débuta la lignée hasmonéenne des rois juifs – tout d'abord Judas lui-même (165-160 av. J.-C.), puis son frère Jonathan (160-145 av. J.-C.), et enfin son frère Simon (143-134 av. J.-C.).

Or les Hasmonéens, comme le montra la suite des événements, n'apportèrent pas un retour à l'orthodoxie, mais une recrudescence d'hellénisation. Judas en personne signa un traité d'amitié avec le sénat romain et prit comme ambassadeurs des juifs en partie hellénisés. Finalement, en 152 av. J.-C., Jonathan se fit nommer grand-prêtre – c'était encore une usurpation. Pour de nombreux juifs, cet acte fut une grande provocation et leur plus forte raison d'abhorrer les Hasmonéens.

D'après la thèse de l'origine palestinienne des Esséniens, c'est dans cette atmosphère que naquit le mouvement essénien. Des juifs, dégoûtés de ce qu'ils estimaient une profanation de leur religion ancestrale et révoltés par l'usurpation du haut sacerdoce par des non-Sadocides, se rallièrent à un homme qu'ils appelaient *Moreh Tzedek*, le Maître de Justice. Celui-ci était sans aucun doute de la lignée sadocide, donc un prétendant légitime au titre de grand-prêtre. Mais il avait un adversaire, le Prêtre Impie, qui gouvernait illégitimement à Jérusalem.

Les fidèles se retirèrent dans le désert [1] pour mener une vie de pureté

1. En accord avec cette thèse, d'autres centres esséniens en Palestine pourraient bien avoir existé. Certains savants affirment avoir trouvé des preuves archéologiques de l'occupation du mont Sion par les Esséniens (voir Bargil Pixner, « An Essene Quarter on Mt. Zion ? », *Studia Hierosolymitana in onore di P. Bellarmino*

rituelle, observant la Loi antique, suivant le calendrier ancien qui indiquait les jours saints, attendant le jour où le Maître de Justice serait accepté comme grand-prêtre par tous les juifs et reviendrait à Jérusalem. Telle est la thèse palestinienne de l'origine des Esséniens.

La thèse babylonienne de leur origine fait remonter la naissance de cette secte singulière à des juifs déportés en Babylonie après la destruction du Premier Temple, en 587 av. J.-C. Nombre de ces juifs, déportés de leur patrie de Judée, perçurent l'exil à Babylone comme un châtiment divin. Leur réponse à ce jugement divin représentait une soumission appropriée : ils s'engagèrent, en tant que communauté, à une parfaite observance de la loi, résolus à ce que l'histoire ne se répète plus. Certains juifs de ce groupe, que nous pourrions peut-être appeler Esséniens, revinrent en Palestine à un moment qui dut leur sembler propice – la victoire de Judas Maccabée et le renouveau d'un État juif indépendant. Mais, une fois sur place, ils furent amèrement déçus par les formes hellénisées de judaïsme qui dominaient l'État. Après une vaine tentative de ramener à la vérité leurs frères égarés, ils se retirèrent dans la solitude de Qoumrân, près du nord de la mer Morte. Les Esséniens, dirigés par le Maître de Justice, croyaient que l'observance de leurs préceptes était le seul refuge sûr devant le jugement messianique imminent.

Une bonne partie des arguments en faveur de cette thèse de l'origine babylonienne provient de l'*Écrit de Damas*, en particulier de ses allusions historiques. Par exemple, il fait allusion à un départ du pays de Juda (CD[1] 4,2 ; 6,5) pour aller dans le pays du Nord (CD 7,13) ou le pays de Damas (CD 6,5 ; 20,12). D'autres passages de l'*Écrit de Damas* suggèrent que le mouvement essénien existait déjà longtemps avant que le Maître de Justice n'entre en scène.

Un épisode[2], dans l'*Écrit de Damas*, reflète cette origine antérieure de la secte. Des hommes creusent un puits de la Loi. Certains le font en réponse à un appel divin ; d'autres, ensuite, pour observer des

---

Bagatti, Studium Biblicum Franciscanum Collectio Maior, n° 22-23, vol. I, Studi Archeologici, Jérusalem, Franciscan Printing, 1979, p. 245-284) et à Haïfa (voir Stephen Goranson, « On the Hypothesis that Essenes Lived on Mt. Carmel », *Revue de Qumran*, vol. 9, n° 4, 1978, p. 563-567). Flavius Josèphe note que les Esséniens « n'occupent aucune ville entière, mais s'établissent en grand nombre dans toutes les villes » (*La Guerre des Juifs*, II. 8, 4, sec. 122-128).

1. CD : *Cairo Damascus*, abréviation qu'utilisent les chercheurs pour désigner les copies de l'*Écrit de Damas* retrouvées au Caire.

2. *Écrit de Damas*, 6,2-11, interprétation essénienne de *Nombres*, 21,18. *(NdT)*

préceptes que leur a donnés le Maître de Justice. Le premier groupe est défini comme les « convertis d'Israël, ceux qui ont quitté le pays de Juda et se sont exilés au pays de Damas ». Qoumrân, notons-le, est situé dans le pays de Juda ; donc, s'il faut comprendre littéralement ce passage, la phrase des « exilés au pays de Damas » doit se rapporter à un voyage hors de Palestine.

L'*Écrit de Damas* contient un résumé historique (CD 2,18-3,12) s'achevant par l'exil à Babylone. D'après l'*Écrit de Damas*, parmi les survivants de l'exil, « Dieu établit son alliance avec Israël à jamais, leur révélant les choses cachées à propos desquelles tout Israël s'était égaré » (CD 3,13-14). Pour Jerome Murphy-O'Connor, principal défenseur de l'origine babylonienne des Esséniens, dans cette citation, « Israël » désigne les Esséniens et « tout Israël » désigne le reste du judaïsme qui s'est égaré. Le passage, dit-il, fait référence à ce que l'*Écrit de Damas* nomme la « Nouvelle Alliance au pays de Damas » (CD 6,19 ; 19,33-34). « Damas », selon la thèse babylonienne, est un nom symbolique désignant Babylone. Ce symbolisme ressort clairement d'un passage d'*Amos* (5,26-27) cité dans l'*Écrit de Damas*, où Dieu parle des exilés qu'Il a déportés de Sa tente « dans Damas », nom qui désigne manifestement Babylone[1]. Ce même passage d'*Amos* est cité dans les *Actes des Apôtres* 7,43, mais Babylone y remplace Damas.

D'autres indications suggèrent que l'origine des Esséniens se situe à Babylone. Par exemple, le grand archéologue américain de la Bible, William F. Albright, fit remarquer il y a longtemps que la vocalisation de certains mots assyro-babyloniens du fameux *Rouleau d'Isaïe* trouvé dans les grottes de la mer Morte reflétait l'existence d'un prototype babylonien[2].

La législation contenue dans l'*Écrit de Damas* est en grande partie conçue pour une communauté vivant dans un environnement non juif. Bon nombre des Ordonnances régissent les rapports avec les Gentils. Or la Judée ne peut guère être considérée comme un environnement de Gentils, malgré sa profonde hellénisation. Ces Ordonnances, d'après la thèse de l'origine babylonienne, étaient destinées servir pendant que la secte vivait à « Damas » – c'est-à-dire en Babylonie.

L'*Écrit de Damas*, conclut la thèse babylonienne, fut originellement

1. D'autres lisent dans ce passage d'*Amos* qu'il s'agit d'exilés déportés *à* Damas. Dans les deux cas, le symbolisme reste le même, Damas désigne Babylone.
2. William F. Albright, *From the Stone Age to Christianity*, Garden City, NJ, Doubleday, 1957, p. 376.

rédigé par des juifs de la Diaspora en exil à Babylone. L'importance de ce document – déjà ancien quand les juifs fondèrent leur communauté du désert à Qoumrân – est attestée par le fait qu'au moins neuf copies furent conservées dans la bibliothèque de Qoumrân. Deux mille ans plus tard, les Bédouins et les archéologues en trouvèrent des fragments.

Les partisans de l'origine palestinienne des Esséniens rétorquent que le voyage à Damas est purement symbolique et non réel.

Comment ce document reflétant l'origine des Esséniens parvint-il à la synagogue du Caire ? La réponse pourrait nous apprendre quelque chose sur l'histoire ultérieure de la secte de Qoumrân.

D'après l'*Écrit de Damas*, ceux qui entrèrent dans la « Nouvelle Alliance au pays de Damas » ne revinrent pas tous en Palestine. Certains demeurèrent à Babylone. Que devinrent-ils ? Nous n'en savons rien.

Mais plus de treize cents ans après la déportation des juifs à Babylone, qui suivit la destruction de Jérusalem en 587 av. J.-C., un nouveau mouvement juif y naquit. Il commença au VIIIe siècle apr. J.-C., lancé par un certain Anan ben David qui tenta de purifier le judaïsme par un retour aux principes essentiels de la Loi biblique. Les adeptes de ce nouveau mouvement, nommés Qaraïtes, rejetaient le Talmud ou Loi orale, qu'ils considéraient comme des additions non authentiques au texte biblique. Les Qaraïtes, comme les Esséniens, insistaient rigoureusement sur la stricte adhésion à une interprétation littérale de la loi écrite dans la Bible.

Le reste des Esséniens ou leurs descendants demeurés à Babylone apportèrent peut-être à la secte qaraïte une certaine inspiration et même quelques-uns de ses grands adeptes.

Les Esséniens représentaient sans aucun doute la branche ultraconservatrice de la communauté juive. Ils s'estimaient les seuls à connaître « l'exacte teneur de la Loi », selon les termes de l'*Écrit de Damas* (CD 4,8 ; 6,14). Comme les Esséniens, les Qaraïtes croyaient que leur enseignement représentait la foi mosaïque originelle, pure, exempte des altérations et des corruptions ultérieures. Par cet aspect et d'autres, la doctrine qaraïte, bien qu'elle se soit développée plus d'un millénaire après les Esséniens, leur est parallèle. Deux règles, en particulier, concernant l'inceste et le feu du Sabbat, montrent dans leurs détails une affinité entre Esséniens et Qaraïtes. Pour Jerome Murphy O'Connor, « un lien direct [entre les Esséniens et les Qaraïtes] semble incontestable, et l'hypothèse la plus simple serait que des membres de la Nouvelle Alliance restèrent à Babylone et maintinrent leur identité avec la ténacité commune aux sectes juives ». Finalement, ils devinrent qaraïtes[1].

Le mouvement qaraïte fut, durant de nombreux siècles, une secte puissante au sein du judaïsme. Les Qaraïtes s'opposaient avec zèle aux « rabbanites », c'est-à-dire ceux qui acceptaient les règles rabbiniques postbibliques et l'autorité du Talmud, la Loi orale. A son apogée aux Xe et XIe siècles, outre la Babylonie, le mouvement qaraïte comptait des millions d'adeptes dans des centres en Égypte, en Syrie, en Palestine, en Perse. Plus tard, des foyers qaraïtes s'établirent en Espagne, dans l'Empire ottoman et en Europe orientale. Des Qaraïtes subsistèrent des siècles après que le mouvement eut cessé de représenter une force importante dans la vie juive, tout comme, on le suppose, des groupes d'Esséniens continuèrent à vivre à Babylone peut-être même à l'époque où le mouvement qaraïte y prit naissance. A la fin de la Seconde Guerre mondiale, il restait encore douze mille Qaraïtes dans le monde[2]. Même aujourd'hui, sept mille Qaraïtes vivent en Israël.

Des copies de l'*Écrit de Damas* furent sans doute transmises et recopiées par des descendants des Esséniens à Babylone. Puis elles parvinrent entre les mains des Qaraïtes. Deux copies de l'*Écrit de Damas*, contenant peut-être déjà quelques gloses qaraïtes, furent alors emportées dans la synagogue du Caire par des Qaraïtes partis s'installer dans cette ville.

Solomon Schechter décela lui aussi des éléments qaraïtes dans l'*Écrit de Damas*. Il trouva des références à une secte de Sadocides dans la littérature qaraïte et fit des rapprochements entre cette littérature et certaines références présentes dans l'*Écrit de Damas*. Sur cette base, il put émettre l'hypothèse que l'*Écrit de Damas* contenait en fait « la constitution et les enseignements d'une secte depuis longtemps éteinte[3] ».

1. Même avant la publication de l'*Écrit de Damas* par Solomon Schechter, les érudits de l'histoire qaraïte avaient remarqué les ressemblances entre Esséniens et Qaraïtes. La *Jewish Encyclopaedia* de 1902-1905 dit que les Qaraïtes « empruntèrent » aux Esséniens. Mais d'autres savants rejettent cette affirmation en rétorquant que « nulle part la littérature qaraïte primitive connue jusqu'à présent ne mentionne la découverte de documents préqaraïtes confirmant la rectitude des enseignements qaraïtes » (*Encyclopaedia Judaica*, vol. 10, 1972, p. 762).

2. Les dirigeants nazis se préoccupaient beaucoup de savoir si les Qaraïtes étaient des juifs. Ils posèrent la question à trois autorités rabbiniques qui, afin de sauver les Qaraïtes, émirent toutes trois l'avis que les Qaraïtes n'étaient pas d'origine juive. Les nazis épargnèrent les Qaraïtes.

3. Solomon Schechter, *Documents of Jewish Sectaries : Fragments of a Zadokite Work*, Cambridge, Cambridge University Press, 1910.

Le cercle se vit bouclé quand des fragments d'au moins neuf copies de l'*Écrit de Damas* furent identifiés parmi les manuscrits de la mer Morte de Qoumrân.

TROISIÈME PARTIE

Le *Rouleau du Temple*

CHAPITRE SEPT

Le *Rouleau du Temple* : le plus long rouleau de la mer Morte

Yigael Yadin

Jusqu'à sa mort prématurée en 1984, Yigael Yadin demeura le grand archéologue d'Israël. Ses deux fouilles les plus célèbres furent Massada, où se déroula l'ultime résistance des Zélotes face aux conquérants romains qui détruisirent Jérusalem en 70 apr. J.-C.; et Hazor, selon lui conquise par Josué quand les Israélites pénétrèrent pour la première fois en Terre promise.

Yadin décrit ici le magnifique Rouleau du Temple, *qu'il acquit juste après la guerre des Six Jours en 1967. Il relate ses tentatives avortées pour acquérir ce rouleau, les circonstances qui lui permirent enfin de l'obtenir, puis les efforts laborieux entrepris pour le dérouler. Nous percevons à merveille l'exaltation du travail sur un tel manuscrit. (Plus loin, au chapitre 19, nous verrons ce que représente le travail sur des fragments minuscules, comparé à celui sur le* Rouleau du Temple *resté en majeure partie intact.)*

Selon Yadin, le Rouleau du Temple *était la Torah des Esséniens. Il donne une description assez détaillée de son contenu, puis examine comment le* Rouleau du Temple *peut nous aider à mieux comprendre les doctrines du christianisme primitif, sujet plus longuement traité au chapitre 14. Cette analyse est un excellent exemple de l'utilisation des manuscrits de la mer Morte par les chercheurs pour éclairer le christianisme et le judaïsme rabbinique primitifs.*

Un appendice à ce chapitre décrit le temple conçu dans ce rouleau.

*

Le 1er août 1960, je reçus une lettre d'un homme se présentant comme un pasteur de Virginie. Il s'y déclarait en mesure de négocier la vente de « découvertes authentiques et importantes de manuscrits de la mer Morte[1] ». De toute évidence, il me contactait parce que, six ans plus tôt, je m'étais étroitement engagé dans l'acquisition par Israël des manuscrits originaux de la mer Morte.

Dans une lettre ultérieure, Monsieur Z – je le désignerai sous cette initiale – indiquait que le prix d'un rouleau entier avoisinerait un million de dollars, le marchand jordanien qui détenait ces documents « connai[ssan]t leur vraie valeur » ; et il nomma un marchand bien connu qui avait participé à des transactions antérieures pour l'achat de manuscrits de la mer Morte ; je l'appellerai « le marchand » [il s'agit en fait de Kando[2]]. J'informai M. Z que j'étais disposé à négocier seulement si le prix, comparé à celui payé au métropolite Samuel pour les manuscrits originaux de la mer Morte, était raisonnable.

Un échange de correspondance s'ensuivit et, le 7 octobre, j'achetai à M. Z – ou plutôt par son intermédiaire – un fragment du rouleau des *Psaumes* provenant de la grotte 11 de Qoumrân. Les parties adjacentes à ce fragment se trouvaient au musée Rockefeller. Comment M. Z obtint-il celui-ci – avant que les autres ne soient acquis par le musée, ou après –, nous ne le saurons jamais. En tout cas, il avait manifestement accès à d'authentiques matériaux des grottes contenant des manuscrits de la mer Morte.

Puis, le 29 mai 1961, M. Z écrivit qu'il avait en vente non pas un fragment mais un manuscrit entier. Le prix, de plus, était raisonnable : 100 000 dollars. Le 1er juin 1961, je répondis que j'allais essayer de réunir les 100 000 dollars et reprendrais bientôt contact avec lui.

Peu après, je partis quelque temps à Londres en congé sabbatique. Là, par une lettre du 9 août, M. Z m'informa qu'il avait clarifié tous les détails de la vente avec le marchand et qu'il s'agissait d'un grand rouleau : « vingt-trois centimètres de large, quatre mètres cinquante à cinq mètres cinquante de long ». Un acquéreur se soucierait bien évidemment de l'authenticité du manuscrit, ajoutait M. Z, il joignait donc à sa lettre un fragment qui s'en était détaché.

J'examinai l'enveloppe et trouvai un petit morceau de manuscrit emballé dans le papier d'aluminium d'un paquet de cigarettes. L'envers du parchemin était renforcé avec un morceau de timbre anglais.

1. Voir chap. 9.
2. Voir chap. 1.

Je me rendis compte immédiatement que ce fragment était authentique !

Que M. Z me l'expédie sans autre précaution ne me surprit pas. Auparavant, il m'avait déjà adressé par la poste le fragment du rouleau des *Psaumes* entouré d'une petite serviette en papier dans une enveloppe en papier bulle, me faisant confiance pour lui envoyer l'argent.

Dans sa lettre, il me demandait de donner une estimation du nouveau fragment et de le lui renvoyer par retour du courrier. Je me conformai exactement à sa demande, l'informant que ce fragment semblait appartenir à un rouleau authentique du type de ceux de la mer Morte et qu'il était écrit par un bon scribe.

Le 29 août 1961, M. Z m'écrivit en retour que le prix d'achat du rouleau était maintenant de 750 000 dollars. Furieux de cette flambée du prix, je répondis que sa lettre « m'avait abasourdi et mis en fureur ; elle montre en effet que vous n'avez jamais pris au sérieux ce que je vous ai dit concernant le prix [...]. Si les conditions restent telles que vous les déclarez dans votre lettre, je crains que vous ne puissiez plus me compter comme client ». Peu après, je quittai l'Angleterre pour les États-Unis, où des négociations fastidieuses et souvent minutieuses se poursuivirent avec M. Z.

Un marché finit par être conclu. Le prix convenu était de 130 000 dollars. Un avocat rédigea un accord complexe de six pages, à signer par le marchand. L'accord prévoyait qu'avant paiement nous examinerions le manuscrit pour nous assurer qu'il était authentique et correspondait bien au fragment montré. Nous convînmes aussi d'un acompte de 10 000 dollars que je remis à M. Z ; en échange, il me laissa le fragment que je lui avais renvoyé, pour que je puisse ensuite le comparer avec le manuscrit intégral. Je donnai aussi à M. Z 1 500 dollars destinés à couvrir les frais d'un voyage à Bethléem, alors sous autorité jordanienne, qu'il disait nécessaire afin de conclure l'accord avec le marchand.

Le marchand ne signa jamais l'accord préparé par l'avocat. Le 1er décembre 1961, je reçus une lettre de M. Z expliquant que certaines difficultés avaient surgi : le prix était maintenant de 200 000 dollars. Comme je disposais du fragment, il avait décidé de garder les 10 000 dollars « afin de travailler en toute bonne foi des deux côtés puisque vous avez la pièce capitale ». Une correspondance se prolongea en janvier et février 1962 : M. Z demandait d'autres avances et j'essayais de récupérer les 10 000 dollars.

La dernière lettre de M. Z me parvint le 17 mai 1962. Il continuait à faire des « promesses » et à plaider pour obtenir plus d'argent. Après, nous ne reçûmes plus jamais de ses nouvelles[1].

Je me consolai en pensant que je possédais au moins le fragment et m'efforçai de chasser cette histoire de mon esprit, sans y parvenir, bien sûr. En 1963 commencèrent mes fouilles de Massada, forteresse d'Hérode dans le désert et lieu où les Zélotes opposèrent aux Romains leur ultime résistance. Cette fouille était captivante ; néanmoins, je persistais à éplucher les publications scientifiques archéologiques concernant les rouleaux dans l'espoir d'y trouver quelque allusion à un nouveau manuscrit de la mer Morte. En vain.

Si Massada ne suffit pas à chasser l'affaire de mon esprit, la guerre des Six Jours y parvint. J'étais alors conseiller militaire auprès du Premier ministre. Le 7 juin, l'armée israélienne s'empara de la Vieille Ville de Jérusalem et de Bethléem. Soudain, le rouleau me revint en mémoire. Le marchand en question avait un magasin dans la partie Est de Jérusalem et habitait Bethléem. L'homme et son manuscrit pourraient donc se trouver sous juridiction israélienne ! Je signalai aussitôt l'affaire au Premier ministre Levi Eshkol, qui mit à ma disposition un lieutenant-colonel du service de renseignements de l'armée de Terre.

Muni de mes informations sur l'hypothétique manuscrit et sur le fragment en ma possession, il se rendit au magasin du marchand et l'avisa du fragment de manuscrit que nous avions obtenu de M. Z. Après de brèves négociations, le marchand souleva quelques pavés de son sol et retira de la cavité une boîte à chaussures contenant le rouleau. Il sortit aussi une boîte à cigares renfermant des fragments qui s'étaient détachés du rouleau. On découvrit plus tard qu'il en avait caché d'autres derrière des photos de famille chez lui et chez son frère.

Le gouvernement militaire confisqua le rouleau et les fragments, en accord avec la loi jordanienne sur les antiquités. Bien que le marchand ait illégalement caché l'existence du rouleau aux autorités jordaniennes et l'ait gardé dans des conditions épouvantables qui causèrent

1. Cependant, je respecte toujours sa confiance en ne révélant pas son nom. Je veux que toutes ces personnes – qu'il s'agisse ou non de voleurs (et c'est une véritable aventure de cape et d'épée) – sachent que, en ce qui me concerne, si elles me demandent de ne pas révéler leur identité, je ne la révélerai pas. Sinon, nous n'avons aucune chance d'obtenir d'autres rouleaux. Et je crois qu'il pourrait encore se trouver un autre rouleau ou quelques fragments par-ci par-là. Pour la même raison, je m'abstiens de nommer le marchand, bien que son identité soit connue de beaucoup.

des dégâts importants, surtout à la partie supérieure du rouleau, il fut décidé de le lui payer – pour la simple raison que nous souhaitions encourager ces personnes à se manifester si elles possèdaient d'autres matériaux des rouleaux. La somme finalement convenue avec le marchand, après des négociations qui durèrent presque une année, s'élevait à 105 000 dollars.

La pénible mission de collecter les fonds m'échut. Par bonheur, elle s'avéra moins lourde que prévu grâce à la générosité de Leonard Wolfson, un Britannique, qui offrit 75 000 dollars pour cet achat. Le gouvernement israélien paya le complément. Ainsi s'acheva l'épique aventure de l'acquisition du manuscrit. Pour le dérouler, commençait une autre aventure.

Je tins pour la première fois le rouleau entre mes mains le soir du mercredi 8 juin 1967, jour où l'armée israélienne réunifia les deux moitiés Est et Ouest de Jérusalem. Le 11 juin, la guerre était finie, et, peu après, nous entamions la tâche de dérouler le manuscrit. Ce travail s'effectua sous la direction de Joseph « Dodo » Shenhav, du musée Israël.

La première partie du manuscrit qui fut déroulée formait une liasse séparée ; nous l'avons appelée « Liasse Y ». Elle avait été enveloppée dans de la Cellophane à l'intérieur de la boîte à chaussures. Les fragments de cette liasse, on le comprit ensuite, constituaient le début de la partie existante du rouleau. Des lettres et même des mots s'étaient écaillés de certaines colonnes du texte et collés, en image inversée, au dos des colonnes précédentes ; la fin du manuscrit était enroulée au cœur du rouleau. La première colonne de la Liasse Y portait l'empreinte d'une colonne précédente, maintenant perdue. Hélas, l'image inversée était si pâle que je ne pus déchiffrer les lettres. Une seule conclusion restait possible : il devait exister auparavant au moins une colonne précédente ; aussi j'attribuai le chiffre II à la première colonne subsistante. La Liasse Y contenait les colonnes II à V.

Puis nous essayâmes de dérouler la partie nommée par nous « Liasse X », qui contenait les colonnes VI à XIII. Cette liasse avait été enroulée si serrée que le texte entier se trouvait parfois conservé en image inversée au dos de la colonne précédente. A certains endroits, c'était le *seul* vestige du texte.

Avec le plus grand soin, d'autres liasses furent lentement séparées, puis les morceaux peu à peu assemblés entre eux et intégrés dans le texte principal, d'après le contour des bordures. A la fin demeura une liasse formant une masse noirâtre et macérée, contenant les vestiges de deux ou trois colonnes, mais nous n'avons pu ni les séparer ni déchiffrer les lettres. Nous avons photographié cette masse informe sous tous les angles, sous différents éclairages, avec un film ordinaire, un orthochromatique et un infrarouge – tout cela pour des résultats dérisoires.

Heureusement, le rouleau lui-même se révéla en majeure partie plus facile à dérouler que les liasses. En général, nous utilisions le procédé mis au point par H. J. Plenderlieth pour ouvrir les rouleaux de la mer Morte originels – l'assouplissement du cercle extérieur par une humidification de 75 à 80 %. Quand ce procédé était inefficace, nous en utilisions un autre, également développé par Plenderlieth – l'application de presque 100 % d'humidité pendant plusieurs minutes, immédiatement suivie de quelques minutes de réfrigération. Mais dans certains cas cette méthode était inapplicable, l'écriture adjacente étant dans un état si précaire qu'elle aurait été endommagée. Nous n'avions alors plus le choix : il fallait laisser les morceaux collés ensemble et tenter de sauver leur contenu en les photographiant à contre-jour par devant et par derrière. Certains endroits nous obligèrent à couper les colonnes dans le sens de la longueur, puis à les raccorder, par une sorte de chirurgie esthétique.

Le parchemin sur lequel est écrit le manuscrit est extrêmement fin, et même le plus fin que j'aie jamais rencontré. Nulle part il ne dépasse un dixième de millimètre d'épaisseur. Cependant, et malgré l'usage d'un instrument pointu, le scribe a pu tracer à la règle des lignes-guides (des « lignes à pointe sèche ») sans couper la peau. Dans les caractères, nous avons détecté, et appelé « Scribe A » et « Scribe B », deux écritures différentes.

Comme je l'ai déjà indiqué, le début du rouleau manque, mais nous sommes sûrs de posséder la fin, car le rouleau se termine par un feuillet vide, ce qui est la fin habituelle de tous les manuscrits de la mer Morte.

Le rouleau comporte soixante-six colonnes de texte et mesure huit mètres soixante-quinze de long, ce qui en fait le plus long de tous les manuscrits de la mer Morte. Le grand *Rouleau d'Isaïe* – six mètres soixante-dix –, contenant le texte intégral du *Livre d'Isaïe*, était jusqu'alors le plus long, ce qui donne une idée de la longueur du *Rouleau du Temple*.

En se fondant sur le type d'écriture, on peut faire remonter le rouleau à la période hérodienne tardive, disons la moitié du Ier siècle apr. J.-C. ou un peu plus tôt. Mais ceci est la date de cette copie, et non nécessairement celle de la composition du texte écrit.

A mon avis, la date de composition du manuscrit fut bien antérieure – vers 150-125 av. J.-C. Plusieurs raisons m'amènent à cette conclusion. L'une est que nous avons trouvé, au musée Rockefeller, deux fragments non publiés provenant de la grotte 4 de Qoumrân qui appartenaient à d'autres copies, encore plus anciennes, de cette même œuvre. Le plus ancien de ces fragments était écrit en caractères hasmonéens qui peuvent être datés approximativement du dernier quart du IIe siècle av. J.-C. (env. 125-100 av. J.-C.) ; notre rouleau n'aurait donc pas pu être composé plus tard. Je crois également pouvoir déceler dans le texte des allusions historiques qui confirmeraient une datation de 150-125 av. J.-C. Ce sujet est traité en détail dans mon édition en trois volumes de ce manuscrit [1].

Question plus intéressante, qu'*était* ce texte ? Pour ma part, je crois que ce rouleau contient ni plus ni moins la *torah* ou loi fondamentale des Esséniens qui vécurent à Qoumrân sur le rivage nord-ouest de la mer Morte. C'était pour eux un livre saint, une partie du canon de ce que nous nommons la Bible, la Torah du Seigneur. De plus, je pense que ce rouleau fut composé par le fondateur de la secte, le vénéré Maître de Justice.

J'ai plusieurs raisons de croire que ce document était la *torah* essénienne, d'une importance égale à celle de la Torah traditionnelle pour cette secte et que, naturellement, elle révérait aussi comme un livre saint. Voici certaines des raisons qui me portent à le croire.

Le rouleau contient de longs passages du *Pentateuque* [2], parfois des chapitres entiers, mais il est souvent rédigé à la première personne, Dieu parlant lui-même, au lieu de Moïse se référant à Dieu à la troisième personne comme c'est souvent le cas dans les passages parallèles du *Pentateuque*. Ce changement est effectué en remplaçant le Tétragramme YHWH [3] du *Pentateuque* par « je » ou « moi » dans le *Rouleau du Temple*. Même les lois supplémentaires du *Rouleau du Temple*, qui ne figurent pas dans le *Pentateuque*, sont souvent rédigées à la première personne.

Ainsi le texte des *Nombres* 30,4 apparaît dans le *Rouleau du Temple*

1. Yigael Yadin, éd., *The Temple Scroll*, 3 vol., Jérusalem, Israel Exploration Society, 1983 (éd. en hébreu en 1977).

2. Les cinq premiers livres de la Bible, dont le texte hébreu est appelé la Torah de Moïse.

3. Le Tétragramme est le nom ineffable et imprononcé de Dieu, formé des quatre consonnes YHWH, souvent transcrit par Yahweh en anglais [ou remplacé par Lord, « Seigneur », et transcrit par Yahvé en français *(NdT)*].

sous cette forme : « Si une femme *m*'a fait un vœu [...]. » L'auteur souhaite évidemment présenter la Loi comme si elle était donnée par Dieu lui-même, plutôt qu'à travers la bouche de Moïse[1].

Par ailleurs, le Tétragramme est aussi utilisé à plusieurs reprises dans le *Rouleau du Temple*. Mais ces passages contiennent également un indice important sur le statut canonique ou saint du *Rouleau du Temple*. Pour comprendre cet indice, quelques données de base sont nécessaires.

L'hébreu, à l'origine, était écrit en caractères que les savants appellent l'hébreu ancien ou paléo-hébreu. Quand les juifs revinrent de leur exil à Babylone, ils apportèrent avec eux une écriture « araméenne » carrée qui remplaça peu à peu l'écriture utilisée avant. Cependant, le paléo-hébreu, plus ancien, continua à être employé dans certains contextes archaïsants. Par exemple, durant la Première et la Seconde Révolte juive contre Rome en 66-73 et 132-135 apr. J.-C., les juifs frappèrent des pièces de monnaie en utilisant l'écriture hébraïque plus ancienne pour les inscriptions.

Dans les manuscrits de la mer Morte, le Tétragramme est parfois écrit en paléo-hébreu au milieu d'un texte écrit en araméen carré, d'usage courant à l'époque ; le Tétragramme archaïsé paléo-hébreu figure généralement dans des textes non canoniques, c'est-à-dire non bibliques ; au contraire, dans les livres de la Bible conservés à Qoumrân, le Tétragramme est écrit en araméen carré, exactement comme le reste du texte.

Or, quand le Tétragramme est employé dans le *Rouleau du Temple*, il est écrit en caractères araméens carrés, comme dans les livres bibliques trouvés à Qoumrân. C'est une raison supplémentaire de croire que la communauté essénienne considérait le *Rouleau du Temple* comme un texte biblique, canonique.

Le sujet du texte et le fait qu'un rouleau aussi long – presque neuf mètres – fut copié plusieurs fois à Qoumrân, comme nous le savons d'après les fragments conservés au musée Rockefeller, indiquent aussi qu'il était sans doute considéré comme un livre saint.

Probablement le *Rouleau du Temple* contient-il même des passages de certains livres perdus mentionnés dans la Bible – selon la tradition essénienne –, par ailleurs inconnus. Là encore, quelques données de base sont nécessaires pour notre compréhension.

1. Bien que Moïse ne soit jamais désigné par son nom dans les colonnes existantes du manuscrit, il est clair que Dieu lui parle – nous le savons, par exemple, d'après une référence à « Aaron ton frère » (colonne XLIV, ligne 5).

Tandis qu'ils étaient encore dans le désert, les Israélites reçurent l'ordre implicite de bâtir un temple pour le Seigneur lorsqu'ils seraient établis en Terre promise. Nous lisons par exemple dans le *Deutéronome* 12,10-11 :

> Mais quand vous traverserez le Jourdain et habiterez dans le pays que le Seigneur votre Dieu vous accorde en héritage, et quand il vous donnera le repos dégagé de tous vos ennemis alentour afin que vous viviez en sécurité, alors, dans le lieu que choisira le Seigneur votre Dieu pour y faire demeurer son nom, vous apporterez tout ce que je vous prescris : vos holocaustes et vos sacrifices, vos dîmes, les présents de vos mains, et toutes les offrandes votives que vous aurez promises au Seigneur.

La construction du Temple de Jérusalem fut l'une des tâches les plus importantes prescrites aux Israélites dans le désert. Mais la Bible ne contient pas d'ordonnances pour son plan. Omission surprenante. Malgré des ordonnances et descriptions détaillées concernant le Tabernacle et ses ustensiles, la Torah n'énonce aucune ordonnance divine pour le plan du temple !

Des auteurs bibliques postérieurs remarquèrent cette singulière omission. Le Chroniste explique :

Puis David donna à son fils Salomon le plan du vestibule du temple, de ses bâtiments, ses magasins, ses chambres hautes, ses pièces intérieures et la salle du propitiatoire ; et la description de tout ce qu'il concevait pour les parvis de la maison du Seigneur [avec les détails de tout le mobilier sacré] [...]. Tout ceci, Il l'exposa clairement *grâce à l'écrit de la main* du Seigneur à ce sujet, concernant toute l'œuvre à accomplir selon le plan. [I *Chroniques* 28,11-19.]

Tout ceci fut-il clairement exposé *par écrit* venant du Seigneur ? Où ceci fut-il écrit dans la Torah ?

D'après les rabbins, il existait un rouleau dans lequel était écrite cette Torah. Ils le nommèrent même le *Rouleau du Temple* (*megillat beth hamiqdash*). Il fut donné à David par l'intermédiaire de Moïse, de Josué et des prophètes, disent les rabbins : « Le *Rouleau du Temple* que le Saint Béni Soit son Nom remit à Moïse [...], Moïse [...] transmit à Josué [...] et Josué aux Anciens, et les Anciens aux Prophètes, et les Prophètes à David, et David à Salomon. » [Salomon Buber, éd. *Midrash Samuel*, XV,3(92).]

Le rouleau que nous avons obtenu en 1967 contient des descriptions détaillées pour la construction du temple[1]. Presque la moitié du manuscrit est consacrée aux plans du temple, aux sacrifices et aux lois de la ville du temple. C'est pourquoi j'ai choisi de l'intituler le *Rouleau du Temple*. Je ne prétends pas que ce manuscrit contient le texte du rouleau censé avoir été transmis à David (et certainement pas celui auquel pensaient les rabbins). Mais je suis persuadé que l'auteur de cette partie du rouleau l'écrivit en connaissant l'existence d'un *Rouleau du Temple* mentionné indirectement dans le livre biblique des *Chroniques*. Qu'il se soit cru divinement inspiré ou ait fondé ses descriptions sur une tradition plus ancienne, il avait la conviction de préserver cette partie manquante de la Torah, évoquée dans les *Chroniques*. Il est intéressant de remarquer que le *Rouleau du Temple*, précisément, décrit les éléments énumérés dans le passage des *Chroniques* où sont citées – mais manquent – les prescriptions de Dieu pour le plan de son temple : le vestibule, les magasins, les chambres hautes, les chambres intérieures. Dans le *Rouleau du Temple*, Dieu en personne expose minutieusement tout ce qui concerne le temple que devront lui bâtir les enfants d'Israël. Il est le maître d'œuvre, qui donne les plans manquant dans la Torah. A la fin des jours, dans la Nouvelle Création, Dieu lui-même bâtira le Temple.

Une autre section importante du *Rouleau du Temple* – presque quatre colonnes – est consacrée à ce que j'appelle les « Statuts du Roi ». Elle pourrait aussi bien s'intituler la Torah du Roi ou les Lois du Roi, ou même la Constitution du Roi. Elle contient des lois concernant le mariage du roi, des lois pour la mobilisation des troupes en temps de guerre et les droits limités du roi sur le butin de guerre, des mesures pour la constitution d'un conseil consultatif (formé de douze prêtres, douze lévites et douze Israélites laïcs), des dispositions pour des postes administratifs subordonnés et autres sujets analogues. Cette section pourrait elle aussi correspondre à un livre, par ailleurs inconnu, mentionné dans la Bible.

Pendant qu'ils demeuraient encore dans le désert, les Israélites reçurent l'instruction de nommer un roi une fois qu'ils auraient pris possession de la Terre promise (*Deutéronome* 17,14-15). Pourtant, on constate là aussi une omission surprenante dans la Torah. L'absence de lois gouvernant le roi est presque complète. Quelques versets, *Deutéronome* 17,15-20, I *Samuel* 8,11 et suivants, concernent les droits et devoirs du roi et « il [Samuel] *écrivit dans un livre* qu'il déposa devant le Seigneur ».

1. Voir chap. 8 pour une description de ce temple.

Que devint ce livre ? Les juifs ont dû se le demander. A mon avis, dans les sections du *Rouleau du Temple* que j'ai nommées Statuts du Roi, l'auteur de ce manuscrit avait la conviction d'écrire le contenu de ce livre manquant, selon sa tradition.

A ce sujet, il est intéressant de noter que deux des principaux points énoncés dans I *Samuel* 8,11-12 sont : le roi « emploiera pour lui-même [les fils d'Israël] comme chefs de mille et comme chefs de cinquante », et il aura le droit de « prélever la dîme sur vos cultures et vos vignes [et...] vos troupeaux ». Ces deux points figurent parmi les plus importants dans les Statuts du Roi du *Rouleau du Temple.*

Le *Deutéronome* 17,18 dit : « Quand il [le roi] montera sur le trône de son royaume, il devra écrire dans un livre, pour son usage, une copie de cette loi (*mishneh ha-torah ha-zot*) d'après celui dont les prêtres lévitiques ont la garde [...]. » Les exégètes considèrent généralement que ce verset désigne l'ensemble du *Deutéronome*, c'est-à-dire la seconde copie de la Loi ou Torah. Selon les rabbins, du moins certains, cette phrase désignait une copie des versets le précédant ; d'autres spéculations existaient aussi. Mais l'auteur du *Rouleau du Temple* prend ce verset 18 pour introduire les Statuts du Roi. Et, en le citant, il omet le mot *copie* – ainsi, au lieu d'« *une copie* de cette loi », le texte du *Rouleau du Temple* donne l'impression qu'il s'agit de la Loi elle-même : « Quand il [le Roi] montera sur le trône de son royaume, ils [les prêtres] écriront pour lui *cette* loi dans un livre d'après celui dont ils ont la garde. Puis, comme pour souligner ce point, le *Rouleau du Temple* ajoute : "Et ceci est la Loi." » Ensuite viennent les Statuts du Roi.

Pour toutes ces raisons, il me semble clair que le *Rouleau du Temple* était pour les Esséniens un saint livre canonique au même titre que les autres livres de la Bible.

Décrire en détail tout le contenu du *Rouleau du Temple* serait impossible dans ce bref chapitre. Je ne peux guère qu'en brosser un résumé.

Le *Rouleau du Temple* est avant tout un livre de la Loi, des lois pour la communauté à la fois pour le présent et pour le temps où les vrais héritiers de la prêtrise sadocide régneront de nouveau à Jérusalem. J'ai mentionné les passages détaillés concernant le temple, son plan, son mobilier et ses ustensiles, ses sacrifices et d'autres lois cultuelles. J'ai aussi parlé des Statuts du Roi. D'autres longues sections décrivent diverses fêtes ou jours saints ; beaucoup sont des jours consacrés « supplémentaires » non mentionnés dans la Bible – telles les fêtes de l'Orge nouveau, du Vin nouveau, de l'Huile nouvelle (toutes les fêtes des prémices des fruits) et de l'Offrande de bois. D'autres fêtes plus familières, dont le *Rouleau du Temple* décrit l'observance, comprennent la Fête des cabanes et le Jour d'expiation. Les célébrations sont parfois les mêmes que celles décrites dans d'autres sources, parfois différentes. D'autres lois portent sur des points comme l'idolâtrie, les vœux et serments, les animaux purs et impurs, les impuretés rituelles et les lois de témoignage.

J'ai déjà mentionné certaines caractéristiques du manuscrit : l'emploi fréquent de la première personne lorsque Dieu parle, le Tétragramme en caractères araméens carrés comme dans d'autres manuscrits bibliques de la mer Morte, la morphologie hérodienne et hasmonéenne des lettres, qui aident à le dater. Voyons brièvement quelques autres caractéristiques de ce rouleau.

Son auteur est manifestement un expert du texte du *Pentateuque*. Souvent, il fusionne en un seul texte fluide des passages de plusieurs parties de la Bible traitant du même sujet. A la différence de la Bible, le rouleau est structuré suivant des thèmes principaux – le temple, les fêtes, les statuts du roi – et regroupe des passages sur ces thèmes éparpillés dans le *Pentateuque*.

Autre élément plus important : souvent, l'auteur harmonise et unifie des lois bibliques qui se répètent, ou sont différentes, et même parfois contradictoires. Dans le cas de la simple répétition, le manuscrit combine les deux textes en usant de contractions et suppressions. C'est une démarche contraire à celle des rabbins qui enseignaient : « Chaque fois qu'un passage de l'Écriture est répété, c'est parce qu'il contient quelque nouveau point » (Talmud de Babylone, *Sota 3a*).

Lorsque plusieurs passages de la Bible traitent du même sujet mais que leurs textes contiennent des lois différentes, non contradictoires, le rouleau les coordonne en un seul texte unique où ils se complètent. Par exemple, dans le *Deutéronome* 12,23-24, les fidèles doivent s'abstenir de consommer du sang ; il faut le répandre à terre comme de l'eau. Dans le *Lévitique* 17,13, le sang doit être recouvert de terre. Le *Rouleau du Temple* combine les deux préceptes : « Vous ne consommerez point de sang ; vous le répandrez à terre comme de l'eau, et le recouvrirez de terre. »

Quand des contradictions apparaissent dans des passages bibliques, souvent le rouleau les harmonise, en coupant parfois la poire en deux.

La caractéristique majeure des lois dans le *Rouleau du Temple* est peut-être leur rigueur. Nous examinerons ici l'une des plus importantes applications de ce principe de rigueur. Mais il est omniprésent dans le rouleau.

Le *Pentateuque* décrit les règles de propreté rituelle applicables au camp des Israélites dans le désert (par exemple, *Deutéronome* 23, 10-14). Comment ces règles doivent-elles être appliquées une fois que le tabernacle du désert a été remplacé par le Temple de Jérusalem et le camp par la cité de Jérusalem ?

Dans l'interprétation choisie par le judaïsme normatif, les rabbins décrétèrent que la ville sainte de Jérusalem devait être divisée en *trois* camps différents : le Temple proprement dit (le camp divin), la zone entourant le Temple (le camp lévitique) et le reste de la ville (le camp israélite). Selon l'interprétation rabbinique, les interdits les plus sévères ne sont applicables qu'aux lieux du Temple, ceux moins sévères aux lieux entourant le Temple, et les autres sont applicables à toute la ville. Pour effectuer cette tripartition, les rabbins interprétèrent différemment le mot *camp* à divers endroits du texte biblique. Mais ces interprétations n'étaient pas suggérées par le texte lui-même. Les rabbins les appliquèrent pour adoucir le rigorisme des lois qu'entraînerait l'imposition uniforme de toutes les restrictions du camp du désert à l'entière ville de Jérusalem – en fait, à d'autres villes aussi. Comparés aux Esséniens, les rabbins qui recoururent à cette tripartition des restrictions en donnant trois interprétations du mot *camp* furent, pour ainsi dire, les « juifs de la Réforme » de leur époque.

Les Esséniens, nous apprend le *Rouleau du Temple*, n'acceptaient aucune de ces interprétations. Ils assimilaient la Ville du Temple (Jérusalem) au camp où était gardé le tabernacle dans le désert[1]. Toutes les lois et tous les interdits applicables au camp du désert l'étaient à l'*entière ville de Jérusalem*. Dans certains cas, le camp est assimilé à *toute* ville et les interdits sont applicables à *toute* ville.

Diverses conséquences de cette rigueur ne peuvent manquer de nous sembler bizarres. Par exemple, le *Deutéronome* 23,12-14 dit qu'un endroit hors du camp dans le désert est réservé à la défécation. Les Esséniens appliquaient cette injonction littéralement à l'entière ville de Jérusalem. Le *Rouleau du Temple* interdit de bâtir des latrines

1. Cette idée est apparemment énoncée dans une lettre de Qoumrân encore inédite qui, d'après les éditeurs de l'équipe, fut envoyée par le Maître de Justice en personne. John Strugnell et Elisha Qimron sont chargés de sa publication. Voir « Jerusalem Rolls out Red Carpet for Biblical Archeology Congress », *Biblical Archaeology Review*, juillet-août 1984, p. 12-18.

dans la ville. « Vous ferez un endroit pour la main (les latrines) hors de la ville, où ils iront [...] trois mille coudées [à l'extérieur de la ville] afin qu'il ne soit pas visible de la ville. »

On trouve une règle similaire dans un autre rouleau de la mer Morte, le *Rouleau de la Guerre*. La distance de trois mille coudées dépassant la limite de marche permise durant le Sabbat, les Esséniens vivant à Jérusalem ne pouvaient se rendre aux latrines le septième jour – ils s'abstenaient donc de se soulager le jour du Sabbat.

Détail intéressant, Josèphe, historien juif du Ier siècle qui vécut dans sa jeunesse parmi les Esséniens, confirme leur observance de ces règles – ne déféquer qu'en dehors de leur localité et s'en abstenir durant le Sabbat. Josèphe décrit aussi une porte de la ville de Jérusalem, qui n'est mentionnée nulle part ailleurs, et qu'il nomme la « Porte des Esséniens ». Ce pourrait bien être le nom populaire de la porte que prenaient les Esséniens pour sortir (ou plutôt courir) se soulager hors de la ville. Le *Rouleau du Temple* prescrivant de bâtir des latrines publiques « au nord-ouest de la ville », cette direction fournit une indication précieuse pour situer la Porte des Esséniens. Josèphe signale qu'il existait près de cette porte un lieu nommé *Betsoa*, nom qui correspond évidemment à l'hébreu *Beth-Soah*, les « latrines ».

Les Esséniens, en accord avec leur interprétation des ordonnances bibliques de pureté concernant le camp, appliquaient d'autres interdits à l'entière ville de Jérusalem. Ainsi, toute relation sexuelle leur était interdite dans la ville de Jérusalem (ce fait explique peut-être le célibat des Esséniens et pourrait, de plus, être à l'origine de leur célibat en tant que doctrine). Il était interdit aux adeptes affligés d'impureté d'entrer dans Jérusalem et ils devaient alors rester dans des endroits spécialement construits à l'est de la ville.

Pour les études bibliques, les manuscrits de la mer Morte représentent sans conteste l'une des plus importantes découvertes, sinon *la* plus importante, qui aient jamais été faites en Terre sainte. Une découverte qui engendra des ondes de choc parmi les savants. Pour changer de métaphore, ce fut comme si un puissant télescope équipé d'un zoom, franchissant une barrière de deux millénaires, amenait soudain le monde judaïque de la fin de la période du Second Temple sous notre regard. Cette période fut à la fois un tournant tragique de l'histoire juive – les Romains détruisirent le Temple en 70 apr. J.-C. – et le berceau où naquit et se développa le christianisme. Le *Rouleau du Temple*, comme les manuscrits de la mer Morte découverts avant lui, sera sans aucun doute décortiqué par des générations de spécialistes qui tenteront d'élucider cette période cruciale de l'histoire, tant du judaïsme que du christianisme.

Il est impossible d'aborder ici ne serait-ce qu'une fraction des problèmes et des lumières contenus dans le *Rouleau du Temple* (beaucoup sont traités dans mon édition scientifique de ce rouleau) ; j'aimerais donc citer quelques exemples montrant comment les chercheurs pourraient le mettre à profit pour élargir et enrichir notre compréhension du Nouveau Testament et du christianisme primitif[1].

Nous venons de voir combien le rouleau donne une interprétation stricte des lois bibliques. J'ai mentionné les interdits s'opposant à l'entrée dans la sainte ville de Jérusalem, assimilée dans le *Rouleau du Temple* au camp du Tabernacle dans le désert. L'un des lieux où les exclus devaient rester isolés pourrait nous donner une idée plus précise de la nature de l'endroit où demeura Jésus, chez Simon le Lépreux, avant d'entrer à Jérusalem (*Marc* 14,3 ; *Matthieu* 26,6).

Le *Rouleau du Temple* applique évidemment l'interdit d'entrée à Jérusalem à tous les lépreux, de même qu'ils étaient exclus du camp des Israélites dans le désert. Comme indiqué ci-dessus, le manuscrit (colonne XLVI) dit : « Et vous ferez trois endroits à l'*est* de la ville [...] où viendront les lépreux, les gens qui ont un écoulement et les hommes qui ont eu une émission (nocturne). »

Cet extrait et un autre passage similaire nous apprennent que les lépreux étaient sans doute confinés dans un lieu séparé à l'*est* de la ville. A cette époque, nous le savons par le Midrash[2], on pensait que la lèpre était portée par le vent. Le vent prédominant à Jérusalem souffle d'ouest en est. Les rabbins interdisaient donc de marcher à l'est d'un lépreux. D'après le *Rouleau du Temple*, les lépreux étaient consignés dans une colonie située à l'est de la ville pour éviter que le vent d'ouest ne porte la maladie dans la ville. A mon avis, Béthanie (à l'est de Jérusalem sur le versant oriental du mont des Oliviers) était un village de lépreux. Ainsi, ce n'est pas par hasard que Jésus demeura dans la maison d'un lépreux (Simon) avant d'entrer à Jérusalem ; il choisit délibérément un *village* de lépreux. Ce choix aggravait l'offense – entrer à Jérusalem après un contact avec des lépreux – aux yeux non seulement des Esséniens, mais aussi des Pharisiens.

1. La littérature concernant le lien entre Esséniens et chrétiens est vaste ; certaines études, et certainement les meilleures, figurent dans *The Scrolls and the New Testament*, New York, Harper & Row, 1957, édité par K. Stendahl.
2. Recueil ancien d'exégèse rabbinique de la Bible.

Du point de vue doctrinal, l'influence des Esséniens sur le christianisme primitif, comme l'ont observé plusieurs spécialistes, est plus complexe. Nous devons distinguer les diverses couches, ou strates, pour employer un terme archéologique, du christianisme primitif. La théologie, les doctrines et les pratiques de Jésus, celles de Jean-Baptiste et celles de Paul, par exemple, ne sont pas identiques. Les manuscrits de la mer Morte ont jeté une lumière nouvelle sur ces différences.

L'affinité entre les doctrines sectaires reflétées dans les manuscrits de la mer Morte et dans le christianisme primitif fut bien sûr immédiatement remarquée dès la découverte des rouleaux. Pour certains chrétiens, l'une des grandes surprises révélées par les manuscrits de la mer Morte fut de constater que certaines doctrines et pratiques chrétiennes que l'on croyait auparavant novatrices étaient en réalité déjà connues des Esséniens un ou deux siècles avant l'époque de Jésus.

Mais il faut établir le rapport entre ces faits et différentes sources de doctrines chrétiennes. Jésus lui-même, à mon sens, était assez anti-Essénien, tout comme il était anti-Pharisien. Il réagissait contre la rigoureuse insistance sur la pureté rituelle observée, certes par les Pharisiens, mais encore plus par les Esséniens.

Le Sermon sur la montagne, par exemple, pourrait bien contenir une allusion anti-essénienne, comme l'a déjà fait remarquer le spécialiste autrichien Kurt Schubert. Jésus annonce à la foule : « Vous avez appris qu'il a été dit : *Tu aimeras ton prochain* et tu haïras ton ennemi. Eh bien, moi je vous dis : Aimez vos ennemis, priez pour vos ennemis » (*Matthieu* 5,43-44). Ce passage est quelque peu énigmatique. Qui a dit : « Tu haïras ton ennemi ? » On ne le mentionne pas. Aucun écrit judaïque ne contient une telle doctrine. Mais comme l'a montré Schubert, dans l'un des textes fondamentaux de la communauté de Qoumrân intitulé le *Manuel de Discipline*, les nouveaux membres de la secte prononcent le serment d'allégeance d'aimer les Fils de Lumière (c'est-à-dire les membres de la communauté essénienne) et de haïr à jamais les Fils des Ténèbres. Dans le Sermon sur la montagne, la référence à ceux qui conseillent de haïr ses ennemis pourrait bien désigner les Esséniens et révélerait ainsi la propre attitude anti-essénienne de Jésus.

Un autre passage énigmatique du Nouveau Testament, *Marc* 8,14-21, se trouve peut-être éclairci par le *Rouleau du Temple* et, nous le verrons, d'une manière reflétant la position anti-essénienne de Jésus. Dans la péricope de *Marc*, Jésus est en barque sur la mer de Galilée avec ses disciples. Ils n'ont qu'une seule miche de pain. Jésus les avertit :

« Gardez-vous du levain des Pharisiens et du levain des Hérodiens. » Les disciples s'inquiètent du manque de pain. Jésus les réprimande : « Vous avez des yeux : ne voyez-vous pas ? Vous avez des oreilles : n'entendez-vous pas ? Et vous souvenez-vous ? » Jésus leur rappelle le miracle de la multiplication des pains :

> « Quand j'ai rompu les cinq pains pour les cinq mille hommes, combien de corbeilles pleines de morceaux avez-vous ramassées ? »
> Ils lui répondirent : « Douze. »
> « Et quand j'ai rompu les sept pains pour les quatre mille hommes, combien de corbeilles avez-vous ramassées ? »
> Et ils lui dirent : « Sept. »
> Alors il leur dit : « Ne comprenez-vous toujours pas ? »

Les lecteurs modernes n'éprouvent pas moins de difficulté à comprendre. Ce passage est très obscur. Mais le *Rouleau du Temple* pourrait nous aider à pénétrer certains des points cruciaux : Qui étaient les Hérodiens, que signifient les douze et les sept corbeilles pleines de morceaux ? Et pourquoi les disciples étaient-ils censés déduire que ces corbeilles faisaient allusion au pain des Pharisiens et au pain des Hérodiens ?

J'ai signalé précédemment les nombreuses fêtes « nouvelles » ou supplémentaires citées dans le *Rouleau du Temple*. Les Esséniens les célébraient, mais non les juifs traditionnels. L'une de ces fêtes, que je n'ai pas mentionnée, était la célébration annuelle de sept jours nommée les Jours de l'ordination (ou consécration) des prêtres. Cette célébration était calquée sur la consécration de sept jours accomplie par Moïse pour Aaron et ses fils lorsqu'ils devinrent prêtres du Seigneur dans le désert, comme le décrit le *Lévitique* 8. Pour le judaïsme officiel, cette ordination des prêtres était un acte unique des temps anciens. Aucune cérémonie de consécration ou ordination de ce genre ne fut effectuée pour les descendants d'Aaron. Mais pour les Esséniens, qui statuaient en vertu du *Rouleau du Temple*, c'était une cérémonie annuelle. Elle devait, à jamais, être accomplie chaque année. Ainsi dit le *Rouleau du Temple*. Le rôle de Moïse devait être repris par le grand-prêtre ; et lors de la consécration du grand-prêtre lui-même, le rôle de Moïse devait être assumé par les anciens parmi les prêtres. Les détails de la cérémonie d'ordination sont longuement exposés dans le *Rouleau du Temple*. Ils sont assez complexes, mais il suffit ici de nous fixer sur un seul aspect. Le *Lévitique* (8,2) parle d'une unique corbeille de pain utilisée pour l'offrande de chacun des sept jours de la cérémonie. Dans le *Rouleau du Temple*, cependant, il y a sept corbeilles de pain, une pour chaque jour. Le *Rouleau du Temple* montre en fait que les Esséniens accomplissaient une cérémonie spéciale liée aux sept corbeilles de pain, mais il leur était impossible d'offrir le sacrifice dans sa totalité au Temple de Jérusalem parce que ce dernier n'était pas édifié conformément à leur plan – au regard de leurs lois, il n'était pas pur, et, selon eux, ses prêtres n'étaient pas légitimes.

Revenons maintenant au passage de *Marc*. Jésus dit à ses disciples de se garder du pain des Pharisiens et des Hérodiens. Puis il rappelle le miracle des douze corbeilles de pain et des sept corbeilles de pain. Les douze corbeilles, je pense, font allusion aux Pharisiens qui avaient le contrôle du Temple de Jérusalem. Chaque semaine, les prêtres consommaient les douze pains de la présence (*Lévitique* 24,5-9). En réalité, Jésus veut dire : « Ne vous souciez pas des douze pains du Temple pharisien ; j'ai créé pour vous douze corbeilles de pain. »

Mais les sept pains des Hérodiens ? A quoi font-ils allusion ? A mon avis, aux sept pains utilisés par les Esséniens durant la cérémonie annuelle de sept jours pour l'ordination de leurs prêtres. Jésus veut dire à ses disciples de ne pas se soucier non plus des Esséniens. Jésus crée miraculeusement les sept corbeilles de pain des Esséniens, tout comme il a créé les douze corbeilles de pain des Pharisiens.

Mais, pourrait-on objecter, le passage de *Marc* fait allusion aux sept corbeilles des Hérodiens et non à celles des Esséniens. Je suis persuadé que Jésus, lorsqu'il parle des Hérodiens, désigne en réalité les Esséniens. J'ai dans l'idée que les Esséniens étaient surnommés les « Hérodiens ». Josèphe (*Antiquités judaïques*, XV, 372-379) nous dit qu'Hérode était le protecteur des Esséniens et leur témoignait une bienveillance particulière. La suggestion que les Hérodiens mentionnés dans *Marc*, et ailleurs, signifient les Esséniens a déjà été émise auparavant. Mais, à présent, le *Rouleau du Temple* vient nous fournir des témoignages considérables de la ressemblance entre les croyances des Esséniens et celles des Hérodiens, ce qui conduit encore plus à assimiler les Hérodiens aux Esséniens.

Peut-être pouvons-nous maintenant apporter une réponse plus perspicace à la question de Jésus : « Ne comprenez-vous toujours pas ? » Jésus rejette la stricte interprétation des Esséniens, tout comme celle des Pharisiens. Nous voyons là encore Jésus prendre une position anti-essénienne.

Le lien qui relie Jean-Baptiste aux Esséniens est très différent de celui de Jésus avec ce groupe. Jean pourrait même avoir été membre de la communauté essénienne. Il était actif dans la région de Qoumrân ; il observait la chasteté, comme les adeptes de Qoumrân ; et il était issu d'une famille de prêtres. De plus, le baptême qu'il prêchait, et d'où lui vint son surnom, était également pratiqué par les Esséniens. Nous savons, grâce à leur littérature mais aussi par les installations baptismales retrouvées à Qoumrân, que les Esséniens pratiquaient le baptême.

Ces installations sont assez différentes des bains rituels (*mikvaot*) de cette époque trouvés, par exemple, à Massada, dans la région de Jéricho et à Jérusalem. Les bains rituels du judaïsme officiel devaient contenir de l'eau « vive », c'est-à-dire provenant soit de la pluie soit d'un cours d'eau. Comme on ne pouvait en disposer tout au long de l'année, surtout dans le désert, de l'eau rituellement pure était prélevée et conservée dans un bassin-réservoir adjacent au bain rituel. Une canalisation menait de ce réservoir au bassin du bain afin d'ajouter une petite quantité d'eau vive à chaque bain pour le purifier. Ces bassins jumeaux sont caractéristiques des bains rituels juifs. Or à Qoumrân, il n'y a qu'un seul bassin (avec des marches) dans lequel les nouveaux adeptes pouvaient être baptisés.

Le baptême tel que nous le connaissons dans le christianisme primitif pourrait avoir été adopté sous l'influence des Esséniens à travers Jean-Baptiste.

Mais les ressemblances le plus souvent remarquées entre la doctrine chrétienne et l'essénienne ne provenaient pas de Jean-Baptiste, et certainement pas de Jésus. Les principales figurent dans les épîtres pauliniennes et la littérature johannique. Comment expliquer ces ressemblances – par exemple, le dualisme présent dans le Nouveau Testament et dans les écrits de la secte de la mer Morte, l'opposition entre les Fils des Ténèbres et les Fils de Lumière (terme qui apparaît souvent dans la littérature paulinienne), l'esprit et la chair, le bien et le mal ? Le repas communautaire, aussi, se retrouve dans le christianisme primitif et dans la secte de la mer Morte. J'ai la conviction que ces ressemblances sont venues à travers Paul.

Paul était lui-même un Pharisien avant sa conversion sur le chemin de Damas, mais il possédait sûrement une bonne connaissance des doctrines de toutes les sectes qu'il persécutait, y compris celle des Esséniens. Paul devint l'apôtre des Gentils. Il essayait autant que possible d'éviter le fardeau de la loi mosaïque à ceux qu'il convertissait et qui la ressentaient comme un obstacle à leur nouvelle allégeance. Comment être un juif sans observer les restrictions de la loi mosaïque, tel était le problème de Paul. A mon sens, il trouva dans les doctrines esséniennes une théologie toute faite sur de nombreux points. Car les Esséniens, comme les chrétiens des premiers temps (mais pour des raisons différentes), rejetaient le Temple de Jérusalem et son culte. Selon ma perspective, les ressemblances frappantes entre le christianisme primitif et les doctrines des Esséniens pénétrèrent dans le christianisme après la vie de Jésus, par l'intermédiaire de Paul, durant la période précédant la destruction du Temple de Jérusalem (et en l'occurrence de Qoumrân) par les Romains en l'an 70.

Pourtant, un paradoxe apparaît : comment se pourrait-il qu'une secte (les Esséniens), qui adhérait avec tant de ténacité à l'interprétation la plus stricte et la plus légaliste de tous les détails de la Loi de Moïse telle que la prescrit la Torah, ait influencé – entre toutes les sectes – la seule (le christianisme) qui, en temps voulu, rejeta fondamentalement cette Loi, et surtout les parties de cette Loi concernant les observances du Temple et la pureté rituelle ?

La réponse complète est sans doute plus complexe que ne le suggère le schéma hésitant avancé ci-dessous, mais c'est dans cet ordre d'idées, je crois, que nous trouverons la solution de ce paradoxe. Comme je l'ai dit, les premiers chrétiens furent en contact avec les Esséniens, qui les influencèrent à une époque tardive de l'histoire essénienne (Ier siècle apr. J.-C.). Ils rencontrèrent des Esséniens qui suivaient leur propre calendrier et désavouaient le Temple de Jérusalem ainsi que ses lois, pour les raisons mentionnées plus haut. Privés ainsi d'un temple légitime, les Esséniens développèrent une théologie et une pratique religieuse leur permettant de vivre sans cette institution cultuelle, en particulier dans leurs propres centres monastiques tels que Qoumrân dans le désert. Cette paraphrase des *Proverbes* 15,8 dans un document essénien a pu attirer les milieux du christianisme paulinien ou johannique : « Le sacrifice des impies est une abomination, mais la prière des justes est une oblation délectable » (*Écrit de Damas* 11,20-21).

Le rejet essénien du Temple de Jérusalem et de son culte, comme le rejetaient aussi les chrétiens des premiers temps, permit aux Esséniens d'influencer ces derniers. Dépourvus de temple, les Esséniens développèrent un mode de vie qui était une sorte de succédané du Temple et du culte qu'on y pratiquait. Ce furent ce mode de vie et la théologie qu'il reflétait qui attirèrent et influencèrent les premiers chrétiens.

Pour les Esséniens, toutefois, le rejet du Temple était *temporaire*. Selon eux, les prêtres de Jérusalem étaient illégitimes et le Temple pollué parce que les rigides interprétations esséniennes de la Loi n'étaient pas appliquées ; même le plan du Temple était erroné. Mais le mode de vie temporaire qui leur servait de succédané ne devait rester en vigueur que jusqu'au moment où « les exilés des Fils de Lumière revien[dront] du Désert des Nations pour établir leur camp dans le Désert de Jérusalem » (*Rouleau de la Guerre* 3).

Ce succédané temporaire pour les Esséniens, le christianisme l'adopta comme une théologie permanente, une partie de son canon fixé et définitif. En résumé, ce qui était pour les Esséniens une adaptation pertinente à leur rejet du Temple de Jérusalem et de sa prêtrise, applicable seulement jusqu'à la fin des jours, puisque alors le Temple serait reconstruit par Dieu selon leurs propres croyances, devint pour le christianisme une solution permanente. Ainsi évolua le paradoxe historique qui permit aux chrétiens des premiers temps d'être si fortement influencés par une secte légaliste, bien que le christianisme lui-même rejette ce légalisme.

Je concluerai simplement par quelques énigmes de l'histoire du christianisme auxquelles le *Rouleau du Temple* suggérerait peut-être une réponse.

Bien sûr, même avant l'acquisition du *Rouleau du Temple*, nous connaissions le calendrier solaire des Esséniens, différent du calendrier lunaire suivi par le judaïsme officiel. Celui des Esséniens était divisé en quatre sections de trois mois de trente jours, plus un jour par section. L'année essénienne comprenait ainsi trois cent soixante-quatre jours, divisés en douze mois de trente jours, plus quatre jours intercalaires insérés à la fin de chaque groupe de trois mois. Au bout d'un certain nombre d'années, il fallait rajouter à ce calendrier d'autres jours intercalaires – ou des années bissextiles – pour maintenir les mêmes saisons ; mais, jusqu'à présent, nous ne possédons aucune information sur la manière dont les Esséniens procédaient. Avec ce calendrier, en tout cas, les fêtes tombaient toujours le même jour de la semaine.

J'ai déjà mentionné les nombreuses fêtes « nouvelles » – ou inconnues auparavant – décrites dans le *Rouleau du Temple*, dont trois nouvelles fêtes (et l'une bien établie) de « prémices des fruits ». Les Esséniens calculaient la date où commençait chacune de ces fêtes en comptant cinquante jours après un Sabbat particulier (le premier jour étant celui de la fête précédente) : elles débutaient donc toujours un dimanche. Le dimanche commence ainsi à apparaître comme un jour extrêmement important.

Dans les Statuts du Roi, le *Rouleau du Temple* traite des restrictions concernant le mariage des rois. Dans son interprétation du *Deutéronome* 17,17, le judaïsme rabbinique limite à dix-huit le nombre des épouses du roi. Cette décision se fondait en partie sur le fait que le roi David eût dix-huit épouses.

Au contraire, le *Rouleau du Temple* prescrit :

« [Le Roi] ne prendra pas d'autre épouse, car elle [sa première épouse] seule sera avec lui tous les jours de sa vie. Mais si elle vient à mourir, il pourra prendre une autre épouse. » C'est une ordonnance claire et nette s'opposant à la bigamie et au divorce, la plus ancienne de ce type dans tous les écrits juifs connus, et qui pourrait bien avoir été un précurseur de la doctrine chrétienne dans ce domaine.

J'ai soulevé plus de questions que je n'ai apporté de réponses. Mais la mine de richesses que représente le *Rouleau du Temple* pour le monde érudit commence tout juste à être exploitée.

APPENDICE

LE PLAN DU TEMPLE ESSÉNIEN

« [...] Je consacrerai mon temple par ma gloire [...] le jour de bénédiction [...] Je créerai mon temple et l'établirai pour moi-même à jamais [...] » (colonne XXIX).

« Tu feras un fossé autour du temple, [...] qui séparera le saint temple de la ville afin qu'ils ne puissent entrer soudain dans mon temple et le profaner. Ils tiendront pour sacré mon temple et craindront mon peuple car je demeure parmi lui » (colonne XLVI).

La prescription cardinale du manuscrit concerne les parvis. Le temple sera entouré de trois parvis carrés : intérieur, médian et extérieur[1]. Pour assurer la pureté du temple et de ses parvis, le manuscrit ordonne deux précautions supplémentaires : dans l'enceinte du parvis intérieur, un mur intérieur autour du temple (en pointillés sur le schéma), et un fossé (douve) tout autour du parvis extérieur.

Le parvis intérieur aura quatre portes, orientées vers les quatre points cardinaux. Le parvis médian et le parvis extérieur auront chacun douze portes du nom des douze fils de Jacob et réparties dans le même ordre autour de chaque parvis. Le parvis extérieur sera divisé en seize quartiers de chambres, onze attribués à onze tribus (excepté celle de Lévi, dont descendent les lévites) ;

1. Voir 2 *Chroniques* 33,5 ; 1 *Rois* 6,36, 7,12 ; 2 *Rois* 20,4 ; *Ézéchiel* 40-44.

Plan du temple visionnaire et des parvis, décrit dans le Rouleau du Temple

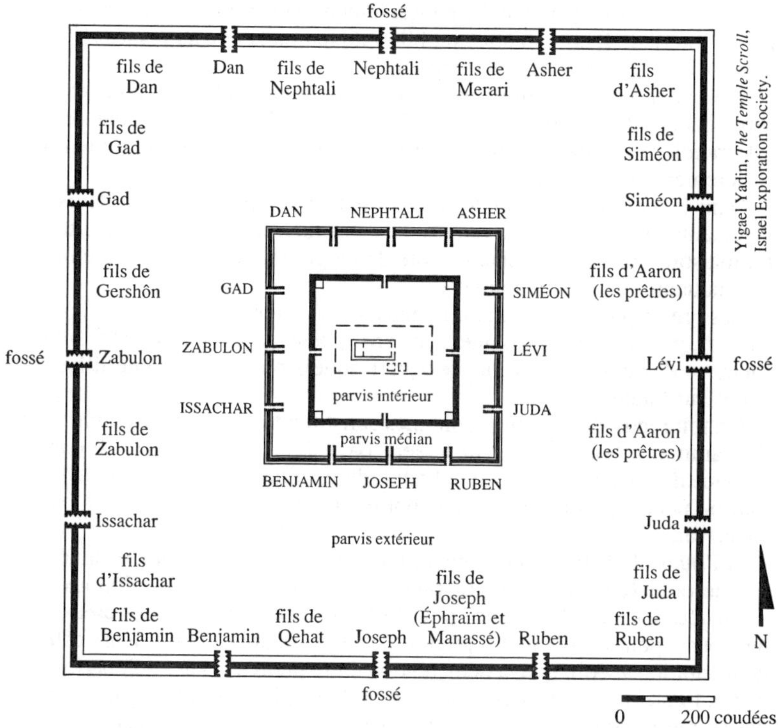

trois aux trois fils de Lévi – Gershôn, Qehat et Merari (les familles lévitiques) ; et deux aux fils d'Aaron (les prêtres).

Les dimensions des portes de la cour intérieure sont précisées : les entrées doivent mesurer quatorze coudées de large (une coudée mesure environ cinquante centimètres) et vingt-huit coudées de haut entre le seuil et le linteau, plus quatorze coudées du linteau au plafond. D'autres dimensions données dans le rouleau sont tout aussi précises.

Sous le péristyle longeant le parvis intérieur, décrit colonne XXXVII du rouleau, se trouvent des « s[iè]ges pour les prêtres, et des tables devant les sièges ». L'auteur du manuscrit mentionne explicitement ces tables destinées à souligner la séparation entre prêtres et laïcs, « afin que les sacrifices des offrandes de paix des enfants d'Israël ne [soient] pas mélangés avec les sacrifices des prêtres ».

Le manuscrit dit qu'il devra y avoir des « lieux de cuisson » – des cuisines

– de chaque côté des portes. « Aux quatre angles du parvis », il devra y avoir des emplacements pour des fourneaux « sur lesquels ils [les prêtres] feront bouillir leurs sacrifices [et] les offrandes pour le péché ».

Le rouleau décrit en détail l'aménagement dans l'enceinte au centre de ce parvis intérieur. Il comprend le mobilier du temple, entre autres les chérubins, le voile d'or et le candélabre (ménora).

L'escalier, près du temple, sera carré, de vingt coudées de côté, et situé à sept coudées du côté nord-ouest du *heikhal*, ou bâtiment du temple. Son plan est grandiose : quarante coudées de haut, montant jusqu'au toit du temple, et entièrement plaqué d'or !

Dans la maison du bassin, les prêtres se laveront puis revêtiront leurs saints vêtements, qui devront être rangés dans des niches murales recouvertes d'or. La maison sera « carrée, chaque côté de vingt et une coudées, à une distance de cinquante coudées de l'autel ».

Les prescriptions concernant la maison des ustensiles énumèrent les ustensiles d'autel suivants : bassines, flacons, poêles et bols d'argents. Même la fonction des bols est définie : « dans lesquels on place les entrailles et les pattes sur l'autel ».

Un toit reposant sur douze colonnes constituait l'abattoir du temple. La tête de l'animal offert en holocauste sera fixée à un anneau encastré dans une colonne de bois. La phrase en hébreu indiquant que cette structure incluait un toit, on peut supposer qu'elle comporterait soit des murs extérieurs bas, soit aucun mur.

A l'ouest du *heikhal* sera construit « un portique de colonnes destiné à l'offrande pour le péché et à l'offrande de réparation ». Ces colonnes seront « séparées les unes des autres : pour l'offrande pour le péché des prêtres, pour les boucs, pour les offrandes pour le péché du peuple, et pour leurs offrandes de réparation ». Afin que la démarcation entre prêtres et laïcs soit parfaitement claire, l'auteur du manuscrit ajoute : « car leurs places seront séparées les unes des autres afin que les prêtres ne confondent pas avec l'offrande pour le péché du peuple ».

L'autel est mentionné plusieurs fois, mais cette partie du rouleau est tellement endommagée que les prescriptions concernant sa construction sont fragmentaires – dans le meilleur des cas. Nous pouvons cependant comprendre que le grand autel d'holocauste devait être construit en pierre, avec rebord, angles et cornes, et que l'une de ses dimensions était de vingt coudées.

CHAPITRE HUIT

Le gigantisme du temple visionnaire dans le *Rouleau du Temple*

Magen Broshi

Magen Broshi est conservateur de la Maison du Livre à Jérusalem, où sont abrités les manuscrits de la mer Morte intacts. Ce bref chapitre attire l'attention sur les dimensions colossales du temple conçu dans le Rouleau du Temple, *dont la réalisation concrète semblerait bien difficile.*

*

Au chapitre précédent, Yigael Yadin a décrit le contenu du *Rouleau du Temple*. Je souhaiterais ajouter une remarque sur les dimensions du temple prévu. Parmi les cinq sujets principaux traités dans ce rouleau, le plus important concerne le temple, son plan et les ordonnances afférentes. Il occupe presque la moitié du rouleau, d'où le titre donné par Yadin (le titre original est inconnu).

L'ensemble du temple tel que le décrit le manuscrit consiste en trois parvis carrés concentriques – les parvis intérieur, médian et extérieur. Au milieu du parvis intérieur se dresserait le temple entouré de ses édifices auxiliaires.

Manifestement, ce n'était pas le temple qui existait lors de la rédaction du rouleau. La question de sa date de composition n'a pas encore été résolue[1], mais il fut certainement rédigé au moins un siècle avant qu'Hérode le Grand n'entreprenne la reconstruction du Temple, à la fin du Ier siècle av. J.-C. Le temple décrit dans le *Rouleau du Temple* ne désigne

1. Voir chap. 11.

visiblement pas le temple qui existait à l'époque d'Hérode. Ni le temple que construira le Seigneur à la fin des jours. Il désigne plutôt un édifice à construire de main d'homme et sur la terre ferme, selon la propre conception de l'auteur. Comme ce sera le cas pour le temple d'Hérode, les plus grands efforts seraient consacrés aux parvis du temple.

Le temple visionnaire du **Rouleau du Temple** *et ses parvis*

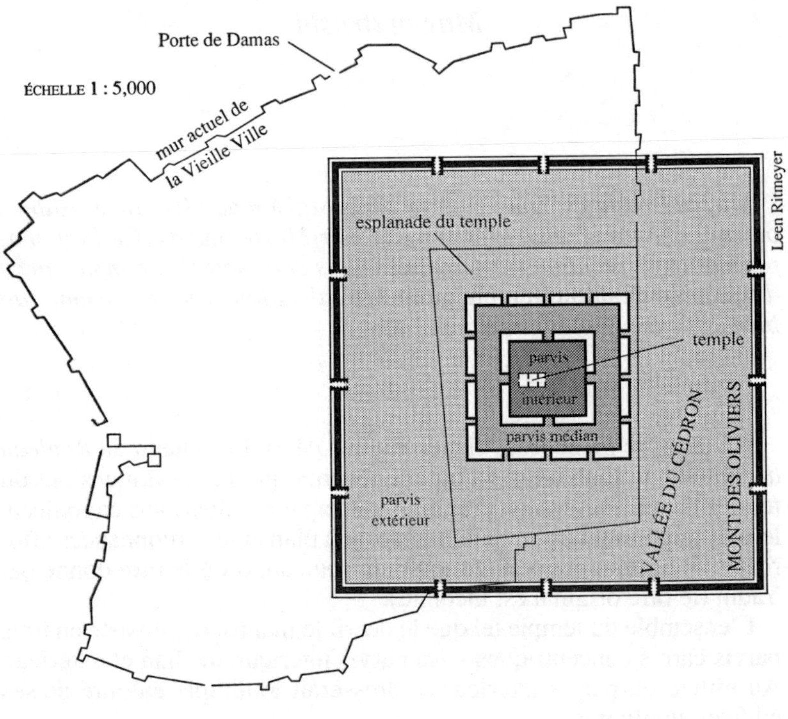

Le temple visionnaire avec ses parvis, décrit dans le Rouleau du Temple, *a presque la même superficie que la Jérusalem antique.*

Quand Hérode reconstruisit le Second Temple, le temple lui-même fut achevé en dix-sept mois[1] et les portiques en huit ans[2]. Cependant,

1. Flavius Josèphe, *Antiquités judaïques*, XV, sec. 421.
2. *Ibid.*, XV, sec. 420.

l'achèvement de l'ensemble demanda, avec des interruptions, environ quatre-vingts années. Ce fut seulement sous le procurateur Albinus (62-64 apr. J.-C.) que les « travaux » du temple (c'est-à-dire la gigantesque esplanade) prirent fin. Des milliers d'ouvriers furent alors renvoyés[1]. Ceci se passa quelques années seulement avant la Grande Révolte, la Première Révolte juive contre Rome (qui éclata en 66 apr. J.-C.). Le chômage massif causé par la fin des travaux du temple a fort bien pu entraîner une agitation sociale considérable, qui aurait indubitablement contribué à déclencher la révolte.

Comparé au temple décrit dans le *Rouleau du Temple*, celui d'Hérode était une miniature. Examinons les dimensions du complexe gigantesque représenté par le temple du rouleau.

Le parvis carré extérieur mesurerait mille six cents coudées de côté. Ceci correspond à environ huit cents mètres[2]. La superficie totale du temple serait de cent soixante acres (environ quatre-vingts hectares). Par comparaison, l'enceinte du temple d'Hérode (la plus vaste esplanade construite dans l'Antiquité) en représentait moins d'un quart. De plus, le temple décrit dans le rouleau serait entouré d'une douve large de cent coudées (cinquante mètres). Il se trouve que la superficie totale de l'enceinte du temple décrite dans le rouleau était précisément celle de Jérusalem au IIe siècle av. J.-C.[3].

Le parvis extérieur du temple s'étendrait depuis la porte de Damas actuelle, à l'ouest, jusqu'aux pentes du mont des Oliviers, à l'est.

Pour construire le complexe décrit dans le *Rouleau du Temple*, de sérieux problèmes topographiques devraient être résolus. Créer une superficie plane sur laquelle bâtir ce projet gigantesque exigerait un travail aussi considérable que le projet de construction lui-même. Pour niveler le sol, il faudrait combler la vallée du Cédron (l'élever d'environ quatre-vingts mètres) à l'est et creuser la roche à l'ouest. Cette opération aurait obligé à retirer des millions de tonnes de terre et de roche, tout cela à bout de bras. Un exploit réalisable, je suppose, quoique d'une extrême difficulté. Mais, après tout, l'esprit pratique n'était pas le fort de la secte de la mer Morte.

1. *Ibid.*, XX, sec. 219.

2. L'exacte dimension de la coudée dans le rouleau nous est malheureusement inconnue. J'ai estimé, un peu arbitrairement, qu'elle mesurait 50 centimètres, ou 19,7 pouces, de long – soit 10 à 15 % de plus ou de moins que la longueur de la coudée selon plusieurs savants.

3. Magen Broshi, « Estimating the Population of Jerusalem », *Biblical Archaeology Review*, mars 1978.

CHAPITRE NEUF

Intrigues autour des manuscrits

Hershel Shanks

Si le premier chapitre de ce livre décrit le théâtral « drame d'ouverture » de la découverte, ce chapitre se place en intermède. Il donne une perspective différente de l'acquisition du Rouleau du Temple *par Yigael Yadin.*

Au chapitre 7, Yadin relate ses tractations avec un pasteur de Virginie présumé peu recommandable qui, affirme-t-il, l'escroqua de 10 000 dollars. Yadin n'identifie le pasteur que par l'initiale de Monsieur Z.

Lorsque l'épouse de M. Z lut cet article dans une bibliothèque paroissiale de Floride, elle le montra à son mari. Il contacta alors Hershel Shanks, directeur de la Biblical Archaeology Review, *et lui relata sa propre version de l'histoire – très différente de celle de Yadin.*

*

Sans les efforts de l'homme qui lança Jerry Falwell à la télévision, le célèbre manuscrit de la mer Morte intitulé le *Rouleau du Temple* n'aurait peut-être jamais refait surface. Telle est du moins l'histoire, selon le révérend Joe Uhrig, installé maintenant en Floride, en semi-retraite.

Yigael Yadin, qui demeura jusqu'à sa mort, en 1984, le plus éminent archéologue biblique d'Israël, en donne une version quelque peu différente. Au chapitre 7 (et dans sa magistrale édition en trois volumes du *Rouleau du Temple*[1]), il expose comment il entendit tout

1. Yigael Yadin, éd., *The Temple Scroll*, 3 vol., Jérusalem, Israel Exploration Society, 1983.

d'abord parler du *Rouleau du Temple*, un manuscrit qui serait à son avis la Torah (ou la Bible) de la communauté essénienne de juifs vivant près de la mer Morte au temps de Jésus.

L'existence de ce rouleau fut, pour la première fois, portée à l'attention de Yadin par un homme qu'il désigne sous le seul nom de M. Z. Celui-ci se présenta à lui comme un pasteur de Virginie. Mais Yadin nourrissait quelques doutes. D'après lui, M. Z l'escroqua de 10 000 dollars ; Yadin n'avait confiance ni en M. Z ni en ses paroles. Néanmoins, l'archéologue israélien refusa fermement de dévoiler l'identité de son interlocuteur. Il explique : « Je respecte toujours sa confiance en ne révélant pas son nom. Je veux que toutes ces personnes – qu'il s'agisse ou non de voleurs (et c'est une véritable aventure de cape et d'épée) – sachent qu'en ce qui me concerne, si elles me demandent de ne pas révéler leur identité, je ne la révélerai pas. Sinon, nous n'avons aucune chance d'obtenir d'autres rouleaux. » Yadin mourut sans jamais révéler l'identité de M. Z.

Selon Yadin, M. Z lui écrivit d'abord le 1er août 1960, en proposant de négocier la vente de « découvertes authentiques et importantes de manuscrits de la mer Morte ». La source de M. Z était un marchand d'antiquités jordanien bien connu.

Le 7 octobre 1960, Yadin acheta à M. Z, ou par son intermédiaire, un petit fragment d'un autre manuscrit de la mer Morte appelé le rouleau des *Psaumes*. Il sut ainsi que M. Z avait accès à d'authentiques matériaux des rouleaux de la mer Morte.

Le 29 mai 1961, M. Z écrivit de nouveau à Yadin, annonçant cette fois qu'il disposait non d'un fragment, mais d'un rouleau entier à vendre. Dans la correspondance échangée ensuite, M. Z affirmait que le rouleau mesurait entre quatre mètres cinquante et cinq mètres cinquante de long ; il envoya même à Yadin un petit morceau qui s'était détaché du rouleau. L'archéologue vit immédiatement qu'il était authentique.

De frustrantes négociations concernant le prix s'étalèrent sur plusieurs mois. L'escalade reprenait chaque fois que Yadin se croyait près d'atteindre un accord sur le prix demandé. A un moment, il crut le marché conclu pour 130 000 dollars. A New York, il remit un acompte de 10 000 dollars à M. Z, plus 1 500 pour couvrir les frais d'un voyage du pasteur à Bethléem, soi-disant nécessaire afin de gagner l'accord du marchand de Bethléem. Ce jour-là, M. Z redonna à Yadin le fragment du rouleau que Yadin lui avait auparavant renvoyé.

M. Z se rendit à Bethléem et rapporta que des difficultés étaient apparues : le prix avait encore augmenté. S'ensuivit une autre correspondance, M. Z plaidant pour obtenir plus d'argent, et Yadin tentant de récupérer ses 10 000 dollars. Mais ceux-ci s'étaient envolés pour de bon. « Il était clair que M. Z n'avait aucune intention de rembourser l'avance », écrit Yadin. Ses efforts pour rentrer en possession de l'argent furent on ne peut plus « vains ».

Mi-1962, Yadin reçut pour la dernière fois des nouvelles de M. Z. Ce dernier continuait à faire des « promesses » tout en demandant plus d'argent. Puis ce fut le silence. « Toute trace de lui s'est évanouie », rapporte Yadin.

Le 7 juin 1967, l'armée israélienne prit la Vieille Ville de Jérusalem ainsi que Bethléem. Le lendemain, Yadin s'arrangea pour qu'un officier se rende à Bethléem au domicile du marchand d'antiquités et réclame le rouleau dont M. Z lui avait parlé près de six ans auparavant. Ce soir-là, l'archéologue, aux anges, tint pour la première fois entre ses mains le *Rouleau du Temple*. Il s'avéra que c'était le plus long manuscrit de la mer Morte – environ huit mètres soixante-quinze[1] – qui ait jamais été découvert, et il était relativement intact.

Le rouleau contient de grands passages du *Pentateuque*, mais avec des variantes linguistiques par rapport au texte canonique qui nous est parvenu. Selon Yadin, le *Rouleau du Temple* comprend aussi des extraits de quelques livres mentionnés dans la Bible, mais aujourd'hui perdus. Ce rouleau décrit en détail des plans pour la construction du temple du Seigneur[2], d'où le titre qui lui a été donné. Il contient aussi de nombreuses autres lois et des descriptions de fêtes religieuses non citées dans la Bible ou dans d'autres textes. Beaucoup de spécialistes le considèrent comme le manuscrit de la mer Morte le plus important qui ait jamais été découvert et susceptible d'éclairer tant le christianisme primitif que le judaïsme contemporain.

Malgré tout, même d'après le récit de Yadin, sans l'intervention de M. Z, le *Rouleau du Temple* pourrait se trouver encore en train de moisir dans une boîte à chaussures sous les pavés de la maison d'un marchand de Bethléem. Ce marchand, dit Yadin, l'« avait gardé dans des conditions épouvantables qui causèrent des dégâts importants, surtout à la partie supérieure du rouleau ». Nous ne saurons jamais quelle proportion du texte du manuscrit devint illisible entre 1962, quand les négociations avec M. Z s'interrompirent brusquement, et 1967, lorsque

1. Voir *Dossiers d'archéologie*, n° 189, janvier 1994, p. 57. *(NdT)*
2. Voir chap. 7.

Israël confisqua le rouleau. Mais une portion encore plus importante le serait devenue si M. Z n'avait éveillé l'attention de Yadin sur l'existence de ce rouleau qui aurait continué à se détériorer sous les pavés du marchand de Bethléem.

En 1977, Yadin publia son édition en hébreu, en trois volumes, du *Rouleau du Temple*. Six ans plus tard, en 1983, parut l'édition anglaise. A cette occasion, Yadin prépara un article de vulgarisation dans la *Biblical Archaeology Review*. Il parut dans le numéro de septembre-octobre 1983, deux mois après la mort de l'archéologue.

Un jour de l'hiver 1984-1985, Doris Uhrig, l'épouse du pasteur Joe Uhrig, feuilletait des livres à la bibliothèque de l'église presbytérienne de Coral Ridge, à Fort Lauderdale en Floride. Elle tomba sur le numéro de septembre-octobre 1984 de la *Biblical Archaeology Review*, contenant le récit de Yadin sur le *Rouleau du Temple* et une notice de son décès. Pensant que la revue pourrait intéresser son mari, elle la rapporta à la maison. En lisant l'article, le révérend Uhrig se reconnut immédiatement dans M. Z !

Pour la première fois, Joe Uhrig apprit ce qu'était devenu le rouleau qu'il avait tenté d'acquérir pour Israël. Il apprit également la mort de Yigael Yadin.

Le récit de Yadin décrivant ses tractations avec M. Z fit aussi comprendre à Uhrig que l'archéologue n'avait guère été sincère avec lui sur la nature du manuscrit dont il s'efforçait de négocier la vente. Si Yadin ne l'avait pas induit en erreur à ce propos, il aurait fort bien pu l'acquérir à un moment où d'autres portions du rouleau étaient encore lisibles, affirme Uhrig. Néanmoins, le pasteur ne garde aucune animosité envers Yadin.

C'est indirectement qu'Uhrig entra dans l'histoire des manuscrits de la mer Morte, à la suite d'un voyage en Terre sainte. Il fut l'un des premiers télévangélistes – et l'un des plus appréciés. Dans les années 1950, son indice d'écoute dépassait celui de l'émission *Meet the Press*. Il pouvait faire salle comble au Constitution Hall de Washington et fut invité à la Maison-Blanche par le président Eisenhower. A son émission, intitulée *Hand to Heaven*, participèrent des célébrités telles que Roy Rogers ou Dale Evans, et un chœur où chantaient des solistes de renommée nationale.

Uhrig ressentait un profond désir de voir la Terre sainte. En 1955, il fit donc le grand périple à partir de Beyrouth, passant ensuite en Jordanie, puis enfin en Israël. A l'aéroport de Beyrouth, il rencontra Marcos Hazou, un guide envoyé par son agence de voyages. Ce fut un pèlerinage réussi, en partie grâce à la bonne relation qu'il établit avec Hazou. L'année suivante, Uhrig reçut une lettre de Hazou lui demandant s'il accepterait de le cautionner, lui, sa femme et ses deux filles, pour immigrer aux États-Unis.

Uhrig y consentit, sans bien comprendre l'obligation financière que représentait cette démarche. Hazou et sa famille arrivèrent le jour de la fête nationale, le 4 juillet 1956. Uhrig loua une maison pour eux, leur donna de l'argent pour la nourriture et le mobilier, et employa Hazou dans son bureau. En définitive, tout se passa bien. Hazou se montra un employé digne de confiance et créa plus tard sa propre agence de voyages.

En 1960, Hazou, reconnaissant, confia à Uhrig une information intéressante : son frère Aboud, qui vivait à Bethléem, avait un ami nommé Khalil Iskander Shahin – ils l'appelaient Kando –, et ce dernier disposait de quelques manuscrits anciens provenant des grottes près de la mer Morte. En fait, Kando avait servi d'intermédiaire avec les Bédouins et de courtier pour la vente des fameux manuscrits. De son métier, Kando était cordonnier, sa boutique se trouvait place de la Mangeoire.

Uhrig, selon ses propos, aurait dit à Hazou : « Les [manuscrits] dont dispose Kando, quels qu'ils soient, appartiennent à Israël. Peut-être quelque chose pourrait-il être arrangé pour les faire entrer en Israël. »

Uhrig se rendit à Bethléem, alors sous contrôle jordanien, et demeura chez Aboud, le frère de Marcos Hazou, avec l'espoir de dépister les manuscrits. Aboud Hazou et Kando appartenaient à la même église et, le dimanche, Kando vint chez Aboud faire la connaissance d'Uhrig. Ensuite, il y apporta un fragment de rouleau. Ce fragment, plus tard, s'avéra provenir du célèbre rouleau des *Psaumes*.

De retour aux États-Unis, Uhrig téléphona à William F. Albright, éminent archéologue biblique de l'université Johns Hopkins à Baltimore, qui avait été l'un des premiers spécialistes à authentifier les manuscrits de la mer Morte initiaux. Albright mit le pasteur en garde contre les nombreux faux qui circulaient, mais lui dit que sa source semblait authentique. Il lui suggéra de contacter Yadin.

Uhrig écrivit à Yadin et effectua aussi beaucoup d'autres voyages à Bethléem pour tenter d'obtenir les rouleaux auprès de Kando, en lui disant franchement que ces manuscrits devraient se trouver en Israël entre les mains de Yadin. Kando répondait qu'il ne voulait pas s'attirer d'ennuis, qu'il avait peur. Uhrig s'efforçait de le rassurer. On pouvait lui faire confiance, affirmait-il, il resterait discret ; n'avait-il pas cautionné la venue du frère d'Aboud aux États-Unis ? « Vous avez confiance en Aboud et son frère, plaida-t-il. La place de ces manuscrits est en Israël. Je vous dis sans détour où ils iront ! »

« A quoi bon chercher à finasser ? rapporte Uhrig. Kando se berçait de l'illusion qu'il trouverait quelque multimillionnaire aux États-Unis. » Uhrig accepta de présenter à Yadin le prix d'achat d'un million de dollars demandé par Kando parce que, dit-il, « je ne voulais pas l'[Kando] inquiéter et risquer de le perdre. Voilà pourquoi je suis resté sur le million de dollars ».

Quand Uhrig écrivit à Yadin pour lui annoncer ce prix, « Yadin me répondit que cette demande était insensée. Dans notre petit groupe, les Hazou et moi-même, nous avons commencé à surnommer le marchand "Kando le Fou" à cause de ses prétentions ridicules ».

Lors d'un voyage, Uhrig acheta 2500 dollars le fragment du rouleau des *Psaumes* que Kando lui avait montré auparavant. Kando savait que ce fıagment provenait du *Livre des Psaumes* ; le directeur du Département des antiquités de Jordanie le lui avait dit. Le pasteur paya à Kando le prix que ce dernier en demandait, sans discuter, espérant gagner sa confiance et lui montrer qu'il était un acheteur sérieux afin d'obtenir ensuite le « rouleau principal », qu'il n'avait pas encore vu.

Uhrig rentra chez lui avec le fragment, puis, après l'avoir gardé quelques mois dans un tiroir, décida de l'envoyer à Yadin pour lui prouver l'authenticité des matériaux auxquels il avait accès. Il l'enveloppa donc dans une simple serviette en papier, le glissa dans une enveloppe marron ordinaire et le lui expédia par la poste à Jérusalem. Ce n'était « pas très orthodoxe – admet Uhrig – mais je n'en connaissais pas tout à fait la nature exacte ». Le pasteur ne demanda pas de somme précise à Yadin : « Il me faisait confiance et je lui faisais confiance. » Quelques semaines plus tard, il reçut de Yadin une lettre et un chèque de 7000 dollars.

Le reste du rouleau des *Psaumes* découvert, dans lequel s'intégrait le fragment acheté par Uhrig à Kando, avait été précédemment acquis par le musée Rockefeller à Jérusalem. Yadin se demanda où M. Z avait pu se procurer ce fragment, avant ou après l'acquisition des autres parties du rouleau des *Psaumes* par le musée. « Nous ne le saurons jamais », écrit Yadin.

Selon Uhrig, Kando garda tout simplement ce morceau du rouleau des *Psaumes* quand il vendit les autres au musée. « Je crois que c'est [l'explication] correcte parce que je lui ai demandé [à Kando] s'il avait d'autres morceaux de ce rouleau, et il m'a répondu : non, juste celui-ci. »

Lors d'un voyage à Bethléem – Uhrig n'est pas sûr des dates et ne dispose pas de courrier pour se rafraîchir la mémoire –, Kando apporta chez Aboud, dans une boîte à chaussures, un rouleau étroitement enveloppé formant une sorte de bâton de vingt centimètres de long. Les différentes sommes qu'il en demandait étaient « délirantes » et oscillaient entre un million de dollars, 750 000 dollars, 250 000 dollars, pour remonter à un million en fin de compte.

Entre-temps, Uhrig était confronté à ses propres problèmes d'argent. Déjà, en 1958, il avait décidé d'abandonner certains marchés périphériques de son programme télévisé *Hand to Heaven.* L'un était la station de Lynchburg, en Virginie. A cette époque, pour téléviser à Lynchburg, il fallait louer un câble coaxial de Washington, siège de l'émission, à Lynchburg. Le coût du câble devint trop élevé face à la baisse des recettes. Au lieu de supprimer l'émission sur Lynchburg Canal 13, Uhrig chercha quelqu'un sur place pour la reprendre. Un jeune pasteur de vingt-quatre ans était venu à une assemblée à l'Armory de Lynchburg, et Uhrig lui avait demandé de s'avancer pour prononcer une prière. D'après Uhrig, le jeune homme ne s'occupait que d'un petit groupe de trente-cinq personnes ; il ne desservait même pas alors une paroisse, mais il était énergique et faisait impression. Uhrig se souvint de lui. Quand il décida d'abandonner l'émission de Lynchburg, il lui téléphona pour savoir s'il voulait la reprendre. Le nom de ce pasteur était Jerry Falwell.

Falwell commença par dire non, parce qu'il n'avait jamais rien fait de semblable et n'avait aucune expérience, mais Uhrig le persuada d'essayer – et il le fit. « C'était un garçon du pays qui tentait de démarrer. Et il a démarré à merveille ! » dit Uhrig. Falwell n'a jamais oublié le pasteur et reconnaît aujourd'hui encore qu'Uhrig est celui qui l'a lancé à la télévision.

Mais le programme de Lynchburg n'était pas la seule saignée financière d'Uhrig. Il avait construit une nouvelle église, placée sous hypothèque. Il espérait, s'il pouvait obtenir le manuscrit pour Yadin, que ce dernier accepterait de lui payer les 20 000 dollars nécessaires pour sauver son église.

Au cours des négociations, Yadin décida d'offrir 130 000 dollars pour le manuscrit qu'il n'avait pas encore vu. (Uhrig espérait que les 20 000 dollars viendraient en sus). Yadin s'exprime dans son article comme si M. Z lui avait assuré que l'accord sur le prix de 130 000 dollars était conclu, mais, selon Uhrig, il s'agissait simplement du prix que l'archéologue avait décidé d'offrir. C'était une offre qu'Uhrig espérait faire accepter à Kando – d'autant plus que ses voyages à Bethléem lui avaient occasionné de grosses dépenses et il avait grand besoin des 20 000 dollars qu'il pensait recevoir de Yadin s'il négociait avec succès l'achat du rouleau.

Yadin remit à Uhrig 10 000 dollars en liquide et un reçu bancaire attestant le dépôt de 120 000 dollars à la banque Chase Manhattan, afin qu'il puisse certifier à Kando la disponibilité de 130 000 dollars en liquide. Ainsi armé, le pasteur partit une fois de plus à Bethléem, emportant les 10 000 dollars en liquide dans ses chaussettes.

A Bethléem, les négociations se passèrent mal. Uhrig se revoit jetant les 10 000 dollars en billets aux pieds de Kando. Le marchand n'avait aucune idée de ce que représentait le dépôt bancaire de 120 000 dollars. « Il voulait voir l'argent en liquide devant lui. Et chaque fois qu'on parlementait, il changeait le montant », se souvient Uhrig. Il s'évertua à persuader Kando de le laisser remporter le rouleau.

« Écoutez, laissez-moi l'emporter.

– Non, non, non, répondit Kando.

– Alors, ne me faites-vous plus confiance, maintenant ? Nous avons déjà effectué une transaction [le fragment du rouleau des *Psaumes*]. Vous connaissez Aboud depuis toujours. J'ai cautionné la venue de son frère en Amérique. Vous devez me croire. J'ai fait tous ces voyages. Je ne vous mène pas en bateau. »

Vains efforts. Uhrig poursuit : « Parvenu à ce point-là, j'étais épuisé. Au Moyen-Orient, à cette époque, comme vous le savez, le voyage était terriblement éprouvant. Et j'étais épuisé. Je dis [à Kando] : "Écoutez, je vous en prie. Vous l'avez dans une boîte à chaussures, là. Vous devez me faire confiance. Aboud est votre ami. Vous devez y croire." Mais rien à faire, il ne voulait pas. »

Frustré et fâché, Uhrig vit qu'un petit morceau du rouleau était en partie déchiré. Il acheva de le détacher. « C'est moi qui ai déchiré ce morceau du rouleau, confesse-t-il. En le voyant, j'ai dit : "Kando, je veux montrer ceci à Yadin", et avant qu'il ait pu proférer un mot – il s'énerva passablement – je l'ai détaché. Et j'ai dit : "Je veux l'emporter. C'est le seul moyen de prouver à Yadin son authenticité. Il faut qu'il sache ce que c'est." »

« Rétrospectivement, j'étais un peu naïf », admet Uhrig. Kando le laissa emporter le fragment. Sans demander d'argent.

En retournant aux États-Unis, Uhrig s'arrêta à Londres où se trouvait alors Yadin, afin de lui montrer le fragment[1]. Il se rappelle l'avoir rencontré dans l'appartement d'un nommé Wolfson[2]. Quand le pasteur tendit le fragment à Yadin, « ses yeux s'écarquillèrent ». « Il prit un air très calme et détendu avec moi, mais ses yeux s'écarquillèrent tout rond. Puis il fit “oh, hmm”, en bégayant un peu. »

Yadin lui rendit le fragment et déclara – faussement – qu'il s'agissait d'un simple acte de propriété. « Il dit : “C'est un acte pour une propriété quelconque”, et me le rendit. »

L'écriture était très bonne, estima Yadin, mais il souhaitait voir le reste du rouleau. « Cependant, il ajouta : “Uhrig, je pense que vous avez perdu beaucoup de temps.” Il semblait me plaindre et pourtant j'avais l'impression qu'il voulait le reste du rouleau. » Tous deux convinrent que le pasteur poursuivrait les négociations afin de voir ce qu'il pouvait obtenir de Kando.

Une fois de plus, Uhrig contacta le marchand par l'intermédiaire d'Aboud, mais celui-ci transmit que le prix demandé était remonté à un million de dollars. Uhrig répondit : « Dites-lui qu'il est fou. Dites-lui d'aller se faire voir. A quoi bon m'enfoncer encore plus dans le pétrin pour un banal acte de propriété ? »

Lassé de toute cette affaire, Uhrig décida d'abandonner les négociations : « Yadin m'a totalement induit en erreur. Il m'a dit que c'était un acte pour la propriété de quelque terrain. J'ai cru que Kando m'avait roulé. Maintenant, je comprends pourquoi Yadin a agi ainsi : il ne voulait pas payer un prix exorbitant. Mais, la mort dans l'âme, j'ai perdu courage. J'ai pensé : quel imbécile j'ai été, Kando m'a berné. »

Uhrig n'échoua pas seulement dans l'acquisition du manuscrit, il perdit aussi son église : le bien hypothéqué fut saisi. « Personne n'a jamais rien su de cette histoire, me confia-t-il, sauf les gens du pays. J'étais désespéré. Penser que j'avais couru après un acte de propriété ! » Ce fut en découvrant la version des faits relatée dans la *Biblical Archaeology Review* que Joe Uhrig comprit qu'en fait, il avait bien négocié pour l'authentique trésor escompté – c'était même le *Rouleau*

1. Yadin affirme qu'il reçut le fragment à Londres dans une lettre d'Uhrig. Ce dernier ne laissa peut-être pas le fragment à Yadin à ce moment, mais le lui envoya plus tard.

2. Sans doute Leonard Wolfson, dont la Wolfson Fondation aida financièrement nombre de projets de Yadin.

du Temple, le plus long manuscrit de la mer Morte, et, d'après nombre de spécialistes, le plus important.

« Si j'avais connu la vérité, je crois que j'aurais pu obtenir le rouleau. Je ne tiens en aucune façon Yadin pour responsable. Je n'éprouve aucun ressentiment envers lui à ce sujet. Je pense qu'il agissait comme il estimait diplomatiquement devoir le faire étant donné les folles exigences de Kando. Mais ce n'étaient nullement mes propres exigences. »

Uhrig poursuivit : « Yadin me dit : "Un jour, votre nom figurera dans la Maison du Livre." Je lui répondis que je ne visais aucun éloge. J'avais simplement le sentiment que ce rouleau devrait se trouver en Israël. En dépit des difficultés, je pensais que nous aurions le dessus. Or, non seulement j'ai perdu mon église, mais se sont ajoutés tous les frais que j'avais engagés pour ces voyages. » Uhrig garda juste les 10 000 dollars – « pour une fraction de toutes les dépenses entraînées par ces multiples voyages » – et renvoya par la poste le fragment de manuscrit à Yadin.

« Ainsi, les années passèrent, et je ne le contactai plus jamais parce que je pensais : à quoi bon ? Pourquoi continuer à me démener pour cette affaire ? »

Puis, un jour, l'épouse de Joe Uhrig décida de faire un tour à la bibliothèque de l'église presbytérienne de Coral Ridge, à Fort Lauderdale, près de l'endroit où ils vivaient. Elle tomba sur le dernier numéro de la *Biblical Archaeology Review*...

CHAPITRE DIX

Le *Rouleau du Temple* : un sixième livre de la Torah perdu pendant deux mille cinq cents ans ?

Hartmut Stegemann

Au cours des chapitres précédents, nous avons examiné ces questions : la communauté de Qoumrân était-elle essénienne et les documents sectaires de la bibliothèque conservée dans les grottes des alentours sont-ils esséniens ?

Mais aucun spécialiste ne prétend que tous les manuscrits de la bibliothèque sont des documents sectaires. Les textes bibliques, par exemple, ne peuvent être considérés comme sectaires. Ainsi, même les chercheurs qui acceptent la perspective de l'origine essénienne de la littérature de Qoumrân doivent se demander si tel document particulier est sectaire ou non.

L'un des plus grands experts des manuscrits de la mer Morte, Hartmut Stegemann, étudie ici cette question à propos du célèbre Rouleau du Temple. *Il adopte le point de vue majoritaire de l'identification essénienne des sectaires de Qoumrân. Mais il s'interroge sur la nature sectaire – en l'occurrence essénienne – du* Rouleau du Temple. *Il conclut que ce manuscrit n'est pas essénien, et soutient au contraire qu'il s'agit d'un document appartenant à un autre groupe juif, peut-être plus répandu.*

Et quel document ! Pour Stegemann, c'est un sixième livre de la Torah, constitué par les données rejetées, sans doute sous l'influence d'Esdras au ve siècle av. J.-C., quand fut établi le canon officiel du Pentateuque.

Ce chapitre nous confronte donc à la question des critères permet-

tant de déterminer si un document de Qoumrân est sectaire ou non. Stegemann en définit plusieurs : le nombre de copies dans la bibliothèque, la présence de références à ce document dans d'autres documents de Qoumrân, des comparaisons linguistiques, stylistiques et de contenu avec d'autres documents de Qoumrân admis comme sectaires. Stegemann en conclut que le Rouleau du Temple *n'est pas un document sectaire.*

Alors, qu'est-il ? D'après Stegemann, c'est un livre de la Torah, destiné à être mis sur le même plan que la Genèse, *l'*Exode, *le* Lévitique, *les* Nombres *et le* Deutéronome, *et compilé par des prêtres-rédacteurs à partir d'additions et d'extensions rejetées par Esdras quand il procéda à la fixation définitive du canon du* Pentateuque.

*

Le *Rouleau du Temple* est de loin le plus important des manuscrits de la mer Morte retrouvés. Il fut composé, je pense, comme une addition ou, plus exactement, un supplément au *Pentateuque*, comme un sixième livre de la Torah, doté de la même autorité que la *Genèse*, l'*Exode*, le *Lévitique*, les *Nombres* et le *Deutéronome*.

Le *Rouleau du Temple* – le plus long des rouleaux conservés, huit mètres soixante-quinze – a fait l'objet d'une brillante publication en trois volumes, comprenant un commentaire détaillé, établie par le professeur Yigael Yadin de l'Université hébraïque[1]. Cette édition est le plus bel ouvrage ayant jamais paru sur un manuscrit de la mer Morte, un chef-d'œuvre qui restera la base de tout travail ultérieur sur ce rouleau[2].

Cependant, Yadin affirmait, sans en débattre à fond, que le *Rouleau du Temple* était une composition sectaire appartenant au groupe juif qui habitait l'établissement de Qoumrân près de la grotte où les Bédouins trouvèrent le rouleau. Ce groupe, selon un fort consensus du monde érudit[3], faisait partie des Esséniens.

Presque tous les savants qui ont étudié le *Rouleau du Temple* ont suivi Yadin dans son hypothèse selon laquelle ce rouleau serait un document essénien – jusque très récemment.

1. Voir chap. 7.
2. Yigael Yadin était l'un de mes proches amis et m'a toujours soutenu dans mes recherches. J'aurais vivement apprécié qu'il soit encore parmi nous pour critiquer les idées que j'exprime ici et qui divergent des siennes.
3. Voir chap. 2.

A mon sens, le *Rouleau du Temple* n'est pas un document essénien. Il a été composé par d'autres juifs, des juifs appartenant au courant prédominant du judaïsme de leur époque en Palestine. Et il représentait simplement l'un des « livres », si ce terme peut s'appliquer à un rouleau, de la bibliothèque essénienne de Qoumrân, cachés comme les autres dans les grottes proches de leur établissement. Sa composition n'avait absolument aucun lien spécifique avec la communauté essénienne de Qoumrân.

Avant d'expliquer les fondements de cette conclusion, voici plusieurs aspects capitaux sur lesquels je suis d'accord avec Yadin.

Premièrement, le *Rouleau du Temple*, comme l'a souligné Yadin, est un *Sefer Torah*, un livre de la loi religieuse faisant autorité, au sens strict de cette expression. Ce n'est pas un simple recueil de données concernant un domaine particulier de la vie religieuse.

Deuxièmement, comme pour les livres canoniques de la Torah (*Genèse*, *Exode*, *Lévitique*, *Nombres* et *Deutéronome*), la croyance était que cette Torah – Yadin l'a également souligné – avait été donnée par Dieu lui-même sur le mont Sinaï[1].

Troisièmement, le texte du *Rouleau du Temple*, selon les termes de Yadin, est une Torah « supplémentaire » apportée au *Pentateuque*, mais cependant située au même niveau que la Torah. Ce n'est pas une Torah supérieure au *Pentateuque*[2], et elle ne le remplace pas non plus. La preuve en est que le *Rouleau du Temple* ne couvre pas des

1. La question de l'autorité mosaïque dans le *Rouleau du Temple* reste très controversée. En fait, le nom de Moïse n'apparaît pas dans le texte du *Rouleau du Temple* conservé. Comparons avec le *Deutéronome* 12-26. Pour cette raison, Baruch Levine (« The Temple Scroll : Aspects of its Historical Provenance and Literary Character », *Bulletin of the American Schools of Oriental Research*, 232, 1978, p. 5-23, spécialement p. 17-21) nie la présence de toute autorité mosaïque dans le *Rouleau du Temple*. Ses conclusions furent contestées par Yadin (« Is the Temple Scroll a Sectarian Document ? » dans le livre de Gene M. Tucker et Douglas A. Knight, éd., *Humanizing America's Iconic Book : SBL Centennial Addresses 1980*, Chico, CA, Scholars Press, 1982, p. 153-169), qui s'appuie sur le *Rouleau du Temple* 44,5 et 51,5-7, où Dieu s'adresse en fait indirectement à Moïse. Mais Levine démontre correctement la tendance du *Rouleau du Temple* à remplacer l'autorité traditionnelle de Moïse par Dieu lui-même. Sans doute faut-il interpréter ce changement comme une attitude polémique – niant toute autorité humaine dans le domaine de la loi judaïque.

2. Là, Ben Zion Wacholder fait erreur. Voir son livre *The Dawn of Qumran*, Cincinnati, Hebrew Union College Press, 1983, p. 30, où il affirme que le *Rouleau du Temple* « était peut-être destiné à remplacer non seulement le *Pentateuque* canonique, mais aussi les autres livres des Écritures hébraïques ».

sujets tels que la Création du monde (*Genèse*), le Décalogue (*Exode* 20,1-17, *Deutéronome* 5,6-21) ; la Bénédiction d'Aaron (*Nombres* 6,22-27) ou le Shémah (la proclamation monothéiste essentielle : « Écoute, Ô Israël, le Seigneur notre Dieu est un », *Deutéronome* 6,4-9), fondamentaux pour toutes les différentes orientations juives de la période du Second Temple (515 av. J.-C.-70 apr. J.-C.). L'auteur du *Rouleau du Temple* n'a fait qu'ajouter des données supplémentaires au *Pentateuque* établi ; il n'a ni rendu le *Pentateuque* inutile ni, en quelque sorte, amoindri sa qualité.

Là où je ne m'accorde pas avec Yadin, c'est sur sa conclusion que le *Rouleau du Temple* était une Torah capitale de la communauté essénienne. Selon Yadin, il pourrait même avoir été rédigé par le révéré fondateur de la communauté essénienne, le Maître de Justice en personne.

Si le *Rouleau du Temple* était effectivement la Torah capitale de cette communauté essénienne de Qoumrân, nous pourrions nous attendre à ce qu'il ait été d'un usage très répandu dans cette communauté pour toutes ses affaires. Mais ce n'était pas le cas.

On n'a trouvé que deux copies du *Rouleau du Temple* parmi les quelque huit cents manuscrits retirés des onze grottes de Qoumrân. L'une de ces copies est le *Rouleau du Temple* acquis par Yadin, qui provient de la grotte 11 – située à environ deux kilomètres au nord des bâtiments de Qoumrân –, et elle fut écrite vers le tournant de l'ère chrétienne. La seconde copie est un simple rouleau fragmentaire, également de la grotte 11, mais écrit vers 50 av. J.-C. Pas une seule copie du *Rouleau du Temple* n'a été trouvée dans la bibliothèque principale dégagée de la grotte 4, qui contenait des fragments d'environ cinq cent quatre-vingts manuscrits différents[1].

Le *Rouleau du Temple* est un document très impressionnant, ne serait-ce que par son volume, et il peut sembler naturel de lui attribuer une grande importance pour comprendre les Esséniens chez qui il fut découvert. Mais n'oublions pas que c'est un pur hasard si la masse principale de ce long manuscrit a survécu, alors que la plupart des autres rouleaux de Qoumrân sont, dans le meilleur des cas, très fragmentaires. Il peut cependant paraître moins important pour la communauté essénienne, si nous réfléchissons au fait que seulement deux copies de ce texte furent exhumées à Qoumrân, comparées, par

1. Lawrence H. Schiffman, *Sectarian Law in the Dead Sea Scrolls : Courts, Testimony and the Penal Code*, Chico, CA, Scholars Press, 1983, p. 77.

exemple, aux vingt-cinq copies différentes du *Deutéronome*, aux dix-huit d'*Isaïe* et aux vingt-sept des *Psaumes*. Parmi les manuscrits non bibliques composés par les Esséniens ou hautement estimés d'eux, nous possédons au moins onze copies de la *Règle de la Communauté*, neuf des *Cantiques du sacrifice du Sabbat*, huit des *Hymnes d'action de grâces* et sept de la *Guerre des Fils de Lumière contre les Fils des Ténèbres*.

On ne s'attendrait guère, avec ces chiffres, à ne trouver que deux copies du *Rouleau du Temple* s'il constituait la loi fondamentale de la communauté de Qoumrân. De plus, dans tous les documents spécifiquement esséniens, tels que la *Règle de la Communauté*, l'*Écrit de Damas* ou les *Hymnes d'action de grâces*, ne figure pas une seule référence au *Rouleau du Temple*. Les livres du *Pentateuque* sont souvent cités dans ces textes, de la *Genèse* au *Deutéronome*, mais pas une seule citation ne provient du *Rouleau du Temple*. Cette absence montre bien que, malgré ce que les membres de la communauté de Qoumrân pouvaient apprendre en copiant et lisant le *Rouleau du Temple*, ce texte ne représentait pas pour eux une autorité en matière de loi, ni canonique ni extra-canonique.

Quand les rouleaux esséniens citent le *Pentateuque*, ils mentionnent souvent comme origine du passage le « Livre de la Torah » (*Sefer ha-Torah*) ou la « Torah de Moïse » (*Torah Moshe*). Nous pouvons en conclure que lorsque la communauté employait ces termes, elle désignait le *Pentateuque* tel que nous le connaissons, et jamais le *Rouleau du Temple*.

Un autre facteur important démontre que le *Rouleau du Temple* ne faisait pas partie de la loi officielle de la communauté essénienne de Qoumrân : la loi religieuse (*halakha*) reflétée dans le *Rouleau du Temple* diffère souvent de la *halakha* qoumrânienne qui nous est connue.

A Qoumrân, toute nouvelle interprétation de loi religieuse, fondée sur une recherche dans la Torah, devait être reconnue par une assemblée centrale nommée le Conseil de la communauté. Ensuite, tous les membres de la communauté étaient tenus de suivre la nouvelle loi. Ainsi, aucune divergence dans la compréhension de la Torah ne pouvait en résulter et l'uniformité de la loi religieuse au sein du groupe était garantie.

Il est vrai que certaines lois religieuses (*halakhot*) énoncées dans le *Rouleau du Temple* s'accordent avec des lois religieuses spécifiques de la communauté de Qoumrân. Mais ces cas montrent simplement que certaines *halakhot* qoumrâniennes ont pour origine la même tradition que celle représentée aussi dans le *Rouleau du Temple*. Il n'y a néanmoins aucun lien direct entre cette communauté et le *Rouleau du Temple*, dont le texte n'est jamais cité. Un exemple de cette correspondance est le concept de la sainteté spécifique du Temple appliqué à toute la Ville sainte (*'ir ha-qodesh*), c'est-à-dire la ville de Jérusalem tout entière, interprétation requise à la fois par le *Rouleau du Temple* et les Ordonnances[1] de l'*Écrit de Damas*[2].

Cependant, il existe aussi des différences *halakhiques* fondamentales entre le *Rouleau du Temple* et les documents strictement esséniens trouvés à Qoumrân. Par exemple, dans le *Rouleau du Temple*, le roi n'est autorisé à avoir qu'une seule épouse durant la vie de celle-ci et, après la mort de cette dernière, peut en épouser une seconde. Mais les Exhortations de l'*Écrit de Damas*, selon toute apparence, interdisent également un second mariage à tout juif « de son vivant[3] ».

Un autre exemple de ces différences concerne la peine de mort. Le *Rouleau du Temple* l'exige pour un crime particulier, même s'il n'y a que deux témoins ; la loi essénienne (les Ordonnances de l'*Écrit de Damas*) requiert la présence de trois témoins dans tous les cas. Les deux dispositions sont en contradiction directe, comme l'a observé Lawrence Schiffman[4]. On ne peut guère imaginer une communauté ou un groupe juif dont les membres seraient en désaccord interne sur des points importants de la *halakha* ; car celle-ci s'apparente à Dieu lui-même. Or, ces différences, nous les aurions au sein de la communauté de Qoumrân si nous en venions à conclure que le *Rouleau du Temple* était un document capital de cette communauté. Les divergences que je viens de citer sont, pour le moins, difficiles à expliquer si l'on adhère à la thèse que le *Rouleau du Temple* avait un rôle normatif pour la communauté de Qoumrân.

Comme d'autres chercheurs l'ont constaté, du point de vue littéraire et philologique, le *Rouleau du Temple* et les textes spécifiquement

1. Les manuscrits nommés *Écrit de Damas* comprennent deux sections différentes : les Exhortations représentées par les colonnes I-VIII et XIX-XX, et les Ordonnances représentées par les colonnes XV-XVI et IX-XIV. Les deux sections furent manifestement rédigées par les Esséniens et des fragments des deux ont aussi été retrouvés dans les grottes de Qoumrân.

2. Voir chap. 5.

3. C'est-à-dire du vivant de la première femme ; voir Exhortations 4,20 à 5,2. *(NdT)*

4. Lawrence H. Schiffman, *Sectarian Law in the Dead Sea Scrolls, op. cit.*, p. 77.

esséniens présentent entre eux une large gamme de différences. Par exemple, le *Rouleau du Temple* désigne le grand-prêtre par son titre traditionnel *ha-kohen ha-gadol* (le grand-prêtre) ; mais ce titre n'apparaît jamais dans d'autres textes des grottes de Qoumrân. Il est alors appelé *kohen ha-rosh* (le haut prêtre) ou encore *ha-kohen ha-mashiah* (le prêtre oint)[1].

Autre exemple : le *Rouleau du Temple* appelle souvent Israël *ha'am* (le peuple), et parfois *'am ha-qahal* (le peuple de l'assemblée). Ces expressions ne figurent jamais dans des textes spécifiquement esséniens, qui leur préfèrent *'edah* (groupe) ou *yahad* (communauté). Le terme *'edah* survient rarement dans le *Rouleau du Temple*, et *yahad* jamais.

On pourrait aisément citer une longue liste de tels exemples, aboutissant à montrer que la langue et le style du *Rouleau du Temple* sont bien plus traditionnels – c'est-à-dire plus proches des livres bibliques – que leurs équivalents dans les textes spécifiquement qoumrâniens.

Les ordonnances prescrivant la construction du temple et de ses parvis occupent presque la moitié du *Rouleau du Temple*. Les rouleaux strictement esséniens ne reflètent pas le moindre intérêt pour ce sujet. Certes, ils contiennent une polémique considérable contre certaines conditions en vigueur au Temple de Jérusalem. Mais cette polémique est tout entière dirigée contre les prêtres illégitimes et les sacrifices qu'ils y offrent, contre les gens qui participent à leur culte et contre leurs coutumes cultuelles particulières. Jamais l'édifice du Temple ou ses parvis ne sont critiqués comme étant en désaccord avec les commandements de Dieu. Dans tous les textes spécifiquement esséniens ne figure pas la moindre allusion à un quelconque désir de modifier l'édifice du Temple de Jérusalem ou les caractéristiques architecturales de l'ensemble.

En résumé, aucun des autres écrits strictement esséniens de Qoumrân ne mentionne, même une seule fois, le texte du *Rouleau du Temple*. Pas une seule citation du *Rouleau du Temple* ne figure dans les nombreux

1. Yadin reconnut ce problème et essaya de le résoudre en suggérant que, dans d'autres rouleaux de Qoumrân, nous avons toujours affaire à des grands-prêtres mentionnés dans des contextes eschatologiques et portant des titres spécifiques. Mais ce point de vue est, tout au moins, discutable : dans ces rouleaux, le grand-prêtre de la fin des jours est nommé *ha-kohen ha'aharon* ou parfois *meshia' Aharon*, tandis que *kohen ha-rosh* semble être le titre plus habituel employé par la communauté de Qoumrân, mais étranger au *Rouleau du Temple*.

manuscrits de Qoumrân qui, par ailleurs, citent à maintes reprises tous les livres du *Pentateuque* comme leur unique loi. De plus, en matière de loi religieuse, de stylistique, de terminologie et d'autres caractéristiques linguistiques ou littéraires, le *Rouleau du Temple* et les textes spécifiquement esséniens montrent des différences évidentes. Une perspective très distincte se remarque aussi à propos des bâtiments du temple entre ces textes et le *Rouleau du Temple*. Dernier point, mais non le moins important : on n'a trouvé que deux exemplaires du texte du *Rouleau du Temple* dans les grottes de Qoumrân, tous deux dans la grotte 11.

La conclusion est, à mon sens, sans équivoque : le *Rouleau du Temple*, quoi qu'il ait été, ne faisait en tout cas pas partie de la loi de la communauté de Qoumrân ; il s'agissait simplement d'un certain texte traditionnel, copié une ou deux fois par les Qoumrâniens pour des raisons qui nous sont inconnues.

Cependant, comme nous l'avons signalé au départ et Yadin l'a également observé, le *Rouleau du Temple* fut composé comme un livre de la Torah au même titre que les autres livres du *Pentateuque* et il était considéré comme donné par Dieu lui-même sur le mont Sinaï. Nous devons donc en conclure que le *Rouleau du Temple* formait une partie essentielle de la Torah pour un autre groupe de juifs. Mais qui, où, et quand ?

La thèse que je viens d'exposer – à savoir que les Esséniens de Qoumrân ne considéraient pas le *Rouleau du Temple* comme une partie de la Torah – a été présentée à mes collègues lors de plusieurs réunions de chercheurs, et accueillie par une adhésion et une approbation générales. Celle que je vais maintenant développer – pour répondre aux questions qui, où, quand et dans quelles circonstances ? – n'a pas rencontré un aussi large assentiment. Disons même qu'elle est très controversée. Nul ne peut prédire avec certitude quelle sera l'issue de ce débat érudit, mais il s'annonce d'ores et déjà passionné et fort intéressant. Il me semble donc permis de présenter mes idées, si controversées soient-elles, en faisant remarquer que personne, jusqu'à présent, n'a offert de meilleure suggestion.

Le *Rouleau du Temple* est, à mon avis, une extension primitive de la Torah – une sorte de sixième livre destiné à être ajouté au *Pentateuque* tel qu'il nous a été transmis. Les rouleaux de la Torah incluant des extensions ne sont pas un phénomène nouveau, bien qu'il soit certainement inhabituel de voir cette extension former un livre entier. Même avant les découvertes de Qoumrân, nous possédions le *Pentateuque* samaritain[1], qui intégra des extensions moins longues dans le texte des cinq livres traditionnels du *Pentateuque*, et la version grecque de la Septante[2] avec ses propres extensions[3]. Maintenant, le même genre d'extensions nous est donné dans les fragments de rouleaux de la Torah trouvés à Qoumrân[4].

A mon avis, la plupart de ces extensions primitives des rouleaux de la Torah représentent l'initiative de prêtres du Temple de Jérusalem depuis la période où les exilés de Juda revinrent de Babylone et reconstruisirent le Temple (le second), c'est-à-dire à partir du dernier tiers du VIe siècle av. J.-C. Le point capital est que ces extensions se développèrent au Second Temple, avant la fixation du canon du *Pentateuque*, autrement dit avant qu'une version écrite officielle de la Torah ne soit autorisée et finalement instituée à Jérusalem.

Selon la Bible, Esdras le Scribe fixa le canon du *Pentateuque* à Jérusalem quand il revint de l'exil babylonien, environ cinquante à soixante-quinze ans après la construction du Second Temple par les premiers exilés de retour. Le texte biblique nous donne assez d'informations pour déterminer la date précise du retour d'Esdras et de l'institution du canon du *Pentateuque* – 458 av. J.-C. Nous lisons en effet dans le *Livre d'Esdras* : « Sous le règne d'Artaxerxès [465-424 av. J.-C.] [...] Esdras [dont on fait ici remonter le lignage à Aaron le grand-prêtre] monta de Babylone. C'était un scribe versé dans la Loi de Moïse » (*Esdras* 7,1-6). Le verset suivant nous apprend qu'il arriva avec d'autres exilés durant la septième année (458 av. J.-C.). D'après le firman d'autorité qu'Artaxerxès lui remit, « la Loi de ton Dieu [...] est entre tes mains » (*Esdras* 7,14). Cette lettre poursuit : « Esdras, [...] établis des magistrats et des juges [...] qui connaissent la Loi de ton Dieu [...] afin de juger et d'instruire ceux qui ne la

1. Le *Pentateuque* samaritain est le canon de la Torah sous sa forme établie par les Samaritains.

2. La Septante est la version grecque de la Bible hébraïque, traduite par des juifs à Alexandrie du IIIe au IIe siècle av. J.-C.

3. L'édition de Cambridge de la Septante publiée par Allen E. Brooke et Norman McLean, *The Old Testament in Greek According to the Text of Codex Vaticanus*, Cambridge, Grande-Bretagne, Cambridge University Press, 1906-1911, vol. I, Ire à IIIe partie.

4. Yadin pensa, à tort, qu'elles renvoyaient à d'autres copies du *Rouleau du Temple*. Ce n'était pas le cas ; il s'agissait simplement de fragments de rouleaux du même genre, ou d'additions à l'intérieur des livres officiels du *Pentateuque*. Malheureusement, certains n'ont pas encore été publiés, et ne peuvent donc pas donner lieu à une étude approfondie, même par des spécialistes.

connaissent pas. Que quiconque n'observe pas la Loi de ton Dieu [...] soit puni » (*Esdras* 7,25-26). C'est exactement ce que fit Esdras, en instituant le *Pentateuque* comme autorité fondamentale à Jérusalem.

Par les études critiques de morphologie, nous savons que, lorsque le *Pentateuque* prit sa première forme, les compilateurs (ou rédacteurs, selon le terme actuel) utilisèrent des sources plus anciennes. Dans l'édition finale du *Pentateuque*, ces sources furent combinées, augmentées et mises à jour selon les besoins et les perspectives d'une époque plus tardive. Je crois que ce processus se déroula en Mésopotamie durant l'exil babylonien. A mon sens, Esdras lui-même apporta cette version de Mésopotamie à Jérusalem. Il la destinait à devenir la seule Torah faisant autorité dans l'avenir, la proclamant le Livre de la Torah (*Sefer ha-Torah*), et il l'établit à Jérusalem avec l'appui du firman du gouvernement perse. Que la Torah ait été compilée à Jérusalem ou à Babylone, l'action d'Esdras eut pour conséquence de rendre caducs tous les autres rouleaux de la Torah utilisés jusqu'alors au Temple de Jérusalem. Chaque rouleau nouveau contenant des livres du *Pentateuque* devait maintenant se conformer à la version dont Esdras avait promulgué l'autorité.

Mais qu'en était-il des nombreuses versions des rouleaux de la Torah, augmentées et différentes, qui s'étaient développées jusqu'alors, des rouleaux de la Torah contenant des additions comme celles qui survécurent dans le *Pentateuque* samaritain et la Septante ? Après tout, ces extensions traditionnelles avaient été formulées au Temple par des prêtres de Jérusalem en se fondant sur l'autorité de Dieu même. Une simple décision humaine – l'autorité du roi païen Artaxerxès Ier, qui cautionnait les actes d'Esdras le Scribe – pouvait-elle les invalider ?

La solution du dilemme apparaît dans le texte du *Rouleau du Temple*. Nombre des extensions traditionnelles de la Torah existant jusqu'alors furent reprises dans ce nouveau livre, que nous nommons aujourd'hui le *Rouleau du Temple*.

Ici, je dois expliquer que le *Rouleau du Temple* est lui-même, comme par exemple la *Genèse*, un document composite. Dans un brillant article, Andrew M. Wilson et Lawrence Wills, avec l'assistance de leur mentor, le professeur John Strugnell de Harvard [1], démontrent clairement qu'au moins cinq sources distinctes coexistent dans le *Rouleau du Temple*. Ainsi, dans des parties différentes de ce

1. Andrew M. Wilson et Lawrence Wills, « Literary Sources of the Temple Scroll », *Harvard Theological Review*, 75, 1982, p. 275-288.

rouleau, Dieu est désigné à la première personne ou à la troisième, le destinataire du discours divin est au singulier ou au pluriel, etc. Ces cinq sources distinctes ne furent pas simplement combinées dans le *Rouleau du Temple*, mais aussi superficiellement révisées par un dernier compilateur, ou rédacteur, qui ajouta çà et là d'autres données et créa la structure du texte définitif. Le même processus se remarque entre autres dans la *Genèse*. A mon avis, dans l'ensemble, Wilson et Wills ont vu juste à propos de la combinaison de différents courants de textes dans le *Rouleau du Temple*. Sur quelques points mineurs seulement, je pencherais pour une solution différente.

Quand nous examinons le cadre ou *Sitz im Leben* de ces cinq sources du *Rouleau du Temple*, nous devons conclure que toutes sont modelées par des intérêts sacerdotaux spécifiques. Même la rédaction finale reflète ces intérêts. Et le cadre social ne reflète rien d'autre que la pratique du culte sacerdotal au Temple de Jérusalem.

Pour cette raison, il semble manifeste que ces cinq sources furent composées au cours du premier siècle de la période du Second Temple, en réaction à l'établissement du canon du *Pentateuque* par Esdras en 458 av. J.-C. et peu de temps après cette officialisation. Après qu'Esdras eut fixé le texte de ce canon – en somme, un *Pentateuque* canonique plus court – qui avait pour effet de proscrire toutes ces additions et ces extensions antérieures, celles-ci furent rassemblées et compilées pour former ce que nous intitulons le *Rouleau du Temple*.

De ces anciennes additions et extensions apportées au *Pentateuque*, le nouveau livre faisait un tout et lui attribuait l'autorité de Dieu : Dieu en personne parlait directement à son peuple à travers ce livre, comme dans le *Pentateuque*, même si toutes ses parties ne se conformaient pas totalement au style général du discours direct. La compilation du *Rouleau du Temple* donna ainsi naissance à un sixième livre de la Torah – constituant le seul authentique « Hexateuque » qui ait jamais historiquement existé !

Ce sixième livre de la Torah rassemblait donc un grand nombre d'additions et extensions traditionnelles de la Torah. De surcroît, par l'adoption de ces cinq sources, il incorporait à cette Torah augmentée d'autres données dans lesquelles Dieu avait parlé aux Patriarches avec autorité au sujet d'affaires du Temple – de son culte, de la pureté des participants et des nombreuses lois *halakhiques* révisées.

Yadin lui-même remarqua la tendance du *Rouleau du Temple* à compiler et harmoniser des commandements divergents figurant dans le *Pentateuque* et dans les livres des prophètes. Elle illustre en effet le processus de rassemblement et de combinaison de textes qui aboutit à la création du *Rouleau du Temple*. Ajoutons qu'une méthode similaire se retrouve à travers presque toutes les époques de la tradition juive ; on la constate non seulement dans la Mishna et les Talmuds, mais encore dans des textes aussi tardifs que *Shoulhan 'Aroukh*, recueil de lois religieuses datant du XVIe siècle qui fait toujours autorité pour les juifs pratiquants.

Ma thèse fondamentale dépend essentiellement, j'en suis conscient, de la possibilité de fixer au début de la période du Second Temple (dernier tiers du VIe siècle jusqu'au Ve siècle av. J.-C.) la date des sources coexistant dans le *Rouleau du Temple*, et celle de sa rédaction à la seconde moitié du Ve siècle av. J.-C. L'élément le plus important pour déterminer cette datation a déjà été abordé : le *Sitz im Leben* sacerdotal des sources et le contexte historique de la fixation du canon du *Pentateuque*. Aucun autre ensemble de circonstances historiques ultérieures ne correspond à ces aspects du texte du *Rouleau du Temple* et à sa rédaction finale. Il est de plus difficile, mis à part tous les autres arguments, d'imaginer qu'un livre supplémentaire de la Torah, un sixième livre, aurait pu être compilé et reconnu, ne serait-ce que par quelques prêtres juifs, bien après le Ve – ou le IVe – siècle av. J.-C.

Néanmoins, c'est une réestimation assez radicale de la datation et elle ne sera pas aisément acceptée par la communauté scientifique déjà accoutumée à débattre, pour le *Rouleau du Temple*, de dates situées entre 200 et 50 av. J.-C. D'éventuelles allusions historiques plus tardives, la philologie, la grammaire et autres points seront invoqués par mes collègues afin de soutenir la thèse d'une datation plus tardive que celle que je propose. Mais, ayant étudié tous les arguments, en majorité d'ordre très technique, avancés jusqu'à présent, je puis affirmer avec une certaine confiance qu'aucun ne présente de problème particulier à l'encontre des dates que j'ai soumises.

C'est vrai, les copies du *Rouleau du Temple* qui ont survécu à Qoumrân sont bien plus tardives, datant environ de 50 av. J.-C. Néanmoins, ce fait ne nous donne aucune indication sur la date de composition des sources, ni sur la date de leur compilation et de leur rédaction finale.

Prenons un exemple du genre de problèmes soulevés par ce débat sur la datation. L'une des sources du *Rouleau du Temple* consiste en une reprise des lois du *Deutéronome* 12-26, réagencées sous une nouvelle forme comportant de nombreuses additions et modifications par rapport au texte biblique. Cette source va de la colonne LI, ligne 11 du *Rouleau du Temple* jusqu'à la fin perdue de ce rouleau, mais elle est interrompue aux colonnes LVII à LIX par les Statuts du Roi. Le *Deutéronome*, aux versets 21,22-23 ordonne qu'un homme qui a été exécuté puis publiquement exposé par *talah 'al ha-'es* – littéralement « pendaison à un poteau » – soit enterré le même jour. Sinon la terre sera souillée. Dans le *Rouleau du Temple*, les crimes requérant *talah 'al ha-'es* incluent en plus, par exemple, le cas d'un Israélite qui « révèle des informations sur mon peuple et livre par trahison mon peuple à un peuple étranger ». Ici, le scélérat sera exécuté par « pendaison à un poteau » – et non en l'exécutant avant de l'exposer par « pendaison à un poteau » comme dans le *Deutéronome*.

Certains exégètes ont soutenu que ce passage du *Rouleau du Temple* faisait spécialement référence à l'époque d'Alexandre Jannée (Ier siècle av. J.-C.) qui crucifia vivants huit cents juifs. Flavius Josèphe rapporte cet épisode et le *Pesher Nahum* de Qoumrân y fait allusion. Mais il n'y a absolument aucune raison de relier la discussion de *talah 'al ha-'es* dans le *Rouleau du Temple* à cet incident historique du Ier siècle av. J.-C. La pendaison à un poteau par *talah 'al ha-'es* d'un condamné vivant était bien connue du peuple d'Israël, du moins comme châtiment infligé par les Gentils, à une date aussi ancienne que 701 av. J.-C., quand Sennachérib, roi d'Assyrie, conquit la ville israélite de Lakish. Les bas-reliefs illustrant cette conquête montrent l'empalement de trois Israélites de Lakish nus sur des pieux. Ce type de *talah 'al ha-'es* aurait ainsi été coutumier à une époque aussi ancienne que le VIIIe siècle av. J.-C.

On peut montrer de même, quoique peut-être à travers des événements moins dramatiques, que toutes les autres indications en faveur d'une date ultérieure pour le *Rouleau du Temple* sont peu probantes.

Il nous est donc possible de conclure que le *Rouleau du Temple* fut composé à partir de sources préexistantes afin de former un sixième livre de la Torah. Ceci eut lieu peu après l'établissement par Esdras du canon du *Pentateuque* « plus court », tel que nous le connaissons. Si Esdras a institué ce canon « plus court » en 458 av. J.-C., le texte du *Rouleau du Temple* aura été rédigé quelque temps après, durant la seconde moitié du Ve siècle av. J.-C.

Au début de la période du Second Temple (commencée dans le dernier tiers du VIe siècle av. J.-C.), il dut exister à Jérusalem des familles ou peut-être des « écoles » sacerdotales qui rédigèrent les extensions et les additions qui fournirent ensuite ses sources au *Rouleau du Temple*. La « réforme » d'Esdras – son canon du *Pentateuque*

– mit fin à ce processus créatif d'autres extensions et additions. De la version « originelle » du *Pentateuque*, qu'il avait sans doute connue en Mésopotamie, il fit, à Jérusalem aussi, l'unique version autorisée.

Le *Rouleau du Temple* intégra dans son contenu nombre des « additions » palestiniennes provenant de rouleaux de la Torah augmentés et les utilisa pour engendrer un nouveau *Sefer Torah*, un nouveau Livre de la Loi. Le rédacteur de ce texte incarne la fin de ce type de créativité scripturaire pour la Torah. Il a utilisé ces additions et ces sources supplémentaires afin de composer un sixième livre de la Torah, un livre nouveau dont l'autorité, cependant, était encore sur le même plan que celle du *Pentateuque* et de ses traditions sacerdotales, c'est-à-dire de Dieu en personne. Le rédacteur n'eut à recourir à aucune autre source d'autorité pour son nouveau livre. Il ne visait pas à remplacer le *Pentateuque* traditionnel, mais plutôt à le compléter.

On ne sait comment, mais au moins deux exemplaires de ce sixième livre de la Torah firent leur chemin jusqu'aux bibliothèques antiques de Qoumrân. Quelle autorité lui reconnaissaient les Esséniens, nous n'en savons rien. Mais nous n'avons aucune raison de croire qu'il représentait pour eux un document de loi fondamental. Cependant, pour de nombreux juifs de Jérusalem appartenant à la tradition prédominante, ce fut sans doute un document législatif capital au milieu de la période du Second Temple (de la fin du VIe siècle jusqu'à celle du IVe, ou même jusqu'au IIIe siècle av. J.-C.) [1].

1. Dater la composition du *Rouleau du Temple* de la seconde moitié du Ve siècle av. J.-C. aboutit à quelques suggestions séduisantes pour une recherche plus approfondie.

Premièrement, le *Pentateuque* tel que nous le connaissons dans notre Bible a dû être définitivement rédigé au moins un siècle avant la composition du *Rouleau du Temple* ; un minimum d'un siècle serait nécessaire pour développer toutes les additions et les modifications du texte utilisé dans ce rouleau.

Deuxièmement, certains savants ont déjà remarqué un rapport étroit entre certains aspects spécifiques du *Rouleau du Temple* et les livres bibliques des *Chroniques* – par exemple, le statut des lévites. Le stade de développement de la langue hébraïque est similaire dans les *Chroniques* et le *Rouleau du Temple*. Il est bien plus facile d'expliquer ces rapports et ces ressemblances si les *Chroniques* et le *Rouleau du Temple* sont des compositions contemporaines, mais elles laisseraient perplexe si le *Rouleau du Temple* était composé environ trois siècles plus tard, comme le supposent Yadin et ceux qui partagent son idée.

Troisièmement, au fil des siècles, même les juifs de Palestine cessèrent de considérer le *Rouleau du Temple* comme un livre canonique, comme le sixième livre de la Torah, tel qu'il l'était dans l'esprit de son auteur. Néanmoins, le texte conservé dans le *Rouleau du Temple* de Yadin montre comment certaines familles

Le *Rouleau du Temple* va maintenant jeter une lumière nouvelle sur cette période assez mystérieuse de la vie juive à Jérusalem qui suivit le retour des premiers exilés de Babylone.

---

sacerdotales du Temple de Jérusalem interprétèrent, augmentèrent et utilisèrent le *Pentateuque* canonique durant le premier siècle de la période du Second Temple. Cet éclaircissement nous permettra de bien mieux comprendre comment l'enseignement sacerdotal se développa au Temple de Jérusalem avant le retour d'Esdras.

QUATRIÈME PARTIE

Les manuscrits de la mer Morte et la Bible

CHAPITRE ONZE

L'archétype du texte de la Bible hébraïque

Frank Moore Cross

Jusqu'à la découverte des manuscrits de la mer Morte, les plus anciens exemplaires de la Recension rabbinique[1] *de la Bible dataient de la période médiévale. Malgré tous leurs efforts, les savants ne parvenaient pas à remonter à la genèse de ce texte au cours d'une époque antérieure. On présumait – à tort, on le constata ensuite – qu'il existait une* veritas *hébraïque, un texte originel unique sous-jacent à la Recension rabbinique. Dans ce chapitre, l'un des plus grands exégètes mondiaux de la Bible, le professeur Frank Cross, de Harvard, explique comment les quelque deux cents manuscrits bibliques trouvés parmi les rouleaux de la mer Morte nous permettent de remonter au-delà de cette Recension rabbinique et d'explorer les étapes de sa formation.*

L'expression « manuscrits de la mer Morte », ici, ne désigne pas seulement les documents du Wadi Qoumrân, mais embrasse aussi ceux d'autres sites le long de la mer Morte[2]*. On peut diviser ces textes en deux groupes – un groupe de Qoumrân ancien (antérieur à la destruction de Jérusalem par les Romains en 70 apr. J.-C.) et un groupe plus tardif provenant des sites au sud de Qoumrân (datant de la période entre les deux révoltes juives). Ce dernier montre une certaine uniformité qui reflète l'existence d'un texte déjà normalisé. En revanche, le groupe le plus ancien (celui de Qoumrân) comporte d'importantes variantes, allant parfois jusqu'à des éditions différentes du même livre.*

Parmi ces divers écrits, Cross parvient à identifier trois familles de

1. Une recension est une édition d'un texte ancien vérifié par sa comparaison plus ou moins systématique avec une forme plus ancienne de ce texte.
2. Voir Introduction, « Des grottes et des savants : survol ».

textes qui s'avèrent originaires de régions distinctes – la Palestine, l'Égypte et la Babylonie. Il décrit ensuite le processus de sélection entre ces différents « textes localisés » pour la Recension rabbinique normalisée. Il explique aussi le rôle majeur du grand sage juif Hillel dans cette démarche et les bouleversements historiques qui rendaient souhaitable, sinon absolument nécessaire, la constitution d'un texte normalisé. Enfin, il relie tous ces éléments au processus de décision fixant quels livres devaient être considérés comme une autorité – c'est-à-dire canoniques, à inclure dans la Bible – et lesquels exclure du canon.

En somme, ce chapitre représente la brillante synthèse d'une masse colossale d'érudition.

*

Près de cinquante années se sont écoulées depuis ce jour décisif où, au début de 1947, un jeune berger bédouin lança une pierre dans l'orifice d'une grotte à flanc de falaise sur le rivage nord-ouest de la mer Morte et entendit résonner à l'intérieur un bruit de poterie brisée. Plus tard, quand lui et son compagnon se glissèrent hardiment dans la grotte (aujourd'hui nommée « grotte 1 de Qoumrân »), ils découvrirent sept rouleaux de cuir en état de détérioration. C'étaient les « manuscrits de la mer Morte » originels. William Foxwell Albright, le plus éminent archéologue du Proche-Orient et épigraphiste d'hébreu de sa génération, salua d'emblée ces trouvailles comme la plus grande découverte de manuscrits de l'époque moderne.

Les années suivantes, archéologues et Bédouins explorèrent et fouillèrent des centaines de grottes dans les grands oueds qui fendent, comme le Wadi Qoumrân, les imposantes falaises marquant le rift jordanien. Dans la concurrence entre fouilleurs bédouins clandestins et archéologues, avouons que les intrépides et patients bergers méritèrent le plus souvent les lauriers. Quoi qu'il en soit, dix autres grottes contenant des manuscrits en cuir ou en papyrus furent découvertes finalement dans le voisinage de Khirbet Qoumrân, où subsistent les ruines d'une communauté d'Esséniens (des sectaires juifs) dont la bibliothèque possédait autrefois ces textes. Nous disposons donc maintenant de manuscrits des grottes de Qoumrân numérotées de 1 à 11. La grotte 11 livra le grand *Rouleau du Temple* acquis en 1967 par Yigael Yadin (décédé en 1984)[1].

1. L'édition anglaise fut publiée peu avant la mort de Yadin : *The Temple Scroll*, 3 vol., Jérusalem, Israel Exploration Society, 1983.

Site de découverte des manuscrits

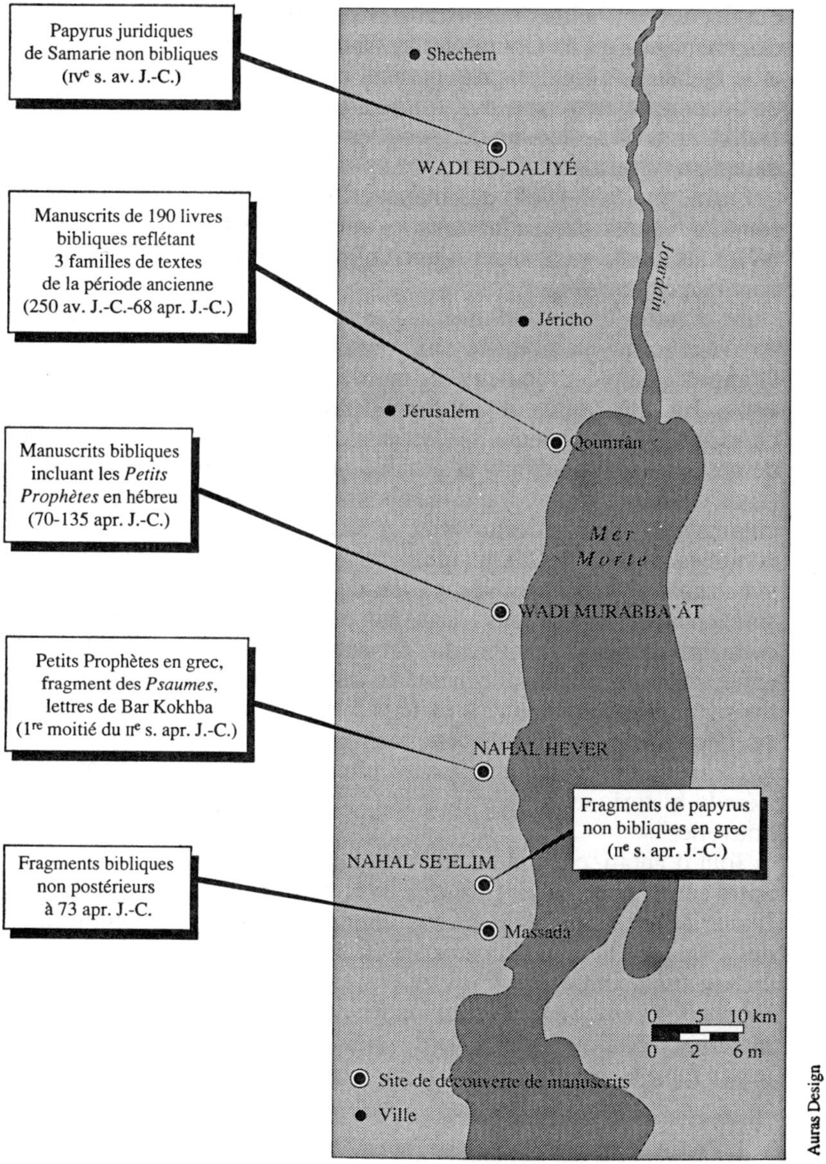

On découvrit d'autres manuscrits et papyrus dans les vastes grottes des oueds au sud de Qoumrân : le Wadi Murabba'ât, le Nahal Hever et le Nahal Se'elim. Plus récemment, en 1962, le plus ancien groupe de documents provenant du rift jordanien fut trouvé dans le Wadi ed-Daliyé au nord de Jéricho. Ce sont des papyrus juridiques de Samarie datant du IVe siècle av. J.-C.[1].

Enfin, en 1963-1964, des manuscrits furent mis au jour lors des fouilles menées par Yadin dans les ruines de Massada, la forteresse d'Hérode située au sommet d'une colline en forme de diamant dominant la mer Morte.

En d'autres temps, chacune de ces trouvailles aurait fait sensation. Arrivées au même moment, elles ont été écrasantes – à deux égards. D'abord, l'ampleur fabuleuse de ces découvertes est presque inconcevable. Ensuite, le labeur que représentent l'assemblage de centaines de milliers de fragments, l'édition, l'interprétation et l'assimilation de ces manuscrits a souvent accablé la communauté des savants du poids d'une responsabilité à la fois glorieuse et oppressante. Près de cinquante années de découvertes et de recherches se sont maintenant écoulées. Une autre cinquantaine d'années se passera, je suppose, avant que la première investigation de ces « trésors d'obscurité » ne soit achevée. Presque tous les ans, un nouveau et volumineux ouvrage de matériaux auparavant inédits est publié, et il en sera ainsi bien des années encore. Je suis moi-même en train de mettre la dernière main à trois volumes de manuscrits et de papyrus inédits. L'impact de toutes ces découvertes et de toute cette recherche sera considérable.

J'aimerais explorer maintenant plusieurs points importants, dans l'étude historique, où apparaissent des lumières et des conclusions nouvelles.

Tout d'abord, examinons les conséquences d'études novatrices sur notre compréhension de l'histoire du texte biblique. Les manuscrits de la mer Morte nous ont beaucoup appris sur la transmission primitive des livres bibliques, la fixation du texte de ces livres et même la procédure qui aboutit à la constitution du canon de la Bible hébraïque. Bref, nous savons aujourd'hui, parfois dans le détail, ce qu'étaient les matériaux bibliques avant de devenir « bibliques », et comment les textes furent fixés et choisis comme « bibliques ».

1. Paul W. Lapp, « Bedouin Find Papyri Three Centuries Older than Dead Sea Scrolls », et Frank Moore Cross, « The Historical Importance of the Samaria Papyri », *Biblical Archaeology Review*, mars 1978.

Pour replacer dans leur contexte ces nouveaux témoignages, faisons brièvement le point sur l'étude historique du texte de la Bible hébraïque avant la découverte des manuscrits au bord de la mer Morte.

Le texte de la Bible subsiste encore dans de nombreux manuscrits hébreux et dans plusieurs versions anciennes traduites de l'hébreu. Les manuscrits médiévaux en caractères hébraïques comportent des centaines et même des milliers de différences, surtout mineures, rarement majeures. Dans les versions anciennes, en particulier la version en grec ancien (dite la Septante, rédigée au début du IIIe siècle av. J.-C.), il existe des milliers de variantes, et, si beaucoup sont mineures, beaucoup aussi sont majeures. Même avant la découverte de manuscrits bibliques dans les grottes de Qoumrân et d'autres endroits du rift jordanien, ces manuscrits et ces versions ont apporté aux exégètes tentant de reconstituer l'histoire du texte biblique un riche corpus d'arguments. Mais, en même temps, l'histoire du texte de la Bible hébraïque s'est trouvée obscurcie et brouillée par cette conjecture, ou plutôt ce dogme, de la part des anciens, tant les rabbins que les Pères de l'Église : le texte hébraïque demeurait inchangé et immuable, non altéré par les réalités habituelles de la pratique des copistes. Pour des œuvres qui ont connu de longues périodes de transmission, cette pratique a pourtant produit des familles de textes et des recensions diversifiées.

On peut trouver ce dogme de l'*hebraica veritas* dès la fin du Ier siècle ; Flavius Josèphe, l'historien juif, écrit :

> Nous avons donné la preuve manifeste de notre respect pour nos Écritures. Car, après tant de siècles écoulés, nul ne s'est permis d'ajouter, enlever, ou modifier une syllabe ; et c'est l'instinct de tout juif, dès le jour de sa naissance, de les considérer comme les décrets de Dieu, de leur obéir et, au besoin, de mourir pour elles avec joie [1].

De toute évidence, Josèphe pensait que la Bible hébraïque constituait, du moins en théorie, un texte immuable [2].

Origène, le Père de l'Église, utilisa généralement la version grecque de la Bible. Mais lui aussi semble avoir supposé que sa Bible grecque était la traduction d'un texte de base en hébreu, identique au texte hébreu rabbinique d'usage courant à son époque. En conséquence,

1. Flavius Josèphe, *Contra Apionem*, I. 42 (Loeb, éd., trad. angl. H. St. John Thackeray).

2. Il faut, bien sûr, reconnaître que Josèphe écrit un ouvrage polémique adressé à un public parlant grec et, à l'occasion, n'hésite pas à exagérer ou à amplifier les faits.

dans ses *Hexaples*[1], œuvre monumentale, il corrigea soigneusement ses manuscrits grecs pour les aligner sur ce qu'il croyait être l'*hebraica veritas* – soit dit en passant, avec des résultats catastrophiques pour la transmission ultérieure de la Bible grecque.

Jérôme, au IVe siècle apr. J.-C., appliqua à la Bible latine le principe de « correction par référence à l'hébreu », remplaçant des traductions latines antérieures (fondées sur la Bible en grec ancien) par une nouvelle traduction en latin nommée ensuite la Vulgate – version latine traduite à partir de la Recension rabbinique officielle de la Bible hébraïque en usage à son époque.

La recherche scientifique des premières étapes de l'histoire du texte de la Bible hébraïque commença vers la fin du XVIIIe siècle ; mais les manuscrits existants dataient tous du Moyen Age, et les résultats furent décevants pour qui espérait trouver des traces de formes archaïques du texte. Le passage au crible des manuscrits médiévaux, qui comportaient une masse de variantes, ne fournit aucune preuve de l'existence d'autres familles ou types de textes. Les variantes étaient secondaires[2] et de dates tardives, dues aux erreurs et aux lapsus des copistes médiévaux. On pouvait en fait soutenir que le témoignage de ces collections de manuscrits médiévaux venait renforcer la théorie d'un texte hébreu fixe et immuable.

Parmi les exégètes les plus sagaces, cependant, certains affirmèrent que tous les manuscrits hébreux médiévaux procédaient d'une recension unique fixée dans les premiers temps de l'ère chrétienne, et que seule cette recension subsistait dans les communautés juives. La recherche d'un accès direct à la genèse du texte de la Bible hébraïque (avant les recensions) se trouva donc efficacement bloquée[3]. La multi-

1. Les *Hexaples* : œuvre d'Origène en six colonnes ou plus. La première colonne contient le texte hébreu de la Bible ; la deuxième, une translittération du texte hébreu en caractères grecs ; la troisième, la recension d'Aquila ; la quatrième, la recension de Symmachus ; la cinquième, le texte de la Septante révisé par Origène ; et la sixième, la recension de Théodotion.

2. C'est-à-dire des erreurs qui se glissèrent dans le texte après sa fixation.

3. Pour une évaluation contemporaine des variantes médiévales dans les manuscrits de la Bible hébraïque, voir M. H. Goshen-Gottstein, « Hebrew Biblical Manuscripts, Their History and Their Place in the HUBP Edition », *Biblica*, 48, 1967, p. 243-290 ; et F. M. Cross, « The History of the Biblical Text in the Light of Discoveries in the Judaean Desert », *Harvard Theological Review*, 57, 1964, p. 281-299, surtout p. 287-292. Ces deux articles sont republiés dans le livre de F. M. Cross et S. Talmon, *Qumran and the History of the Biblical Text*, Cambridge, MA, Harvard University Press, 1975, p. 42-89 (Goshen-Gottstein) et p. 177-195.

tude de variantes présentes dans les grandes collections de manuscrits n'aida guère ou nullement dans les efforts entrepris pour retrouver des versions anciennes, antérieures aux corruptions du *textus receptus*[1]. On pouvait alors avancer, et on le fit, que le texte médiéval provenait d'un unique archétype, ou de manuscrits uniques de chaque œuvre biblique, qui possédaient déjà le schéma d'erreurs commun au texte médiéval[2].

Le fait est, néanmoins, qu'on disposait au XIXᵉ siècle de peu de preuves concrètes permettant de déterminer avec précision la procédure qui aboutit à la Recension rabbinique, dont le texte était reproduit dans tous les manuscrits médiévaux, et à sa promulgation. Les débats érudits et passionnés du XIXᵉ siècle s'apaisèrent et, si recherches et théories continuèrent bon train, aucun progrès majeur ne survint jusqu'à la découverte de manuscrits hébreux et grecs dans le désert de Judée – les rouleaux de la mer Morte.

Cette découverte de manuscrits antiques dans les onze grottes de Qoumrân fournit les premiers témoignages non ambigus d'un stade très ancien du texte hébreu de la Bible[3]. Les grottes ont donné quelque cent soixante-dix manuscrits de livres bibliques, la plupart dans un état extrêmement fragmentaire, et leur publication est toujours en cours[4].

Bien que tous les textes ne soient pas encore publiés, nous pouvons comparer ces manuscrits de Qoumrân avec une douzaine de manuscrits bibliques, eux aussi fragmentaires et certains encore inédits, retrouvés dans le Nahal Hever, le Wadi Murabba'ât et la forteresse d'Hérode à Massada. Les deux groupes de manuscrits – ceux de Qoumrân et ceux des grottes méridionales et de Massada – diffèrent sur deux points cruciaux.

1. Le « texte reçu », traditionnel.

2. L'histoire de l'exégèse de cette époque, l'émergence des thèses de la « recension unique » et de l'« archétype », ainsi que la confusion des deux dans le débat ultérieur des spécialistes sont traitées avec précision dans l'article de Goshen-Gottstein, « Hebrew Biblical Manuscripts », *op. cit.*

3. En fait, le papyrus Nash avait déjà donné un aperçu d'un stade plus ancien du texte du *Pentateuque*, antérieur à la fixation de la Recension rabbinique, mais son témoignage fut en grande partie ignoré. Voir W. F. Albright, « A Biblical Fragment from the Maccabean Age : The Nash Papyrus », *Journal of Biblical Literature*, vol. 56, 1937, p. 145-176.

4. Une récapitulation des textes bibliques de Qoumrân et des références d'édition concernant ceux qui ont été publiés figurent dans la notice de P. W. Skehan « Qumran Literature », *Supplement on Dictionnaire de la Bible IX*, col. 805-828. Voir aussi F. M. Cross, *The Ancient Library of Qumran*, éd. rév., Grand Rapids, MI, Baker Book House, 1980, p. XI-XXI (préface à l'édition allemande, ajoutée à l'édition anglaise de 1961).

Tout d'abord, les manuscrits de Qoumrân sont antérieurs, leurs dates variant entre environ 250 av. J.-C. et 68 apr. J.-C., année où les Romains détruisirent la communauté essénienne de Qoumrân pendant la répression de la Première Révolte juive (66-70 apr. J.-C.). D'après les recherches paléographiques, nous pouvons attribuer à la majorité de ces manuscrits bibliques une date non postérieure à la première moitié du Ier siècle de l'ère chrétienne, et la plupart sont encore antérieurs. Le second groupe, « méridional » – celui des grottes de Wadi Murabba'ât, du Nahal Hever et de Massada –, date globalement d'une période plus tardive. Les manuscrits du groupe méridional les plus importants sont le grand rouleau hébreu des *Petits Prophètes*[1] provenant d'une grotte du Wadi Murabba'ât et le rouleau grec des *Petits Prophètes* du Nahal Hever.

Les méthodes paléographiques permettent de faire remonter le rouleau des *Petits Prophètes* de Murabba'ât à la seconde moitié du Ier siècle de l'ère chrétienne, et les fragments bibliques de Massada à une date non postérieure à 73 apr. J.-C., année où les Romains prirent d'assaut le bastion et détruisirent ses fortifications. Un certain nombre de fragments bibliques retirés des grottes méridionales datent de l'intervalle entre la Première et la Seconde Révolte juive, c'est-à-dire entre 70 et 135 apr. J.-C., et appartenaient autrefois aux fidèles de Bar Kokhba, le chef messianique de la Seconde Révolte (132-135 apr. J.-C.).

Par ailleurs, la date n'est pas la seule différence séparant ces deux groupes de manuscrits bibliques. Les textes du groupe méridional (plus tardif) ne présentent aucune déviation importante par rapport à la Recension rabbinique archétypique – c'est-à-dire la recension qui engendra le texte massorétique[2], notre Bible hébraïque traditionnelle[3]. Le contraste avec le groupe de documents de Qoumrân, qui révèle d'autres types de textes, est flagrant.

1. Le livre des *Douze Petits Prophètes* comprenait (dans l'ordre traditionnel) Osée, Joël, Amos, Abdias, Jonas, Michée, Nahum, Habacuc, Sophonie, Aggée, Zacharie et Malachie. Le manuscrit des *Petits Prophètes* trouvé à Qoumrân va de la moitié de *Joël* au début de *Zacharie*.

2. Le terme « massorétique » renvoie aux écoles des Massorètes, docteurs de la Loi juifs de la fin du Moyen Age, qui recueillirent et normalisèrent les traditions concernant la ponctuation, l'accentuation, les divisions et autres règles du texte consonantique (sans points-voyelles) de la Bible hébraïque médiévale et introduisirent dans l'écriture les points-voyelles.

3. P. Benoît, J. T. Milik et R. de Vaux, *Les Grottes de Murabba'ât DJDII*, Oxford, Clarendon Press, 1961, p. 75-85 (planches XIX-XXIV) et p. 181-205 (planches LVI-LXXIII).

Grâce aux données tirées des manuscrits méridionaux, nous sommes en mesure de conclure qu'avant la fin du Ier siècle de l'ère chrétienne avait été promulguée une recension du texte de la Bible hébraïque, dont l'autorité était souveraine, du moins dans les milieux pharisiens, et qui finit par dominer la communauté juive dans l'intervalle entre la chute de Jérusalem au pouvoir des Romains en 70 apr. J.-C. et la répression romaine de la Seconde Révolte juive en 135 apr. J.-C.

La situation était tout autre pour les textes de Qoumrân. Nous ne pouvons y détecter aucune influence de la normalisation qui marque la Recension rabbinique. A Qoumrân, nous trouvons des témoignages de l'existence de plusieurs familles de tradition textuelle distinctes et nettement reconnaissables, comprenant des types de textes qui diffèrent de la Recension rabbinique. Ces divers courants de la tradition ont été dénommés « recensions », « familles » ou « textes localisés »[1].

Parfois, l'un de ces textes montre, dans ses détails, un écart frappant par rapport au texte traditionnel qui nous a été transmis. Dans des cas extrêmes, nous découvrons qu'une tradition textuelle conservée dans un manuscrit ne découle pas simplement d'altérations du texte dans des versions individuelles, mais a pour origine une édition d'une œuvre biblique se distinguant en gros par son contenu et sa longueur de l'édition employée dans la Recension rabbinique. Par exemple, deux éditions de *Jérémie* sont représentées dans des manuscrits de Qoumrân : une longue édition connue dans notre Bible traditionnelle et une courte qui diffère aussi par l'ordre des prophéties. Il existe deux éditions (ou recueils) des *Psaumes* : une de date perse et une hellénistique. Il existe toute une littérature de Daniel, dont le *Livre de Daniel* ne forme qu'une partie. Néanmoins, les exemples d'éditions différentes pour des livres bibliques sont assez rares. En majeure partie, les familles textuelles reflétées dans les manuscrits bibliques subsistant aujourd'hui sont marquées par des variantes dans les versions individuelles – modifications grammaticales, vocabulaire distinct, omissions ou additions de mots, de phrases et même parfois de paragraphes.

Les différents types de textes de la majorité des livres bibliques semblent le fruit d'une évolution naturelle ou d'un développement local dans le processus de transmission par les scribes – et non celui d'une recension, d'une révision ou d'une collation contrôlées ou sys-

1. Voir F. M. Cross, « The Contribution of the Qumran Discoveries to the Study of the Biblical Text », *Israel Exploration Journal*, 16, 1966, p. 81-95, et surtout p. 282, n. 21.

tématiques propres à une époque ou bien à un lieu. En même temps, les divers textes possèdent des caractéristiques, certaines plus ou moins systématiques, qui permettent de les ranger en plusieurs familles.

Les traits courants d'une famille textuelle comprennent, par exemple, ses « mauvais gènes » : un groupe, hérité, d'erreurs ou de variantes secondaires, perpétuées de génération en génération par les copistes. D'autres traits marquants seront, entre autres, un style orthographique particulier, le type de caractères utilisés, la récurrence d'une chronologie ou d'une liste de nombres spécifiques (souvent pour tenter de résoudre des erreurs apparentes ou réelles dans des nombres traditionnels), l'introduction systématique dans le texte de variantes parallèles (surtout dans les sections juridiques comportant des sections parallèles dans d'autres livres), et la récurrence de caractéristiques grammaticales et lexicales archaïsantes ou « modernisées ».

Les manuscrits de Qoumrân ne fournissent pas seulement des preuves de traditions textuelles très anciennes. Encore plus important, peut-être : les données tirées des découvertes de Qoumrân nous permettent d'identifier et de décrire d'autres traditions textuelles qui ont survécu depuis des temps antérieurs à l'ère chrétienne – dont la base textuelle en hébreu de la traduction en grec ancien, celle de la Recension samaritaine du *Pentateuque* et le type de texte qui fut utilisé dans la Recension rabbinique. Au sein de ce grand complexe de matériaux textuels, on a identifié jusqu'à trois familles de textes dans certains livres bibliques (les livres du *Pentateuque* et ceux de *Samuel*), deux familles de textes dans d'autres livres, notamment dans *Job* et *Jérémie*, et, pour de nombreux livres, les données existant encore aujourd'hui ne reflètent qu'une seule tradition de texte (par exemple, *Isaïe* et *Ézéchiel*). La critique textuelle se trouve donc confrontée à la tâche de structurer ces témoignages : l'existence d'une pluralité de types de textes à l'époque ancienne, le nombre limité de familles textuelles distinctes et la relative homogénéité pendant plusieurs siècles des diverses traditions textuelles présentant des variantes.

J'ai proposé la thèse de « textes localisés » pour répondre aux exigences de ces données. Appliquée ici aux livres où coexistent trois familles de textes – le *Pentateuque* et *Samuel* –, en voici les grandes lignes.

Trois formes du texte semblent s'être lentement développées entre le ve et le i^er^ siècle av. J.-C. dans les communautés de Palestine, d'Égypte et de Babylone. Le texte palestinien constitue la famille prédominante des manuscrits de Qoumrân. Sa plus ancienne présence

Théorie des textes locaux : histoire du texte de l'Exode

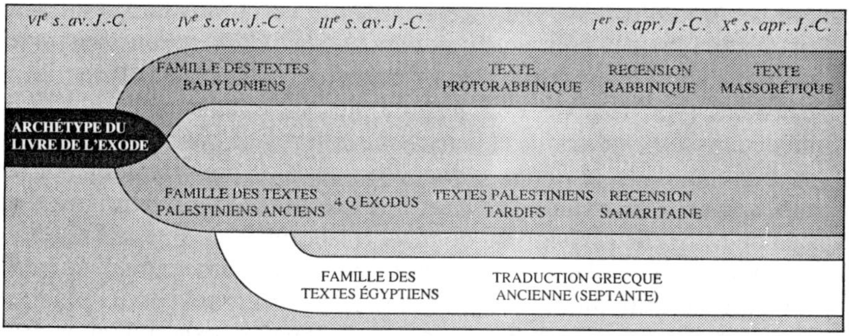

Auras Design

apparaît dans les citations du *Pentateuque* et de *Samuel* incluses dans les *Chroniques*. Ce texte palestinien fut aussi utilisé dans la Recension samaritaine du *Pentateuque*. Au moins dans sa forme tardive, on peut le définir comme « extensif » : c'est un texte complet, fréquemment marqué par la fusion de données[1], la glose[2], l'addition synoptique (c'est-à-dire l'insertion de variantes tirées de passages parallèles dans d'autres sources) et autres preuves d'une intense activité des scribes. Les omissions dues à des lapsus de leur part sont relativement rares. A cette famille appartiennent les manuscrits du *Pentateuque* écrits en caractères paléo-hébraïques, dérivés des anciens caractères nationaux de l'Israël préexilique[3].

La deuxième famille de textes, que nous appelons « égyptienne », est présente dans la traduction en grec ancien du *Pentateuque* (la Septante) et des *Règnes* (version grecque de *Samuel* et des *Rois*) et dans l'édition courte de *Jérémie* trouvée dans un manuscrit hébreu à Qoumrân. A certains égards, la famille égyptienne ressemble au texte palestinien, surtout aux plus anciens des témoignages palestiniens, et peut être considérée comme une branche de la famille palestinienne ancienne.

1. La « fusion » combine deux variantes en une seule au cours de la transmission par les scribes. Le scribe amalgame, ou fusionne, en un seul texte les éléments des manuscrits dont il dispose.

2. La glose est une brève note ou variante explicative inscrite dans la marge ou entre les lignes d'un manuscrit. Souvent, des gloses étaient insérées dans le texte même par un scribe prenant la glose pour une correction des manuscrits.

3. Les caractères paléo-hébraïques subsistent aujourd'hui dans des manuscrits du *Pentateuque* samaritain. L'écriture des périodes hellénistique et romaine, ancêtre des caractères d'imprimerie de l'hébreu moderne, dérive des caractères araméens des chancelleries perses.

La troisième famille, nous l'appelons « babylonienne », bien qu'en fait son lieu d'origine soit incertain. On le verra plus loin, l'influence intellectuelle de la puissante communauté babylonienne exerça un rôle décisif dans l'émergence de la Recension rabbinique officielle. Ce troisième type de texte, que, jusqu'à présent, nous connaissons seulement dans le *Pentateuque* et dans *Samuel*, forme la base de la Recension rabbinique. Dans le *Pentateuque*, c'est un texte conservateur, souvent très ancien, qui affiche une part minime d'additions et relativement peu de traces de révision ou de modernisation.

A Qoumrân, et dans les traditions du texte biblique qui se séparèrent du courant judaïque prédominant, nous trouvons donc plusieurs familles de textes. Aucune, pas même le type de texte qui engendra la Recension rabbinique, ne témoigne d'une recension ou d'une stabilisation systématiques.

Dans les grottes méridionales et à Massada, nous ne trouvons au contraire qu'un seul type de texte, et il montre tous les signes des contrôles extérieurs qui fixèrent le texte de la Recension dite rabbinique : le groupe méridional des manuscrits est très proche de l'archétype de cette recension. Nous sommes donc amenés à la conclusion que la Recension rabbinique de la Bible hébraïque – on peut aussi l'appeler le texte pharisien faisant autorité – était déjà fixée à l'époque de la destruction romaine de Jérusalem en l'an 70. apr. J.-C. Cette recension ne commença à régner que dans l'intervalle entre les deux révoltes juives, lorsque le parti pharisien finit par dominer totalement la communauté juive survivante et que les partis rivaux déclinèrent, puis disparurent. Des sectes comme celles des chrétiens et des Samaritains continuèrent à exister, mais seulement en tant que communautés indépendantes, isolées de l'influence pharisienne. Le judaïsme rabbinique survécut et avec lui la Recension rabbinique.

Cette recension fut promulguée en réponse, et comme solution, à la crise textuelle qui se développa à la fin de la période hellénistique et au début de la période romaine. La révolte des Maccabées, entamée en 167 av. J.-C., parvint à rétablir un État juif indépendant, statut qui avait disparu depuis la destruction de Jérusalem et du Premier Temple par les Babyloniens, en 587 av. J.-C. Les victoires maccabéennes qui menèrent finalement à l'indépendance totale de la Judée sous le règne de Simon Maccabée (140-134 av. J.-C.) alimentèrent dans leur sillage une résurgence sioniste, qu'augmentèrent les expulsions des juifs par les Parthes. De Babylone, de Syrie et d'Égypte, un flot de juifs revint à Jérusalem[1]. Dès le Ier siècle av. J.-C. au Ier siècle après J.-C., des textes et des éditions originaires de lieux spécifiques et concurrents avaient fait leur chemin jusqu'en Judée ; cette diffusion causa une confusion considérable, que reflète la bibliothèque de Qoumrân. S'y ajouta le développement incontrôlé des textes de familles distinctes ; devenue intolérable, cette évolution précipita une crise scripturaire lorsque le besoin urgent d'une exégèse doctrinale et juridique (halakhique) précise se fit sentir dans le judaïsme hellénistique. Une lutte partisane avait débuté dès le milieu du IIe siècle avant l'ère chrétienne, avec l'émergence des partis sadducéen, pharisien et essénien ; les querelles qui s'ensuivirent entre ces partis accrurent le besoin d'un texte fixe faisant autorité. Vers le début du Ier siècle de l'ère chrétienne eurent lieu d'autres scissions en groupes sectaires, et des écrits témoignent d'âpres conflits et discussions entre partis et sectes.

Ces données reflètent en gros l'époque et le contexte historique de la constitution de la Recension rabbinique. D'autres allusions, dans le cadre temporel où nous devons situer sa promulgation, figurent dans l'histoire des Recensions grecques [2]. La Recension rabbinique fut promulguée durant la première moitié du Ier siècle de l'ère chrétienne. Nous constatons aussi, à cette même époque, la fixation de règles herméneutiques [3], et nous pouvons lire les rapports de discussions pharisiennes entre les écoles de Hillel et de Shammaï, ce qui laisse supposer un texte plus ou moins fixé. Il n'est pas exagéré, je pense, de s'avancer davantage encore et d'attribuer l'impulsion des travaux de recension qui fixèrent le texte de la Bible pharisienne au grand sage Hillel lui-même (début du Ier siècle apr. J.-C.) – ou du moins à l'école d'érudits rabbiniques qu'il inspira.

Venu de Babylone en Palestine, Hillel était devenu l'esprit le plus

1. Les versets 1 *Maccabées* 1,56-58 font une mention intéressante de la destruction massive des livres de la Loi durant le conflit avec Antiochus Épiphane, suivie du rassemblement par Judas Maccabée des livres dispersés à cause de cette guerre (2 *Maccabées* 2,14).

2. Le premier témoignage du texte protorabbinique dans *Samuel* se trouve dans la recension de l'École de Théodotion – la Recension dite de Kaige. Cette recension grecque systématique datant de la fin du Ier siècle av. J.-C. s'inspire de principes analogues à ceux qui apparurent à l'époque de Hillel et peut, sans aucun doute, être attribuée à des érudits du même parti que celui qui publia la Recension rabbinique. Incontestablement, le texte hébreu utilisé comme base de cette révision est protorabbinique, et n'est pas identique en tous points à la Bible pharisienne définitivement fixée. Ce fut seulement la révision de la Recension de *kaige* par Aquila qui aligna totalement le texte grec sur la Recension rabbinique.

3. Les règles herméneutiques sont les principes logiques, ou guides d'exégèse, servant à interpréter un texte.

et le plus créateur de son temps – un géant dont on ne saurait exagérer l'empreinte sur le pharisianisme et dont les descendants directs furent durant de nombreuses générations les principaux chefs de la communauté juive normative.

Le fait que Hillel (et son cercle) fut responsable de la sélection des manuscrits protorabbiniques qui servirent de base à la Recension rabbinique expliquerait un certain nombre de particularités. Par exemple, les textes du *Pentateuque* et de *Samuel* choisis pour la Recension rabbinique s'avèrent être ceux d'origine babylonienne plutôt que les textes palestiniens prédominants et plus tardifs dont ils disposaient[1]. Dans leur œuvre de recension, les rabbins rejetèrent aussi l'écriture paléo-hébraïque et son style orthographique, qui était utilisée dans les plus beaux manuscrits du *Pentateuque* écrits en Palestine, et choisirent à sa place les caractères juifs ordinaires largement utilisés en Palestine et dans toutes les communautés juives de la Diaspora. Ce choix des caractères juifs courants est particulièrement frappant, étant donné l'emploi officiel des caractères nationaux anciens par les grands-prêtres au pouvoir pour les inscriptions du Temple et pour leur monnaie.

La fixation du texte par les docteurs pharisiens suivit un cours inhabituel dans l'histoire textuelle des documents littéraires anciens. Les érudits pharisiens ne produisirent pas un texte éclectique, auquel aurait abouti le choix des variantes préférées et le rejet des gloses ou des additions évidentes. Ceci avait été le procédé des érudits grecs à Alexandrie lorsqu'ils établirent une recension courte et quelque peu artificielle du texte d'Homère. Les rabbins ne combinèrent pas non plus les variantes provenant de différentes traditions textuelles, technique de recension qui donna les recensions-compilations de la Septante et du Nouveau Testament. Ils préférèrent sélectionner une seule tradition textuelle, que j'appelle le texte protorabbinique – un texte qui existait déjà depuis un certain temps dans des manuscrits individuels[2].

1. F. M. Cross, « The History of the Biblical Text in Light of Discoveries in the Judaean Desert », *op. cit.*, p. 291, n. 4. D. Barthelemy relève la mention que fait Josèphe d'un accroissement des contacts entre la communauté juive de Palestine et celle de Babylone sous le règne d'Hérode (*Antiquités judaïques*, XVII, sec. 24-27) ; voir ses *Études d'histoire du texte de l'Ancien Testament*, Fribourg, Éditions universitaires, 1978, p. 241 *sq*.

2. Cette tradition textuelle a aussi été appelée « protomassorétique », terme qu'il faudrait peut-être réserver aux exemplaires des premiers temps de la Recension rabbinique.

Pour tel ou tel livre de la Bible hébraïque, les rabbins choisirent comme base des copies d'une certaine famille de textes ou même un seul manuscrit. Ils ne collationnèrent pas toute la gamme, fort large, de types de textes disponibles. Au contraire, dans certains cas, ils rejetèrent fermement un texte palestinien tardif prédominant. Il faut noter, toutefois, qu'ils ne sélectionnèrent pas, pour l'ensemble des livres, des textes ayant une origine commune ou un contexte local commun. Dans le *Pentateuque*, ils choisirent un texte court, relativement dépourvu d'amalgames, superbe du point de vue de la critique moderne, que nous pensons dérivé d'une tradition textuelle babylonienne conservatrice. En revanche, dans les *Grands Prophètes*, ils choisirent les textes d'*Isaïe*, d'*Ézéchiel* et de *Jérémie* entièrement palestiniens et plutôt tardifs. Pour *Jérémie* même, ils sélectionnèrent sa longue édition de préférence à l'édition plus courte et, à certains égards, supérieure.

Le choix d'un texte non palestinien du *Pentateuque* est particulièrement intéressant. Les livres de la Torah (le *Pentateuque*) étaient revêtus d'une autorité capitale pour tous les partis juifs. Les Sadducéens et le prêtre sadocide de la communauté séparatiste samaritaine considéraient même le *Pentateuque* comme la seule base de la doctrine et de la pratique religieuse. Les Samaritains, à la différence des rabbins, choisirent pour leur propre recension du *Pentateuque* un texte palestinien tardif écrit en paléo-hébreu, qui figure également parmi les découvertes de Qoumrân.

Nous pouvons nous demander si la préférence personnelle de Hillel détermina le choix, surprenant, de la base textuelle babylonienne pour le *Pentateuque* pharisien. Si tel est le cas, les rouleaux de la Torah conservateurs qu'il connaissait et auxquels il était habitué devinrent, sous son influence pressante, le fondement de la nouvelle Recension. Ce vieil adage serti dans le Talmud de Babylone pourrait bien garder un souvenir du rôle de Hillel dans ces événements, qui aboutirent à la fixation du texte et du canon hébreu : « Quand Israël oublia la Torah, vint Esdras de Babylone, qui la rétablit ; et quand Israël oublia de nouveau la Torah, vint Hillel le Babylonien, qui la rétablit [...][1]. »

1. *Sukkah* 20a. L'« établissement de la Torah » par Hillel a, évidemment, été compris jusqu'à présent dans le sens plus général de son rôle dans l'interprétation de la loi orale et écrite, ou même, au sens figuré, sa manière exemplaire de « vivre la Torah ». Voir E. E. Urbach, *The Sages, Their Concepts and Beliefs*, Jérusalem, Magnes, 1975, p. 588 et p. 955, n. 91.

Une chose est certaine. A maintes reprises dans l'histoire juive, la vigoureuse communauté religieuse de Babylone engendra des chefs spirituels et intellectuels qui restructurèrent l'orientation du judaïsme palestinien et définirent ses normes. Tel fut le cas lors de la restauration après l'exil, puis avec la personne de Hillel, et finalement avec l'autorité croissante du Talmud de Babylone.

Dans les lignes qui précèdent, j'ai parlé presque exclusivement de la fixation du texte, distinguée de la stabilisation du canon. Dans les remarques suivantes, je traiterai de cette dernière, et en particulier de l'intégration du canon pharisien dans la Bible hébraïque. J'emploierai le terme *canon* au sens strict : une liste déterminée de livres des Écritures estimée invariable, ne devant faire l'objet d'aucune addition ni suppression. A l'origine, le terme *canon* désignait une règle, et, selon l'acception des Pères de l'Église, une liste close de livres définis comme faisant autorité pour la foi et la pratique religieuse.

La plus ancienne définition claire du canon hébreu « clos » se trouve dans l'ouvrage apologétique de Josèphe *Contre Apion*, écrit à Rome durant la dernière décennie du Iᵉʳ siècle de l'ère chrétienne. Il y affirme l'existence d'un nombre fixe et immuable[1] (vingt-deux) de livres « obtenant une juste créance » ; leur autorité se fonde sur le fait qu'ils remontent à une période d'inspiration prophétique incontestée commençant avec Moïse et finissant à l'époque de Néhémie.

> [N]ous ne possédons pas une infinité de textes incompatibles et en contradiction. Le nombre de nos livres, ceux qui obtiennent une juste créance, est seulement de vingt-deux, et ils contiennent les annales de tous les temps. Parmi eux, cinq sont les livres de Moïse, comprenant les lois et l'histoire de la tradition depuis la création des hommes jusqu'à la mort du législateur [...]. Depuis la mort de Moïse jusqu'à Artaxerxès, successeur de Xerxès au trône de Perse, les prophètes qui vinrent après Moïse écrivirent en treize livres les événements de leur propre temps. Les quatre derniers livres contiennent des hymnes à Dieu et des préceptes pour la conduite de la vie humaine. D'Artaxerxès jusqu'à nos jours, toute l'histoire a été rapportée, mais ces écrits n'ont pas été jugés dignes d'une créance égale à celle des chroniques antérieures, parce que les prophètes ne se sont pas exactement succédé[2]. »

1. Ce canon de vingt-deux livres décrit par Josèphe était sans aucun doute le même que le canon hébreu traditionnel qui nous a été transmis. Pour le nombre de livres, voir plus loin note 3, p. 198.

2. Josèphe, *Contra Apionem*, I, 37-41 (Loeb, éd., trad. angl. H. St. John Thackeray).

Le canon de la Bible hébraïque et les livres exclus

Auras Design

LIVRES MARGINAUX OU TARDIFS ATTRIBUÉS À DES PATRIARCHES AVANT MOÏSE

Pseudépigraphes
- Livres d'Hénoch
- Vision d'Amram
- Testaments des Douze Patriarches (Fils de Jacob)

Le canon de la Bible hébraïque

LIVRES INCLUS SANS CONTESTATION

Pentateuque (B, P, E)
- Genèse
- Exode
- Lévitique
- Nombres
- Deutéronome

Prophètes
- Josué
- Juges
- Samuel (B, P, E)
- Rois
- Isaïe (P)
- Jérémie (P, E)

Douze Petits Prophètes
- Osée
- Joël
- Amos
- Abdias
- Jonas
- Michée
- Nahum
- Habacuc
- Sophonie
- Aggée
- Zacharie
- Malachie

Écrits
- Psaumes
- Proverbes
- Job
- Ruth
- Lamentations
- Esdras/Néhémie
- Chroniques

LIVRES MARGINAUX OU TARDIFS INCLUS
- Ecclésiaste (Qohélet)
- Cantique des Cantiques
- Esther
- Ézéchiel (P)
- Daniel

FAMILLES DE TEXTES
babylonienne B
palestinienne P
égyptienne E

LIVRES MARGINAUX OU TARDIFS EXCLUS
- Ben Sira
- Maccabées
- Tobie
- Judith
- Baruch
- Sagesse de Salomon
- Épître de Jérémie
- Additions à Daniel

L'identification de familles textuelles (B, P, E), proposée par Frank Moore Cross, est fondée sur toutes les données, anciennes et nouvelles, incluant les fragments de Qoumrân, le texte massorétique et les versions grecques anciennes. Généralement, les matériaux de Qoumrân sont palestiniens (P). Dans le cas du Livre de Jérémie, *la famille palestinienne et la famille égyptienne sont toutes deux représentées dans des manuscrits de Qoumrân.*

Le canon de Josèphe exclut en particulier les œuvres correspondant à la période hellénistique, et, par conséquent, celles attribuées aux patriarches antérieurs à Moïse. Au paragraphe suivant cette citation, il ajoute que le texte précis des vingt-deux livres fut fixé à la syllabe près.

Où devons-nous chercher l'origine de la doctrine d'un texte fixe et d'un canon fixe affirmée par Josèphe ? C'était un Pharisien – je crois qu'il puise ici dans sa tradition pharisienne et, en définitive, dans l'œuvre et les enseignements de Hillel.

Les milieux juifs non pharisiens antérieurs à 70 apr. J.-C. ne nous apportent aucune preuve de l'existence d'un canon ou d'un texte fixés. Les Esséniens de Qoumrân ne montrent aucune connaissance d'un tel texte ou canon. Il en va de même dans la communauté juive hellénistique d'Alexandrie et dans les premières communautés chrétiennes. Selon un consensus des spécialistes adopté jusque récemment, le travail d'inclusion et d'exclusion qui fixa le canon ne fut achevé qu'au concile de Jamnia (Yabné) [1], vers la fin du Ier siècle de l'ère chrétienne.

1. Le concile de Jamnia, dénomination courante et induisant quelque peu en erreur, désigne une session spécifique de l'académie (ou cour) rabbinique tenue à

Dernièrement, cependant, le passage au crible des témoignages rabbiniques a clairement montré que, dans les rapports de l'académie de Yabné, les rabbins ne fixèrent nullement le canon, mais tout au plus discutèrent des livres marginaux, notamment l'*Ecclésiaste* (*Qohélet*) et le *Cantique des Cantiques*. Les rabbins affirmèrent que ces deux livres « souill[ai]ent les mains », c'est-à-dire étaient des livres saints[1]. Ils devaient donc être inclus dans le canon. Cette décision ratifia ainsi le jugement de l'école de Hillel à propos de l'*Ecclésiaste* et sans doute également du *Cantique des Cantiques*[2]. Il faut souligner, de plus, que les rapports de Yabné ne représentaient pas un « concile », en tout cas certainement pas au sens plus tardif de ce terme dans l'Église. Quelles que soient les décisions prises à Yabné, elles étaient fondées sur des opinions antérieures, et elles ne réussirent pas à stopper les querelles continuelles concernant les livres marginaux : le *Cantique des Cantiques*, l'*Ecclésiaste* et *Esther* parmi les livres « inclus », le *Siracide* parmi les « exclus » ou apocryphes. En tout cas, il est clair que Josèphe, à Rome, n'a pas puisé son idée dans des rapports contemporains ou ultérieurs ni à Yabné, et n'a pas non plus fabriqué de toutes pièces une théorie du canon. A peine dissimulée sous l'apologie des Grecs par Josèphe perce une doctrine théologique du canon claire et cohérente qui, à notre avis, ne peut que découler de la doctrine canonique de Hillel et de son école[3].

Yabné, durant laquelle il fut affirmé que « l'*Ecclésiaste* et le *Cantique des Cantiques* souill[ai]ent les mains », c'est-à-dire font partie des saintes Écritures. Cette session eut lieu vers 90 apr. J.-C., néanmoins même cette date est loin d'être certaine. Yohanan ben Zakkaï, disciple de Hillel, fonda l'académie. Gamaliel II, un descendant de Hillel, la présida durant une bonne partie de l'époque entre les deux révoltes juives contre Rome. L'académie ressuscita en fait l'institution du Sanhédrin, qui exerçait l'autorité religieuse dans la communauté juive avant la destruction de Jérusalem par les Romains en l'an 70.

1. Voir appendice du chap. 4. *(NdT)*

2. S. Leiman, *The Canonization of the Hebrew Scripture : The Talmudic and Midrashic Evidence*, Transactions of the Connecticut Academy of Arts and Sciences, Hamden, CT, Archon Books, 1976, surtout p. 72-120.

3. Josèphe n'est pas le seul à apporter ce témoignage. Nous sommes maintenant en mesure de reconstituer une liste canonique ancienne, source commune de la « Liste Bryennios » et du canon d'Épiphane, qu'il faut dater de la fin du Ier siècle ou du début du IIe siècle de l'ère chrétienne. Cette liste de textes bibliques « selon les Hébreux » reflète le même canon de vingt-deux livres mentionné par Josèphe, que l'on retrouve aussi dans les listes canoniques indépendantes d'Origène et de Jérôme. Le canon de vingt-quatre livres mentionné dans le *IVe Esdras* (vers 100 apr. J.-C.) et dans les sources rabbiniques est sans aucun doute identique par son contenu, mais compte *Ruth* et *Jérémie* à part. La rédaction de *Ruth* rattachée aux

Nous ne pouvons reculer la date de la fixation du canon pharisien à une époque antérieure à celle de Hillel, comme a tenté de le faire un savant d'occasion. La Recension dite de Kaige (mentionnée dans la note 2, p. 193) en apporte la preuve : elle date de la fin du Ier siècle av. J.-C. et révisa la Bible grecque en l'accordant avec le texte proto-rabbinique – et non avec la Recension rabbinique fixée plus tard. Cette révision s'étendit également au *Livre de Baruch* et à l'édition augmentée de *Daniel*, œuvres exclues de la Recension rabbinique. Cet effort pour mettre à jour *Baruch* et la longue édition de *Daniel* serait fort difficile à expliquer si, à l'époque de la préparation de la Recension de Kaige, le *Livre de Baruch* et les additions à celui de *Daniel* avaient déjà été exclus du canon pharisien. Les travaux de recension de Kaige pouvant être datés à peu près du tournant de l'ère chrétienne et son parti pris pharisien étant évident, il en découle que, jusqu'à la fin du Ier siècle av. J.-C., une liste canonique faisant autorité n'était pas encore apparue, du moins sous sa forme finale, même dans les milieux pharisiens.

Je suis persuadé, en raison de l'accumulation des témoignages, que les mêmes circonstances qui entraînèrent la crise textuelle aboutissant à la fixation du texte hébreu – c'est-à-dire la diversité des textes et des éditions, la lutte entre partis et la scission de sectes, la systématisation des principes herméneutiques et de la dialectique halakhique[1] – déclenchèrent aussi une crise canonique, qui requit la fixation d'un canon pharisien. Je suis également convaincu que Hillel fut la personnalité principale dans l'exacerbation de la crise et l'apport d'une réponse. La fixation du texte et celle du canon furent ainsi deux aspects d'une entreprise unique, quoique complexe. Toutes deux furent essentielles pour ériger une protection « hillélienne » contre les doctrines rivales à propos du culte et du calendrier, contre l'alternative d'autres décisions juridiques et d'autres doctrines théologiques, voire contre les systèmes spéculatifs et les excès mythologiques de certaines écoles apocalyptiques ou sectes protognostiques. Promulguer une recension de texte oblige en outre à établir une certaine limite quant aux livres dont le texte doit être fixé. En choisissant une édition particulière du texte d'un livre plutôt qu'une autre édition – dans le cas de *Jérémie*,

---

Juges et des *Lamentations* rattachées à *Jérémie* est assez ancienne, à en juger par sa survivance dans la Septante et par le témoignage explicite d'Origène concernant l'ordre hébraïque des textes.

1. Par dialectique halakhique, j'entends le mode de raisonnement législatif qui servit à inférer de l'Écriture des lois religieuses.

des *Chroniques* ou de *Daniel* – sont prises des décisions qui portent à la fois sur le texte et sur le canon. En définitive, les stratégies qui amorcent la fixation du texte biblique mènent à la fixation *de facto*, sinon *de jure*, d'un canon.

Les principes guidant l'exclusion de certaines œuvres pour fixer le canon pharisien, reflétés dans les notices de Josèphe, opéraient sans aucun doute aussi en éliminant des œuvres déplaisant fortement à Hillel et à la maison de Hillel. Les nombreuses œuvres pseudépigraphiques écrites sous le nom d'Hénoch, de Melchisédech, des fils de Jacob, d'Amran et d'autres célébrités, qui devinrent populaires à l'époque hellénistique et remplissent la bibliothèque de Qoumrân, furent exclues du canon. La succession des prophètes commença avec Moïse. De plus, les rabbins reconnaissaient très probablement la date récente de certains apocryphes et pseudépigraphes puisque, à l'époque romaine, des cycles comme *Hénoch* et les *Testaments des Patriarches* en étaient alors à leur phase de composition fluide et créatrice, et non encore fixés en tant qu'œuvres littéraires. Le principe d'exclure les œuvres dont les auteurs étaient postérieurs aux prophètes permettait aussi la suppression du livre de propagande des *Maccabées*, de certains courts textes hellénistiques et du *Siracide*, bien que le cas des pseudépigraphes, écrits sous le nom des « prophètes », en particulier les apocryphes de Jérémie, le *Livre de Baruch* et la *Lettre de Jérémie*, ait certainement posé des problèmes et suscité des débats. *Ézéchiel*, le *Cantique des Cantiques* et l'*Ecclésiaste* furent très probablement des œuvres controversées, à cause de leur contenu – mais suffisamment anciennes et reconnues pour empêcher leur exclusion du canon[1]. Plus mystérieuse est la sélection, en faveur de l'inclusion, d'une édition de *Daniel* qui n'est pas plus ancienne que l'époque des Maccabées, bien qu'elle contienne des matériaux antérieurs, et d'*Esther*. Il faut dire cependant que les rabbins choisirent généralement d'inclure dans leur canon des œuvres ou des éditions ayant déjà atteint leur forme littéraire définitive (c'est-à-dire l'activité de composition étant achevée) vers la fin de l'époque perse (fin du IVe siècle av. J.-C.).

Si j'ai raison de percevoir la main de Hillel dans la promulgation du texte et du canon pharisiens, et de reconnaître une référence à cette action dans l'adage rabbinique précité : « Quand Israël à nouveau

1. Dans le cas de l'*Ecclésiaste*, on notera avec intérêt que ce livre s'est avéré bien plus ancien que ne le pensaient généralement les savants. Qoumrân nous a livré une copie de ce livre datant environ de 200 av. J.-C., et une date aussi ancienne que l'époque perse n'est pas exclue pour sa composition.

oublia [la Torah], vint Hillel le Babylonien, qui la rétablit », je dois néanmoins admettre que ce texte et canon hillélien ne supplanta pas immédiatement les autres traditions et ne fit pas aussitôt l'objet d'une acceptation unanime, même dans les milieux pharisiens. Son autorité s'imposa avec la victoire du parti pharisien et de l'école de Hillel dans l'intervalle entre les deux révoltes juives contre Rome. Après cette époque, le texte et le canon de la Bible hébraïque – malgré d'occasionnelles remises en question rabbiniques à propos des livres marginaux – demeurèrent fixes et furent conservés sous cette forme jusqu'à nos jours.

CHAPITRE DOUZE

Lumières sur la Bible émanées des grottes de la mer Morte

Frank Moore Cross

Dans ce court chapitre, le professeur Cross donne deux exemples d'une meilleure compréhension du texte biblique rendue possible grâce aux manuscrits de la mer Morte. Premier exemple, un paragraphe absent de la Recension rabbinique du Livre de Samuel, *mais présent dans une copie fragmentaire de ce livre trouvée à Qoumrân, éclaire un passage sinon difficile à comprendre tel qu'il nous est parvenu dans la Bible hébraïque.*

Dans le second exemple, très différent, Cross montre comment ces manuscrits nous aident à évaluer l'évolution de la religion biblique tardive. Après la période de prophétie classique, la pénétration d'un élément apocalyptique dans la religion juive allait affecter à la fois le judaïsme rabbinique et le christianisme. Jusqu'à présent, les savants ont en grande partie négligé cet élément apocalyptique dans la religion biblique.

*

L'apport des manuscrits de Qoumrân différents des textes reçus ne se limite pas à des données utiles pour l'histoire du texte biblique, comme je l'ai décrit au chapitre 11 : ils se révèlent parfois d'un intérêt exceptionnel pour la reconstitution du texte originel de la Bible.

Citons un seul exemple de ce genre de variante. Dans le texte reçu de *Samuel*, un passage relate une confrontation cruciale entre Saül et Nahash, roi des Ammonites. Saül est victorieux et, à la suite de cette victoire, se voit confirmé en tant que premier roi d'Israël.

Dans le récit biblique transmis, au chapitre 11 du premier *Livre de Samuel*, Nahash assiège la ville israélite de Yabesh de Galaad. Les hommes de cette ville demandent à Nahash les conditions de leur reddition. Elles sont dures : outre qu'ils deviendront les esclaves des Ammonites, les hommes israélites auront l'œil droit arraché. Les Israélites demandent une semaine de répit pour appeler à l'aide leurs compatriotes, avant d'accepter ces conditions. Saül, apprenant leur situation désespérée, rassemble l'armée d'Israël, franchit le Jourdain, livre bataille à Nahash et aux Ammonites. Sa victoire est écrasante et il délivre Yabesh de Galaad, prouvant ainsi ses qualités de chef. Son statut de roi est promptement confirmé.

Pourquoi Nahash attaque-t-il soudain Yabesh de Galaad, une ville israélite alliée à la maison de Saül ? On ne le dit pas. La question est particulièrement mystérieuse car Yabesh de Galaad se trouvait très au nord de la frontière revendiquée par les Ammonites. Et la question est spécialement intéressante, parce que, si l'attaque de Nahash attira la défaite sur sa propre tête, elle eut aussi une conséquence plus grave pour l'avenir d'Ammon : elle s'avéra le catalyseur unissant Israël et engendrant les forces qui menèrent à l'ascension de l'empire israélite sous le règne de David, successeur de Saül. Ammon fut alors soumis à cet empire. L'attaque de Yabesh de Galaad par Nahash fut un événement pivot dans l'histoire tant israélite qu'ammonite.

Un manuscrit des livres de *Samuel* datant du Ier siècle av. J.-C., trouvé dans la grotte 4 de Qoumrân, contient un long passage – qui ne figure pas dans notre Bible – introduisant le chapitre 11 du premier *Livre de Samuel*. Ce texte (désigné sous le sigle 4QSam^{a} dans les publications spécialisées) est le mieux conservé des manuscrits bibliques de la grotte 4. Quand l'édition intégrale paraîtra, elle comprendra plus de vingt-cinq planches de fragments. Ce manuscrit appartient à une tradition textuelle palestinienne en désaccord avec le type de textes sélectionnés dans la Recension rabbinique[1]. Les lapsus des scribes, en particulier les omissions, sont d'ailleurs un fait notoire du texte de *Samuel* transmis dans la Bible. L'exemple donné n'est que l'un des nombreux cas (mais peut-être le plus spectaculaire) où le 4QSam^{a} conserve des bribes perdues du texte de *Samuel*.

1. Voir chap. 11.

Texte biblique intégral de 1 Samuel 11 a[1]

Nahash l'Ammonite marcha sur Yabesh de Galaad et l'assiégea. Tous les hommes de Yabesh de Galaad dirent à Nahash : « Fais un traité avec nous, et nous te servirons. » Mais Nahash l'Ammonite leur répondit : « Voici à quelle condition je traiterai avec vous : vous aurez tous l'œil droit arraché. J'en ferai un opprobre pour tout Israël. » Les anciens de Yabesh lui dirent : « Laisse-nous sept jours de répit, afin que nous puissions envoyer des messagers dans tout le territoire d'Israël ; si personne ne vient à notre aide, nous nous rendrons à toi. » Quand les messagers arrivèrent à Gibéa de Saül et rapportèrent ces faits aux oreilles du peuple, tout le peuple éclata en pleurs.

Juste à ce moment, Saül revenait des champs, menant ses bœufs. Saül demanda : « Qu'a donc le peuple à pleurer ? » Ils lui rapportèrent la situation des hommes de Yabesh. Quand Saül entendit ces nouvelles, l'esprit de Dieu le saisit et il entra dans une violente colère. Il prit une paire de bœufs, les dépeça et envoya des messagers distribuer les morceaux dans tout le territoire d'Israël avec cet avertissement : « Quiconque ne suivra pas Saül et Samuel dans la bataille, ainsi sera-t-il fait de ses bœufs ! »

Une terreur du Seigneur s'abattit sur les gens, et ils marchèrent comme un seul homme. [Saül] les rassembla à Bézeq ; le nombre des Israélites s'éleva à 300 000, celui des hommes de Juda à 30 000. On dit aux messagers qui étaient venus : « Annoncez aux hommes de Yabesh de Galaad : "Demain, quand le soleil sera ardent, vous serez sauvés." »

Les messagers vinrent l'annoncer aux hommes de Yabesh de Galaad, qui se réjouirent. Les hommes de Yabesh dirent alors [aux Ammonites] : « Demain, nous nous rendrons à vous, et vous pourrez faire de nous ce que vous voudrez. »

Le lendemain, Saül divisa les troupes en trois colonnes. A l'aube, ils envahirent le camp et massacrèrent les Ammonites jusqu'à la chaleur du jour. Les survivants se dispersèrent ; il n'en resta pas deux ensemble.

Le peuple dit alors à Samuel : « Quels sont ceux qui disaient : "Saül régnera-t-il sur nous ?" Qu'on nous livre ces hommes et nous les mettrons à mort ! » Mais Saül répliqua : « Nul homme ne sera mis à mort en ce jour ! Car aujourd'hui le Seigneur a apporté la victoire à Israël. »

Samuel dit au peuple : « Venez, allons à Gilgal, et là, instituons la royauté. » Alors, tout le peuple se rendit à Gilgal, et là, Saül fut proclamé roi devant le Seigneur. Ils offrirent des sacrifices devant le Seigneur pour la prospérité ; et Saül et tous les hommes d'Israël se livrèrent à de grandes réjouissances.

1. Trad. angl. de la New Jewish Publication Society.

Le passage perdu et maintenant retrouvé donne le contexte de l'attaque de Yabesh de Galaad par Nahash[1] : à la tête d'une nation ammonite renaissante, il avait auparavant reconquis une région longtemps revendiquée à la fois par Ammon et par les tribus israélites de Ruben et de Gad à l'est du Jourdain. Nahash, à son avis, n'avait fait que soumettre à nouveau une population occupant son propre territoire. Il punit donc ses vieux ennemis (et parfois sujets) israélites par une mesure systématique de mutilation – arracher l'œil droit de tous les hommes valides. Dans l'Antiquité, la mutilation était le traitement classique infligé aux rebelles, aux ennemis de longue date et aux violateurs de traités. Parmi les exemples de rebelles ou d'ennemis suprêmes qui eurent les yeux crevés figurent Samson, par les Philistins (*Juges* 16,21), et Sédécias, par les Babyloniens (2 *Rois* 25,7 ; *Jérémie* 39,7, 52,11). La cécité infligée en châtiment aux rebelles est aussi attestée dans les annales assyriennes. La mutilation pour violation de traité est également bien attestée dans les sources bibliques et extra-bibliques[2].

La mutilation des yeux n'était pas, cependant, le traitement réservé aux sujets récemment vaincus dans une ville située hors du territoire du conquérant, comme l'était Yabesh de Galaad. C'est pourquoi celle qui est relatée dans le texte de Samuel transmis par la Bible a toujours été une énigme : elle est sans motif.

Grâce au passage maintenant retrouvé, nous apprenons que près de sept mille guerriers israélites des tribus de Ruben et de Gad, qui avaient survécu à la défaite infligée par l'armée de Nahash, s'enfuirent et trouvèrent refuge au nord de la frontière traditionnelle d'Ammon (le fleuve Yabboq), dans la ville galaadite de Yabesh. Environ un mois après leur fuite, Nahash décida d'asservir Yabesh de Galaad pour la châtier d'avoir donné asile à ses « sujets » qui s'étaient échappés. C'est la motivation, ou l'excuse, qui poussa Nahash à frapper cette ville galaadite alliée à Benjamin et à Saül, mais située très au nord des frontières qu'il revendiquait.

A présent, nous savons non seulement pourquoi Nahash attaqua Yabesh de Galaad, mais aussi pourquoi il voulut imposer la mutilation comme condition de reddition. Il choisit le même châtiment qu'il

1. On a souvent pensé que le nom de Nahash signifiait « serpent », appellation qui lui correspondait assez bien. En fait, c'est une abréviation (surnom) de *Nahash-tov* qui signifie « bonne chance » – *mazal tov* en hébreu moderne.

2. F. M. Cross, *Canaanite Myth and Hebrew Epic*, Cambridge, MA, Harvard University Press, 1976, p. 266 et références.

avait infligé aux Israélites de Gad et de Ruben : leur arracher l'œil droit. Quiconque donnait asile à des ennemis méritait le même châtiment que celui infligé à l'ennemi. Mais Nahash détermina ainsi sa propre perte. Mis en rage par les nouvelles et « saisi par l'esprit », Saül, de la tribu de Benjamin, rassembla des hommes des tribus occidentales, franchit le Jourdain avec une armée israélite et « massacra les Ammonites jusqu'à la chaleur du jour ». La superbe victoire de Saül sur Nahash à Yabesh de Galaad renforça la reconnaissance de sa royauté sur tout Israël et, en définitive, scella aussi le destin des Ammonites.

Voici le récit de cet épisode. Le passage supplémentaire retrouvé à Qoumrân est indiqué en italiques[1]. On peut lire d'abord la partie sans italiques, puis la première, pour mesurer l'éclaircissement apporté à l'arrière-plan du texte biblique par le texte découvert[2].

> *[Na]hash, roi des fils d'Ammon, opprima douloureusement les fils de Gad et les fils de Ruben, et il arracha l'œil droit à t[ous] et répandit la ter[reur] dans Israël. Parmi les fils d'Israël, il n'en resta pas un au[-delà] du Jourdain qui n'eût l'œil droit [cre]vé par Naha[sh le roi] des fils d'Ammon, à part sept mille hommes qui [fuirent] les fils d'[A]mmon et entrèrent à Yabesh de Galaad. Près d'un mois plus tard,* Nahash l'Ammonite marcha sur Yabesh de Galaad et l'assiégea. Tous les hommes de Yabesh de Galaad dirent à Nahash : « Fais un traité avec nous et nous deviendrons tes sujets. » Nahash l'Ammonite leur répondit : « Je traiterai avec vous à cette condition – que vous ayez tous l'œil droit arraché, afin d'infliger l'opprobre à tout Israël. » Les anciens de Yabesh lui dirent : « Donne-nous sept jours pour envoyer des messagers à travers le territoire d'Israël. Si personne ne nous secourt, nous nous rendrons à toi. »

Le paragraphe manquant fut sans doute perdu à la suite d'un lapsus du scribe – dont l'œil sauta de la fin d'une ligne à la suivante, toutes deux commençant par Nahash comme sujet.

Le paragraphe supplémentaire de ce manuscrit de *Samuel*, a-t-on suggéré, ne faisait pas partie de la composition originelle et fut ajouté

1. Les crochets indiquent une lacune dans le manuscrit, reconstituée par l'auteur.
2. Pour une discussion détaillée (avec photographie) du fragment de *Samuel*, voir F. M. Cross, « The Ammonite Oppression of the Tribes of Gad and Ruben : Missing Verses from 1 Samuel 11 Found in 4Q Samuel[a] », dans *History, Historiography, and Interpretation*, H. Tadmor et M. Weinfeld, éd., Jérusalem, Magnes Press, 1983, p. 148-158.

ultérieurement – il s'agirait d'une addition[1] haggadique[2]. Je n'en vois aucune preuve. Le texte ajouté donne plutôt des « faits » historiques bruts. N'y apparaissent aucune donnée édifiante, aucun parti pris théologique, aucune théorie qu'il chercherait à prouver, aucun motif exhortatif, bref, aucun élément haggadique.

Au contraire, un certain nombre de signes révélateurs indiquent que ce passage supplémentaire figurait dans l'original. Voyons par exemple ce détail : dans le texte biblique de *Samuel*, le roi des Ammonites est simplement présenté, la première fois où apparaît son nom, comme « Nahash l'Ammonite ». C'est tout à fait surprenant, car dans les livres de *Samuel* et des *Rois*, à l'exception de ces versets, le schéma reste invariable : quand le roi régnant d'une nation étrangère est présenté pour la première fois, son titre complet ou officiel est donné – « Untel, roi de… ». On en compte une vingtaine d'exemples. L'omission du titre complet de Nahash dans le texte reçu est l'unique exception à cet usage. Ce schéma vaut même pour l'ensemble de l'histoire deutéronomique (*Deutéronome*, *Josué*, *Juges*, *Samuel* et *Rois*) et n'est enfreint dans le texte reçu qu'à cet endroit. Cependant, si le paragraphe du 4QSam[a] est originel, Nahash est présenté d'abord comme le « roi des fils d'Ammon », son titre complet, précisément en accord avec l'usage invariable de l'historien deutéronomique. C'est un argument de poids en faveur de la présence originelle de ce passage dans *Samuel* et de sa perte ultérieure due à une simple erreur du scribe.

Signalons, à ce propos, que le titre officiel du roi ammonite tel qu'il est donné dans ce passage du manuscrit de Qoumrân, « roi des fils d'Ammon », apparaît dans une inscription récemment découverte à Tell Siran[3].

La présence de ce paragraphe supplémentaire dans notre texte de *Samuel* nous permet aujourd'hui de comprendre que la Bible de Josèphe le contenait aussi. Dans *Antiquités judaïques*, il brosse une description très vivante de l'arrière-plan de l'attaque de Yabesh

1. Voir les commentaires d'Alexander Rofe, *Israel Exploration Journal*, 32, 1982, p. 129-133. J'ai devancé ces idées dans l'article cité note 2, p. 206.
2. La *Haggadah* est la littérature didactique rabbinique interprétant l'Écriture, excepté généralement le contenu juridique.
3. Voir F. M. Cross, « Notes on the Ammonite Inscription from Tell Siran », *Bulletin of the American Schools of Oriental Research*, 212, 1973, surtout p. 15, où sont discutés le titre figurant sur la bouteille de Tell Siran et l'inscription de la citadelle d'Amman.

de Galaad, qu'il a très probablement fondée sur un passage de sa Bible identique à celui de *Samuel* maintenant retrouvé dans la grotte 4 :

> Cependant, un mois plus tard, il [Saül] commença à gagner l'estime de tous par la guerre contre Naas [Nahash], roi des Ammonites. Car ce monarque avait fait beaucoup de mal aux juifs qui s'étaient établis de l'autre côté du Jourdain ; il avait envahi leur territoire avec une armée vaste et belliqueuse. Réduisant leurs villes à la servitude, il s'assura non seulement par la violence et la force leur assujettissement dans le présent mais, par sa ruse et son ingéniosité, il les affaiblit afin qu'ils ne puissent plus jamais se révolter et échapper à leur servitude ; en effet, il fit arracher l'œil droit de tous ceux qui se rendirent à lui sous serment ou furent capturés par droit de guerre [...]. Après avoir ainsi réglé la question de la population au-delà du Jourdain, le roi des Ammonites mena son armée contre ceux nommés les Galadéniens [Galaadites]. Ayant établi son camp près de la capitale de ses ennemis, nommée Jabis [Yabesh], il leur envoya des messagers, leur enjoignant instamment de se rendre, étant entendu qu'ils auraient l'œil droit arraché – sinon, il menaçait d'assiéger et détruire leurs villes ; c'était à eux de choisir s'ils préféraient la mutilation d'une petite partie de leur corps, ou périr totalement.

De toute évidence, Josèphe paraphrase le passage perdu de *Samuel*. Et nous voyons ainsi comment les manuscrits de la mer Morte permettent de restituer un stade du texte biblique plus proche de l'original.

Les découvertes de manuscrits dans le rift jordanien vont considérablement influer sur un autre grand domaine de recherche : l'histoire de la religion biblique, ou peut-être devrions-nous dire l'*évolution* de la religion biblique.

Par exemple, nous sommes à présent mieux en mesure de comparer les psaumes du psautier canonique avec le corpus des hymnes hellénistiques ultérieurs trouvés à Qoumrân, en particulier dans la collection de psaumes de la grotte 11. Ou encore, nous pouvons décrire le développement de la loi sur les esclaves en Palestine sous domination perse en nous fondant sur les papyrus de Samarie.

Mais nulle part l'impact de la découverte des manuscrits de Qoumrân n'a été aussi fort que sur ce plan : une nouvelle perspective commence à se dégager sur le mouvement apocalyptique et sa place dans l'histoire de la religion biblique de l'époque tardive.

Le terme *apocalyptique* évoque habituellement le *Livre de Daniel*, parfait exemple de la littérature apocalyptique tardive. La Bible contient aussi une apocalypse bien plus ancienne, celle du *Livre d'Isaïe* (chap. 24-27), dont la date a été débattue par plusieurs générations d'exégètes.

Grâce aux découvertes de Qoumrân, nous possédons maintenant une très vaste littérature apocalyptique et des œuvres imprégnées d'eschatologie apocalyptique[1].

Comme le reflète la littérature de Qoumrân, ces gens férus d'apocalypse voyaient l'histoire du monde en fonction de forces antagoniques, Dieu et Satan, l'esprit de vérité et l'esprit d'erreur, la lumière et les ténèbres. La lutte de Dieu contre l'homme et la lutte de l'homme contre le péché, le mal et la mort, étaient objectivées en une lutte cosmique. Des thèmes dualistes issus de mythes archaïques étaient transformés en mythes historiques. Le monde, captif des puissances et principautés du mal auxquels avait été conférée une autorité au temps de la colère divine, ne pouvait être libéré que par la puissance divine. Les apocalypticiens voyaient – ou croyaient voir – poindre l'aube du salut et du jugement décrétés par Dieu. L'ère ancienne était arrivée à la fin de la durée qui lui était impartie, et la consommation des temps – l'ère où le monde serait racheté et où justice serait rendue aux élus – était toute proche. On percevait les signes de la fin des temps prochaine : la lutte suprême, l'Harmaguédôn, avait commencé. Le Messie allait bientôt paraître, « apportant l'épée ». Les forces sataniques, acculées, s'étaient déjà dressées en une ultime bravade convulsive, manifestée par la persécution, les tentations et les tribulations des fidèles. Bref, l'adepte de l'apocalyptique vivait dans un monde où la souveraineté de Dieu constituait l'unique espoir de salut. Dans la ferveur de sa foi et l'ardeur de son espoir, il avait la certitude que l'action de Dieu était imminente.

L'apocalyptique avait généralement été considérée comme un phénomène éphémère et tardif au sein du judaïsme. Mais cette opinion, à la lumière d'une masse de données nouvelles et de recherches méticuleuses utilisant les données anciennes et nouvelles, est en train de changer. Il y a une génération, par exemple, on attribuait les plus anciennes parties de la littérature d'Hénoch à la période romaine (après 64 av. J.-C.), ou au plus tôt à la fin de la période hellénistique (IIe ou début du Ier siècle av. J.-C.). Or leur date doit maintenant être

1. *Apocalyptique*, au sens strict : « appartenant à une apocalypse », c'est-à-dire à un genre caractéristique de la littérature du mouvement religieux décrit ci-dessous. Apocalypse signifie « révélation » en grec et finit par s'appliquer à la révélation de la fin des temps (les événements eschatologiques) reçue par un inspiré, par exemple, l'*Apocalypse* de Jean. Nous emploierons le terme *apocalyptique* dans un sens plus large, pour désigner un mouvement religieux caractérisé par une perspective eschatologique trouvée entre autres dans les apocalypses.

reculée jusqu'à la période perse tardive (IVe siècle av. J.-C.). Nous possédons en effet un manuscrit hénochien – qui n'est certainement pas un autographe de l'original – daté autour de 200 av. J.-C. Les études sur la littérature apocalyptique biblique primitive (ou protoapocalyptique), notamment l'apocalypse d'Isaïe (*Isaïe* 24-27), ont montré qu'il faudrait la dater du VIe siècle av. J.-C. En fait, les premiers courants de dualisme et d'eschatologie apocalyptiques apparaissent, dirais-je, avec le déclin de la prophétie classique aux VIe et Ve siècles av. J.-C. Et nous devons maintenant reconnaître que les œuvres protoapocalyptiques, ainsi que les œuvres apocalyptiques ultérieures, reflètent un développement religieux couvrant une période de plus d'un demi-millénaire.

Au XIXe siècle et au début du XXe, l'apocalyptique figurait peu ou pas du tout dans les descriptions que faisaient les savants de l'histoire de la religion israélite. Elle était traitée comme un produit propre à quelques voyants juifs, un phénomène marginal.

Pour les érudits chrétiens appartenant à la perspective ancienne (qui, en majorité, faisaient peu cas de l'apocalyptique), la religion biblique se développa selon une dialectique où l'« esprit libre, éthique et historique » de la religion prophétique se trouva figé dans le légalisme, dont les « modalités asservissantes et statiques » marquèrent la religion postexilique. D'après cette perspective, l'esprit de prophétie libre et délié n'émergea de nouveau *que* dans le christianisme du Nouveau Testament. Dans leur tentative de trouver des liens de continuité entre la prophétie et le christianisme primitif, les exégètes chrétiens furent donc enclins à omettre les œuvres apocalyptiques. Les érudits juifs de cette même époque partageaient la répugnance dominante pour la littérature apocalyptique, la considérant comme sectaire, même si quelques bribes s'étaient glissées dans le canon hébraïque. Influencés par la réaction antiapocalyptique et antignostique du judaïsme rabbinique, ils rétrogradèrent dans le judaïsme de l'époque hellénistique, et même perse, l'ethos prédominant du judaïsme rabbinique ultérieur. A une date aussi tardive que 1929, George Foote Moore écrivait dans son étude marquante du judaïsme : « [...] Dans la mesure où ces écrits [les apocalypses] n'ont jamais été reconnus par le judaïsme, c'est pour l'historien une méthode fallacieuse que d'en faire une source première pour l'eschatologie du judaïsme, et, bien plus, d'en contaminer sa théologie[1]. »

1. George Foote Moore, *Judaism in the First Centuries of the Christian Era : The Age of the Tannaim*, vol. 1, Cambridge, MA, Harvard University Press, 1962, p. 127.

Ainsi, tous se solidarisèrent dans une conspiration du silence autour de l'apocalyptique.

Durant la dernière génération, l'apocalyptique fut redécouverte, pour ainsi dire, sous l'angle de son apport particulier à l'étude des origines chrétiennes. Les riches ressources livrées par Qoumrân confirment et renforcent ces nouveaux aperçus. L'étude des origines chrétiennes s'est véritablement vue transformée par les données inédites issues de la bibliothèque de Qoumrân, et les progrès de cette recherche novatrice s'accéléreront à mesure que d'autres manuscrits seront publiés.

Le caractère profond des mouvements engendrés par Jean le Baptiste et par Jésus de Nazareth doit maintenant être redéfini comme apocalyptique, plutôt que prophétique. Gershom Scholem choqua ma génération en démontrant la survivance d'éléments de mysticisme apocalyptique à l'époque de Rabbi Aqiba (fin du Ier et IIe siècle de l'ère chrétienne). Pendant la génération montante de chercheurs, me hasarderai-je à dire, ces lumières sur l'importance de l'apocalyptique pour le judaïsme ancien et le christianisme primitif se trouveront confirmées et développées[1].

Les communautés apocalyptiques des derniers siècles av. J.-C. représentèrent une force majeure dans la matrice complexe qui engendra à la fois le christianisme et le judaïsme rabbinique. Nous commençons tout juste à reconnaître l'énorme distance qu'a parcourue le judaïsme dans son évolution, depuis la naissance des Pharisiens dans le contexte religieux complexe de l'époque hellénistique jusqu'à la codification orale de la Mishna (vers 200 apr. J.-C.). Cette dimension n'a rien de surprenant si nous nous souvenons qu'en moins de temps encore la communauté chrétienne passa de ses origines en tant que secte juive à Jérusalem à l'orthodoxie nicéenne dans la Byzance de Constantin.

Dans les années à venir, à mon avis, le mouvement apocalyptique sera reconnu comme une phase majeure dans l'évolution de la religion biblique, qui s'épanouit entre l'extinction de la prophétie sous sa forme institutionnalisée au VIe siècle av. J.-C. et la montée du judaïsme rabbinique, du christianisme des Gentils et du gnosticisme aux deux premiers siècles de l'ère chrétienne. Durant cet intervalle de plus de

1. L'approche du mysticisme juif a subi une transformation similaire dans l'érudition contemporaine ; il est maintenant considéré comme un élément majeur de l'histoire juive, en grande partie grâce aux recherches de Gershom Scholem et de ses étudiants.

cinq cents ans, l'apocalyptique juive fut un courant dominant de vie religieuse et de spéculation. Les tendances non apocalyptiques existaient côte à côte avec l'apocalyptique, bien sûr. Mais, sans aucun doute, le mouvement apocalyptique fut l'un des ancêtres tant du judaïsme pharisien que du christianisme juif, de même que du syncrétisme gnostique qui caractérisa ces deux mouvements durant les premiers siècles de l'ère chrétienne.

Je me risque à cette prédiction : la description des partis juifs durant les périodes hellénistique et romaine qu'il faudra écrire pour notre histoire et pour les livres didactiques deviendra bien plus complexe, plus nuancée, et remplacera les images simples et nettes du passé. Les Sadducéens, que nous avons dépeints comme des conservateurs religieux et des bureaucrates attachés au monde, s'avèrent maintenant avoir engendré une branche apocalyptique radicale à Qoumrân[1]. Les Pharisiens semblent aussi avoir été divers, au sein de leurs communautés (*haburot* en hébreu), acceptant dans leur canon des œuvres apocalyptiques comme le *Deutéro-Zacharie* et *Daniel*, tout en en rejetant d'autres comme *Hénoch* et les *Testaments des Douze Patriarches*. Dans l'ensemble, les Pharisiens paraissent avoir été dominés par les modérés. Leurs éléments radicaux les quittèrent pour rejoindre le mouvement zélote, et l'école de Hillel l'emporta sur leurs éléments conservateurs.

Les découvertes dans le rift jordanien, en particulier à Qoumrân, ont inauguré une ère nouvelle dans l'étude de l'histoire de la religion biblique tardive et du sectarisme juif. Lente sera l'assimilation des données neuves. Les biblistes de la vieille génération préféreront les ignorer – elles produisent un ferment trop fort pour leurs estomacs. J'ai été témoin de diatribes lancées par Yigael Yadin (maintenant décédé) contre ses collègues, les accusant d'ignorer le *Rouleau du Temple* qu'il avait publié. Évidemment, il est peu agréable de s'entendre dire : « Un nouveau manuscrit a été découvert – allez donc réécrire tous vos livres. » Ou bien : « Voilà une bibliothèque juive inédite datant du IIIe au Ier siècle av. J.-C. ; révisez toutes vos vieilles conjectures, réorganisez-vous et recommencez tout. » Les nouvelles orientations dans la recherche dépendront largement d'une jeune génération de chercheurs. J'envie ceux qui vivront assez longtemps pour connaître les synthèses novatrices que réserve l'avenir.

1. Voir chap. 3.

CHAPITRE TREIZE

Quand les fils de Dieu s'unissaient aux filles des hommes

Ronald S. Hendel

Ce chapitre illustre l'utilisation possible des manuscrits de la mer Morte pour résoudre en partie une énigme biblique. Le sujet n'en est pas les manuscrits de la mer Morte, mais une étrange histoire de la Genèse où les « fils de Dieu » descendent sur terre et ont des relations charnelles avec de belles filles de la terre. Ronald S. Hendel (de la Southern Methodist University), étoile montante parmi les biblistes, nous offre de cette mystérieuse histoire une exégèse brillante et de grande portée.

*La première question envisagée par Hendel est le sens de l'expression « fils de Dieu ». Pour la comprendre, Hendel se reporte à d'autres passages bibliques. Dans la Bible hébraïque, l'un d'eux parle des « fils d'Israël » (*Deutéronome *32,8). Or le texte hébreu du* Deutéronome *trouvé à Qoumrân, pour ce verset 32,8, ne dit pas « fils d'Israël », mais « fils de Dieu » – la même expression que dans le récit de la Genèse. Le passage du* Deutéronome *vient ainsi étayer l'interprétation donnée par Hendel de l'histoire des « fils de Dieu » qui descendirent et s'unirent à des femmes terrestres.*

*

Si quelqu'un vous demandait de dire l'origine d'une histoire de dieux qui prirent des femmes humaines, puis engendrèrent une race de héros semi-divins, sans doute répondriez-vous : c'est un mythe grec, ou alors une légende nordique, ou peut-être un conte populaire d'Afrique ou d'Inde. Cette histoire ne pourrait certes pas provenir des Écritures saintes du judaïsme ou du christianisme. Et pourtant !

En fait, c'est l'un des épisodes peu commentés de la Bible hébraïque. Le passage de la *Genèse* 6,1-4 est suffisamment court pour être cité en entier.

> Quand les hommes commencèrent à se multiplier sur la surface de la terre, et que des filles leur furent nées, les fils de Dieu[1] virent que les filles des hommes étaient belles, et ils prirent pour femmes toutes celles de leur choix. Et Yahvé dit : « Mon esprit ne demeurera pas à jamais fort[2] en l'homme, car en vérité il n'est que chair. Sa longévité sera de cent vingt ans. » Les Nephilim étaient sur terre en ces jours-là, et aussi après, lorsque les fils de Dieu s'unirent aux filles des hommes et eurent d'elles des enfants : ce furent les héros de jadis, les hommes de renom.

Pendant des milliers d'années, cette histoire a scandalisé les lecteurs de la Bible, et pour une bonne raison. Elle semblait aller à l'encontre de notre compréhension traditionnelle de la religion biblique.

Mais la présence de ce récit est indéniable, et il se pourrait que notre compréhension traditionnelle soit erronée. Peut-être, pour paraphraser Hamlet, la Bible contient-elle plus de choses que n'en peut imaginer notre philosophie. Regardons de plus près[3].

Dans le passé, nombre d'exégètes se sont contentés de rejeter ce texte comme une sorte d'aberration biblique. La réaction d'un grand exégète du XIXe siècle, Julius Wellhausen, est typique : il qualifia cette

1. Le terme hébreu utilisé pour « Dieu » est *'Elohim.* Dans les autres langues sémitiques, et parfois en hébreu, ce terme signifie « dieux » au pluriel. Il est généralement employé en hébreu au singulier, pour désigner Yahvé, le Dieu d'Israël; dans ces contextes, le sens singulier est clair puisque le verbe accordé à *'Elohim* est au singulier, comme dans ce texte. On ne sait pas très bien pourquoi la forme plurielle fut utilisée à l'origine pour désigner le dieu unique, Yahvé. Le passage, dans la croyance religieuse, du culte d'un panthéon de dieux au culte d'un seul dieu y est sans doute pour quelque chose. En un sens, pourrait-on dire, chez les Israélites, Yahvé remplace le panthéon tout entier dans ses fonctions. Nous avons ici la transition de « dieux » à « dieu ». Les « fils de Dieu » existent encore dans la mythologie israélite, mais ils ne sont plus l'objet d'adoration ni de culte.

2. La plupart des versions anglaises modernes traduisent ce verbe problématique par « résider » ou « rester » – une simple supposition d'après le contexte. Pour ma part, je lis dans ce verbe (hébreu *yadon*) une forme parfaitement normale dérivée de la racine *dnn*, « être fort ». Cette même racine apparaît dans le nom d'un village israélite des collines de Judée, Danna (*Josué* 15,49), qui signifie « forteresse ». La racine *dnn* existe donc bien en hébreu biblique, à la fois dans le nom d'un lieu et dans la *Genèse* 6,3.

3. Pour une discussion plus approfondie de ce qui suit, avec les références complètes, voir Ronald S. Hendel, « Of Demigods and the Deluge : Toward an Interpretation of Genesis 6 :1-4 », *Journal of Biblical Literature*, 106, 1987, p. 13-26.

histoire de « bloc erratique fêlé[1] ». Comme un bloc fêlé, peut-être ferait-on mieux de tout simplement l'évacuer.

Les exégètes juifs et chrétiens de jadis restèrent aussi perplexes devant cette histoire. Puisqu'elle était ancrée dans le texte sacré, le seul moyen d'éviter les implications déplaisantes de dieux et d'humaines se mariant et procréant une descendance était de fournir une explication qui la rendrait plus acceptable. Les rabbins anciens interprétèrent donc la phrase *bene ha'elohim* comme une référence non aux « fils de Dieu », mais aux justes. Les Pères de l'Église, de leur côté, estimèrent qu'elle désignait les descendants de Seth, né d'Adam et Ève après que Caïn eut tué Abel (« De nouveau, Adam connut sa femme, et elle enfanta un fils, qu'elle nomma Seth, ce qui signifiait : Dieu m'a suscité une autre descendance à la place d'Abel », *Genèse* 4,25). Les exégètes anciens, tant juifs que chrétiens, esquivaient ainsi le problème des implications polythéistes suggérées par les « fils de Dieu ». Aucune preuve ne vient étayer l'une ou l'autre de ces interprétations. Elles ne font qu'illustrer les tentatives de ces exégètes pour maîtriser ce texte embarrassant.

Et *nous*, comment devons-nous comprendre ce récit ? Dieux amoureux, belles femmes, sexualité, malédictions et renommée – il contient tous les ingrédients du mélodrame à succès, assaisonné de thèmes mythiques pour faire bonne mesure. Possédons-nous assez d'éléments pour comprendre – ou le texte est-il trop énigmatique, trop fragmentaire ?

A mon avis, nous pouvons le comprendre, mais seulement en suivant la piste d'indices qui nous conduiront à d'autres textes de la Bible hébraïque et à d'autres mythologies antiques.

Première étape de notre enquête sur cette piste : s'assurer de l'identité des « fils de Dieu ». C'est une tâche relativement facile. Les « fils de Dieu » (en hébreu *bene ha'elohim*) sont mentionnés dans plusieurs autres textes de la Bible hébraïque. Dans *Job* 1,6 et 2,1, les fils de Dieu se présentent à Yahvé dans l'assemblée du ciel. Plus loin (*Job* 38,7), nous apprenons qu'ils étaient avec Yahvé lors de la création du monde : en voyant l'œuvre de Dieu, « les fils de Dieu poussent des acclamations de joie ». Les fils de Dieu (texte hébreu, *bene 'elim*[2])

1. Julius Wellhausen, *Prolegomena to the History of Israel*, J. S. Black et A. Menzies, trad., Édimbourg, Adam & Charles Black, 1885, p. 317.

2. La forme hébraïque *'elim* est une variante de *'elohim*, « Dieu ». La syllabe *oh* de *'elohim* est une particule qui, à l'origine, ajoutait une insistance ou une précision à la forme plurielle *'elim*.

apparaissent encore dans le Psaume 89,7, au sein de l'assemblée divine, qui proclame l'incomparable suprématie de Yahvé parmi les dieux. Une scène analogue figure au Psaume 29,1 où les « fils de Dieu » (texte hébreu *bene 'elim*) chantent les louanges de Yahvé[1].

La mention la plus mystérieuse se trouve peut-être dans le célèbre cantique de Moïse (*Deutéronome* 32), juste avant que ce dernier ne monte au mont Nébo pour y mourir sans entrer dans la Terre promise. Il semble qu'on ait en *Deutéronome* 32,8 une très ancienne référence mythologique à l'histoire primitive de l'humanité. Le texte hébreu dit : « Quand le Très-Haut répartit les nations, quand il divisa les fils d'homme, il fixa les frontières des peuples suivant le nombre des *fils d'Israël.* »

Le sens de ce passage est assez clair, jusqu'à ce qu'on arrive au terme final. Comment les frontières des peuples (incluant des nations non israélites) peuvent-elles être fixées suivant le nombre des *fils d'Israël* ? Israël a-t-il déjà été établi ? Pas encore, d'après le sens du texte. Ce passage a quelque chose de bizarre : la fin contredit le début.

Cependant, cette contradiction n'apparaît pas dans toutes les Bibles. Voyons par exemple la Revised Standard Version (RSV)[2]. Nous y lisons, en *Deutéronome* 32,8, que les frontières des peuples (ou nations) sont fixées, non suivant le nombre des fils d'Israël, mais « suivant le nombre des fils de Dieu ». Cette version se fonde sur la Septante grecque, traduction de la Bible effectuée au IIIe siècle av. J.-C. pour les juifs d'Alexandrie qui ne lisaient pas l'hébreu. Les traducteurs modernes de la RSV décidèrent que, dans ce cas, la Septante, plutôt que le texte hébraïque reçu (le texte massorétique), avait conservé la variante originelle[3]. Mais, dans les traductions de la Bible qui suivent le texte hébreu reçu, on trouve le terme « fils d'Israël » au lieu de « fils de Dieu ».

Récemment, on a découvert qu'un texte fragmentaire parmi les manuscrits de la mer Morte contenait ce verset 32,8 du *Deutéronome.* Écrit en caractères hérodiens tardifs (fin du Ier siècle av. J.-C. au début du Ier siècle apr. J.-C.), il constitue le plus ancien texte hébreu du *Deutéronome* 32,8 connu aujourd'hui. La dernière partie du verset

1. Voir aussi Psaume 82,6 (*bene elyon*) et *Daniel* 3,25 (*bar elahin*).

2. Trad. angl. de la Bible établie en 1884, révisée en 1946-1952. Bible de Jérusalem : « fils de Dieu », de Maredsous : « Israélites », TOB : « d'Israël ». *(NdT)*

3. La Septante dit littéralement les « anges de Dieu » (*aggelon theou*) ; mais cette expression est la traduction normale et habituelle de la Septante pour l'hébreu « fils de Dieu ».

dans ce fragment dit sans équivoque les « fils de Dieu », et non les « fils d'Israël ». Cette version, conservée en grec dans la Septante, mais non dans le texte hébreu reçu, semble assez clairement être la version originale authentique.

Selon les apparences, à un certain maillon de la chaîne de transmission de la Bible rabbinique classique, quelqu'un éprouva le besoin d'épurer le texte en procédant littéralement à une réécriture et en substituant « fils d'Israël » à l'original « fils de Dieu » en *Deutéronome* 32,8.

Maintenant que nous avons établi le texte correct de ce verset 32,8, nous pouvons l'utiliser pour compléter notre portrait des fils de Dieu. D'après ce passage du *Deutéronome*, les fils de Dieu n'étaient pas seulement présents au commencement du monde, mais occupèrent aussi une place importante lors de la répartition des nations. D'après le verset suivant, Yahvé choisit pour sa propre part Israël, ce qui laisse entendre que chacune des autres divinités, les fils de Dieu, reçut aussi une nation à gouverner. Ceci expliquerait la répartition des nations selon le nombre des fils de Dieu. Nous pouvons voir dans ce passage un indice qu'à un moment les fils de Dieu jouèrent dans l'histoire primitive de l'humanité un rôle bien plus important que les traditions bibliques n'en ont généralement gardé le souvenir.

Pour retrouver l'histoire encore plus lointaine des fils de Dieu, nous devons chercher en dehors de la Bible hébraïque. Comme pour beaucoup d'autres éléments des traditions religieuses d'Israël, on peut faire remonter le concept des fils de Dieu jusqu'aux traditions cananéennes préisraélites. A cet égard, les textes cananéens du XIVe siècle av. J.-C., écrits en caractères cunéiformes sur des tablettes d'argile, sont particulièrement précieux. Découverts en 1928 dans la ville antique d'Ougarit sur la côte syrienne[1], ils sont une mine d'informations sur la société, la religion et les traditions narratives de Canaan durant la période précédant l'émergence d'Israël.

Dans les mythes, les épopées et les textes rituels d'Ougarit, l'expression les « fils de Dieu » (*banu ili* ou *banu ili-mi*) revient souvent. Le dieu principal du panthéon cananéen est El, dont le nom signifie

1. Voir « An Appreciation of Claude Frederic-Armand Schaeffer-Forter (1898-1982) » par James M. Robinson, et « The Last Days of Ugarit » par Claude F.-A. Schaeffer, *Biblical Archaeology Review*, septembre-octobre 1983. Voir aussi le compte rendu d'*Ugarit and the Old Testament* par Peter C. Craigie dans le même numéro.

littéralement « Dieu ». El et son épouse Ashérat sont le père et la mère des dieux. Les « fils de Dieu » peut se traduire littéralement par les « fils (ou enfants) d'El ».

On ne trouve pas seulement les *bene 'elim* dans des textes ougaritiques, mais aussi dans des inscriptions phéniciennes du VIIIe au VIIe siècle av. J.-C. [1] et dans une inscription ammonite du IXe siècle récemment découverte en Jordanie à Amman [2]. Le concept des fils de Dieu est donc présent à travers la tradition cananéenne durant une longue période.

Les racines cananéennes des fils de Dieu nous font entrevoir la grande antiquité de ces personnages et montrent clairement qu'il s'agit bien d'êtres divins. L'emploi de ce terme par les Israélites provient du corpus traditionnel hérité des Cananéens. Le concept des fils de Dieu de même que les récits les concernant remontent ainsi, sans aucun doute, à l'époque cananéenne.

Dans la tradition israélite, les fils de Dieu sont les divinités mineures qui accompagnent Yahvé dans sa divine assemblée [3]. Par rapport à celle de leurs ancêtres cananéens, leur sphère d'activité est limitée – changement évidemment dû au fait que, dans le culte israélite, Yahvé a concentré en lui-même les fonctions essentielles des autres dieux. Seuls quelques passages indiquent une activité marquante des fils de Dieu. Ces versets, en particulier *Genèse* 6,1-4 et *Deutéronome* 32,8, reflètent des traditions assez anciennes. Ces deux passages seraient même parfaitement à leur place parmi les textes mythologiques ougaritiques, sauf que le dieu principal est Yahvé et non El !

Passons maintenant des fils de Dieu à la descendance qu'ils engendrèrent lorsqu'ils s'unirent aux filles des hommes, comme décrit en

1. Arslan Tash (KAI 27. 11) et Karatépé (KAI 26. A. III. 19). L'inscription de Karatépé et une des inscriptions d'Arslan Tash sont traduites dans *Ancient Near Eastern Texts Related to the Old Testament*, James B. Pritchard, éd., Princeton, Princeton University Press, 3e éd., 1969, p. 654 (Karatépé), et p. 658 (Arslan Tash).

2. Siegfried H. Horn, « The Amman Citadel Inscription », *BASOR*, 193, 1969, p. 2-13.

3. Pour d'autres descriptions de l'assemblée divine de Yahvé, voir 1 *Rois* 22,19, *Isaïe* 6, Psaume 82, et, d'une époque plus tardive, *Daniel* 7,9-10. De nombreux textes contiennent des références ou des allusions à l'assemblée divine, entre autres *Jérémie* 23,18 et les formes au pluriel « faisons [...] » ou « comme l'un de nous [...] » de *Genèse* 1,26, 3,22 et 11,7. Pour une discussion plus approfondie, voir E. Theodore Mullen, Jr., *The Assembly of the Gods*, Harvard Semitic Monographs 24, Chico, CA, Scholars Press, 1980.

Genèse 6,1-4. Malgré le style du texte un peu haché, cette descendance semble bien être les Nephilim. Ils sont décrits comme les « héros d'antan, les hommes de renom ». Qui sont les Nephilim ?

Nephilim signifie littéralement « les tombés ». En hébreu, ce terme est un euphémisme courant pour désigner « les morts » (par exemple, le verset 6,15 de *Jérémie* dit : « Ils tomberont parmi les tombés [hébreu, *nopelim*] »).

Le verset 32,27 d'*Ézéchiel* présente les Nephilim comme des guerriers tombés[1] :

> Ils gisent avec les guerriers,
> les Nephilim d'antan,
> qui descendirent au Shéol
> avec leurs armes de guerre.

Dans d'autres textes de la tradition biblique, les Nephilim sont décrits comme les géants autochtones de Canaan. Dans le rapport que les éclaireurs de Moïse font de leur reconnaissance au pays de Canaan (*Nombres* 13,33), ils préviennent Moïse : « Tous ceux que nous y avons vus étaient des gens de haute taille ; là, nous avons vu les Nephilim – les Anaqim font partie des Nephilim – et nous nous faisions l'effet de sauterelles, et c'est bien aussi l'effet que nous leur faisions sans doute. »

En *Deutéronome* 2,11, les géants Anaqim – descendants des Nephilim – sont également nommés Rephaïm, un terme plus général pour désigner les habitants géants natifs de Canaan. Deux des plus célèbres Rephaïm sont le roi Og du Bâshan, dont on pouvait encore voir l'immense lit de fer exposé à Rabba-des-Ammonites (*Deutéronome* 3,11), et Goliath, le guerrier géant, un descendant du Rapha de Gat (2 *Samuel* 21,19 et suivants[2]).

Les Nephilim apparaissent donc comme une race de héros qui vécurent, d'une part, avant le Déluge et, d'autre part, à Canaan avant que les Israélites ne conquièrent la Terre promise. A ces époques, les Nephi-

1. Dans ce verset, certaines de mes versions diffèrent des traductions traditionnelles pour des raisons de texte et de linguistique. Walther Zimmerli discute ce passage dans *Ezekiel 2*, Hermeneia, Philadelphie, Fortress Press, 1983, p. 168 et 176.

2. Au verset 2 *Samuel* 21,19, c'est un guerrier nommé Elhanan qui vainc Goliath. Cet épisode nous est plus familier en 1 *Samuel* 17, où David est l'adversaire de Goliath. C'est un exemple d'histoire où la tradition orale « flotte » d'un héros mineur à un plus illustre.

lim finissent, comme leur nom l'indique, en « tombés ». Les Rephaïm et les Anaqim furent, dit la Bible, exterminés par Josué, Moïse et Caleb [1], bien qu'il subsistât encore quelques isolés à tuer pour David et ses hommes [2] : « Il ne resta aucun des Anaqim en terre d'Israël, mais il en resta quelques-uns à Gaza, Gat et Ashdod » (*Josué* 11,22).

La fonction des Nephilim-Rephaïm-Anaqim, les demi-dieux géants – mi-dieux, mi humains –, est constante dans toutes ces traditions. Ils existent pour être exterminés : par le Déluge, par Moïse, par David et d'autres [3]. La fonction des Nephilim dans la tradition israélite, c'est de mourir [4]. Nous l'avons vu, Nephilim signifie littéralement « les tombés ». Le lien entre la mort et les Nephilim semble fondamental dans les diverses formes de la tradition.

Je crois que, dans la version originelle du récit des amours raconté en *Genèse* 6,1-4, les Nephilim furent détruits par le Déluge ; en réalité, ils furent la cause du Déluge. Pour comprendre ce point de vue, cependant, il faut explorer le mythe mésopotamien du déluge, qui présente un lien évident avec le récit du Déluge conservé dans la Bible.

Dans l'histoire mésopotamienne, les dieux envoient le Déluge – nous le savons maintenant grâce au mythe paléo-babylonien d'*Atrahasis* – parce que le monde des hommes et le monde des dieux sont en déséquilibre cosmique. Le monde des hommes est surpeuplé et leur tapage empêche les dieux de dormir [5].

> [...] La population se multiplia,
> le pays mugissait comme un taureau.
> Leur tumulte fâcha le dieu ;
> Enlil entendit leur tapage,
> Il s'adressa aux grands dieux,
> « Le tapage de l'humanité finit par m'oppresser.
> Leur tumulte me prive de sommeil. »

1. Moïse : *Josué* 12,4-6, 13,12. Josué : *Josué* 11,21-22. Caleb : *Josué* 15,14, *Juges* 1,20.
2. 2 *Samuel* 21,18-22 ; *Chroniques* 20,4-8.
3. Notons que les autochtones géants de Seir, Ammon et Gaza sont eux aussi totalement anéantis, en général par Yahvé (*Deutéronome* 2,12, 20-23). Voir aussi *Deutéronome* 9,1-3, *Amos* 2-9.
4. Comparons avec les remarques de Mario Liverani sur la fonction des Amorites dans la tradition israélite, *The Amorites in Peoples of Old Testament Times*, D. J. Wiseman, éd., Oxford, Clarendon Press, 1973.
5. W. G. Lambert et Alan R. Millard, *Atrahasis : the Babylonian Story of the Flood*, Oxford, Clarendon Press, 1969, p. 66-67, 72-73.

En ces temps primitifs, croyaient les Babyloniens, les hommes vivaient éternellement ; c'est ce qui entraîna la surpopulation. On pouvait mourir de faim ou victime de la violence, mais la mort naturelle n'avait pas encore été instituée. Après l'échec d'autres tentatives pour contrôler l'augmentation de la population, Enlil décrète le Déluge, qui tuera toute l'humanité et résoudra le problème du bruit – c'est la solution finale d'Enlil.

Mais le dieu Enki, rusé adversaire d'Enlil, tente de contrecarrer ses plans. Enki conseille à un homme d'une « extrême sagesse » nommé Atrahasis de construire une arche pour lui et sa famille, en emmenant aussi une ménagerie d'animaux, afin de survivre au Déluge. Quand l'inondation baisse, Atrahasis et sa famille ont survécu. Les dieux Enlil et Enki s'opposent alors en une épreuve de force, puis finissent par tomber d'accord sur un compromis acceptable, suggéré par Enki, pour contrôler le nombre des humains : dorénavant, ils mourront de mort naturelle[1].

La mort naturelle devient le destin de l'humanité. Telle est la solution apportée au déséquilibre cosmique qui entraîna le déluge dans le récit babylonien.

Dans le récit de *Genèse* 6,1-4, la réponse divine face au déséquilibre cosmique que représente l'union des fils de Dieu avec les filles des hommes consiste elle aussi à limiter la longévité humaine : « Mon esprit ne demeurera pas à jamais fort en l'homme, car en vérité il n'est que chair. Sa longévité sera de cent vingt ans », dit Yahvé (*Genèse* 6,3).

Mais le châtiment – un décret de longévité limitée – est infligé ici à l'humanité, et non aux Nephilim.

Je crois qu'à l'origine, dans la tradition israélite primitive, le but du Déluge fut la destruction des Nephilim. Car l'union charnelle des fils de Dieu et des filles des hommes créa par ce mélange un déséquilibre cosmique et la confusion dans l'ordre cosmique. La naissance des

1. Ce passage capital a récemment été reconstitué :

> Enki ouvrit la bouche
> et s'adressa à Nintou, la déesse de la naissance,
> « [Ô toi], déesse de la naissance, créatrice des destinées,
> [crée la mort] pour les peuples. »

Pour les termes reconstitués entre crochets, voir W. G. Lambert, « The Theology of Death » dans *Death in Mesopotamia*, B. Alster, éd., Copenhague, Akademisk, 1980, p. 54-58. Les reconstitutions se fondent sur l'*Épopée de Gilgamesh*, tablette 10, colonne VI, lignes 28-32, où est rappelé le décret des dieux sur la mortalité humaine.

demi-dieux menaça la structure du cosmos. Dans le mythe, comme le montre par exemple la tradition babylonienne du déluge, la réponse naturelle consiste à supprimer le déséquilibre en détruisant sa cause. Ainsi, dans le mythe d'*Atrahasis*, l'humanité est détruite afin d'éliminer son tapage. Et la conclusion naturelle des versets 6,1-4 de la *Genèse*, selon la logique du mythe, est le Déluge : la destruction de l'humanité entraînant l'annihilation concomitante du désordre. Le déséquilibre cosmique est résolu par une destruction massive dont surgira un ordre nouveau.

En *Genèse* 6,1-4, tel que le texte nous a été transmis, cependant, la conclusion du vieux mythe a été modifiée. Le Déluge n'est plus la conséquence de l'union des fils de Dieu avec les filles des hommes. La conclusion du mythe a été détachée du récit du Déluge (bien qu'elle le suive encore immédiatement, commençant en *Genèse* 6,5), et un nouveau motif a été introduit dans le récit biblique. Aux versets 6,5-8 de la *Genèse*, le motif est la prolifération du mal en l'humanité, et non la prolifération de la population humaine (comme dans le mythe babylonien), ou le mélange de dieux et de mortelles (comme ce fut à l'origine le cas dans le mythe partiellement conservé aux versets 6,1-4).

Remarquons l'emploi parallèle du verbe *se multiplier* au début du récit de l'union des fils de Dieu avec les filles des hommes (*Genèse* 6,1-4) et au début du récit du Déluge juste après (6,5). Le récit de l'union débute par : « Quand les hommes commencèrent à se multiplier sur la surface de la terre » (6,1). Celui du Déluge par : « Yahvé vit que la méchanceté de l'homme se multipliait sur la terre »[1].

En *Genèse* 6,1-4, le problème est l'union entre dieux et êtres humains ; dans le Déluge, c'est la méchanceté humaine. L'emploi parallèle de

1. Plusieurs savants ont émis l'idée que l'augmentation de la population mentionnée au verset 6,1 de la *Genèse* serait un vestige du thème de la surpopulation humaine dans le mythe d'Atrahasis. Voir Alexander Heidel, *The Gilgamesh Epic and Old Testament Parallels*, Chicago, University of Chicago, 1949, p. 225-226 ; Alan R. Milliard, « A New Babylonian "Genesis" Story », *Tyndale Bulletin*, 18, 1967, p. 11-12 ; Claus Westermann, Genesis 1/1, BKAT, Neukirchen-Vluyn, Neukirchener, 1974, p. 500-501 ; voir aussi H. Schwarzbaum, « The Overcrowded Earth », *Numen*, 4, 1957, p. 59-74. Mais le rapprochement semble plutôt factice, puisqu'une augmentation de population est évidemment prévisible dans des mythes de l'humanité primitive. Les caractéristiques distinctives dans *Atrahasis* – excédent de population et le tapage qu'elle produit – sont toutes deux absentes de la tradition israélite. William L. Moran donne un point de vue nuancé sur la différence entre la tradition israélite et la mésopotamienne dans « Atrahasis : The Babylonian Story of the Flood », *Biblica*, 52, 1971, p. 61.

« se multiplier sur la terre » suggère une construction parallèle introduisant un déséquilibre cosmique. Aux versets 6,1-4, c'est l'union de dieux et de femmes humaines ; dans le Déluge, c'est la méchanceté de l'humanité. Dans le récit babylonien du déluge, c'est la surpopulation [1].

Le caractère éthique du Déluge biblique est mis en lumière par ce changement de motif : dans la Bible, le Déluge n'est pas provoqué par le déséquilibre cosmique dû à la surpopulation humaine, mais par le mal auquel se livrent les hommes. Les versets 6,5-7 donnent ce nouveau motif :

> Yahvé vit que la méchanceté de l'homme s'était multipliée sur la terre, et que toutes les pensées de son cœur n'étaient continuellement que méchanceté. Yahvé se repentit d'avoir créé l'humanité, et il s'affligea dans son cœur. Yahvé dit : « J'effacerai de la surface de la terre l'homme, que j'ai créé [...]. »

En tronquant la fin originelle de l'histoire relatée aux versets 6,1-4, privée ainsi de sa suite logique – le Déluge qui éliminerait le déséquilibre cosmique causé par des dieux s'unissant à des humains –, l'épisode des fils de Dieu prenant pour femmes des filles d'hommes devient un simple exemple, parmi d'autres, des mauvais penchants de l'humanité. Le Cycle primordial contient des récits analogues, antérieurs à celui du Déluge de la *Genèse.* La Bible introduit ici un nouveau motif de la grande destruction que celui-ci représente : l'histoire des fils de Dieu et des filles des hommes a été remaniée et n'est plus la raison fondamentale de la grande destruction.

Les Nephilim, qui semblent exterminés par le Déluge, réapparaissent néanmoins plus tard ; ils meurent dans une autre grande destruction, la conquête par les Israélites de la Terre promise. Ces exterminations massives mettent fin à une ère « primordiale » : antérieure au Déluge et à Israël. Durant ces deux phases primordiales, les Nephilim sont voués à la mort [2]

1. Georges Contenau établit un parallèle synoptique précis des deux récits du Déluge dans la *Genèse* (1200 av. J.-C.) et dans les mythes mésopotamiens (1800 av. J.-C.). Il étudie aussi le mythe du déluge dans d'autres traditions, ainsi que les traces, d'après les recherches archéologiques, d'une vaste inondation dans le bassin du Tigre et de l'Euphrate, ne correspondant cependant pas à un déluge couvrant un continent (*Le Déluge babylonien.* Suivi de *Ishtar aux enfers, la Tour de Babel*, nouv. éd. rév., Paris, Payot, coll. « Bibliothèque historique », 1952). *(NdT)*

2. Cette double dimension des Nephilim n'a rien d'embarrassant si nous comprenons la fluidité fondamentale des traditions mythologiques. De même que

L'histoire des fils de Dieu s'unissant aux filles des hommes est ainsi compréhensible seule, transposée sans modification, et on peut aussi la comprendre comme appartenant à un plus vaste ensemble soigneusement élaboré – le cycle des récits menant au Déluge. Ce cycle lui-même se nourrit des histoires des patriarches et de la narration de l'alliance entre Israël et Yahvé.

Dans la *Genèse*, le Cycle primordial se caractérise par une succession de transgressions mythologiques des limites, qui entraînent une série de réponses divines. Lentement, ces réponses édifient une nouvelle ordonnance du cosmos. Le mélange des dieux et des mortelles, aux versets 6,1-4, a son parallèle dans le mélange du divin et de l'humain dans le récit du jardin de l'Éden, où les humains désirent « être comme des dieux, qui ont la connaissance du bien et du mal » (*Genèse* 3,5, 22) – autre déséquilibre cosmique. En conséquence, Adam et Ève sont chassés de l'Éden. De même, dans l'histoire de la tour de Babel, où les hommes veulent bâtir « une tour dont le sommet pénètre les cieux » (*Genèse* 11,4), Dieu les punit par la confusion de leurs langues. Aux versets 6,1-4, les frontières entre le divin et l'humain sont aussi transgressées ; en conséquence, Dieu décrète que la vie de l'homme sera limitée à cent vingt ans. Le schéma de base reste identique.

Les histoires suivent un déroulement dialectique, engendrant des oppositions qu'elles vont ensuite éliminer, tout en esquissant la transition d'une « nature » mythique à une « culture » humaine, d'une ère où les hommes sont nus et immortels à une ère de vêtements, de mortalité, de dur labeur et de nations, l'ère de notre monde actuel. Les versets 6,1-4 s'insèrent sans difficulté dans ce contexte : la répétition des transgressions mythologiques des limites et la lente édification de la limitation du monde humain.

Goliath peut être tué par Elhanân (2 *Samuel* 21,19) ou par David (1 *Samuel* 17) dans des récits différents, les Nephilim peuvent être détruits par le Déluge ou par la conquête. Dans les deux cas, les Nephilim demi-divins ne sont plus présents dans notre monde. Ils sont « les tombés ».

CINQUIÈME PARTIE

Les manuscrits de la mer Morte et le christianisme

CHAPITRE QUATORZE

Les manuscrits de la mer Morte et le christianisme

James C. VanderKam

Dans cette étude magistrale du lien entre les manuscrits de la mer Morte et le christianisme primitif, James VanderKam envisage tout d'abord certaines des thèses les plus extrêmes qui placent à Qoumrân Jacques, frère de Jésus, qui voient en Paul ou même en Jésus le Prêtre Impie des textes de Qoumrân, ou qui affirment que des livres du Nouveau Testament furent trouvés à Qoumrân.

Parmi les nombreux points communs entre les adeptes de Qoumrân et les premiers chrétiens, il en examine ensuite plusieurs, concernant par exemple leurs rites et leurs pratiques communautaires. Il soulève alors la question d'un lien éventuel entre les repas de la communauté et la Cène.

VanderKam se penche aussi sur les ressemblances dans les textes, par exemple entre le Sermon sur la montagne et certains documents de Qoumrân, puis traite des ressemblances doctrinales entre les adeptes de Qoumrân et les premiers chrétiens.

Sa conclusion : nous connaissons mieux à présent la terre juive où germa l'Église primitive. Par ailleurs, nous comprenons que, parmi les croyances et les pratiques de l'Église primitive auparavant estimées uniques, beaucoup se trouvaient préfigurées à Qoumrân.

*

Presque dès le moment où les spécialistes commencèrent à étudier les premiers manuscrits de la mer Morte, la question de leur relation avec le christianisme primitif devint un débat capital.

Les premiers temps des recherches sur Qoumrân virent fleurir quelques thèses fantastiques sur le lien de Jésus et des premiers chrétiens avec la communauté de Qoumrân. En 1950, André Dupont-Sommer soutint que la vie du Maître de Justice – fondateur et premier chef du groupe de Qoumrân d'après les rouleaux – préfigurait celle de Jésus et montrait un cours parallèle :

> Le Maître galiléen, tel que nous le présentent les écrits du Nouveau Testament, apparaît, à bien des égards, comme une étonnante réincarnation du Maître de Justice. Comme celui-ci, il prêcha la pénitence, la pauvreté, l'humilité, l'amour du prochain, la chasteté. Comme lui, il prescrivit d'observer la Loi de Moïse, toute la Loi, mais la Loi achevée, parfaite, grâce à ses propres révélations. Comme lui, il fut l'Élu et le Messie de Dieu – le messie rédempteur du monde. Comme lui, il fut en butte à l'hostilité des prêtres, du parti des Sadducéens. Comme lui, il fut condamné et supplicié. Comme lui, il exerça le jugement sur Jérusalem, qui, pour l'avoir mis à mort, fut prise et détruite par les Romains. Comme lui, à la fin des temps, il sera le souverain juge. Comme lui, il fonda une Église, dont les fidèles attendaient avec ferveur Son glorieux retour[1].

Les spéculations de Dupont-Sommer influencèrent fortement Edmund Wilson, critique littéraire et auteur du fameux article du *New Yorker* (publié ensuite en livre avec grand succès) « The Scrolls from the Dead Sea », qui aviva l'intérêt du grand public pour les rouleaux et les controverses dont ils faisaient l'objet[2]. Wilson soutenait que le lien

1. André Dupont-Sommer, *Aperçus préliminaires sur les manuscrits de la mer Morte*, Paris, Adrien-Maisonneuve, 1950, p. 121 (trad. angl. : *The Dead Sea Scrolls : A Preliminary Survey*, Oxford, Basil Blackwell, 1952, p. 99). La préface de l'auteur est datée du 14 juillet 1950. Il a éprouvé le besoin de défendre ces thèses percutantes dans un livre ultérieur : *Nouveaux Aperçus sur les manuscrits de la mer Morte*, Paris, Adrien-Maisonneuve, 1953, p. 206-207 (trad. angl. : *The Jewish Sect of Qumran and the Essenes : New Studies on the Dead Sea Scrolls*, New York, Macmillan, 1955, p. 160-162). Notons ses paroles : « Ces similitudes, je les avais signalées dans les *Aperçus préliminaires*. Désireux d'attirer l'attention sur ce fait inattendu que les nouveaux textes me semblaient révéler, j'avais esquissé un rapide parallèle qui tendait à piquer la curiosité du lecteur – sans prétendre nullement régler, au prix d'une simplification excessive, un problème des plus complexes » (p. 206). Comme il le dit dans cette seconde publication, la ressemblance entre Jésus et le Maître « [...] n'est pas totale, tant s'en faut » (p. 207).

2. Edmund Wilson, « The Scrolls from the Dead Sea », *The New Yorker*, mai 1955, p. 45-131. Le livre parut sous le même titre, la même année. Il resta longtemps sur les listes des grands succès en librairie. Il faut mentionner, en toute équité, que Wilson critique l'utilisation faite par Dupont-Sommer de certains passages du *Commentaire d'Habacuc*, parce qu'ils se rapportaient au Prêtre Impie,

des adeptes de Qoumrân avec Jésus et les premiers chrétiens pouvait être considéré comme les « phases successives d'un mouvement[1] ».

> Le monastère, cette construction de pierre qui perdure, entre les eaux saumâtres et les falaises vertigineuses, avec son four et ses encriers, sa meule et sa fosse d'aisances, sa constellation de bassins d'eau lustrale et les sobres tombes de ses morts, est peut-être, plus que Bethléem ou Nazareth, le berceau du christianisme[2].

Selon Wilson, à cause de leur partialité religieuse, les chercheurs juifs et chrétiens rechignaient à admettre les conclusions logiques découlant des manuscrits. Les savants juifs, avançait-il, craignaient que l'autorité du texte massorétique (le texte judaïque traditionnel de la Bible hébraïque) ne soit ébranlée, surtout par les variantes figurant dans les textes bibliques découverts à Qoumrân. Les juifs seraient également mal à l'aise, suggérait-il, si le christianisme, ainsi que l'indiquaient les rouleaux, était considéré comme un développement naturel d'une branche particulière du judaïsme. Et le christianisme, lui aussi, se trouverait menacé par le contenu des rouleaux. L'unicité du Christ se verrait compromise. Dans un passage souvent cité, l'iconoclaste Wilson concluait :

> [C]e serait sans doute un immense bienfait pour les échanges culturels et sociaux – c'est-à-dire pour la civilisation – si la montée du christianisme était, enfin, généralement considérée comme un simple épisode de l'histoire de l'humanité et non propagée comme un dogme et une révélation divine. L'étude des manuscrits de la mer Morte, inclinerait-on à penser, prend maintenant une direction où elle ne saurait manquer de conduire à cette perspective[3].

En même temps, d'autres chercheurs se livraient à un travail de patience : discerner avec précision les points de contact et les différences. Par exemple, Millar Burrows (de Yale) adopta une thèse minimisante dans *Les Manuscrits de la mer Morte*[4], devenu un ouvrage de

---

l'ennemi juré du Maître, et non au Maître lui-même (par exemple, *The Scrolls from the Dead Sea*, Londres, Collins, 1955, p. 92-93). Mais il fait ensuite un éloge particulièrement vif du grand professeur de la Sorbonne (*The New Yorker*, *op. cit.*, p. 106-108).

1. Edmund Wilson, *The Scrolls from the Dead Sea*, *op. cit.*, p. 102.
2. *Ibid.*, p. 104.
3. *Ibid.*, p. 114.
4. Millar Burrows, *The Dead Sea Scrolls*, New York, Viking, 1956.

référence A l'encontre des savants affirmant que ces manuscrits allaient révolutionner l'étude du Nouveau Testament, il écrit : « Cependant, il n'y a aucun danger que les manuscrits de la mer Morte apportent dans notre intelligence du Nouveau Testament une telle révolution qu'une révision d'un seul article fondamental de la foi chrétienne s'avère nécessaire. Tous les chercheurs qui ont travaillé sur ces textes seront d'accord pour considérer que ceci ne s'est pas produit et ne se produira pas [1]. »

Dans un esprit moins pastoral, Burrows expose son point de vue sur le lien entre la secte de Qoumrân et les premiers chrétiens :

> Une influence directe de la secte de Qoumrân sur l'Église primitive pourrait se révéler moins probable que des développements parallèles au sein de la même situation d'ensemble. C'est la même question qui se pose ici et quand nous tentons d'expliquer certaines ressemblances entre le judaïsme et le zoroastrisme, ou entre le christianisme et les cultes païens des mystères [2].

Dans une large mesure, ce point de vue a fini par circonscrire le cadre général dans lequel le lien entre Qoumrân et le christianisme reste aujourd'hui compris. Nombre de spécialistes de Qoumrân seraient d'accord avec la conclusion de Burrows : « [A]près sept ans d'études consacrées aux manuscrits de la mer Morte, ma compréhension du Nouveau Testament ne s'en trouve pas substantiellement affectée. Son arrière-plan juif est plus clair et mieux compris, mais sa signification n'a été ni changée ni considérablement clarifiée [3]. »

Sous le titre *The Dead Sea Scrolls and the New Testament*, Krister Stendahl (de Harvard) a réuni treize études approfondies sur la secte de Qoumrân effectuées par onze spécialistes (l'un d'eux en a rédigé trois), qui examinent les principales ressemblances entre cette secte et le christianisme primitif [4]. Il n'a sélectionné aucun des écrits de

1. *Ibid.*, p. 327.
2. *Ibid.*, p. 328.
3. *Ibid.*, p. 343. Nul besoin, soutient Burrows dans le même contexte, de penser que l'un ou l'autre des auteurs du Nouveau Testament ait jamais entendu parler du groupe de Qoumrân (p. 342-343).
4. Krister Stendahl, éd., *The Scrolls and the New Testament*, New York, Harper & Row, 1957. Tous les articles, sauf deux (et l'introduction de Stendahl), avaient déjà été publiés entre 1950 et 1955. Deux des recherches ne sont pas centrées sur Qoumrân et le Nouveau Testament : celle de Joseph Fitzmyer sur les Ébionites (qui est toutefois une réponse à l'affirmation de J. L. Teicher présentant la secte de Qoumrân comme ébionite – un groupe de juifs chrétiens) et celle de Nahum Glatzer sur Hillel l'Ancien.

Dupont-Sommer. Dans son analyse perspicace formant le chapitre d'introduction, Stendahl conclut : « Il est vrai de dire que les Rouleaux augmentent notre connaissance de l'arrière-plan du christianisme, mais cette augmentation est telle que nous atteignons un point où l'importance des ressemblances sauve définitivement le christianisme des fausses prétentions d'originalité au sens vulgaire du terme et nous ramène à une compréhension nouvelle de son authentique fondement en la personne de son Messie et en les événements de sa vie[1] ». conclusion à laquelle j'adhère.

L'un des livres les plus marquants sur Qoumrân a pour auteur Frank M. Cross, également de Harvard. Dans *The Ancient Library of Qumran and Modern Biblical Studies*, Cross met l'accent sur les Esséniens (un mouvement juif dont faisait partie le groupe de Qoumrân) en tant qu'artisans et porteurs de la tradition juive apocalyptique et sur l'importance de cette tradition pour le christianisme primitif :

> L'arrière-plan des institutions et des schémas typiques de la vie communautaire de la toute première Église, inscrit dans un milieu apocalyptique antérieur, peut maintenant être étudié sérieusement pour la première fois. La littérature essénienne [de Qoumrân] nous permet de découvrir le contexte juif concret dans lequel une vivante compréhension apocalyptique de l'histoire faisait partie intégrante d'une existence communautaire. Comme l'Église primitive, la communauté essénienne se distinguait précisément des associations pharisiennes et des autres mouvements au sein du judaïsme par sa conscience d'« être déjà la Congrégation appelée et élue de la fin des temps[2] ». Contrairement à la tendance des théologiens du Nouveau Testament à présumer que l'« existence eschatologique » de l'Église primitive – c'est-à-dire sa vie communautaire vécue par anticipation du Royaume de Dieu, de même que les modalités façonnées par cette vie – était un phénomène uniquement chrétien, nous devons à présent affirmer que, dans les communautés esséniennes, nous découvrons des antécédents de modalités et de concepts chrétiens[3]

---

1. Krister Stendahl, « An Introduction and a Perspective », dans *The Scrolls and the New Testament*, *op. cit.*, p. 16-17.

2. Citation de Rudolf Bultmann, *Theology of the New Testament*, 2 vol., New York, Charles Scribner's Sons, 1951-1955 vol. 1, p. 42.

3. Frank M. Cross, *The Ancient Library of Qumran and Modern Biblical Studies*, Grand Rapids, MI, Baker Book House, réimp. 1980, p. 203-204. Une édition revue a été publiée en 1961, une traduction allemande en 1967 et une réimpression en 1980. Les références correspondent à cette dernière version.

Il faut également mentionner la très brève déclaration que J. T. Milik consacre à ce sujet dans son livre *Ten Years of Discovery in the Wilderness of Judaea*, Stu-

A l'intérieur de ce cadre général, Cross examine ensuite des parallèles entre chrétiens et Esséniens dans trois domaines : le langage théologique (en particulier chez Jean) ; les motivations eschatologiques (en particulier dans leur interprétation de l'Écriture afin qu'elle s'applique à leur propre époque, mais aussi dans leur compréhension d'eux-mêmes en tant que peuple de la Nouvelle Alliance et dans leur perspective messianique) ; puis les institutions de leur ordre et de leur liturgie (baptême, repas liturgiques, communauté des biens, direction de la congrégation). Dans chaque cas, les adeptes de Qoumrân et les premiers chrétiens partagèrent des conceptions essentielles.

En 1966, un savant allemand, Herbert Braun, publia un ouvrage en deux volumes intitulé *Qumran und das Neue Testament*, contenant une analyse suivie de tous les passages du Nouveau Testament – de Matthieu à l'Apocalypse – pour lesquels un parallèle dans les manuscrits de Qoumrân pouvait être raisonnablement affirmé[1]. Un livre de trois cent vingt-six pages en assez petits caractères. Naturellement, l'importance et la qualité de ces parallèles varie, mais, quelles que soient les limites de ce recueil, leur nombre à lui seul est tout à fait impressionnant.

En définitive, les progrès des recherches sur Qoumrân ont mené à un large consensus sur ce point : malgré des différences majeures entre la littérature qoumrânienne et la littérature chrétienne primitive d'une part, et, d'autre part, entre la communauté de Qoumrân et la communauté chrétienne primitive, ces deux groupes présentaient aussi des ressemblances remarquables dans leur vocabulaire théologique, dans certains dogmes importants, et dans plusieurs pratiques organisationnelles ou rituelles. Pourtant, la plupart des chercheurs ont été peu disposés à expliquer des enseignements chrétiens primitifs comme étant des emprunts *directs* à l'essénisme de Qoumrân. Le meilleur

---

dies in Biblical Theology 26, Londres, SCM Press, 1959, p. 142-143 (éd. franç. : *Dix Ans de découvertes dans le désert de Juda*, Paris, Le Cerf, 1957). Il observe des parallèles littéraires, institutionnels et doctrinaux, et soutient que l'influence essénienne sur l'Église primitive s'accrut après l'époque de Jésus et de ses premiers disciples, spécialement parmi les juifs chrétiens : « Un peu plus tard, nous trouvons dans une partie de l'Église une influence essénienne qui submerge presque l'élément doctrinal authentiquement chrétien, et que l'on peut même considérer comme responsable de la brèche entre les judéo-chrétiens et la Grande Église ».

1. Herbert Braun, *Qumran und das Nue Testament*, Tübingen, J. C. B. Mohr (Paul Siebeck), 1966.

point de vue est que les deux mouvements sont issus d'une commune tradition au sein du judaïsme, avec peut-être quelques cas d'emprunt direct (en particulier pour l'organisation)[1]. La publication d'un plus grand nombre de rouleaux a permis d'étayer solidement cette conclusion générale.

Il est vrai que, même aujourd'hui, quelques savants isolés se démarquent de cette perspective prédominante. Par exemple, Robert Eisenman, de la California State University à Long Beach, a avancé la thèse d'un mouvement sadocide, dont la communauté de Qoumrân faisait partie, qui serait censé avoir existé depuis des siècles et inclure Esdras, Judas Maccabée, Jean-Baptiste, Jésus et son frère Jacques[2]. Ce mouvement ne se serait individualisé qu'au Ier siècle apr. J.-C. et aurait composé les documents sectaires de Qoumrân. Barbara Thiering, de l'université de Sydney, en Australie, a identifié Jean-Baptiste dans le Maître de Justice des textes qoumrâniens et Jésus dans le Prêtre Impie[3]. J. L. Teicher, de l'université de Cambridge, soutient, lui, que l'apôtre Paul est le Prêtre Impie[4]. Peu de savants, si tant est qu'il y en ait un, ont été convaincus par les arguments qu'ont invoqués Eisenman, Thiering ou Teicher, mais la grande presse a parfois largement couvert leurs idées sensationnelles[5].

Examinons de plus près certaines des ressemblances significatives entre le Nouveau Testament et la littérature qoumrânienne, et pesons leur valeur. Mais, auparavant, deux pensées doivent être exprimées.

Premièrement, il faut évaluer les lumières apportées par la littérature qoumrânienne au regard de notre pauvreté en toute autre littérature hébraïque ou araméenne contemporaine au début du christianisme. Les livres de la Bible hébraïque sont presque tous d'une

1. Voir, par exemple, Geza Vermès, *The Dead Sea Scrolls : Qumran in Perspective*, Philadelphie, Fortress, 1977, p. 211-221.

2. Voir, par exemple, Robert H. Eisenman : *Maccabees, Zadokites, Christians and Qumran : A New Hypothesis of Qumran Origins*, Studie Post-Biblica 34, Leyde, E. J. Brill, 1983.

3. Barbara Thiering, *Redating the Teacher of Righteousness*, Australian and New Zealand Studies in Theology and Religion, Sydney, Theological Explorations, 1979 ; et *The Gospels and Qumran : A New Hypothesis*, Sydney, Theological Explorations, 1981.

4. J. L. Teicher, « The Dead Sea Scrolls – Documents of the Jewish-Christian Sect of Ebionites », *Journal of Jewish Studies*, 3, 1951, p. 67-99.

5. Sur Eisenman, voir Michael Baigent et Richard Leigh, *The Dead Sea Scrolls Deception*, Londres, Jonathan Cape, 1991 ; trad. franç. : *La Bible confisquée*, Paris, Plon, 1992. Voir aussi chap. 22.

considérable antériorité. Le vaste corpus de textes rabbiniques fut rédigé des siècles plus tard. Avant les découvertes de Qoumrân, la plupart des matériaux comparatifs du Ier siècle disponibles pour l'étude du christianisme primitif provenaient de sources grecques et latines. Soudain, toute une bibliothèque de textes en hébreu et en araméen datant approximativement de l'époque des événements du Nouveau Testament devint accessible : naturellement et à juste titre, elle captiva l'attention des spécialistes du Nouveau Testament.

Deuxièmement, prouver qu'un élément du Nouveau Testament dépend directement d'une donnée présente dans les rouleaux n'est point tâche aisée. Aujourd'hui encore, nous savons très peu de choses sur les différents groupes de juifs durant les derniers siècles de la période du Second Temple (les Romains le détruisirent en 70 apr. J.-C.). Même si nous démontrons que les seuls endroits où l'on trouve un élément ou un concept particulier sont le Nouveau Testament et les textes de Qoumrân, ceci ne prouverait ni un emprunt direct ni que tel trait n'existait que dans ces deux groupes. Ce trait pourrait avoir été plus largement partagé, mais la plupart des témoignages en être aujourd'hui perdus. Étant donné ces limites, nous ne pouvons, au mieux, guère faire plus qu'isoler des domaines où chrétiens et Esséniens s'accordaient, alors que tous les autres groupes connus semblent avoir différé de ces deux mouvements.

L'un des exemples les plus clairs des lumières que la littérature qoumrânienne peut apporter à celle du Nouveau Testament concerne la langue et les locutions verbales. Le Nouveau Testament est rédigé en grec. Mais Jésus parlait araméen, et ses premiers disciples étaient tous des juifs de Galilée ou de Judée parlant une langue sémitique. Pour la première fois, les textes de Qoumrân nous offrent maintenant l'hébreu (et quelquefois l'araméen) originel d'un certain nombre de termes et de locutions du Nouveau Testament.

Prenons l'expression grecque *tōn pleionōn*, habituellement traduite par « beaucoup » ou « majorité ». C'est un terme très général qui devint, dans plusieurs passages du Nouveau Testament, une formule désignant des groupes entiers d'adeptes de Jésus (*Matthieu* 26,28 ; voir aussi *Marc* 14,24 ; [voir *Luc* 22,20] ; *Actes* 6,2-5 et 15,12-30 ; 2 *Corinthiens* 2,5-6). Par exemple, Paul écrit aux Corinthiens : « Or si quelqu'un a fait de la peine, ce n'est pas à moi qu'il en a fait, mais dans une certaine mesure – n'exagérons rien – à vous tous. C'est assez pour cet homme du châtiment qui lui a été infligé par la majorité [*tōn pleionōn*] d'entre vous » (2 *Corinthiens* 2,5-6). Certaines règles du manuscrit de Qoumrân intitulé le *Manuel de Discipline* (1QS) énoncent qui peut prendre la parole et à quel moment pendant les assemblées générales du groupe : « Et dans une assemblée de la Congrégation, nul homme ne parlera sans l'agrément de la Congrégation, ni même celui du Gardien de la Congrégation » (*Manuel de Discipline* 6,11-12)[1]. Le terme hébreu traduit par « congrégation » dans ce passage est *hrbym* (vocalisé en *harabbim*), qui signifie littéralement « les nombreux ». Bref, *hrbym* est le terme hébreu sous-jacent au terme grec *tōn pleionōn* du Nouveau Testament.

Ces mêmes lignes nous offrent un autre exemple. Le terme hébreu traduit ici par « gardien » (*hmbqr*) (et à d'autres endroits où il désigne un homme chargé d'un rôle de surveillance dans la communauté de Qoumrân[2]) est peut-être l'équivalent d'*episkopos* (évêque-surveillant), qui est employé plusieurs fois dans le Nouveau Testament (*Philippiens* 1 1 ; 1 *Timothée* 3,1-7 ; *Tite* 1,7), où il désigne un homme ayant une fonction similaire.

A l'aide des rouleaux, nous pouvons découvrir les termes originaux de plusieurs autres expressions du Nouveau Testament – non seulement dans les Évangiles, mais aussi dans le corpus paulinien. Joseph Fitzmyer, de la Catholic University of America à Washington (DC), a identifié les termes sémitiques originaux d'un certain nombre d'expressions pauliniennes telles que : la justice de Dieu (*dikaiosyne theou* = *sidqat 'el*), les œuvres de la Loi (*erga nomou* = *ma'aseh torah*), l'Église de Dieu (*he ekklesia tou theou* = *gehal 'el*), et Fils de Lumière (*huloi photos* = *bene'or*)[3].

Pouvons-nous aller plus loin ? Est-il possible qu'un fragment d'un évangile ait été trouvé à Qoumrân ? Les Romains détruisirent la localité de Qoumrân en 68 apr. J.-C. Beaucoup sont d'avis qu'à cette date l'évangile de Marc, le plus ancien des Évangiles canoniques, avait déjà été rédigé. La possibilité n'est donc totalement pas exclue qu'un texte

1. Trad. angl. de Vermès, *The Dead Sea Scrolls in English* (Harmondsworth, Grande-Bretagne, Penguin Books, 1962), comme le sont toutes les autres citations des rouleaux, sauf indication contraire. [Trad. Dupont-Sommer pour la fin de la phrase : « ou à moins qu'il ne soit l'inspecteur des Nombreux ». *(NdT)*]

2. Frank M. Cross (*The Ancient Library of Qumran and Modern Biblical Studies*, *op. cit.*, p. 233) note que le *hmbqr* et le *pgyd* (habituellement traduits par *episkopos* dans la version grecque de la Bible hébraïque) semblent désigner la même personne.

3. Joseph Fitzmyer, « The Qumran Scrolls and the New Testament after Forty Years », *Revue de Qumran*, 13, 1988, p. 613-615.

des Évangiles soit découvert à Qoumrân. En fait, un chercheur affirme avoir identifié plusieurs bribes, provenant de la grotte 7 de Qoumrân (où des fragments grecs ont été trouvés), qui contiendraient non seulement des passages du texte de *Marc*, mais aussi des *Actes des Apôtres*, de l'*Épître aux Romains*, de la *Première Épître à Timothée*, de l'*Épître de saint Jacques* et de la *Deuxième Épître de saint Pierre*. Un savant jésuite espagnol, Jose O'Callaghan[1], fit sensation à travers le monde dans les années 1970 en avançant ces idées, mais aujourd'hui sa thèse a généralement été abandonnée. Les bribes sur lesquelles O'Callaghan se fondait sont des textes minuscules, pratiquement illisibles, qui ne semblent pas correspondre entièrement aux textes concernés, même pour les quelques lettres déchiffrables. Naturellement, si l'identification de O'Callaghan se révélait correcte, elle exigerait des changements importants dans les thèses couramment acceptées sur l'identité des résidents de Qoumrân, au moins dans les dernières phases de la communauté.

Si aucune copie véritable de livres du Nouveau Testament n'a été trouvée à Qoumrân, il se pourrait cependant que des passages de livres du Nouveau Testament aient été tirés de sources qoumrâniennes ou esséniennes, puis révisés et intégrés dans leurs contextes actuels. Considérons les versets 2 *Corinthiens* 6,14-15 : « Ne formez pas avec les infidèles d'attelage disparate sous un même joug. Quelle association peut-il y avoir en effet entre la justice et l'iniquité ? Qu'y a-t-il de commun entre la lumière et les ténèbres ? Quel accord y a-t-il entre le Christ et Bélial ? Ou quelle part le croyant a-t-il avec l'incroyant ? »

Le passage tout entier ressemble beaucoup à ces thèmes de Qoumrân – l'opposition lumière-ténèbres et la forte conscience de former un groupe exclusif. Le nom de Bélial (ou Béliar) n'apparaît qu'à cet endroit dans tout le Nouveau Testament, mais survient plusieurs fois dans les textes de Qoumrân : dans le *Rouleau des Hymnes* et dans la lettre halakhique inédite répertoriée sous le sigle 4QMMT, ainsi qu'à d'autres endroits. Nous ne pouvons prouver que ce passage de la *Deuxième Épître aux Corinthiens* est un texte essénien révisé, mais

1. Jose O'Callaghan, « Papiros neotestamentarios en la cueva 7 de Qumran ? », *Biblica*, 53, 1972, p. 91-100. Le manuscrit 7Q5, censé être le meilleur exemple, contiendrait des lettres de *Marc* 6,52-53, en tout vingt lettres lisibles. Cependant, les textes sont extrêmement difficiles à lire et des identifications différentes ont été proposées pour ces lettres. Les références des textes et une bibliographie supplémentaire sont données dans « Lista de MSS procedentes de Qumran », *Henoch*, 11, 1989, p. 223, de Florentino García-Martínez.

Paul y utilise un langage qui ne nous est connu que dans les textes de Qoumrân[1].

Une affirmation analogue peut être avancée à propos du Sermon sur la montagne, en *Matthieu* 5-7. Là aussi, apparaissent un certain nombre d'expressions attestées à Qoumrân, mais nulle part ailleurs. Par exemple, celle des « pauvres en esprit » (*Matthieu* 5,3) se retrouve dans la *Guerre des Fils de Lumière contre les Fils des Ténèbres* (14,17), mais aucun autre texte antique ne la mentionne. De même, l'enseignement du sermon enjoignant d'éviter de jurer par ceci ou par cela, serments inutiles puisque notre parole devrait suffire (*Matthieu* 5,33-37), fait écho à la grande insistance sur la vérité manifestée dans les rouleaux (par exemple, le *Manuel de Discipline* 2,24-26, appelle le groupe la « communauté de vérité ») et explique peut-être pourquoi Josèphe dit que les Esséniens étaient exemptés de prêter serment de loyauté à Hérode[2]. Le devoir de tendre l'autre joue (*Matthieu* 5,38-39) se retrouve à Qoumrân dans le *Manuel de Discipline* (10,17-18)[3], mais nulle part ailleurs. Enfin, les antithèses du Sermon sur la montagne (« Vous avez appris qu'il a été dit [...] Eh bien, moi je vous dis [...] ») rappellent la manière dont la lettre halakhique non encore publiée (4QMMT)[4] introduit les désaccords entre la secte et ses adversaires : « Vous savez [...] Nous pensons/disons [...] »

Comme on pouvait s'y attendre, s'est posée cette question : certains personnages du Nouveau Testament peuvent-ils être situés à Qoumrân ? Dupont-Sommer, nous l'avons vu, a soutenu il y a longtemps que le Maître de Justice, personnalité prééminente des documents de Qoumrân, préfigurait Jésus. Même lui, cependant, n'assimile pas les deux. J'ai aussi mentionné l'idée largement rejetée affirmant que Jacques le Juste, frère de Jésus (thèse proposée par Eisenman) et l'apôtre Paul (thèse proposée par Teicher) apparaissent dans les rouleaux.

1. H. Braun présente une bibliographie et une discussion de ce point dans *Qumran und das Neue Testament*, *op. cit.*, vol. 1, p. 201-204. Comme l'a souligné Fitzmyer, le verset 2 *Corinthiens* 6,18 cite 2 *Samuel* 7,14, passage également cité dans 4Q Florilegium (« 4Q Testimonia and the New Testament », *Theological Studies*, 18, 1957, p. 534-535).

2. Josèphe, *Antiquités judaïques*, XV. 10, 4, sec. 371. Trad. angl. de H. St. J. Thackeray, Loeb Classical Library, Cambridge, MA, Harvard University Press/Londres, William Heinemann, 1978.

3. Voir Kurt Schubert, « The Sermon on the Mount and the Qumran Texts », dans Stendahl, éd., *The Scrolls and the New Testament*, *op. cit.*, p. 118-128.

4. Les lettres MMT sont les initiales des mots hébreux *miqsat ma'aseh ha-Torah* (« Quelques œuvres de la Torah »), phrase qui apparaît à la fin de l'œuvre.

Celui qui, le plus plausiblement, aurait pu être en contact avec la communauté de Qoumrân est Jean-Baptiste. Dès le début, les savants ont été intrigués par les ressemblances entre Jean et son enseignement, d'une part, et Qoumrân et ses doctrines, d'autre part. Le Baptiste est donc le candidat principal dans la question des contacts avec Qoumrân. L'argument, nous allons le voir, ne manque pas de force.

Jean-Baptiste était issu d'une famille sacerdotale (*Luc* 1,5). A sa naissance, son père lui dit :

> « Et toi, petit enfant, tu seras appelé le prophète du Très-Haut, car tu marcheras devant le Seigneur pour préparer ses voies, pour donner à son peuple la connaissance du salut dans la rémission des péchés, grâce à la tendre miséricorde de notre Dieu quand le jour, d'en haut, se lèvera pour nous. » [*Luc* 1,76-78.]

Luc ajoute : « Cependant l'enfant grandissait et se fortifiait en esprit. Et il demeura dans le désert jusqu'au jour où il se manifesta devant Israël » (*Luc* 1,80).

Ce désert-là est le désert de Judée proche du Jourdain, qui se jette dans la mer Morte tout près de Qoumrân (*Luc* 3,3 ; voir aussi *Matthieu* 3,1, 5-6 ; *Marc* 1,4-5).

Donc, Jean vécut dans le désert de Judée avant le début de son ministère, et c'est là que la parole de Dieu se fit entendre à lui, dans la quinzième année du règne de Tibère (*Luc* 3,1-2). Les trois évangiles synoptiques introduisent le ministère public de Jean par la même observation : il prêchait le repentir (*Matthieu* 3,2 ; *Marc* 1,4 ; *Luc* 3,3). Les versets de Luc le décrivent « proclamant un baptême de repentir pour la rémission des péchés » (*Luc* 3,3). Sa prédication, nous dit-on, était plus largement orientée vers le plan de Dieu pour la fin des temps, puisqu'elle accomplissait les paroles d'Isaïe : Jean est « une voix qui crie dans le désert : “Préparez le chemin du Seigneur, rendez droits ses sentiers. Toute vallée sera comblée, toute montagne et toute colline seront abaissées ; ce qui est tortueux sera redressé, et les chemins raboteux seront aplanis. Et toute chair verra le salut de Dieu.” ». Luc (3,4-6) cite ici *Isaïe* 40,3-4. Matthieu (3,3) et Marc (1,2-3) citent également ce passage, mais moins longuement. La prédication de Jean est caractérisée par une urgence eschatologique, par la nécessité du repentir avant l'aube du grand jour et la venue du Seigneur.

Matthieu et Marc ajoutent tous deux une description du vêtement et du régime singuliers de Jean : il porte un vêtement de poil de chameau noué d'une ceinture de cuir, se nourrit de sauterelles et de miel sauvage

(*Matthieu* 3,4 ; *Marc* 1,6). Les trois évangiles synoptiques précisent que le baptême de Jean avait lieu dans le Jourdain (*Matthieu* 3,5-6 ; *Marc* 1,5 ; *Luc* 3,3). Son message impérieux remuait les foules, car Jean dénonçait sans ambages leurs péchés (*Matthieu* 3,7-10 ; *Luc* 3,7-14). Luc rapporte que l'auditoire de Jean se prit d'intérêt pour le Baptiste lui-même : « Comme le peuple était dans l'attente, et que tous se demandaient en leur cœur si Jean n'était pas le Christ [c'est-à-dire le Messie], [...] » (*Luc* 3,15). C'est alors qu'il proclame la venue d'un plus grand que lui qui baptisera, non dans l'eau comme Jean le faisait, mais dans l'Esprit-Saint et le feu, un qui viendra pour juger (*Luc* 3,16-18 ; voir aussi *Matthieu* 3,11-12 ; *Marc* 1,7-8 ; *Jean* 1,19-28). Jean, plus tard, baptisa Jésus (*Matthieu* 3,13-15 ; *Marc* 1,8 ; *Luc* 3,21) ; il finit par être emprisonné et exécuté (*Matthieu* 14,1-12).

Ce tableau rappelle à bien des égards la communauté de Qoumrân. L'aire géographique de Jean semble très proche de Qoumrân. L'évangile de Jean situe son ministère de baptême « à Béthanie au-delà du Jourdain » (*Jean* 1,28) et « à Enon, près de Salim, parce qu'il y avait là beaucoup d'eau » (*Jean* 3,23). Aucun emplacement n'est connu avec certitude, mais il semble que ces lieux aient été situés un peu au nord de Qoumrân. Cependant, la prédication de Jean dans le désert près du Jourdain aurait bien pu l'amener dans le voisinage de Qoumrân, ou même à Qoumrân. Le baptême du repentir administré par Jean trouve un parallèle dans l'enseignement de Qoumrân sur le bain d'eau lustrale pour se purifier et se sanctifier (*Manuel de Discipline* 3,4-5,9). D'après un autre passage du même texte (5,13-14) : « Qu'ils [les impies] n'entrent pas dans l'eau afin de partager le pur Repas des saints, car ils ne seront pas purifiés, à moins qu'ils ne se détournent de leur méchanceté, car tous ceux qui transgressent Sa parole sont impurs. »

L'établissement de Qoumrân comprend de nombreuses citernes, dont certaines servaient aux bains rituels fréquents des membres de la communauté. Sans doute existait-il des différences entre le baptême de Jean et les rites de Qoumrân (le baptême de Jean avait peut-être lieu une seule fois pour chaque pénitent, alors que les ablutions de Qoumrân semblent plus fréquentes) ; mais tous deux sont liés au repentir et, à la différence du baptême des prosélytes, étaient destinés aux juifs. Rappelons aussi que la mission de la communauté de Qoumrân et celle de Jean-Baptiste sont expliquées dans nos textes par la même citation des Écritures : *Isaïe* 40,3. Le *Manuel de Discipline* (8,12-15) cite ce verset afin de montrer que la communauté avait la conviction d'accomplir la parole du prophète en allant littéralement au désert, pour y préparer la voie du Seigneur par l'étude de la Torah de Moïse. Les diverses ressemblances entre la secte de Qoumrân et Jean ne suffisent pas à identifier Jean comme Essénien, mais l'ensemble ne manque pas de force de suggestion et a conduit certains à avancer de telles affirmations sur ce précurseur du Nouveau Testament[1]. D'un autre côté, si Jean était membre de la communauté de Qoumrân, il a dû s'en séparer plus tard afin de poursuivre son ministère indépendant, solitaire[2].

Une autre personnalité, de l'Ancien Testament et reprise dans le Nouveau Testament, sur laquelle plusieurs textes de Qoumrân jettent en fait une lumière nouvelle est Melchisédech. Il apparaît plusieurs fois dans le livre du Nouveau Testament que l'on a intitulé l'*Épître aux Hébreux*, comme un prêtre dont l'ordre sacerdotal fut celui de Jésus. Les généalogies de l'évangile, cependant, montrent que Jésus, en réalité, n'était pas membre de la tribu de Lévi dont venaient les prêtres. Dans ces généalogies, Jésus descend de David (*Matthieu* 1,1-17 ; *Luc* 3,23-38). Dans sa tentative de présenter le Jésus davidique comme un prêtre, l'auteur de l'*Épître aux Hébreux* amplifie les traditions sur le mystérieux prêtre-roi Melchisédech de Salem mentionné dans la *Genèse* (14,18-20), où il rencontre Abram et bénit le patriarche. Dans la citation suivante d'*Hébreux*, la première phrase décrit avec exactitude ce qui se passe dans la *Genèse* ; le reste amplifie ce texte et lui accole une phrase du Psaume 110,4 :

> En effet, ce Melchisédech, roi de Salem, prêtre du Dieu Très-Haut, se porta à la rencontre d'Abraham qui revenait de la défaite des rois et le bénit ; et Abraham lui donna la dîme de tout [son butin]. Il est d'abord, par la traduction de son nom, roi de justice ; et il est aussi roi de Salem, c'est-à-dire roi de paix. Il est sans père ni mère, ni généalogie, ses jours sont sans commencement et sa vie sans fin ; ressemblant au fils de Dieu, il demeure prêtre pour l'éternité. [*Hébreux* 7,1-3.]

L'auteur de l'*Épître aux Hébreux* compose un portrait extraordinaire de Melchisédech, en le fondant sur des inférences (par exemple,

1. William H. Brownlee (« John the Baptist in the New Light of Ancient Scrolls » dans Stendahl, éd., *The Scrolls and the New Testament*, *op. cit.*, p. 33-53, examine longuement ces questions et propose la thèse que Jean ait été élevé par les Esséniens, qui, selon Josèphe, adoptaient les enfants d'autres hommes et leur enseignaient leurs principes pendant qu'ils étaient encore jeunes (*La Guerre des Juifs*, II. 8, 2, sec. 120).
2. Voir chap. 16.

son éternité, sa supériorité sur Lévi) qu'il tire d'une combinaison de *Genèse* 14,18-20 et du Psaume 110,4 (cité dans son *Épître aux Hébreux* 7,17).

Aujourd'hui, un texte de Qoumrân, désigné à juste titre par le sigle 11QMelchisédech, fournit au moins un certain parallèle au statut sublime et aux éminentes caractéristiques de Melchisédech dans cette épître. Ce dernier est présenté comme un être angélique qui élève les saints de Dieu pour leurs actes de bon jugement et attire la vengeance divine sur le mal. Melchisédech possède un statut surhumain, impliquant une longévité éternelle[1], tout comme dans l'*Épître aux Hébreux.*

Un autre texte de Qoumrân publié plus récemment semble mentionner Melchisédech : il s'agit des *Cantiques du sacrifice du Sabbat*[2]. Malgré le mauvais état de conservation des fragments, Melchisédech paraît y officier en tant que grand-prêtre surhumain, tout comme Jésus le fait dans l'*Épître aux Hébreux.*

Nous avons brièvement passé en revue les thèses des savants – certaines hardies, d'autres circonspectes – sur la question du lien de Jésus et du Nouveau Testament avec les textes de Qoumrân. Nous avons examiné les textes de Qoumrân sous l'angle de ce qu'ils pouvaient nous apprendre sur le langage du Nouveau Testament, de leurs parallèles frappants avec des passages du Nouveau Testament, en nous demandant si certains des personnages étaient susceptibles de figurer sur les deux tableaux. Considérons maintenant les pratiques rituelles et communautaires analogues chez les adeptes de Qoumrân et les chrétiens du Nouveau Testament, puis comparons les perspectives messianiques professées par les deux groupes ainsi que leurs espoirs confiants en la proximité de la fin des temps.

Nombre des pratiques rituelles et communautaires des adeptes de

1. Pour le texte, sa discussion approfondie et sa comparaison avec des passages du Nouveau Testament, voir P. J. Kobelski, *Melchizedek and Melchiresac*, The Catholic Biblical Quarterly Monograph Series 10, Washington, DC, Catholic Biblical Association, 1981. Je ne prends pas ici en compte les suggestions plus douteuses de savants qui ont estimé que Jacques le Juste était important dans les rouleaux (Eisenman), que Jésus était le Maître de Justice, ou que l'apôtre Paul était le Prêtre Impie (Teicher).

2. Les textes ont été publiés, traduits et analysés par Carol Newsom, *Songs of the Sabbath Sacrifice : A Critical Edition*, Harvard Semitic Studies 27, Atlanta, Scholars Press, 1985 ; voir ses commentaires des p. 37, 133, 144. Voir aussi Fitzmyer, « The Qumran Scrolls and the New Testament », *Revue de Qumran*, 13, 1988, p. 618-619. Une certaine prudence est requise car le nom de Melchisédech n'est jamais conservé en entier dans les restes fragmentaires de ces manuscrits.

Qoumrân, qui vécurent près de la mer Morte et produisirent les écrits que nous nommons les manuscrits de la mer Morte, ont des parallèles impressionnants chez les chrétiens du Nouveau Testament. En voici quelques-uns.

Les *Actes des Apôtres* décrivent les événements de la première Pentecôte après la crucifixion de Jésus. Ils décrivent ensuite les biens que les fidèles partageaient en commun : « Tous les fidèles vivaient unis et mettaient tout en commun. Ils vendaient leurs propriétés et leurs biens et ils en partageaient le prix entre tous, d'après les besoins de chacun » (*Actes* 2,44-45 ; voir aussi *Actes* 4,32).

Plus loin (*Actes* 5,1-11), Luc relate le cas célèbre d'Ananie et de Saphire qui vendirent une propriété mais n'apportèrent à la communauté qu'une partie du prix de la vente. Pierre les accuse de garder secrètement le reste, et tous deux tombent raides morts. Ici, les *Actes* reflètent la situation vécue dans la communauté chrétienne primitive à Jérusalem. Paul, par ailleurs, écrit comme si les membres des églises qu'il a fondées disposaient de moyens privés pour contribuer aux besoins des nécessiteux (1 *Corinthiens* 16,2). De plus, même à Jérusalem, la contribution à la communauté fut peut-être volontaire : « Après avoir vendu [le champ], ne pouvais-tu disposer à ton gré de la somme ? » (*Actes* 5,4). S'il en était ainsi, la faute d'Ananie et de Saphire ne fut pas la rétention d'argent, mais d'effectuer une donation partielle du prix de vente en paraissant tout donner.

Le *Manuel de Discipline* de Qoumrân fait plusieurs allusions à la fusion des biens privés des membres avec les biens du groupe. Ce thème ressort particulièrement dans la section décrivant les procédures d'admission pour les futurs adeptes. Au début, le novice n'est pas autorisé à partager le pur repas de la congrégation, « et il ne mêlera pas ses biens à ceux de la Congrégation » (6,17). Après avoir achevé une année entière au sein de la Congrégation, quand il aura été décidé qu'il peut rester, « ses biens et les revenus de son travail seront remis au trésorier de la Congrégation qui inscrira ceci à son crédit, [mais] ne le dépensera pas pour la Congrégation » (6,19-20). C'est seulement après une seconde année de probation réussie, est-il stipulé, que « ses biens seront mêlés » à ceux de la communauté (6,22). Cette pratique est obligatoire à Qoumrân et consécutive à la pleine admission dans la congrégation[1].

Les adeptes de Qoumrân et les premiers chrétiens semblent aussi

1. Josèphe (*La Guerre des Juifs*, II. 8, 3, sec. 122) et Pline l'Ancien (*Histoire naturelle*, 5. 15) parlent aussi de la communauté des biens des Esséniens.

avoir partagé la pratique d'un repas sacré doté d'une signification eschatologique. La Cène, que Jésus consomma avec ses plus proches disciples, est présentée de deux manières dans les Évangiles. Pour Matthieu, Marc et Luc, ce fut un repas de la Pâque complet, avec le pain et le vin ; pour Jean, il fut pris la veille de la Pâque, sans mention de pain ni de vin. Dans la version pascale de la Cène, le pain et le vin tiennent un rôle capital, accédant même à un sens sacramentel :

> Or, tandis qu'ils mangeaient, Jésus prit le pain, prononça une bénédiction, le rompit et le donna à ses disciples en disant : « Prenez et mangez, ceci est mon corps. » Il prit ensuite une coupe, rendit grâces, et la leur donna en disant : « Buvez-en tous ; car ceci est mon sang, le sang de l'alliance, répandu pour beaucoup d'hommes en rémission des péchés. Je vous le dis, je ne boirai plus désormais de ce fruit de la vigne, jusqu'au jour où je boirai avec vous le vin nouveau dans le royaume de mon Père. » [*Matthieu* 26,26-29 ; voir aussi *Marc* 14,22-25 ; *Luc* 22,17-20.]

Ces paroles confèrent un sens spécial aux substances matérielles du repas et placent la cérémonie dans un contexte d'attente du « jour où je boirai avec vous le vin nouveau dans le royaume de mon Père ».

Les textes de Qoumrân, eux aussi, décrivent un repas spécifique comportant du pain et du vin comme éléments essentiels. Le *Manuel de Discipline* parle des repas du groupe : « Ensuite, quand ils auront disposé la table pour manger, et le vin nouveau pour boire, le prêtre étendra le premier sa main pour bénir les prémices du pain et du vin » (6,4-6) [1]. Ce texte mentionne aussi un « repas pur » que seuls étaient autorisés à partager ceux qui avaient accompli une période probatoire d'un an (6,16-17). Ils n'étaient pas admis à partager la « boisson de la Congrégation avant la fin d'une seconde année probatoire » (6,20-21). Ceux qui s'étaient rendus coupables de calomnie envers un autre membre de la communauté étaient exclus de ce repas pendant un an (7,16).

La déclaration la plus claire au sujet d'un repas spécifique à Qoumrân provient de la *Règle de la Congrégation* (1QSa) [2] (qui, à l'origine, faisait partie du *Manuel de Discipline*) :

1. Une dittographie (répétition involontaire de lettres ou de mots lors de la copie d'un texte) s'est introduite dans les lignes 5-6.

2. Dite aussi *Règle annexe* ; ces fragments détachés du rouleau lors de sa découverte furent achetés par le Musée archéologique de Palestine. Le *Manuel de Discipline* fait partie des manuscrits achetés par Yadin pour Israël en 1954. Voir *Dossiers d'archéologie*, n° 197, janvier 1994 ; Dupont-Sommer, *Les Écrits esséniens découverts près de la mer Morte*, Paris, Payot, 1960, p. 119, n° 1. *(NdT)*

> [De la sé]ance des hommes de renom, [invités au] banquet pour le Conseil de la communauté, quand [à la fin] (des jours) le messie [se joindra] à eux. [Le prêtre] entrera [à] la tête de toute la Congrégation d'Israël, puis tous [ses frères les fils d']Aaron, les prêtres, [qui sont invités] au banquet, les hommes de renom ; et ils s'assoiront [en f]ace de lui, chacun] selon sa dignité.
>
> Ensuite [entrera le messie] d'Israël et les chefs des [milliers d'Israël] s'assoiront en face de lui, [cha]cun selon sa dignité, selon [sa position] dans leurs camps et durant leurs marches. Puis tous les chefs de [famille de la Congréga]tion, [leurs] sag[es et hommes avisés], s'assoiront en face d'eux, chacun selon sa dignité.
>
> Et [quand ils] se réuni[ront] [à la] tab[le] communautaire [pour disposer le pain et le vi]n, et que la table communautaire sera mise [pour manger et] pour boi[re] le vin, que personne [n'étende] sa main sur les prémices du pain et [du vin] avant le prêtre. Ca[r c'est lui qui] bénira les prémices du pain et du v[in et étendra] en premier sa main sur le pain. Ensui[te,] le messie d'Israël [éte]ndra ses mains sur le pain. [Et ensuite] toute la Congrégation de la communauté [bén]ir[a], ch[acun selon] sa dignité.
>
> [Ils] procéderont selon cette prescription à tout (repas) où [seront réunis] au moins dix d'entre eux. [*Règle de la Congrégation* 2,11-22[1].]

Ce repas, partagé en la présence des deux messies postulés à Qoumrân, était réservé aux adeptes rituellement purs (voir 1 *Corinthiens* 11,27-29).

Lawrence Schiffman, de l'université de New York, soutient que les repas de Qoumrân n'étaient pas de nature sacrale ou cultuelle. Mais plutôt, « [c]es repas, organisés régulièrement en tant que partie intégrante du mode de vie contemporain de la secte, préfiguraient l'ultime banquet messianique attendu par les membres de la secte quand adviendrait la fin des temps, qu'ils croyaient proche. Là encore, la vie de la secte dans ce monde reflétait ses rêves pour l'ère à venir[2] ». Quelle que soit l'interprétation donnée au repas des adeptes de Qoumrân, cependant, son caractère messianique, la prééminence du pain et du vin, sa fréquence coutumière et les associations eschatologiques explicites évoquent assurément certaines données du Nouveau Testament à propos de la Cène du Seigneur[3].

1. Trad. de Lawrence Schiffman, *The Eschatological Community of the Dead Sea Scrolls : A Study of the Rule of the Congregation*, SBL Monograph Series 38, Atlanta, Scholars Press, 1989, p. 53-55.
2. *Ibid.*, p. 67.
3. Une étude ancienne et importante sur ce parallèle a été effectuée par Karl Georg Kuhn : « The Lord's Supper and the Communal Meal at Qumran » dans Stendahl, éd., *The Scrolls and the New Testament*, *op. cit.*, p. 65-93.

Selon au moins un chercheur, les textes de Qoumrân apportent peut-être une solution au vieux problème de concordance temporelle rencontré dans les études évangéliques [1]. Les évangiles synoptiques (*Matthieu*, *Marc* et *Luc*), d'une part, et *Jean*, d'autre part, placent la Cène à des dates différentes. Les synoptiques la situent un vendredi et la traitent comme un repas de la Pâque. Mais Jean la place un jeudi, la veille de la Pâque, et date la mort de Jésus le jour suivant – à un moment où l'agneau pascal est immolé. Le calendrier hébraïque officiel utilisé au Temple de Jérusalem était un calendrier lunaire doté de quelques ajustements solaires. A Qoumrân, les adeptes employaient un calendrier solaire de 364 jours. Une chercheuse française, Annie Jaubert, a ainsi proposé cette thèse : deux calendriers étant en usage dans le judaïsme à cette époque, il est possible que les auteurs des évangiles synoptiques aient suivi un calendrier spécifique, le solaire, et que Jean ait suivi le calendrier lunaire officiel [2].

Certains ont trouvé cette solution séduisante, mais aucune preuve ne montre que les auteurs des Évangiles aient suivi des calendriers différents. De plus, il est évident que Jean songe à un plus vaste dessein lorsqu'il agence ainsi les événements de la semaine de la passion. Il ne met pas en exergue le pain et le vin lors du repas de Jésus ; il ne les mentionne même pas. Mais il insiste sur le lavement des pieds et l'amour mutuel. En mourant à l'heure indiquée par la chronologie de Jean, Jésus est présenté comme l'agneau pascal de son peuple, immolé le lendemain de la Cène.

Sans aucun doute, les adeptes de Qoumrân et les premiers chrétiens partageaient une perspective eschatologique analogue. Ces deux groupes doivent être considérés comme des communautés eschatologiques, en ce sens que tous deux croyaient intensément à l'imminence de la fin des temps, et ils organisèrent autour de cet article de foi leurs croyances et leurs pratiques communautaires. Sous ce vaste titre, plusieurs points sont à distinguer.

Ces deux groupes, bien que partageant des attentes messianiques, diffèrent à certains égards. D'après la foi de Qoumrân, la fin des temps amènerait deux messies : « Ils ne s'écarteront de nulle maxime de la

1. Pour une présentation brève et précise des témoignages et de la bibliographie concernant ce débat, voir Fitzmyer, *The Dead Sea Scrolls : Major publications and Tools for Study*, Sources for Biblical Study 20, Atlanta, Scholars Press, éd. rév. 1990, p. 180-186.

2. Annie Jaubert, *The Date of the Last Supper*, Staten Island, NY, Alba House, 1965.

Loi pour marcher dans l'obstination de leur cœur, mais ils seront régis par les préceptes premiers dans lesquels les hommes de la Communauté commencèrent à être instruits, jusqu'à la venue du Prophète et des Messies d'Aaron et d'Israël » (*Manuel de Discipline* 9,9-11 ; voir aussi la *Règle de la Congrégation*). Le messie prééminent est le messie sacerdotal – le messie d'Aaron. Le second, et apparemment d'un rang moindre est le messie laïc – le messie d'Israël. La fonction précise des messies, à part officier au banquet messianique, n'est pas claire. Aucun texte ne dit qu'ils sauveraient les hommes ou qu'ils expieraient les péchés d'autrui, comme il est dit du messie chrétien.

L'image de Jésus donnée par le Nouveau Testament nous est familière : les généalogies de l'Évangile le font descendre de la lignée de David. Et Jésus n'est pas seulement le messie en tant que descendant de David, mais aussi en tant que Fils de Dieu et sauveur.

Peut-être le messie qoumrânien d'Israël est-il aussi davidique. Mais le Nouveau Testament, à la différence de Qoumrân, ne présente pas de second messie. Tout en n'ayant qu'un seul messie, il lui assigne les fonctions remplies par les deux messies de Qoumrân. Il parle aussi de Jésus comme d'un messie sacerdotal : dans l'*Épître aux Hébreux*, nous l'avons vu, Jésus est considéré comme un prêtre selon l'ordre de Melchisédech ; Jésus en tant que grand-prêtre préside à un sanctuaire divin.

Les textes de Qoumrân témoignent maintenant, et pour la première fois sous sa forme sémitique, de l'un des titres messianiques donnés à Jésus dans le Nouveau Testament. Aux versets 1,32-33 de *Luc*, l'ange qui apparaît à Marie pour lui annoncer qu'elle concevra un enfant extraordinaire le décrit ainsi : « Il sera grand, et on l'appellera Fils du Très-Haut. Le Seigneur Dieu lui donnera le trône de David son père ; il régnera éternellement sur la maison de Jacob et son royaume n'aura point de fin. » L'enfant sera aussi appelé « saint, le Fils de Dieu » (*Luc* 1,35).

Un curieux parallèle de certains de ces titres, et qui n'a encore été publié que partiellement, provient d'un document de Qoumrân. Le passage évoquant le verset de Luc dit : « [Il] sera grand sur la terre, [Ô roi ! Tous] feront [la paix], et tous [le] serviront. [Il sera appelé le fils] du [G]rand [Dieu], et ils l'appelleront de son nom. Il sera acclamé comme le Fils de Dieu, et ils l'appelleront Fils du Très-Haut [...], et son royaume sera un royaume éternel[1]. »

1. Fitzmyer, « The Qumran Scrolls and the New Testament », *Revue de Qumran*, *op. cit.*, p. 617. Le texte, désigné sous le sigle 4QpsDan [pseudo-Daniel] A[a] (4Q246), date du dernier tiers du Ier siècle av. J.-C. Voir Fitzmyer, « The Contribu-

Il ne s'agit pas simplement d'un même titre trouvé dans deux textes ; c'est tout un contexte qui présente des ressemblances frappantes : le personnage en question sera grand, Fils de Dieu (titre que l'on retrouve dans la Bible hébraïque), Fils du Très-Haut (nouveau titre), et son royaume sera éternel. Il est dommage que, dans le texte de Qoumrân, on ne sache pas à qui s'adressent ces titres ; cette partie du manuscrit n'est pas conservée.

Joseph Fitzmyer a aussi attiré l'attention sur quelques parallèles intéressants entre les récits de l'enfance de Jésus dans *Matthieu* et *Luc*, d'une part, et, d'autre part, ceux de Noé tels qu'ils sont conservés dans le texte de Qoumrân que nous nommons l'*Apocryphe de la Genèse* (1 QapGen) ainsi que 1 *Hénoch* 106-107. Par exemple, dans ces deux textes les apparences font supposer que Noé n'est pas né d'un père humain. Dans *Matthieu* et dans *Luc*, Marie conçoit par l'adombrement de l'Esprit-Saint (*Matthieu* 1,18 ; *Luc* 1,35). Dans le cas de Noé, son père Lamech soupçonne sa mère Batenosh d'avoir eu une liaison avec un ange[1].

Les adeptes de Qoumrân et les premiers chrétiens partagent une autre perspective : leur interprétation des textes bibliques, imprégnée d'une forte conscience eschatologique de l'imminence de la fin des temps.

Le commentaire (ou *pesher*) du *Livre d'Habacuc* figure parmi les premiers rouleaux découverts et publiés. Un ouvrage de Karl Elliger sur ce commentaire, paru dès 1953, résume les hypothèses sous-tendant ce texte et d'autres commentaires (*pesharim*) qoumrâniens similaires de livres bibliques. Les auteurs bibliques parlent des temps derniers, or ces temps derniers sont arrivés, pour les sectaires de Qoumrân[2] : en se fondant sur ces conjectures, ils interprètent les textes bibliques comme si l'Écriture parlait d'eux-mêmes et de leurs chefs ; les événements de l'histoire de leur communauté se trouvent ainsi prédits dans les textes bibliques.

---

tion of Qumran Aramaic to the Study of the New Testament », dans sa monographie *A Wandering Aramean : Collected Aramaic Essays*, SBL Monograph Series 25, Missoula, MT, Scholars Press, 1979, p. 90-94, 102-107, pour plus amples détails [publié originellement dans *New Testament Studies*, 20, 1973-1974, p. 382-407]. Voir aussi chap. 15.

1. Fitzmyer, « The Contribution of Qumran Aramaic », *op. cit.*, p. 98.

2. Karl Elliger, *Studien zum Habakuk-Kommentar vom Töten Meer*, Beiträge zur historischen Theologie 15, Tübingen, J. C. B. Mohr (Paul Siebeck), 1953, p. 150-164. Ces lignes paraphrasent Elliger.

Par exemple, les versets 2,1-2 d'*Habacuc* déclarent :

> Je vais me tenir en sentinelle, et me poster sur le bastion ; je vais guetter ce qu'Il [le Seigneur] me dira, et ce que je[1] répondrai concernant ma doléance. Et le Seigneur me fit cette réponse : « Écris la vision, expose-la clairement sur des tablettes, afin que puisse lire couramment celui qui la lit. »

Le *Commentaire d'Habacuc* (1QpHab) de Qoumrân explique ainsi ce passage : « Dieu dit à Habacuc d'écrire ce qu'il adviendrait à la dernière génération, mais Il ne lui fit pas savoir quand surviendrait la fin des temps. Et sur ce qu'Il a dit, "*afin que puisse lire rapidement celui qui la lit*" ["afin que puisse lire couramment celui qui la lit", dans *Habacuc* 2,2], l'explication de ceci concerne le Maître de Justice, à qui Dieu fit connaître tous les mystères des paroles de Ses serviteurs les Prophètes » (*Commentaire d'Habacuc* 7,1-5).

De nombreux passages du Nouveau Testament témoignent de la même lecture eschatologique des textes bibliques, interprétés comme s'ils prédisaient et concernaient directement des événements de l'époque. Prenons le récit de la Pentecôte au chapitre 2 des *Actes des Apôtres*. Le petit groupe des apôtres a parlé en langues étrangères en vertu de l'Esprit-Saint qui a été répandu sur eux. La population locale est perplexe et les raille. Pierre défend ceux qui ont parlé en langues étrangères et cite l'Écriture à l'appui du miracle linguistique qui vient de se produire :

> Non, ces hommes ne sont pas ivres, comme vous le supposez ; car il n'est encore que la troisième heure du jour. Mais c'est bien ce qu'a annoncé le prophète Joël : « Et dans les jours ultimes, [Joël ne dit pas précisément "dans les jours ultimes" ; il dit simplement "après"[2]] il se fera, affirme Dieu, que je répandrai de mon esprit sur toute chair : alors vos fils et vos filles prophétiseront, vos jeunes gens auront des visions, et vos vieillards auront des songes [...]. » [*Actes* 2,15-17.]

Ainsi, d'après les *Actes des Apôtres*, le prophète Joël avait proclamé que l'Esprit divin serait répandu aux temps derniers, et cet événement eschatologique se produisit effectivement avec l'événement de la Pen-

1. Bibles de Jérusalem, de Maredsous : « ce qu'il me répondra » ; en note *f* de la Bible de Jérusalem : correction « je répondrai » d'après la Peshitto (la plus ancienne des versions syriaques de la Bible, fin IIe au Ve siècle). Correction suivie par la TOB. *(NdT)*

2. *Joël* 2,28 (3,1 en hébreu) [et en français *(NdT)*].

tecôte. La méthode d'interprétation de l'Écriture (Ici, *Joël* dans les *Actes* et *Habacuc* dans le *Commentaire d'Habacuc* des Qoumrâniens) est identique.

Parfois, les auteurs du Nouveau Testament et ceux des textes de Qoumrân s'appuient sur le même texte biblique, en l'interprétant selon la même méthode. Nous l'avons déjà vu pour le verset 40,3 d'*Isaïe* (« Une voix crie : "Dans le désert préparez la voie du Seigneur, tracez droite dans la steppe une route pour notre Dieu" »). Jean-Baptiste, pour les auteurs de l'évangile, et la communauté de Qoumrân, pour les adeptes de Qoumrân, préparent tous deux la voie du Seigneur dans le désert.

Le verset 2,4b d'*Habacuc* présente un autre exemple de similitude dans la méthode d'interprétation : « Le juste vit par sa foi », l'un des textes favoris de Paul pour prouver le bien-fondé de ses paroles. Il l'utilise dans l'*Épître aux Galates* 3,11 afin d'étayer son argument que la foi, et non les œuvres, est la voie pour devenir juste devant Dieu : « Que par la Loi personne n'obtienne la justification devant Dieu, c'est évident puisque "celui qui est juste par la foi vivra" » (voir aussi *Romain*s 1,17).

Le *Commentaire d'Habacuc* de Qoumrân présente un point de vue différent sur le verset 2,4b d'*Habacuc* : « L'explication de ceci concerne ceux qui pratiquent la Loi dans la Maison de Juda : Dieu les délivrera de la Maison de Jugement à cause de leur souffrance et de leur foi en [ou fidélité envers] le Maître de Justice » (*Commentaire d'Habacuc* 8,1-3). Constatation intéressante : le même verset qui, pour Paul, indique une voie de justice autre que le chemin de la Loi encourage, selon l'interprétation de Qoumrân, la fidélité à cette Loi et envers le maître qui l'expose correctement. Pourtant, les deux emploient le même texte et la même méthode d'interprétation.

Le caractère eschatologique de ces deux communautés se remarque également dans certaines de leurs doctrines principales. Par exemple, toutes deux emploient un langage dualiste pour décrire les grandes options dans l'univers : il n'existe que deux positions, sans terrain intermédiaire. Puisque les deux communautés sont encore juives à cette époque, il s'agit d'un dualisme éthique ; les deux camps (ou principes) opposés sont la lumière et les ténèbres. L'un des plus célèbres passages des rouleaux dit :

> Il [Dieu] a créé l'homme pour qu'il gouverne la terre, et Il a désigné pour l'homme deux esprits afin qu'il marche en eux jusqu'au moment de Sa

> visite : l'esprit de vérité et l'esprit de perversité. Ceux qui sont nés de la vérité procèdent d'une fontaine de lumière, et ceux qui sont nés de la perversité procèdent d'une source de ténèbres. Tous les fils de justice sont sous l'empire du Prince de Lumière ; mais sous l'empire de l'Ange des Ténèbres sont tous les fils de perversité, et ils marchent dans des voies de ténèbres. [*Manuel de Discipline* 3,18-21.]

La relation entre les deux camps est caractérisée par un perpétuel conflit :

> Car Dieu a établi ces [deux] esprits en égale mesure jusqu'au terme ultime ; et Il a mis une haine éternelle entre leurs divisions : la vérité abhorre toutes les œuvres de la perversité, et la perversité abhorre toutes les voies de la vérité. Et féroce est la lutte dans tous leurs désaccords, car ils ne marchent pas de concert. [*Manuel de Discipline* 4,16-18.]

Cependant, Dieu a « décrété un terme pour l'existence de la perversité ; et, au moment de la visite, Il l'exterminera à jamais » (*Manuel de Discipline* 4,18-19). Un autre texte de Qoumrân, le rouleau de la *Guerre des Fils de Lumière contre les Fils des Ténèbres*, contient une description circonstanciée des batailles finales entre les Fils de Lumière et les Fils des Ténèbres. Des deux côtés combattront des anges puissants, mais Dieu, à son heure, décidera de l'issue en faveur de la lumière.

Ce langage n'a rien d'étrange pour les lecteurs du Nouveau Testament. Une rhétorique semblable apparaît dans les écrits de Paul (2 *Corinthiens* 6,14-7,1) et aussi de Jean.

Jean, dans son évangile, rapporte ces paroles de Jésus : « Je suis la lumière du monde ; celui qui me suit ne marchera pas dans les ténèbres, mais il aura la lumière de la vie » (8,12).

Comme à Qoumrân, Jean emploie l'opposition lumière-ténèbres, non au sens littéral, mais dans un sens éthique. Chez Jean, comme à Qoumrân, le royaume de la lumière et celui des ténèbres sont en conflit : « La lumière brille dans les ténèbres, et les ténèbres ne l'ont point dominée » (*Jean* 1,5). Plus loin (*Jean* 12,35-36), l'évangéliste nous dit : « La lumière est parmi vous pour peu de temps encore. Marchez tant que vous avez la lumière, de peur d'être surpris par les ténèbres. Celui qui marche dans les ténèbres ne sait où il va. Tant que vous avez la lumière, croyez en la lumière, afin de devenir des fils de la lumière » (voir aussi *Jean* 3,19-20 ; 1 *Jean* 1,6 ; 2,9-10). Ainsi, les adeptes de Jésus, comme ceux de Qoumrân, se donnaient le nom de « fils de la lumière ».

La croyance chrétienne concernant la fin des temps est claire : nombre de passages parlent de la parousie du Christ, de la recrudescence du bien et du mal, et de l'ultime victoire du bien sous la bannière du Christ (par exemple, 1 *Corinthiens* 15,20-28, 51-57). La résurrection de Jésus est une garantie que ceux qui lui appartiennent ressusciteront aussi sous forme physique.

Les adeptes de Qoumrân croyaient-ils en une résurrection physique ? Ce n'est pas vraiment clair ; mais ils croyaient certainement en l'immortalité de l'âme. Josèphe, l'historien juif du Ier siècle, parle d'Esséniens qui, sous la torture, « rendaient l'âme avec joie, sûrs de la recevoir à nouveau. Car c'est une de leurs fermes croyances que le corps est corruptible et la matière qui le constitue impermanente, mais que l'âme est immortelle et impérissable[1] ». Ce passage semble impliquer que, si les Esséniens croyaient en l'immortalité de l'âme, ils ne croyaient cependant pas en la résurrection du corps, comme le faisaient les premiers chrétiens. Les textes de Qoumrân mentionnent eux aussi la « vie éternelle » (*Manuel de Discipline* 4,7 ; *Règle de Damas* [CD] 3,20, etc.). Mais il se pourrait qu'ils mentionnent également une résurrection des corps, bien que ce ne soit pas absolument clair. La meilleure preuve fournie par les textes de Qoumrân est un passage poétique, et là gît la difficulté : lorsque le psalmiste se dit tiré du *shéol* (le séjour des morts) et porté à une hauteur éternelle, ceci peut être une métaphore exprimant que Dieu le délivre d'une situation désespérée et le fait accéder à un regain de vie, plutôt que l'indication d'une résurrection physique littérale (voir le *Rouleau des Hymnes* 3,19-22). Toutefois, Hippolyte, auteur chrétien des premiers temps (env. 170-236) qui, comme Josèphe, décrit les croyances esséniennes, soutient que les Esséniens acceptaient réellement la doctrine de la résurrection des corps[2]. Un manuscrit de Qoumrân encore inédit pourrait maintenant confirmer la déclaration d'Hippolyte[3]. Émile Puech, de l'École biblique à Jérusalem, prépare la publication de ce texte hébreu, hérité du regretté Jean Starcky, que Puech date de la première

1. Josèphe, *La Guerre des Juifs*, II. 8, 10-11, sec. 153-154. Josèphe note aussi leur croyance en l'immortalité de l'âme dans son *Antiquités judaïques*, XVIII, 1,5, sec. 18.

2. Hippolyte, *Réfutation de toutes les hérésies*, 9. 27,1.

3. En l'occurrence, nous en conclurions que Josèphe a déformé les croyances esséniennes, comme il le fait pour les croyances des Pharisiens sur la résurrection, afin de correspondre aux goûts de son auditoire plus vaste et lisant le grec, auquel elle aurait pu sembler étrange.

moitié du Ier siècle av. J.-C. Un passage dit : « [...] ceux-ci, les maudits, car ils seront pour la Mort [lorsque] le Vivificateur [ressus]citera les morts de son peuple[1]. » Les adeptes de Qoumrân ont donc bien pu croire, comme les premiers chrétiens, à une résurrection du corps.

Que pouvons-nous conclure de toutes ces observations ? Il est clair que la littérature de Qoumrân et le Nouveau Testament présentent entre eux des ressemblances nombreuses et variées. De ces ressemblances, on peut tirer deux conclusions : 1) L'Église primitive, dans une bien plus large mesure qu'on ne le supposait auparavant, a grandi dans la glèbe juive. 2) Parmi les croyances et pratiques de l'Église primitive, un plus grand nombre qu'on ne le supposait avant n'étaient pas exclusivement siennes.

D'un autre côté, les rouleaux de Qoumrân aident aussi à mettre en lumière l'unicité du christianisme, unicité qui ne réside pas tant dans ses pratiques communautaires et ses espérances eschatologiques que dans sa proclamation que le fils d'un charpentier de Nazareth en Galilée était vraiment le Messie et Fils de Dieu qui enseigna, guérit, souffrit, mourut, ressuscita, monta aux Cieux, et fit la promesse de revenir un jour dans la gloire pour juger les vivants et les morts.

Par un autre trait original, en professant que leur Messie était venu, les chrétiens se plaçaient dans le calendrier eschatologique plus en avant que les adeptes de Qoumrân, qui attendaient encore l'avènement de leurs deux messies.

A mesure qu'un plus grand nombre de textes de la bibliothèque de Qoumrân se trouve publié, j'incline fortement à croire que nous découvrirons aussi que la prééminence de la Torah, son interprétation correcte et l'obéissance à la Torah avaient une plus grande importance dans la doctrine essénienne[2]. Cet aspect, lui aussi, contraste nettement avec au moins une forme du christianisme, la paulinienne, où la Torah mosaïque ne devait pas être imposée aux chrétiens gentils, et où la justification devant Dieu était obtenue par la foi, dissociée de l'observance de la Loi.

Une dernière remarque : à la lumière de parallèles remarquables – et

1. Émile Puech, « Les Esséniens et la vie future », *Le Monde de la Bible*, 4, 1978, p. 38-40. La citation est ma traduction anglaise de sa traduction française. Le texte en question est apparemment 4Q521 (voir García-Martínez, « Lista de MSS procedentes de Qumran », p. 210). [Émile Puech, *La Croyance des Esséniens en la vie future*, vol. 2, trad. du 4Q521, p. 651, *Études bibliques*, nouv. série, n° 21, Gabalda, 1993. *(NdT)*]

2. Voir chap. 3 et 4.

de différences majeures – existant entre les textes de Qoumrân et le Nouveau Testament, il est fort curieux que les Esséniens ne soient jamais nommés dans le Nouveau Testament. Certains chercheurs ont émis l'idée qu'ils le sont, mais sous un nom différent (par exemple, les Hérodiens [1]). D'autres ont tenté d'expliquer leur absence par l'argument que les groupes cités – les Pharisiens et les Sadducéens – figurent plutôt dans des contextes polémiques, tandis que si les Esséniens, avec lesquels Jésus et les premiers chrétiens avaient davantage en commun, n'apparaissent pas, c'est précisément parce que les controverses entre eux et les chrétiens étaient moins nombreuses ou parce qu'ils n'entraient pas en discussion avec des étrangers [2]. Une réponse totalement satisfaisante nous échappe encore, peut-être parce que nous ne connaissons pas le vrai terme sémitique sous-jacent au nom grec d'« Esséniens ». En effet, les Esséniens ne sont pas non plus mentionnés dans la littérature rabbinique [3]. Ni, en l'occurrence, dans la littérature de Qoumrân. Il nous reste donc encore quelques énigmes à résoudre.

1. Josèphe rapporte qu'Hérode favorisait les Esséniens (*Antiquités judaïques*, XV. 10, 4, sec. 372). Voir Yigael Yadin, « The Temple Scroll – The Longuest and Most Recently Discovered Dead Sea Scroll », *Biblical Archaeology Review*, septembre-octobre 1984, p. 48.

2. Voir la discussion dans Geza Vermès, *The Dead Sea Scrolls : Qumran in Perspective*, *op. cit.*, p. 220.

3. Il est souvent présumé que le nom de « Boéthusiens » désigne les Esséniens.

CHAPITRE QUINZE

Parallèles à l'évangile de l'enfance de *Luc* dans un rouleau inédit de la mer Morte

Hershel Shanks

La littérature de Qoumrân nous aide à mieux comprendre le milieu juif où est né le christianisme – c'était l'une des conclusions majeures du chapitre précédent. Par exemple, on peut maintenant faire remonter à la Palestine juive du Ier siècle de nombreuses facettes des concepts du christianisme primitif que l'on croyait auparavant introduites dans le christianisme à une époque plus tardive, à travers la culture hellénistique.

C'est le point illustré par cette brève notice, en se fondant sur un texte inédit de Qoumrân, grâce à une fuite, texte qui se trouvera peut-être totalement disponible lorsque ce livre paraîtra. Cet inédit emploie des termes comme « Fils du Très-Haut », que l'on pensait avant issu de milieux hellénistiques hors de Palestine. Il montre aussi le genre de lumières que l'on peut attendre du corpus non encore publié, quand les savants auront eu la possibilité de le lire et de l'assimiler.

Le texte inédit traité ici présente des parallèles frappants avec un passage de l'évangile de Luc. Il contient l'expression « Fils de Dieu », trouvée ici pour la première fois dans un texte non biblique.

*

Un fragment de manuscrit de la mer Morte encore inédit, désigné par le signe 4Q246, présente des ressemblances remarquables avec un passage de l'Annonciation dans l'évangile de Luc. Dieu envoie l'ange

Gabriel annoncer à Marie, une vierge fiancée à Joseph, qu'elle concevra un fils et devra l'appeler Jésus. En lui annonçant cette nouvelle, Gabriel dit à Marie : « Il sera grand, et on l'appellera Fils du Très-Haut ; [...] la puissance du Très-Haut te couvrira de son ombre ; c'est pourquoi l'enfant qui naîtra de toi sera appelé saint, le Fils de Dieu » (*Luc* 1,32-35).

Dans le fragment de Qoumrân, nous ne savons pas qui parle ni de qui l'on parle, mais voici ce qu'il dit : « [X] sera grand sur la terre. [Ô roi, tous (les peuples)] fer[ont la paix], et tous [le] serviront [. Il sera appelé le fils] d[u G]rand [Dieu], et par son nom sera acclamé (en tant que) le Fils de Dieu, et ils l'appelleront Fils du Très-Haut. »

Les deux passages disent qu'il sera « grand » ; qu'il sera « appelé » « Fils du Très-Haut » et « Fils de Dieu ». C'est la première fois que l'on a trouvé le terme *Fils de Dieu* dans un texte palestinien non biblique.

Il est évident que cet écrit est d'une importance extraordinaire pour tous les spécialistes du Nouveau Testament cherchant à comprendre l'arrière-plan de ce passage de l'évangile de Luc et l'usage de termes comme *Très-Haut* (présent aussi dans d'autres versets de Luc) et *Fils de Dieu* (que l'on retrouve dans tout le Nouveau Testament). Dans le passé, certains savants ont soutenu qu'il fallait chercher les origines de termes comme *Très-Haut* et *Fils du Très-Haut* dans le monde hellénistique hors de Palestine et qu'ils avaient donc un lien avec le développement ultérieur de la doctrine chrétienne. Nous savons aujourd'hui que ces termes faisaient partie de l'héritage juif originel du christianisme. Ce fragment de manuscrit inédit de la mer Morte est d'une importance particulière parce que l'évangile de Luc, comme tous les Évangiles, n'a été conservé qu'en grec, langue que Jésus ne parlait probablement pas. Or le fragment provenant des grottes de Qoumrân est en araméen, langue presque certainement parlée par Jésus.

Il fut acquis en 1958 par l'intermédiaire de Kando, ce marchand d'antiquités établi à Bethléem et dans la partie Est de Jérusalem, qui avait servi d'intermédiaire pour l'achat aux bergers bédouins de la majorité des manuscrits de la mer Morte. La publication de ce fragment fut confiée à J. T. Milik, chercheur polonais vivant maintenant à Paris. Près de quarante ans plus tard, il n'a toujours pas été publié.

CHAPITRE SEIZE

Jean-Baptiste était-il essénien ?

Otto Betz

Au chapitre 14, James VanderKam envisageait la possibilité que Jean-Baptiste ait vécu à Qoumrân. L'éminent chercheur allemand Otto Betz explore cette éventualité dans une étude approfondie qui nous apprend beaucoup sur la doctrine de Qoumrân.

Betz considère tout d'abord les ressemblances entre le mode de vie et l'enseignement de Jean-Baptiste, et ceux de Qoumrân. Mais il examine aussi les différences. A la fin de sa carrière, la mission du Baptiste comportait un appel à l'action qui semble très éloigné du caractère de la communauté de Qoumrân, solitaire et largement passive. Betz conclut que Jean-Baptiste fut probablement élevé dans cette communauté et y vécut durant sa jeunesse, mais qu'il partit ensuite afin de prêcher son message aux masses juives. Betz attire notre attention sur le fait que nos sources ne parlent pas seulement d'Esséniens isolés, comme à Qoumrân, mais aussi d'impétueux prophètes esséniens appelant au repentir. Peut-être Jean s'est-il considéré comme l'un d'eux.

*

Les manuscrits de la mer Morte présentent un tableau d'une communauté juive du Ier siècle qui pourrait bien avoir été le foyer de Jean-Baptiste. Tout au moins, la possibilité vaut la peine d'être explorée. Et répondre à cette question ne va pas sans difficulté. Personnellement, je pense que le Baptiste fut élevé dans cette communauté au bord de la mer Morte et qu'elle eut sur lui une forte influence, mais qu'il la quitta plus tard pour prêcher de vive voix à une plus large population de juifs.

Paradoxalement, nos sources brossent par endroits un portrait plus net de Jean que de Jésus. Il est certainement plus facile de situer Jean par rapport à la communauté juive de son temps. En outre, nous disposons pour Jean d'un témoin supplémentaire, non biblique : Josèphe, l'historien juif du Ier siècle, qui mentionne Jésus mais n'en parle guère. Même parmi les exégètes hypercritiques, peu de doutes subsistent sur l'identité de Jean et ce qu'il représentait.

Les manuscrits de la mer Morte nous offrent un extraordinaire tableau contemporain d'une secte juive, vivant dans le désert, dotée d'une perspective, de coutumes et de lois qui paraissent très semblables à celles de Jean.

La plupart des chercheurs, y compris moi-même, sont d'avis que la communauté de Qoumrân était constituée d'Esséniens – une secte ou philosophie juive séparatiste décrite, comme les Pharisiens et les Sadducéens, par Josèphe.

Récemment, quelques spécialistes ont remis en question l'identité essénienne de la communauté des manuscrits de la mer Morte[1]. La bibliothèque de manuscrits trouvés dans les grottes de la mer Morte représente une pensée juive plus vaste, soutiennent-ils. Quoi qu'il en soit, il est clair que les documents essentiels de cette bibliothèque – auxquels je me référerai – sont, pour le moins, de tendance essénienne, et représentent l'engagement d'une communauté juive assez distincte des autorités de Jérusalem, et qui même s'oppose à ces autorités.

De plus, les archéologues ont identifié et fouillé dans le désert de Judée les ruines d'un établissement proche du lieu où furent trouvés les manuscrits. Or, selon Pline l'Ancien dans son *Histoire naturelle*, les Esséniens vivaient précisément à cet endroit. Et sur les onze grottes contenant des matériaux écrits, on pouvait en fait pénétrer dans celle contenant le plus grand nombre de documents à partir de cette localité voisine. Il m'est difficile de comprendre l'assertion, récemment avancée par Norman Golb de l'université de Chicago, que la localité n'a aucun lien avec la bibliothèque.

En tout cas, nous présumerons que cet établissement, qui domine le Wadi Qoumrân, était essénien et que les documents sectaires découverts dans les grottes de Qoumrân sont aussi esséniens.

Tel que le décrivent les Évangiles, Jean-Baptiste se tient au seuil du Royaume. Il marque la transition entre le judaïsme et le christianisme.

Non seulement le portrait du Baptiste s'accorde généralement avec

1. Voir chap. 3 et 4.

celui qu'en fait Josèphe, mais, dans l'ensemble, les quatre évangiles canoniques concordent entre eux. Dans le cas de Jean, il n'y a guère de marge pour le scepticisme historique.

Les Évangiles décrivent Jean comme un prophète sorti du désert de Judée afin de proclamer le Royaume de Dieu et d'appeler au repentir. Il semble clair qu'il exerçait avec succès son propre ministère, baptisant avec l'eau ceux qui se repentaient.

Après la mort d'Hérode le Grand en 4 av. J.-C., son fils Hérode Antipas devint tétrarque de Galilée. Jean dénonçait le mariage d'Antipas avec Hérodiade, sa demi-nièce, qui avait abandonné son précédent mari. Pour ces critiques, Antipas le jeta en prison. Mais Hérodiade, la nouvelle femme d'Antipas, franchit un pas de plus. Lors du banquet d'anniversaire d'Antipas, Salomé, la fille qu'Hérodiade avait eue de son premier mariage, devenue à présent la belle-fille d'Antipas[1], dansa pour lui, et cette danse le plongea dans un tel ravissement qu'il fit la promesse de lui accorder tout ce qu'elle demanderait. A l'instigation de sa mère Hérodiade, Salomé demanda que la tête de Jean-Baptiste lui soit apportée sur un plat. Antipas fut contristé de cette requête, mais il était lié par son serment. Il fit décapiter Jean dans sa prison, que Josèphe situe dans la forteresse de Machéronte, à l'est du Jourdain[2], et sa tête fut dûment remise sur un plateau à Salomé (*Matthieu* 14,3-12 ; *Marc* 6,17-29).

La première pensée d'Antipas, informé du ministère et des actes extraordinaires de Jésus, fut que Jean était ressuscité, qu'il était revenu à la vie (*Matthieu* 14,1-2 ; *Marc* 6,14-16 ; *Luc* 9,7-9), ce qui montre la dimension de Jean.

Les Évangiles le décrivent comme le précurseur de Jésus. Jésus lui-même proclame la grandeur de Jean : « En vérité, je vous le dis, parmi les enfants des femmes, il n'en est point paru de plus grand que Jean-Baptiste » (*Matthieu* 11,11 ; comparer avec *Luc* 7,28). Jean, dit Jésus à la foule, est « plus qu'un prophète » (*Matthieu* 11,9 ; *Luc* 7,26). En réalité, « c'est lui, l'Élie qui doit revenir » (*Matthieu* 11,14), le précurseur du Messie selon la tradition. Jésus fut lui-même baptisé par Jean (*Matthieu* 3,13-17 ; *Marc* 1,9-11 ; *Luc* 3,21-22). Il est clair que le peuple considérait Jean comme un prophète authentique (*Matthieu* 21,26 ; *Marc* 11,32 ; *Luc* 20,6). Selon Josèphe, Jean « fut un

1. Dans les Évangiles, Salomé est seulement identifiée comme la fille d'Hérodiade (*Marc* 6,2 [= 17 dans la Bible de Jérusalem] ; *Matthieu* 14,6).

2. Josèphe, *Antiquités judaïques*, XVIII, sec. 119.

homme de bien et avait exhorté les juifs à mener une vie vertueuse[1] ».

Plusieurs années après la mort de Jésus, Paul rencontra un homme dans la lointaine Éphèse (en Asie Mineure) qui « ne connaissait d'autre baptême que celui de Jean » (*Actes des Apôtres* 18,25). Apparemment, le mouvement lancé par Jean perdurait (voir *Actes* 19,3).

D'après les pseudo-Clémentins du IIIe et du IVe siècle (*Recognitiones* 1. 60), les disciples de Jean proclamaient que leur maître avait été plus grand que Jésus et qu'il était le vrai messie.

D'innombrables œuvres d'art ont immortalisé Jean-Baptiste – romans, opéras, films, et surtout des peintures ; elles montrent le prophète prêchant dans le désert, baptisant dans le Jourdain, ou désignant de la main l'« agneau de Dieu ». Nous le voyons en prisonnier dans une sombre geôle, ou parfois simplement sa tête sanglante remise sur un plat à la belle Salomé. Il fut aussi un sujet favori des peintres d'icônes. En tant que *prodromos*, le précurseur du Christ, il se tient à la gauche du Juge du Monde.

Il y a plus de vingt ans, j'enseignais à l'université de Chicago, et l'un de mes étudiants noirs me dit : « Je veux être comme Jean : une voix dans le désert, criant en faveur des réprouvés, démasquant les hypocrites, montrant aux pécheurs la voie de la droiture ! » Un an plus tard, la vague de révoltes étudiantes avait atteint ma propre université à Tübingen, où j'étais rentré. Je me rappelle un étudiant, bon chrétien, déclarant soudain : « Ah non, je vous en prie, pas Jésus ! Mon grand homme, c'est Jean-Baptiste ! » Il abandonna ensuite ses études de théologie.

Si la découverte des manuscrits de la mer Morte et leur publication partielle a mené à la conjecture que Jean-Baptiste était un Essénien ayant vécu à Qoumrân, ce n'est guère étonnant. Les Esséniens florissaient à Qoumrân à l'époque où Jean prêchait et baptisait dans le Jourdain tout proche. Les Romains détruisirent la communauté vers 68 av. J.-C. ; cette mesure faisait partie de leurs efforts pour réprimer la Première Révolte juive contre Rome (66-70 apr. J.-C.) et la répression culmina avec la destruction de Jérusalem.

Le rouleau de la mer Morte intitulé le *Manuel de Discipline*, ou aussi la *Règle de la Communauté* (sigle 1QS pour les savants, c'est-à-dire « grotte de Qoumrân 1, *Serekh Hay-Yahad*', le titre hébreu du texte), semble être le principal document régissant l'organisation de la communauté de Qoumrân. Les membres de la communauté, dit ce texte, doivent se séparer

1. *Ibid.*, XVIII, sec. 116-117.

> [...] des habitations des hommes de perversité [les autorités de Jérusalem] pour aller au désert, afin d'y frayer la voie de « Lui » ainsi qu'il est écrit [citant *Isaïe* 40,3] : « Dans le désert, frayez la voie de.... [le nom divin est indiqué dans ce rouleau par quatre points], tracez droite dans la steppe une route pour notre Dieu ! » Cette [voie], c'est la recherche de la Loi. [*Manuel de Discipline* 8,13-15.]

Les Esséniens furent ainsi conduits au désert par les mêmes directives scripturaires que celles qui motivèrent la vie et le ministère de Jean. Les premiers chrétiens comprirent Jean comme « la voix qui crie dans le désert : "Préparez le chemin du Seigneur, tracez droits ses sentiers" » (*Marc* 1,3). Ce verset de *Marc* cite les paroles d'*Isaïe* 40,3 reprises dans le *Manuel de Discipline* de Qoumrân.

La communauté de Qoumrân et les grottes voisines où furent découverts les rouleaux sont situées à proximité du lieu traditionnel où Jean exerça son activité près de Jéricho. Le récit de Luc sur la naissance de Jean s'achève sur cette remarque surprenante : « L'enfant grandissait et se fortifiait en esprit, et il vécut dans le désert jusqu'au jour où il se manifesta devant Israël. » Comment ce petit enfant, fils unique de parents âgés, put-il grandir dans le désert ? C'est que les Esséniens y demeuraient, menant une vie de type monastique. D'après Josèphe, ils accueillaient les enfants d'autres personnes, quand ceux-ci étaient « encore jeunes et capables d'être instruits » ; ils s'en occupaient comme de leurs propres enfants et les élevaient selon leur mode de vie[1]. Il semblerait que Jean-Baptiste fut élevé à Qoumrân – ou dans un endroit très semblable – jusqu'à ce qu'il devienne la voix qui crie dans le désert, appelant au repentir.

Les correspondances entre la vie et les enseignements de la communauté qoumrânienne, d'une part, et de Jean, d'autre part, sont souvent étonnantes. Le baptême de Jean, comme nous l'apprennent les Évangiles, n'est que le signe extérieur de la réalité du repentir et celui de l'assurance du pardon divin (*Marc* 1,4). Les pénitents confessaient leurs péchés, puis Jean les baptisait. Ce baptême consistait sans doute en une immersion dans les eaux du Jourdain. Cependant, sans le « fruit du véritable repentir » (*Matthieu* 3,8), ce rite de purification était vain ; comme l'exprime Josèphe : « L'âme doit être déjà totalement lavée par la justice[2]. » Dans le *Manuel de Discipline* (3,3-8), nous voyons que

1. Josèphe, *La Guerre des Juifs*, II. 8, 2, sec. 120.
2. Josèphe, *Antiquités judaïques*, XVIII, sec. 117.

l'ablution du corps doit s'accompagner de la purification de l'âme. Celui qui reste guidé par l'obstination de son cœur, qui ne veut pas être discipliné dans la communauté de Dieu, ne peut devenir saint – il demeure souillé, se laverait-il dans la mer ou les rivières ; car il doit être purifié par l'Esprit-Saint et par la vérité de Dieu.

D'après les Évangiles, Jean-Baptiste annonçait la venue d'un « plus puissant » que lui, qui baptiserait dans l'Esprit-Saint et dans le feu (*Marc* 1,7-8). La communauté de Qoumrân nourrissait une espérance similaire : ses adeptes s'attendaient à ce que, à la fin des temps, une purification par l'Esprit-Saint vienne remplacer leurs ablutions rituelles. Alors Dieu lui-même répandrait son esprit comme l'eau du ciel et enlèverait l'esprit de perversité du cœur de ses élus. Alors ils recevraient la « connaissance du Très-Haut et toute la gloire d'Adam » (*Manuel de Discipline* 4,20-22).

Le verset 21,32 de *Matthieu* dit que Jésus lui-même a déclaré : « Jean est venu à vous dans la voie de la justice, et vous ne l'avez pas cru [... M]ême quand avez vu cela, vous n'avez pas ressenti ensuite de repentir qui vous fît croire en lui. » Ainsi se comportèrent les grands-prêtres et les anciens de Jérusalem qui n'acceptaient pas Jean (*Matthieu* 21,23-27). On peut comparer Jean avec l'homme le plus influent du mouvement de Qoumrân, le Maître de Justice. Ce grand personnage, anonyme, annonçait les événements qui surviendraient durant la dernière génération, mais le peuple qui « fait violence à l'alliance », n'a « pas cru » ses paroles (*Commentaire d'Habacuc* 2,2-9).

Le Maître de Justice était le prêtre ordonné par Dieu pour conduire les repentis vers le chemin de Son cœur (*Commentaire d'Habacuc* 2,8 ; *Écrit de Damas* de la synagogue cairote 1,11). Son enseignement ressemblait à celui d'un prophète, inspiré par l'Esprit-Saint. Jean aussi était un prêtre, le fils du prêtre Zacharie (*Luc* 1,5). Comme le Maître de Justice de Qoumrân, Jean se sépara du clergé de Jérusalem et du service du Temple. Et, comme le Maître de Justice, il était aussi prophète.

Le Maître de Justice et Jean-Baptiste restèrent néanmoins fidèles aux lois de pureté ; tous deux les pratiquaient de manière radicale, et même ascétique. Ils croyaient à l'imminence de l'ère messianique et du jugement dernier. C'est pourquoi tous deux pratiquaient la purification du corps et de l'âme avec tant de rigueur. L'appel prophétique au repentir et l'attente apocalyptique de la fin de l'Histoire aboutirent à une radicalisation et à une généralisation des lois sacerdotales de pureté.

L'Évangile nous dit que Jean-Baptiste « ne mangeait ni ne buvait »

(*Matthieu* 11,18), ce qui signifie qu'il menait une vie ascétique, se nourrissant de sauterelles et de miel sauvage (*Marc* 1,6), aliments trouvés dans le désert. Jean voulait être indépendant, non pollué par la civilisation, qu'il considérait comme impure. A cet égard, il n'était pas différent des Esséniens de Qoumrân. Le vêtement de Jean était en poil de chameau et sa ceinture en cuir, tenue adaptée à son but de stricte pureté.

Dans l'Israël ancien, l'esprit de prophétie s'opposait souvent à la théologie des prêtres (voir, par exemple, *Amos* 5,22 ; *Isaïe* 1,11-13 ; *Jérémie* 7,21-26). Les prophètes avertissaient le peuple de ne pas se reposer trop fortement sur le Temple et sur l'effet expiatoire des sacrifices. Cependant, les Esséniens ainsi que Jean-Baptiste parvenaient à allier l'idéal prophétique et l'idéal sacerdotal dans une vie sainte, pure selon les rites, mais caractérisée par le repentir et l'attente du jugement dernier. Les disciples de Jean pratiquaient le jeûne (*Marc* 2,18) et récitaient des prières qui leur étaient propres (*Luc* 11,1). Ces deux actes de piété apparaissent aussi dans les textes de Qoumrân. L'infraction des règles, même mineures, était punie par une réduction de la ration alimentaire, ce qui équivalait à un jeûne sévère (*Manuel de Discipline* 7,2-15). Et les manuscrits de la mer Morte contiennent plusieurs prières spéciales, dont les magnifiques *Hymnes d'action de grâces* du rouleau trouvé dans la grotte 1. La grotte 11 a également livré un rouleau de psaumes comprenant de nouvelles prières insérées dans une série de psaumes de David.

Les Esséniens de Qoumrân se dissociaient du Temple de Jérusalem et de son culte sacrificiel. Les offrandes d'animaux faites au Temple étaient remplacées par l'« offrande des lèvres » (les prières) et par des œuvres de la loi. L'homme doit se rendre à Dieu en un sacrifice agréable ; il doit apporter son corps et son esprit, ses capacités physiques et mentales, ainsi que ses biens et sa propriété matérielle, dans la communauté de Dieu, tous ces dons seront purifiés de la pollution de l'ambition égoïste grâce à l'humble obéissance aux commandements de Dieu (*Manuel de Discipline* 1,11-13).

La communauté de Qoumrân était destinée à constituer un sanctuaire vivant. Les adeptes croyaient que ce temple vivant, fait de personnes, servait mieux Dieu que le sanctuaire de Jérusalem fait de pierres. Les « pierres » élues de la communauté témoignaient de la vérité de Dieu et accomplissaient l'expiation pour le pays (*Manuel de Discipline* 8,6-10). Ainsi, la communauté protégeait le pays et son peuple du courroux brûlant de Dieu et de la catastrophe qui suivrait son jugement. Le Temple de Jérusalem ne pouvait remplir cette fonction tant qu'y officiaient des prêtres insubordonnés.

Jean-Baptiste, fils de prêtre, était aussi en conflit avec la hiérarchie de Jérusalem, un conflit similaire à celui des Esséniens avec cette même hiérarchie. Il partageait sans doute la croyance essénienne en la supériorité du temple spirituel de Dieu. Il avertissait le peuple de ne pas compter sur le fait qu'Abraham était son père, car « Dieu, de ces pierres, peut susciter des enfants à Abraham [c'est-à-dire une communauté véritablement repentante] » (*Matthieu* 3,9). Cette paro, célèbre recèle en hébreu un magnifique jeu de mots : « enfants » est *banim*, « pierres » est *abanim*, d'où l'idée sous-jacente d'un temple vivant fait d'« hommes ». Jean dit que Dieu peut « de ces *pierres* » créer de vrais *enfants* d'Abraham et en faire le sanctuaire de Sa communauté.

Dans le *Rouleau du Temple* de Qoumrân, Dieu promet de « créer » un sanctuaire au commencement de l'ère nouvelle ; il le fera selon l'alliance faite avec Jacob à Béthel (*Rouleau du Temple* 29,7-10). A Béthel, Jacob avait prononcé ce vœu : « Cette pierre [qu'il a érigée en stèle] deviendra une maison de Dieu » (*Genèse* 28,22). Les adeptes de Qoumrân, de même que Jean, croyaient en le pouvoir créateur de Dieu qui se manifesterait à la fin des temps, comme il le fit au commencement. Alors Dieu établirait le véritable sanctuaire et le culte idéal, dont la vie de la communauté de Qoumrân et celle prêchée par Jean étaient toutes deux une anticipation.

La prédication de Jean possédait plusieurs caractéristiques que l'on peut également trouver à Qoumrân. Par exemple, Jean employait des formes prophétiques de réprimande et de menace (*Matthieu* 3,7-10). Les hypocrites qui venaient à lui pour recevoir sans repentir le baptême, il les traitait de « race de vipères » (*Matthieu* 3,7). Cette étrange expression est, à mon avis, l'équivalent de l'hébreu *ma'ase 'eph'eh*, « créatures du Serpent » – c'est-à-dire « fils du Diable ». Cette même formule se retrouve dans les *Hymnes d'action de grâces* de Qoumrân (1QH 317). En résumé, le langage prophétique de Jean-Baptiste fut enrichi par les polémiques de la communauté essénienne de Qoumrân.

S'il y a ainsi de nombreuses raisons de supposer que Jean-Baptiste était un Essénien ayant pu vivre à Qoumrân, cette conclusion se heurte aussi à des obstacles qui doivent être analysés avec autant de zèle que les correspondances. Tout d'abord, Jean n'est jamais mentionné dans les manuscrits de la mer Morte publiés jusqu'à présent.

Peut-être plus révélateur est le fait que Jean n'est jamais dit Essénien dans le Nouveau Testament ni dans Josèphe. L'absence d'une telle mention est particulièrement significative chez Josèphe, parce que, dans ses deux œuvres *Antiquités judaïques* et *La Guerre des Juifs*, il parle à plusieurs reprises de la secte essénienne comme d'une « philosophie juive », sur un pied d'égalité avec les Sadducéens et les Pharisiens. Dans *La Guerre des Juifs* (2,567), Josèphe mentionne même un autre Jean, qu'il nomme « Jean l'Essénien », qui servit en tant que général juif dans la Première Révolte juive contre Rome. Josèphe identifie aussi trois personnages prophétiques comme Esséniens (bien qu'il ne les appelle pas des prophètes). Tous ces détails indiquent que Josèphe aurait reconnu Jean-Baptiste comme Essénien s'il l'avait su membre de ce groupe.

Élément plus significatif encore : Jean-Baptiste critiquait sans ambages le gouvernement civil, ce qui ne correspond guère à un Essénien. Le Baptiste alla jusqu'à critiquer le tétrarque Antipas en personne pour son mariage avec la « femme de son frère » (*Marc* 6,18). Par sa prédication, Jean suscitait une telle exaltation parmi les foules qu'Hérode craignit de la voir engendrer une révolte[1]. Ce franc-parler de Jean ne semble pas le registre d'un Essénien.

On peut élever une objection analogue concernant le courageux souci du salut de ses frères juifs manifesté par Jean. Cette attitude ne ressemble pas non plus aux Esséniens. En effet, après avoir exposé en vain des critiques graves contre les chefs religieux et politiques durant le IIe siècle av. J.-C., les Esséniens paraissent s'être retirés de la vie publique afin de travailler à leur propre salut. Jamais ils ne développèrent d'activité missionnaire, préférant se contenter d'attendre les adeptes que Dieu choisissait d'adjoindre à leur communauté de salut.

Jean-Baptiste, en revanche, osait s'adresser à tout le peuple. Il devint l'incarnation de la voix divine, lançant du désert son appel dans le monde habité : « Je suis la voix qui crie dans le désert » (*Jean* 1,23). Jean ne reléguait pas les gens dans le désert ; il ne leur faisait pas non plus intégrer une sainte communauté dotée de règles monastiques : après la confession de leurs péchés, il les baptisait une fois pour toutes, puis les renvoyait à leur monde profane – à leur travail et leur famille. Là, ils devaient jouir des « vrais fruits du repentir », dans une vie de justice. Cette attitude ne ressemble pas du tout à celle d'un Essénien.

Pour ces raisons, nous pourrions aisément conclure que Jean-Baptiste n'était pas essénien. La communauté essénienne et Jean semblent avoir

1. *Ibid.*, XVIII, sec. 118.

vécu dans deux mondes différents : l'une, dans une communauté fermée de saints dont le seul souci était leur propre salut ; l'autre, prophète solitaire préoccupé du salut de tout son peuple.

Mais la discussion ne s'achève pas là. Il y a un moyen de réconcilier les arguments pour et contre. Comme nous le rappelle Josèphe, tous les Esséniens ne menaient pas une vie monastique dans le désert de Juda. Certains font presque penser à Jean-Baptiste. Josèphe parle même de prophètes esséniens – qui n'étaient pas des pseudo-prophètes, des imposteurs et des charlatans, espèce sur laquelle Josèphe trouve beaucoup à redire, mais des hommes qui prévoyaient et disaient la vérité, d'une manière assez semblable aux prophètes traditionnels de l'Israël ancien. Ces voyants esséniens apparaissaient soudainement, tenant tête aux rois, critiquant leur conduite ou prédisant leur chute. Josèphe ne décrit pas leur enseignement ou leur mode de vie ; il les définit simplement comme Esséniens[1].

Bref, il n'existe pas de conflit précis entre le mode de vie sacerdotal (essénien) et le prophétique. Les deux traditions bibliques – la sacerdotale et la prophétique – influencèrent les Esséniens tout comme elles influencèrent Jean-Baptiste.

Jean, à mon sens, grandit en Essénien, probablement dans la communauté du désert à Qoumrân. Puis il entendit un appel particulier de Dieu et s'émancipa de la congrégation – peut-être encore plus que les prophètes esséniens décrits par Josèphe. Par son baptême de repentir, Jean s'adressait directement à tout Israël ; il voulait servir son peuple et sauver le plus grand nombre possible de ses frères juifs.

Sans aucun doute, les Esséniens de Qoumrân préparèrent le chemin de cette voix prophétique dans le désert. Ils parvenaient, dans une sorte d'existence eschatologique, à une symbiose de l'héritage sacerdotal et de l'héritage prophétique d'Israël. Les Esséniens radicalisèrent et démocratisèrent le concept de pureté sacerdotale ; ils souhaitaient une théocratie authentique et cherchèrent à transformer le peuple de Dieu en un « royaume de prêtres » (*Exode* 19,5-6).

Leur singulière piété avait un motif particulier : l'espoir eschatologique. Dans l'ère à venir, croyaient-ils, existerait une seule congrégation des saints dans les cieux et sur la terre ; les anges et les hommes adoreraient alors ensemble. C'est pourquoi, dès à présent, la liturgie et le calendrier sacré en usage dans les cieux pour le temps de la prière

1. Josèphe, *La Guerre des Juifs*, I, sec. 78-80 ; II, sec. 112-113 ; *Antiquités judaïques*, XV, sec. 371-379.

et la célébration des fêtes servaient de modèles au culte essénien. Au ciel, les animaux ne sont pas offerts en sacrifice à Dieu ; les anges brûlent de l'encens et chantent des hymnes de louanges. Donc, sur terre, les Esséniens n'avaient pas besoin du Temple de Jérusalem. Ils croyaient qu'un vivant sanctuaire de saints hommes pouvait remplir un ministère d'expiation plus efficace que des sacrifices d'animaux, offerts par des prêtres impurs (*Manuel de Discipline* 8,6-10 ; 9,4-5).

Mais les Esséniens intégraient aussi les traditions des prophètes dans leurs croyances. Le prophète n'avait pas grand-chose à voir, et même peut-être rien, avec le Temple et les sacrifices. Le prophète cherchait à accomplir l'expiation à travers son propre engagement et ses efforts pour changer le cœur de son auditoire. Les Esséniens, bien que dirigés par des prêtres, adoptèrent la tradition prophétique parce qu'ils constituaient un mouvement de repentir. Leur Maître de Justice était un prêtre agissant en prophète.

C'était également vrai pour Jean-Baptiste. Il était fils de prêtre et pratiquait rigoureusement les lois de pureté sacerdotale ; mais, dans son ministère pour Israël, il agissait en prophète, comme l'*Élie redivivus*[1] pour annoncer la venue du Messie. Son baptême, tout comme la philosophie essénienne, alliait les deux traditions : les lois sacerdotales de pureté rituelle étaient combinées avec le souci prophétique du repentir, du retour à Dieu, et de s'offrir à Lui. On peut donc raisonnablement conclure que Jean-Baptiste fut élevé dans la tradition des Esséniens et a fort bien pu vivre à Qoumrân avant de porter son message à la foule.

1. Littéralement « Élie reviendra à la vie ». Cette expression renvoie à la promesse faite par Dieu d'« envoyer le prophète Élie, avant que vienne le jour, grand et redoutable, du Seigneur » [*Malachie* 4,5 (3,25 dans la Bible de Jérusalem)].

SIXIÈME PARTIE

Les manuscrits de la mer Morte et le judaïsme rabbinique

CHAPITRE DIX-SEPT

Lumières nouvelles sur les Pharisiens

Lawrence H. Schiffman

Jusque récemment, nombre de savants rejetaient, en les estimant historiquement peu fiables, les descriptions des Pharisiens et de leurs lois contenues dans la littérature rabbinique compilée plusieurs siècles après la destruction du Temple par les Romains en 70 apr. J.-C. A présent, selon Lawrence H. Schiffman, de l'université de New York, les manuscrits de la mer Morte sont en train de modifier ce point de vue. Une lecture pénétrante de ces manuscrits nous apprend beaucoup sur les Pharisiens de la période avant l'an 70. Les descriptions rabbiniques des Pharisiens et de leurs pratiques religieuses, postérieures à la destruction, se révèlent alors d'une exactitude remarquable. La continuité entre les lois et pratiques des Pharisiens antérieures à la destruction et le judaïsme rabbinique postérieur à la destruction est bien plus grande qu'on ne le supposait auparavant.

*

Les textes de Qoumrân, à mon sens, mèneront à une compréhension nouvelle de l'histoire du judaïsme à l'époque du Second Temple. Les recherches initiales sur les manuscrits se sont naturellement concentrées sur la secte des manuscrits de la mer Morte. Mais l'ensemble du corpus nous apportera aussi une quantité impressionnante de connaissances sur d'autres groupes juifs [1].

Le judaïsme, dans toutes ses manifestations modernes, découle en définitive du judaïsme rabbinique, le système religieux des rabbins de

1. Voir chap. 3. Voir aussi L. H. Schiffman, « Confessionalism and the Study of the Dead Sea Scrolls », *Jewish Studies*, 31, 1991, p. 3-14.

la Mishna (compilée vers 200 apr. J.-C.) et du Talmud (compilé entre 400 et 600 av. J.-C.). Codifiée pour la première fois dans la Mishna, la tradition rabbinique prétend continuer les enseignements des Pharisiens, un groupe de maîtres laïcs de la Torah qui naquit durant les années suivant le soulèvement des Maccabées (168-164 av. J.-C.) et ne cessa d'enseigner jusqu'à l'époque de la destruction romaine du Temple, en l'an 70 de l'ère chrétienne. Aux Pharisiens succédèrent, en quelque sorte, les *tannaïm*, docteurs de la Mishna[1]. Les textes de la période de la Mishna sont appelés littérature tannaïte.

La critique moderne a remis en question une grande partie de ce que les sources talmudiques (y compris la Mishna) disent sur les Pharisiens de la période antérieure à la destruction, en se fondant sur la raison que les maigres témoignages conservés dans ces textes provenaient en fait de la période après 70. Nombre de savants ont tout simplement rejeté d'emblée les déclarations de la littérature rabbinique postérieure à la destruction, présentant les Pharisiens comme le groupe dominant dans les affaires du Temple dès la période maccabéenne et durant la dynastie hasmonéenne qui succéda à la révolte des Maccabées[2]. Cependant, la revendication d'autorité du judaïsme rabbinique repose finalement sur la continuité de la tradition pharisienne-rabbinique depuis l'époque antérieure à la destruction jusqu'à la période postérieure à cette date. Pour les rabbins, les traditions des Pharisiens avaient été transmises oralement aux *tannaïm* de la Mishna et avaient ainsi formé la base du judaïsme tannaïte postérieur à la destruction. Mais aux yeux des critiques historiques modernes, les preuves étaient minces.

C'est pourquoi toute lumière susceptible d'éclairer l'histoire des Pharisiens et leurs enseignements durant la période antérieure à la destruction sera d'une importance capitale. Les témoignages émanant des manuscrits de la mer Morte permettent aujourd'hui de démontrer que, durant la plus grande partie de la période hasmonéenne, les opinions des Pharisiens prédominèrent effectivement au Temple de Jérusalem. En bref, les rapports sur les lois religieuses (*halakhot*[3])

1. Pour une discussion approfondie de toute cette période, voir L. H. Schiffman, *From Text to Tradition, A History of Second Temple and Rabbinic Judaism*, Hoboken, NJ, Ktav, 1991.

2. J. Neusner, *From Politics to Piety, the Emergence of Pharisaic Judaism*, Englewood, NJ, Prentice Hall, 1973.

3. La *halakha* (pluriel *halakhot*) est le côté légal, obligatoire du judaïsme. Elle comprend les pratiques et observances judaïques, couvrant la vie quotidienne, les fêtes, les lois alimentaires, les rites de pureté, le droit civil et pénal.

attribuées aux Pharisiens dans des textes talmudiques ultérieurs sont foncièrement exacts. De plus, nous pouvons maintenant prouver qu'une partie de l'enseignement attribué aux sages rabbiniques qui vécurent après la destruction romaine du Temple remonte en réalité à des traditions pharisiennes plus anciennes, antérieures à cette destruction.

La plupart des matériaux de Qoumrân éclairant les Pharisiens se trouve sous forme de polémiques contre leurs concepts. Sur un large éventail de points théologiques et halakhiques, la secte de Qoumrân s'opposait avec véhémence aux enseignements pharisiens. Néanmoins, l'analyse soigneuse de ces matériaux, suivie de leur comparaison avec des déclarations ultérieures de la tradition rabbinique, nous permet de reconstituer de nombreuses données concernant les Pharisiens avant la destruction.

Commençons par examiner l'*Écrit de Damas* (voir chap. 5) dont on a retrouvé deux copies, il y a près d'un siècle, dans une synagogue du Caire. A cette époque, ils furent intitulés *Fragments sadocides*. Un siècle plus tard, on découvrit dans les grottes de Qoumrân des fragments d'au moins huit autres copies de l'*Écrit de Damas*.

La première partie de ce texte telle qu'elle est conservée dans les manuscrits du Caire (désignés sous le sigle CD, c'est-à-dire *Cairo Damascus*) a été appelée l'« Exhortation » et inclut entre autres une liste de transgressions de la loi. Ces transgressions ont été commises par « les bâtisseurs du mur qui ont suivi [littéralement, marché derrière] le "chef". Le "chef", c'est le vaticineur dont Il [Dieu ou le prophète] a dit : ils ne feront que vaticiner » (CD 4,19-20).

Qui sont ces bâtisseurs du mur ? Qui est le chef, ou vaticineur ? Une chose est sûre : pour la secte, ils sont les scélérats. Englobées dans le texte, deux allusions scripturaires le démontrent. L'une est le verset 5,10-11 d'*Osée* :

> Les chefs de Juda ont agi
> Comme des déplaceurs de bornes des champs.
> Sur eux je déverserai à flots ma colère.
> Éphraïm est frustré, spolié de réparation[1].

1. Bible anglaise et TOB : « est opprimé, brisé dans le jugement ». Bibles de Jérusalem et de Maredsous ; « est oppresseur, il viole le droit ». *(NdT)*

L'autre allusion porte sur une partie du verset 2,6 de *Michée* :

> « Cessez de vaticiner, vaticinent-ils,
> On ne doit pas vaticiner ainsi. »

La clef de l'identité de ces scélérats est le contenu des lois condamnées par l'*Écrit de Damas*. Dans une série de lois énumérées dans ce document, les conceptions du vaticineur (le « chef ») et des bâtisseurs du mur s'avèrent être des lois que les sources tannaïtes disent associées aux Pharisiens. Les sectaires de Qoumrân s'opposaient avec virulence à ces lois.

L'expression « bâtisseurs du mur » est apparemment une adaptation du concept, connu dans la Mishna (*Avot* 1,11), qui enseigne : « Construis une barrière autour de la Torah[1]. » Selon cette maxime rabbinique, des lois ne figurant pas dans la Bible peuvent être créées pour assurer que les lois effectivement présentes dans la Torah ne soient pas transgressées. C'est la « barrière » autour de la Torah. Les sources tannaïtes considèrent cette « barrière » (*siyyag*) comme un trait positif de la *halakha* rabbinique. Les auteurs de l'*Écrit de Damas*, en revanche, s'opposaient à cette démarche – apparemment, ce n'était pas seulement pour des raisons de désaccords avec ces lois non bibliques, mais aussi parce qu'ils rejetaient l'idée d'une extension des commandements bibliques par ce procédé. En résumé, ils s'opposaient à ces lois parce qu'ils les jugeaient dénuées de fondement biblique.

Un autre passage de l'*Écrit de Damas* montre clairement que ces divergences d'opinion entre la secte de Qoumrân et les Pharisiens atteignaient le cœur de nombreuses *halakhot* :

> Ils [maintenant identifiés par nous comme étant les Pharisiens] ont même rendu impur leur esprit saint et, en termes blasphématoires, ont ouvert la bouche contre les lois de l'Alliance de Dieu, disant : « Elles ne sont pas correctes ! » [CD 5,11-13.]

Plus loin, dans l'*Écrit de Damas*, les Pharisiens sont de nouveau nommés les « bâtisseurs du mur » dénués de compréhension :

> Tout cela, les bâtisseurs du mur et les plâtriers de néant ne l'ont pas compris. Car un homme qui soulève le vent et vaticine mensongèrement avait vaticiné pour eux, c'est pourquoi la colère de Dieu s'enflamma

1. Remarquons que le verset 1,1 d'*Avot* attribue cette notion aux « hommes de la Grande Assemblée », dont le dernier aurait vécu vers 250 av. J.-C.

> contre toute cette congrégation. [CD 8,12-13.] [...] Parce qu'Il haïssait les bâtisseurs du mur, s'enflamma sa colère. [CD 8,18.]

Comme les sectaires de Qoumrân s'opposaient à la *halakha* pharisienne qui n'était pas directement fondée sur l'Écriture, les Pharisiens sont désignés dans les rouleaux par l'expression *dorshe halaqot*, littéralement « chercheurs de complaisances ». Cette expression s'inspire de l'usage biblique de *halaqot* dans le sens de mensonges (voir *Isaïe* 30,10 ; *Psaumes* 12,3-4, 73,18 ; *Daniel* 11,32). Mais *halaqot* est aussi un jeu de mots sur *halakhot*, pluriel de *halakha* et terme désignant les lois religieuses que l'usage rabbinique nous a transmis plus tard. L'emploi de *halakha* pour les lois religieuses, indique ce jeu de mots, était déjà courant chez les Pharisiens dès la période hasmonéenne. En fait, une étude des sources rabbiniques sur ce terme montre qu'il signifiait à l'origine une loi non fondée directement sur l'Écriture – par exemple, une loi fondée sur la « tradition des pères » ou des « anciens ».

L'*Écrit de Damas* désigne clairement les Pharisiens en parlant de ceux qui « ont interprété de fausses lois » (*darshu be-haloqot*) et choisissent les mensonges, recherchent les brèches (occasions de violer la loi), choisissent la luxure, déclarent innocent le coupable et coupable l'innocent. Ils transgressent l'alliance, invalident la loi, et s'unissent pour éliminer les justes (CD 1,18-20).

Aux yeux des sectaires, tout le corpus des lois pharisiennes constitue ainsi une « invalidation » de la Torah, parce qu'il remplace les lois bibliques par les décisions propres des Pharisiens.

Un passage du rouleau des *Hymnes* (*Hodayot*) provenant de la grotte 1 pourrait également se rapporter aux Pharisiens :

> Ils ont formé contre moi des projets de mal [littéralement, de Bélial]
> pour troquer ta Torah que tu as enseignée dans mon cœur
> contre des paroles complaisantes [: leurs fausses lois]
> adressées à ton peuple. [1QH 4,10-11.]

Les sectaires de Qoumrân s'opposaient aux lois pharisiennes parce qu'ils considéraient que ces *halakhot* pharisiennes venaient se substituer aux lois bibliques données par Dieu en personne. Pour les sectaires, la notion même de lois à ajouter à celles de la Bible était anathème. Ils ne reconnaissaient que les lois tirées directement de la Torah grâce à ce qu'ils considéraient comme une exégèse biblique inspirée[1].

1. L. H. Schiffman, *The Halakhah at Qumran*, Leyde, E. J. Brill, 1975, p. 22-32.

Le *Pesher Nahum* de la grotte 4 – un commentaire sectaire du livre du prophète Nahum – déclare :

> [L']interprétation [: de *Nahum* 3,4)] [con]cerne ceux qui égarent Éphraïm,
> dont la fausseté réside dans leur enseignement [*talmud*],
> et dont la langue mensongère et les lèvre[s] malhonnête[s]
> égarent beaucoup de gens. [4QpNah 3-4 II,8.]

Éphraïm est un nom de code signifiant les Pharisiens, choisi pour sa sonorité voisine du terme hébreu *Peroushim*, Pharisiens. Et Manassé, par ailleurs, correspond aux Sadducéens[1]. L'auteur du commentaire – son intention est claire – voulait désigner les chefs et les maîtres pharisiens, c'est-à-dire ceux qui dirigeaient Éphraïm (les Pharisiens). Ce sont ces gens-là que le texte assimile à ceux qui se livrent aux débauches de la prostituée mentionnées au verset 3,4 de *Nahum*.

Remarquons que le terme hébreu utilisé pour « enseignement » est *talmud*, le même que celui désignant les volumineux commentaires de la Mishna : le Talmud babylonien et le Talmud palestinien.

Durant les premières années de recherches sur les rouleaux, la présence du terme *talmud* dans ce texte fut un des arguments avancés pour attribuer aux rouleaux une date médiévale[2]. Les savants qui proposèrent cette thèse crurent, à tort, que ce terme faisait là référence au texte rabbinique du même nom. Mais la question est bien plus complexe. Dans la littérature tannaïte ancienne, *talmud* désigne déjà une méthode d'étude – précisément la tradition rabbinique-pharisienne qui autorise à déduire des lois par inférence du texte biblique. C'est cette méthode d'argumentation juridique que blâment les sectaires de Qoumrân. Néanmoins, le texte prouve qu'elle était déjà en usage durant la dernière moitié de la période hasmonéenne[3].

Dans la perspective pharisienne, cette méthode était destinée à tirer des lois de la Torah. Alors pourquoi les sectaires de Qoumrân la considéraient-ils comme illégitime, puisque eux aussi pratiquaient l'exégèse juridique ? La méthode employée par les Pharisiens, désignée ici par le terme *talmud*, ne se réclamait pas d'une inspiration

1. M. P. Horgan, *Pesharim : Qumran Interpretations of Biblical Books*, CBQ Monograph Series 8, Washington, DC, Catholic Biblical Association, 1979, p. 160-162.
2. Pour une bibliographie, voir M. P. Horgan, *Pesharim* (réf. note 8), p. 184.
3. B. Z. Wacholder, « A Qumran Attack on Oral Exegesis ? The Phrase *'asher be-talmud shegaram* in 4Q Pesher Nahum », *Revue de Qumran*, 5, 1964-1966, p. 575-578.

divine. Pour les sectaires de Qoumrân, elle était donc illégitime, mensongère.

Que savons-nous du contenu de ces lois pharisiennes supposées fausses, illégitimes ? L'*Écrit de Damas*, dans divers passages polémiques, fait allusion à un certain nombre de règles pharisiennes – par exemple, celles permettant le remariage après le divorce (CD 4,20-5,1) et le mariage avec sa propre nièce (CD 5,7-11).

Récemment, l'accès au texte désigné par les initiales MMT (4Q *Miqsat Ma'aseh ha-Torah*) (voir chap. 3), très débattu mais non encore publié, a grandement augmenté nos connaissances de ces lois. Les sectaires de Qoumrân, dans les diatribes du MMT contre les opinions de leurs adversaires, décrivent souvent celles des Pharisiens. Ces données nous permettent de reconstituer des matériaux halakhiques spécifiques que l'on peut sérieusement dater du début de la période hasmonéenne.

Le MMT contient vingt-deux lois qui, soutiennent les auteurs, furent la cause du schisme aboutissant à la fondation de la secte de Qoumrân. Je pense que cette secte se forma lorsqu'un groupe de prêtres sadducéens quitta le service du Temple à la suite de l'accession des Hasmonéens à l'autorité du Temple peu après la révolte des Maccabées, sans doute vers 152 av. J.-C.[1]. En tout cas, les lois adoptées par les sectaires de Qoumrân dans le MMT sont formulées de manière à souligner les conceptions des auteurs et présentent des positions tirées de la tradition sadducéenne[2]. Au chapitre 3, j'explore plus en détail l'origine sadducéenne de ces lois. Ce qui nous intéresse ici, c'est ce que le MMT peut nous apprendre sur les Pharisiens[3].

A plusieurs reprises, le texte du MMT – et aussi le *Rouleau du Temple* – s'oppose au principe nommé *tevul yom* dans la *halakha* des maîtres *tannaïm*, ce qui signifie littéralement « une personne immergée durant ce jour ». Selon ce principe, celui qui a accompli tous les rites de purification – comprenant l'immersion dans un bain rituel

1. F. M. Cross, « The Early History of the Qumran Community », *New Directions in Biblical Archaeology*, D. N. Freedman, J. C. Greenfield, éd., Garden City, NY, Doubleday, 1971, p. 70-89.

2. Voir l'article extrêmement important de Y. Sussman, « The History of Halakha and the Dead Sea Scrolls – Preliminary Observations on *Miqsat Ma'ase ha-Torah* (4QMMT) » (en hébreu), *Tarbiz*, 59, 1989-1990, p. 11-76.

3. Voir Schiffman, « The Temple Scroll and the Systems of Jewish Law of the Second Temple Period », *Temple Scroll Studies*, G. J. Brooke, éd., Sheffield, JSOT Press, 1989, p. 245-251, et Schiffman « *Miqsat Ma'ase ha-Torah* and the *Temple Scroll* », *Revue de Qumran*, 14, 1990, p. 435-457.

(*mikveh*) –, mais qui doit encore attendre le coucher du soleil le dernier jour de sa période de purification (pour être totalement pur), est toutefois considéré comme pur pour entrer en contact avec une nourriture pure. Mais les auteurs du MMT et du *Rouleau du Temple* s'opposent à cette opinion. Ils affirment précisément que leurs antagonistes – ceux qui suivent la perspective pharisienne – acceptent le concept de *tevul yom* et considèrent la personne comme rituellement pure même avant le coucher du soleil du dernier jour de sa période de purification.

Le MMT demande expressément aux prêtres qui sacrifient les animaux, à ceux qui brûlent la génisse rousse et à celui qui recueille ses cendres[1], d'être totalement purs – c'est-à-dire d'avoir achevé la période intégrale de purification et passé le coucher du soleil du jour où se termine cette période.

D'après la Mishna (*Parah* 3,7), compilée vers 200 av. J.-C., cette même question faisait l'objet de controverses entre les Sadducéens et les « anciens d'Israël », qui sont apparemment les Pharisiens. Les Pharisiens rendraient exprès impur le prêtre avant un rite afin de le lui faire accomplir en état de *tevul yom* et de contester ainsi la conception sadducéenne interdisant à ce prêtre d'officier à cause de son impureté.

Le MMT prouve que ce désaccord existait des siècles plus tôt, à l'époque où se fonda la secte de Qoumrân. Par conséquent, les sages pharisiens adoptèrent cette position dans les premiers temps de la période hasmonéenne. On peut multiplier les exemples analogues. Dans chaque cas, on peut montrer qu'une position pharisienne figurant dans des sources rabbiniques des siècles ultérieurs existait déjà à une époque très antérieure à ces sources.

Un certain nombre d'autres lois dont parle le MMT ne correspondent pas explicitement à des désaccords entre Pharisiens et Sadducéens tels que les relate la littérature rabbinique ultérieure ; mais le point de vue auquel s'oppose la secte de Qoumrân est attribué dans la littérature rabbinique à la période des *tannaïm*, de la Mishna. Le MMT prouve ainsi que, dans certains de ces cas, les conceptions des *tannaïm* sont en fait celles des Pharisiens de la période hasmonéenne, qui se sont perpétuées durant la période tannaïte.

Le MMT est un texte fondateur de la secte de Qoumrân. Il a été rédigé au début de la période hasmonéenne, quand l'organisation du

1. Voir ce rite dans *Nombres* 19, 31,23 : ces cendres servaient ensuite à faire l'eau lustrale pour les rituels de purification du contact avec un mort. *(NdT)*

Temple et l'accomplissement des rites étaient menés en accord avec les conceptions des Pharisiens. Les Hasmonéens firent cause commune avec les Pharisiens dans le but de purifier le Temple de l'hellénisation excessive, dont ils blâmaient en grande partie les prêtres sadducéens devenus, à leur avis, trop hellénisés [1].

Divers éléments, dans le MMT et dans le *Rouleau du Temple*, représentent la polémique de ceux qui continuaient à adhérer pieusement aux conceptions sadducéennes, en s'opposant aux Hasmonéens et à leurs alliés. Grâce à eux, nous constatons que des conceptions pharisiennes antérieures à la destruction du Temple figurent effectivement dans des sources tannaïtes plus tardives, à la fois dans des passages spécifiquement étiquetés comme pharisiens et dans d'autres passages où sont discutées les lois tannaïtes.

Ainsi, on peut trouver dans le corpus de Qoumrân des témoignages du fondement idéologique du pharisianisme et de ses principes *halakhiques*. Une lecture perspicace du corpus de Qoumrân révèle le rôle des Pharisiens en tant qu'alliés des Hasmonéens au début de la période hasmonéenne [2]. Plus important encore, on ne peut plus affirmer qu'il n'existe aucun témoignage sur les Pharisiens antérieur aux données des *tannaïm* et de Josèphe, qui écrivirent après la destruction de Jérusalem par les Romains. Les rouleaux apportent en fait un témoignage approfondi, et de grande portée, sur l'histoire et l'idéologie des Pharisiens avant la destruction.

Le MMT et le *Rouleau du Temple* fournissent des témoignages de l'autorité prééminente des Pharisiens dans les rites du Temple au début de la période hasmonéenne. Ces Pharisiens professaient des conceptions analogues à celles que la littérature rabbinique leur attribue. En outre, ils exprimaient nombre de positions – concrètes et théologiques – que l'on retrouve plus tard parmi les *tannaïm* de la Mishna.

En somme, dans ses grandes lignes, la description des Pharisiens que nous voyons émerger des manuscrits de la mer Morte est bien plus proche des descriptions de la littérature rabbinique ultérieure que nombre d'entre nous ne l'auraient cru possible il y a quelques années.

1. Voir chap. 3 et « The New Halakhic Letter (4QMMT) and the Origins of the Dead Sea Sect », *Biblical Archaeologist*, 53, n° 2, juin 1990, p. 64-73.

2. D'autres témoignages du rôle politique des Pharisiens figurent également dans les rouleaux, mais dépassent les limites de cette analyse. Les rouleaux attestent le désaccord qui finit par séparer les Pharisiens de la dynastie hasmonéenne à mesure que les Hasmonéens s'hellénisaient. A cet égard, ils confirment les témoignages apportés par Josèphe et par la littérature rabbinique.

Il est clair, dorénavant, que nous ne pouvons considérer le judaïsme rabbinique comme une innovation de la période postérieure à 70, à partir d'un consensus qu'auraient entraîné les vicissitudes de la destruction du Temple. Le judaïsme rabbinique doit plutôt être considéré comme une continuation de la tradition pharisienne antérieure à la destruction. Une partie de la tradition rabbinique bien plus large que certains ne le pensaient s'enracine dans les enseignements pharisiens. En réalité, le témoignage des rabbins sur les Pharisiens se révèle exact dans la majorité des détails. On peut faire remonter au moins à l'époque hasmonéenne nombre de lois et enseignements spécifiques, attestés tout d'abord durant la période tannaïte (mishnaïque). Durant ces années, la plupart du temps, les conceptions pharisiennes dominèrent la procédure du Temple. Il était tout naturel que les successeurs des Pharisiens viennent assumer le manteau de l'autorité nationale après la dévastation de 70. Bref, nous devons maintenant abandonner le schéma d'une discontinuité entre le judaïsme d'avant et celui d'après la destruction, pour revenir à un schéma prenant en compte les continuités que nous avons observées.

Cette perspective nous place au seuil d'une nouvelle ère dans la recherche sur le judaïsme rabbinique-pharisien. Les manuscrits de la mer Morte vont nous permettre de dégager nombre d'éléments de l'histoire ancienne de cette pensée du judaïsme qui, déjà à l'époque du Temple, s'était élevée à la position dominante dans la communauté juive de la terre d'Israël.

SEPTIÈME PARTIE

Le *Rouleau de Cuivre*

CHAPITRE DIX-HUIT

Le mystère du *Rouleau de Cuivre*

P. Kyle McCarter Jr.

On pensait avoir enfin cerné la véritable dimension des manuscrits de la mer Morte, et voilà que surgit l'étrange Rouleau de Cuivre. *Un document totalement différent. Qu'a-t-il à voir avec les autres rouleaux, si tant est qu'il ait un lien avec eux ? Peut-il servir à interpréter l'ensemble du corpus ou la nature des textes sectaires ? Ou bien n'est-ce que l'exception bizarroïde parmi les rouleaux ?*

Il est différent. C'est incontestable. Le texte, gravé sur des feuilles de cuivre, décrit soixante-quatre endroits recelant un trésor caché. Imaginaire ou réel ? Et, s'il est réel, s'agit-il du fameux trésor du Temple ?

L'auteur de ce chapitre est P. Kyle McCarter, professeur au département des études bibliques et du Proche-Orient ancien de l'université Johns Hopkins. Il prépare actuellement une seconde édition du Rouleau de Cuivre, *en utilisant des clichés nouveaux et remarquables pris par Bruce et Kenneth Zuckerman – deux des meilleurs photographes d'inscriptions anciennes dans le monde. Nul n'est mieux placé que Kyle McCarter pour nous guider à travers les mystères du* Rouleau de Cuivre.

*

Le *Rouleau de Cuivre* (pour les chercheurs, sigle 3Q15 ou 3QTrésor – 3Q désignant la grotte 3 de Qoumrân) constitue une anomalie dans l'inventaire des manuscrits de Qoumrân. Il ne rentre aisément dans aucune des catégories habituelles utilisées pour répertorier les rouleaux. Il n'est pas biblique, n'est pas littéraire, et ne contient aucune doctrine sectaire. Il est rédigé dans un hébreu différent des formes hébraïques des autres rouleaux, avec un type de caractères qui n'est exactement identique à aucun autre dans les rouleaux. Même son support est différent. La majorité des rouleaux sont en cuir, et quelques-uns en papyrus, alors que le 3Q15 est une feuille de cuivre. Et son contenu demeure sans véritable parallèle à Qoumrân ou ailleurs. Il est unique.

Le *Rouleau de Cuivre* a été découvert en 1952. Les premières découvertes de Qoumrân datent de 1947, mais les explorations furent interrompues par la guerre qui suivit la résolution des Nations unies créant l'État d'Israël. A cause de cette interruption, la communauté scientifique ne connaissait au début des années 1950 que deux grottes. Or des fragments de parchemin avec des textes inscrits apparaissaient régulièrement à cette époque sur le marché des antiquités de Jérusalem : de toute évidence, les Bédouins avaient trouvé d'autres grottes. Début 1952, une importante expédition archéologique fut organisée sous l'égide du Département des antiquités de Jordanie. C'était un projet mixte, associant plusieurs institutions de recherche internationales travaillant alors à Jérusalem ; les principales étaient l'École biblique et archéologique française et l'American School of Oriental Research. Une investigation des grottes fut entreprise dans le cadre d'une coopération souple avec les Bédouins Ta'amré, qui connaissaient le mieux la région. Ainsi commença le processus d'exploration qui mena, sur une période de plusieurs années, à la découverte des onze autres grottes.

Dans la grotte 3, la première repérée lors de l'exploration de 1952, on mit au jour le *Rouleau de Cuivre*. Cette grotte livra aussi d'autres rouleaux de parchemin plus classiques, mais tout au fond, isolés, se trouvaient deux rouleaux de cuivre. On comprit plus tard qu'il s'agissait de deux morceaux d'un même rouleau. Ce fut la découverte du 3Q15.

Les savants qui trouvèrent le *Rouleau de Cuivre* purent voir qu'une écriture figurait à l'intérieur parce que le contour des lettres gravées en creux sur la mince feuille de métal avait imprimé son relief au repoussé sur l'envers de la surface. K. G. Kuhn, spécialiste allemand en visite à Jérusalem, remarqua que le texte semblait décrire les cachettes de trésors d'or et d'argent ! Il avança l'hypothèse que le manuscrit était un inventaire des trésors cachés de la communauté essénienne[1]. Cette

1. K. G. Kuhn, « Les rouleaux de cuivre de Qoumrân », *Revue biblique*, 61, 1954, p. 193-205.

idée souleva l'émoi général et une vive impatience de dérouler le cuivre, pour déchiffrer les secrets du rouleau. Malheureusement, le métal corrodé était extrêmement friable. Le rouleau tomberait en miettes à la moindre tentative de le dérouler, et les techniques en cours d'élaboration à l'époque pour travailler sur des matériaux de cuir ne pouvaient être appliquées au cuivre.

Après force discussions, le *Rouleau de Cuivre* fut emporté à l'Institut de technologie de Manchester en Angleterre et ouvert en le découpant en plusieurs sections avec une petite scie spéciale. Peu après, on prit des clichés des différentes sections, que l'on avait ainsi pu étaler côte à côte. C'étaient des clichés de qualité médiocre, même pour le milieu de la décennie 1950, et, lors de la publication du *Rouleau de Cuivre*, ils furent reproduits sur une surface grenée. Se référer au volume publié en essayant d'utiliser les photographies afin de reconstituer le texte est bien frustrant. Au fil des ans, les chercheurs ont donc été largement dépendants de l'édition officielle du professeur J. T. Milik, chargé de publier le texte[1]. En majorité, ils utilisent sa reproduction des caractères pour lire le *Rouleau de Cuivre*.

L'édition de Milik fut publiée en 1962, dans la controverse. Les droits officiels de publication avaient été attribués à Milik, mais un autre membre de l'équipe en place, John Allegro, très excité par la perspective d'une chasse au trésor, ne voulut point attendre. Allegro, qui était anglais, se rendit à Manchester pour assister à l'ouverture du rouleau. Deux ans avant la parution de l'édition officielle de Milik, il publia sa propre édition[2], puis partit en Cisjordanie en quête du trésor. Cet épisode embarrassant causa une grande consternation parmi les chercheurs[3]. Néanmoins, Allegro, malgré son manque d'esprit d'équipe et ses singularités invétérées, était un bon chercheur, et son édition contient maints éléments toujours utiles aujourd'hui.

Il y a quelques années, on me demanda de préparer une nouvelle édition du *Rouleau de Cuivre*. Elle serait publiée sous la direction

1. Publication officielle : J. T. Milik, R. de Vaux et H. W. Baker, « Le rouleau de cuivre provenant de la grotte 3Q (3Q15) », p. 201-302 dans le livre de M. Baillet, J. T. Milik et R de Vaux, *Les « Petites Grottes » de Qoumrân*, Discoveries in the Judaean Desert of Jordan 3, vol. III, Oxford, Clarendon Press, 1962, cité ensuite sous la référence *DJD III*.

2. John Allegro, *The Treasure of the Copper Scroll*, Garden City, NY, Doubleday, 1960, 2e édition 1964.

3. Voir l'opinion extrêmement négative sur le livre d'Allegro émise par Roland de Vaux, principal archéologue des fouilles de Qoumrân et de ses grottes, dans la *Revue biblique* 68, 1961, p. 466-467.

générale du professeur James Charlesworth, du Theological Seminary, à Princeton. A l'époque, je supposai, bien à tort, que je serais obligé de travailler d'après les clichés existants, car les objets en cuivre et en bronze sont sujets à une forme d'oxydation particulièrement destructrice. La plupart des objets en bronze qui ont été exhumés depuis très longtemps se sont sérieusement détériorés. J'avais déjà été confronté à ce problème en travaillant sur des textes d'un type très différent. Après m'être renseigné, cependant, je fus ravi de découvrir que ce n'était pas le cas pour le *Rouleau de Cuivre*.

Le cuivre de ce rouleau est d'une pureté inhabituelle – environ 1 % d'étain seulement – ce qui semble l'avoir protégé d'une grave oxydation. Il a certes subi une détérioration ; il n'est pas dans le même état qu'en 1952, ou même en 1956, au moment de son ouverture, mais, dans l'ensemble, nous n'avons pas perdu le *Rouleau de Cuivre*. Il est exposé au Musée archéologique de Jordanie, à Amman. Notons en passant que ce lieu constitue une autre anomalie du *Rouleau de Cuivre* : il ne se trouve ni au musée Rockefeller de Jérusalem, ni à la Maison du Livre. Les vicissitudes de l'histoire voulurent qu'il aboutît à Amman. Les Jordaniens font grand cas de ce manuscrit, qu'ils présentent dans un écrin de bois et de velours spécialement conçu dans les années 1950.

Je compris que j'avais tout d'abord besoin de nouveaux clichés. Il m'était possible de voir le *Rouleau de Cuivre* (et je le fis), mais je savais que je ne pourrais pas travailler sur l'objet originel. Son cuivre fragile ne tolérant aucune forme de manipulation nécessaire à un travail direct sur le rouleau, le plus gros de la tâche devrait s'effectuer à partir de clichés. Mon grand espoir était donc que nous puissions en obtenir de nouveaux en utilisant les meilleures techniques modernes et la plus haute qualité de pellicule.

Ce ne fut possible que grâce à un effort international de collaboration, auquel participèrent l'American Center for Oriental Research (ACOR), le West Semitic Research Project et le Département des antiquités de Jordanie. L'ACOR, institut archéologique américain d'Amman, soutient les projets scientifiques en Jordanie ; son équipe travaille en étroite relation avec les responsables officiels des antiquités en Jordanie. A cette époque, son directeur était le professeur Bert DeVries, archéologue et savant. Il fut le pivot du succès de ce projet de rephotographie du *Rouleau de Cuivre*.

La rephotographie elle-même constituait l'entreprise principale du projet. Le professeur Bruce Zuckerman, de la Southern California

University, remarquable photographe d'inscriptions et de manuscrits anciens, était directeur du West Semitic Research Project. Bruce et son frère Ken Zuckerman avaient mis au point des techniques permettant de photographier nombre de matériaux différents, et relever le défi de photographier un document de cuivre les passionnait.

Le directeur du Département des antiquités de Jordanie, le professeur Ghazi Bisheh, était très favorable au projet de publier une nouvelle édition du *Rouleau de Cuivre* et de reprendre des clichés. Sa seule exigence était que nous organisions aussi un plan de conservation. Nous ne procéderions donc pas seulement à une nouvelle photographie du *Rouleau de Cuivre*, mais essayerions aussi de le conserver.

Un accord fut conclu pour effectuer les photographies en décembre 1988. Elles seraient publiées d'abord dans l'*Annual of the Department of Antiquities of Jordan*, puis en volume séparé ; ce dernier comprendrait le texte que j'établirais sur la base des photos – c'est-à-dire une nouvelle édition du rouleau – et ma traduction en anglais. Le volume inclurait aussi une traduction arabe, à préparer par le professeur Fawzi Zayadine, un savant jordanien.

Le Musée archéologique de Jordanie, où est conservé le *Rouleau de Cuivre*, se trouve dans la citadelle d'Amman, la capitale antique dressée comme une colline pointue au milieu de la ville moderne, et il est situé près du sommet de la citadelle. Le *Rouleau de Cuivre* est exposé dans une vitrine, accompagné de quelques autres fragments de rouleaux de parchemin. Les sections individuelles du *Rouleau de Cuivre* sont disposées sur les plateaux, recouverts de velours, de l'écrin en bois spécialement conçu pour eux.

La première étape du processus consistait à retirer les plateaux individuels de la vitrine. Sous la surveillance du directeur du musée, on les emporta dans un laboratoire photographique installé dans le musée par les frères Zuckerman. Ils prirent de chaque section une série de clichés à très haute résolution, avec un éclairage par-dessous et par-dessus. En même temps, ils prirent des plans avec un film de 35 mm pour conserver un mémoire de l'opération et, en contrôle préliminaire, un grand nombre de photos Polaroïd pour s'assurer que les résultats attendus seraient atteints. De retour en Californie, les Zuckerman tirèrent de la pellicule des épreuves sur papier en couleur et des diapositives à étudier avec un éclairage arrière. Les résultats sont spectaculaires. Les nouveaux clichés sont infiniment supérieurs à ceux en noir et blanc pris dans les années 1950.

Avant de passer à une analyse du contenu de ce document inhabituel, ajoutons quelques observations sur les impératifs de sa conservation. Le *Rouleau de Cuivre* est en péril. Aux endroits touchés par la scie en Angleterre est apparu un processus d'oxydation. Des siècles dans les grottes n'avaient causé qu'un minimum de dommage, mais l'outrage de l'outil moderne a fini par engendrer une détérioration progressive le long des coupures. En comparant les nouvelles photographies avec celles prises dans les années 1950, on peut constater qu'une bonne partie du document – un centimètre entier à certains endroits d'échantillonnage – a été perdue des deux côtés de chaque coupure de scie. En d'autres termes, le *Rouleau de Cuivre* est en train de disparaître lentement. Les bordures du haut et du bas s'effritent notoirement et nombre de petits morceaux sont tombés dans la vitrine. Nous avons consulté sur ce problème des spécialistes de la conservation, qui ont montré un vif intérêt pour notre projet.

Que faut-il faire pour assurer la sauvegarde du *Rouleau de Cuivre* ? Tout d'abord, un spécialiste de la conservation du cuivre et du bronze doit se rendre en Jordanie et tenter de trouver un traitement qui stoppera le processus d'oxydation. Deuxièmement, une nouvelle vitrine doit être fabriquée, munie d'un équipement spécial permettant de régler l'hygrométrie et la température internes. Enfin, si la surface du cuivre le tolère, il faudrait exécuter des moules de latex pour reproduire des copies du *Rouleau de Cuivre* et les distribuer aux savants.

Énumérons maintenant les particularités et les problèmes auxquels se trouve confronté celui qui travaille sur ce texte. Il est rédigé en un hébreu qui présente beaucoup de points communs avec l'hébreu de la Mishna, mais ne lui est pas identique[1]. En fait, il n'est identique à aucune forme hébraïque de notre connaissance et il s'agit probablement d'un dialecte hébreu villageois. A cette époque, l'araméen était la langue principale, mais l'hébreu était encore parlé dans les villages et nous pouvons donc présumer que le scribe qui a rédigé le *Rouleau de Cuivre*, qui que ce fût, écrivit dans son propre dialecte assorti de toutes ses particularités idiomatiques.

Ensuite, l'orthographe des mots est souvent singulière. Nous connaissons toute une gamme de systèmes orthographiques d'après les rouleaux de Qoumrân et d'autres manuscrits ; mais aucun ne correspond exactement à celui du *Rouleau de Cuivre*. Cette différence semble parfois provenir d'erreurs d'écriture. En d'autres endroits, il s'agit peut-

1. La Mishna est un texte rabbinique ancien compilé vers 200 apr. J.-C.

être d'une particularité non pas orthographique mais grammaticale, qui ne nous est pas familière.

Ensuite, la graphie des caractères est inhabituelle. Quiconque entreprendrait d'écrire sur une feuille de cuivre avec un stylet ou un autre objet pointu produirait sans doute un tracé très différent de son écriture habituelle. Une personne accoutumée, comme notre scribe, à écrire avec un pinceau et de l'encre sur un morceau de cuir, verrait son écriture considérablement déformée en la traçant sur une surface métallique. L'écriture est donc déjà particulière parce que le scribe travaille sur un matériau qui ne lui est pas familier. Mais, de plus, ce n'est vraisemblablement pas celle d'un scribe expert comme l'étaient ceux qui écrivirent la majorité des manuscrits de cuir figurant dans les archives de Qoumrân.

Et quel est le contenu du *Rouleau de Cuivre* ? Une liste de soixante-quatre lieux de trésors cachés, sans introduction ni fioritures. C'est une simple énumération des emplacements les uns après les autres, commençant généralement par une première localisation d'un lieu (« A tel et tel endroit... »), où est ensuite indiquée celle d'une cache ; puis une quantité de choses précieuses est spécifiée. Une partie semble constituée d'objets liés à certaines pratiques religieuses, mais la majorité des trésors cachés consistent en or et en argent. Les quantités sont considérables ; peut-être même exagérément importantes, et elles sont mesurées surtout en talents. Selon le compte de Milik[1], le 3Q15 répertorie environ 4 630 talents d'or et d'argent. Le poids exact d'un talent de l'époque a soulevé bien des discussions et il existe plus d'une possibilité, depuis environ vingt-cinq livres jusqu'à cinquante ou même soixante-quinze. D'après un calcul approximatif, la totalité du trésor s'élèverait ainsi à un poids de métal précieux estimé entre cinquante-huit et cent soixante-quatorze tonnes ! Nombre de savants ont jugé ces statistiques invraisemblables. Quoi qu'il en soit, elles posent une série de questions qui doivent être examinées. Était-ce un trésor réel ? Dans ce cas, à qui appartenait-il ? Dans le cas contraire, pourquoi quelqu'un se donna-t-il la peine d'en dresser la liste ?

Avant d'aborder ces questions, j'aimerais présenter quelques exemples de ces lieux. Première cache de la liste : « Dans la ruine qui se trouve dans la vallée d'Achor ». Cette vallée, située d'après la Bible au sud de Jéricho ou, d'après des sources juives et chrétiennes contemporaines du *Rouleau de Cuivre*, au nord-est de Jéricho, est sans

1. *DJD III*, *op. cit.*, p. 282.

doute le Wadi Nuwei'imeh[1]. Il nous est impossible de savoir à quelle ruine (*hrybh*) il est fait allusion. Peut-être était-ce le nom d'un village (« Heribah »). Le texte continue, « sous les marches qui conduisent vers l'est, quarante coudées à l'ouest : un coffre d'argent et ses divers objets. Poids : 17 talents ». Deuxième lieu, toujours dans la même ruine, semble-t-il : « dans la chapelle funéraire, derrière les pierres de la troisième assise du mur : 100 lingots d'or ». Troisième cache : « dans la grande citerne située dans la cour du péristylion, dans un recoin de son fond, scellé dans le renfoncement en face de la porte haute : 900 talents ». Un péristylion est un petit péristyle, c'est-à-dire une colonnade entourant une petite cour. A moins que les ruines où se trouvaient les deux premières caches ne comportent une structure de ce genre, le troisième lieu devrait être dans Jérusalem, quelque part à l'intérieur de la cour du Temple.

La liste continue, énumérant dans le même style soixante-quatre caches. Elles sont souvent situées dans des villes ou des villages connus, ou bien dans leur voisinage, mais souvent aussi dans des villages qui nous sont inconnus. Quelques emplacements sont assez loin de Qoumrân. Certains sont au nord, à Shechem (Sichem) et au-delà, presque en Galilée. Quelques-uns semblent se trouver sur la rive orientale du Jourdain. La plupart, cependant, sont soit dans Jérusalem même, soit le long du principal système d'oueds descendant de Jérusalem à Jéricho et sur l'une de ses branches vers le Wadi Qoumrân.

Parmi les nombreuses particularités du *Rouleau de Cuivre*, la plus étrange est peut-être la présence de groupes de deux ou trois lettres *grecques* placées après sept des lieux. Ces groupes de lettres – ΚεΝ, ΞΑΓ, ΗΝ, Θε, ΔΙ, ΤΡ et ΣΚ – ne constituent ni des mots ni des abréviations connues. Diverses tentatives ont été effectuées pour expliquer leur signification. Un savant a essayé de les interpréter comme des signes numériques correspondant aux quantités de trésor cachées à chaque endroit[2], mais cette hypothèse et d'autres efforts entrepris pour comprendre le sens de ces lettres n'ont guère été convaincants.

Nombre de savants sont d'avis que ces groupes de lettres grecques font partie d'un code protégeant le secret des caches, et d'autres raisons laissent à penser que le texte du *Rouleau de Cuivre* est en

1. Milik, *DJD III*, *op. cit.*, p. 262.
2. Voir, par exemple, « The Greek Letters of the Copper Scroll » de E. Ullendorff, dans *Vetus Testament*, 11, 1961, p. 227-228.

partie codé ou, du moins, n'est pas entièrement littéral. Le soixante-quatrième et dernier dépôt, par exemple, ne contient pas d'autres trésors, dit le texte, mais « un double de ce document, et une explication, la mesure et le calcul précis de tout, point par point ». Ce qui donne l'impression que ce second exemplaire contenait des informations plus complètes que notre rouleau et peut-être des instructions pour l'interprétation des énigmatiques localisations initiales ou des nombres gigantesques. Il se pourrait bien que ni le 3Q15 ni son double caché dans le lieu 64 n'aient suffi séparément à situer les caches, de sorte que les deux documents auraient été nécessaires pour retrouver le trésor.

La quantité totale d'or et d'argent est si élevée que l'on peut se demander si ce trésor n'était pas imaginaire. C'était l'avis de Milik, qui le compara à des documents anciens de la tradition populaire juive prétendant décrire l'endroit où étaient cachés le trésor et la vaisselle sacrée du Premier Temple. Les documents de ce type, cependant, sont d'une teneur très différente du *Rouleau de Cuivre*. Leur contenu caractéristique concerne Moïse et les objets sacrés dont il supervisa la fabrication – comme l'arche d'alliance, l'autel des parfums, le chandelier (ménora), etc. Ils attribuent souvent à Jérémie ou à quelque autre illustre personnage du passé le rôle d'avoir caché les trésors sacrés. Le *Rouleau de Cuivre* ne contient rien de ce genre. Son style est lourd et pragmatique. Ni Moïse ni Jérémie n'apparaissent dans ce texte, pas plus que les célèbres reliques sacrées, l'arche ou les cendres de la génisse rousse. En fait, il est extrêmement difficile d'imaginer que quelqu'un se soit donné le mal de préparer une onéreuse feuille de cuivre pur et d'y graver une liste de lieux aussi longue et aussi concise, à moins que ne lui ait été confiée la tâche de cacher un trésor authentique d'une valeur immense et qu'il ait voulu établir un rapport de son travail capable de résister aux ravages du temps.

Mais la communauté de Qoumrân aurait-elle pu posséder un tel trésor ? Nous savons que ses membres abandonnaient leurs biens personnels pour mener une vie communautaire ; néanmoins, même ainsi, il est difficile de croire que la valeur de leur propriété commune ait pu s'élever ne serait-ce qu'à une fraction des richesses énumérées dans le *Rouleau de Cuivre*. Alors, comment résoudre cette énigme ?

Les chercheurs ont adopté au moins trois perspectives. Certains suivent Milik et supposent que le trésor était fictif. D'autres voient dans le *Rouleau de Cuivre* une preuve que les documents retrouvés dans les onze grottes ne provenaient pas du site du Khirbet Qoumrân, mais de

Jérusalem[1]. Une troisième perspective, qui a ma préférence, soutient que le *Rouleau de Cuivre* fut placé indépendamment dans la grotte 3 et n'a rien à voir avec le reste de la bibliothèque de Qoumrân. De prime abord, cette idée peut sembler difficile à accepter. Elle suppose que se produisit une coïncidence extraordinaire : deux dépôts de documents approximativement contemporains auraient été cachés dans une seule grotte par des groupes indépendants. D'un autre côté, un certain nombre d'éléments concernant le *Rouleau de Cuivre* viennent étayer cette supposition. Nous avons déjà indiqué que le *Rouleau de Cuivre* était unique en son genre à Qoumrân. Plusieurs de ses caractéristiques – sa matière, son contenu, même sa langue – restent sans parallèle parmi les centaines d'autres rouleaux retirés des onze grottes. On l'a trouvé dans un coin isolé de la grotte 3, gisant à l'écart des jarres et des tessons de poterie où furent découverts les autres manuscrits. Il n'y avait près des deux rouleaux de cuivre aucun débris de cuir ou de papyrus. Roland de Vaux, principal archéologue des fouilles de Qoumrân et de ses grottes, a sérieusement considéré la possibilité que le *Rouleau de Cuivre* ait été déposé dans la grotte 3 indépendamment des autres objets.

Jusqu'ici, nous avons conclu que le trésor du *Rouleau de Cuivre* était sans doute un trésor véritable, et n'appartenant pas à la communauté de Qoumrân. Nous devons maintenant tenter de découvrir son origine. Il est naturel que notre attention se tourne d'abord vers le Temple de Jérusalem. A cette époque, probablement, aucune autre institution de la région n'avait la capacité d'accumuler une fortune de l'ampleur de celle décrite dans le rouleau. De plus – nous l'expliquons ci-dessous –, à part l'or et l'argent, la plupart des objets cachés énumérés dans le texte ont un lien avec le Temple et ses prêtres. Pour ces raisons, la majorité des chercheurs qui étudient le *Rouleau de Cuivre* estiment que le trésor est imaginaire, comme nous l'avons noté, mais parmi ceux qui sont de cet avis, la plupart pensent qu'il représente le trésor imaginaire du Temple.

En outre, dans la description de la cache 32, une mention spécifique associe le *Rouleau de Cuivre* et le trésor du Temple. Malheureusement, le texte décrivant la cache 32 se trouve sur un bord endommagé

1. Norman Golb s'est fait le porte-parole le plus énergique de cette position. Voir « The Problem of the Origin and Identification of the Dead Sea Scrolls », *Proceedings of the American Philosophical Society* 124, 1980, p. 1-24 ; « Who Hid the Dead Sea Scrolls ? », *Biblical Archaeologist*, 48, 1985, p. 68-82.

de la section 13 et il est moins bien conservé que d'autres parties du document. Nous pouvons néanmoins lire ce passage :

> Dans la grotte proche de la *fonta*[ine]
> appartenant à la maison d'Haqqoç, creuser six coudées :
> six barres d'or.

Qu'un trésor soit caché dans le domaine de la maison d'Haqqoç (*bet haqqos*) est fort intéressant. Haqqoç est le nom d'une famille de prêtres dont le lignage remonte au temps de David (1 *Chroniques* 24,10). Ce fut une famille influente à l'époque du retour des juifs exilés à Babylone. De plus, elle conserva son importance durant la période hasmonéenne : Judas Maccabée (1 *Maccabées* 8,17) nomma Eupolème, fils de Jean, fils d'Haqqoç (*tou Akkos*), ambassadeur à Rome.

La propriété familiale des Haqqoç se trouvait dans la vallée du Jourdain, non loin de Jéricho, comme nous le montrent les listes d'ouvriers travaillant à la reconstruction des murs et des portes de Jérusalem sous la direction de Néhémie : un contingent d'hommes de la famille Haqqoç travaille près des hommes de Jéricho (*Néhémie* 3,2), à côté de la famille Has-Senaa dont le domaine était situé quelques kilomètres au nord de Jéricho ; et l'autre contingent de la famille Haqqoç (*Néhémie* 3,21) travaille à côté des « hommes de Kikkar », c'est-à-dire « les hommes du district du Jourdain (*kikkar hay-yarden*) », la partie méridionale de la vallée du Jourdain (*Néhémie* 3,22). Le domaine des Haqqoç se trouvait donc au centre de la région où sont situées la plupart des caches décrites par le *Rouleau de Cuivre*.

Les versets d'*Esdras* 2,59-63 et de *Néhémie* 7,61-65 montrent qu'après leur retour d'exil les membres de la maison Haqqoç ne purent établir leur généalogie avec des preuves suffisantes et ne se trouvèrent ainsi plus qualifiés pour les fonctions sacerdotales. On pourrait penser que, dans ces circonstances, une autre responsabilité leur aurait été confiée, toujours dans l'organisation du Temple mais ne requérant pas le plus haut degré de pureté généalogique. Nous apprenons au verset 3,4 de *Néhémie* que le chef de la famille à l'époque de la reconstruction des murs de Jérusalem dirigée par Néhémie était « Merémot, fils d'Uriyya, fils d'Haqqoç », et le verset d'*Esdras* 8,33 dit que le trésor du Temple, quand il fut rapporté de Babylone, fut confié « au prêtre Merémot, fils d'Uriyya ». En somme, les Haqqoç étaient les trésoriers du Temple !

Il semble dès lors très plausible que les richesses du trésor décrit dans le *Rouleau de Cuivre* aient eu quelque lien avec le Temple de Jérusalem. On peut expliquer ce lien plus précisément en examinant certains mots de la terminologie religieuse trouvée dans ce texte. Voyons par exemple la quatrième cache, située « sur le promontoire de Kochlit », un lieu très important dans le *Rouleau de Cuivre*, bien que son emplacement soit encore débattu. Cette fois, le trésor ne consiste pas en or ou en argent, mais en « vases de contribution accompagnés d'un *lagin* et d'éphods ». Le terme traduit par « contribution » est *dema*ᶜ, ce qui désigne une part de produit agricole fournie au Temple pour les besoins matériels des prêtres. Il est synonyme de ce qu'on appelle « offrande de contribution » (*teruma*) et apparaît en maints endroits dans le *Rouleau de Cuivre*. D'autres termes ont aussi un rapport avec le sacerdoce. Un *lagin* était un type de récipient, parfois utilisé pour contenir des céréales provenant de la part de production attribuée aux prêtres[1]. L'éphod était un vêtement sacerdotal.

Notre texte continue en expliquant : « Toute la contribution et l'accumulation de la septième (année) est seconde dîme. » L'« accumulation de la septième année » est le produit de la septième année, sans doute converti en argent, qui était rassemblé et remis au trésor central à Jérusalem[2]. La seconde dîme était soit consommée par le verseur de la dîme en pèlerinage à Jérusalem, soit convertie en argent puis apportée à Jérusalem (voir *Deutéronome* 14,22-26).

Ces termes spécifiques – *contribution*, *accumulation de la septième année* et *seconde dîme* – nous donnent la clef de l'énigme du *Rouleau de Cuivre*. Tous correspondent à des dîmes et autres contributions sacerdotales que la loi exigeait de prélever, de rassembler, puis d'apporter à Jérusalem pour les besoins du Temple et des prêtres. Il y a plus de trente ans, Manfred Lehmann a suivi ces indices jusqu'à leur conclusion logique. Il a observé que si, pour quelque raison, apporter à Jérusalem les biens accumulés par les dîmes et les contributions n'était pas possible, ils étaient cachés ou enterrés[3]. A son avis, le trésor du *Rouleau de Cuivre* fut amassé durant la période où le Temple resta en ruine, entre la Première et la Seconde Révolte, c'est-à-dire entre 70 et 130 apr. J.-C. Le trésor consistait essentiellement en « taxes, dons, dîmes et consécrations ». Comme l'explique Lehmann :

1. Par exemple, dans le traité de la Mishna *Tevul Yom* 4. 4.

2. Comme l'a reconnu Manfred R. Lehmann (« Identification of the Copper Scroll Based on Its Technical Terms », *Revue de Qumran*, 6, 1964, p. 97-105), qui cite une Tosefta, *Shevi'it* 7. 3,5 et 8. 1.

3. *Ibid.*, p. 99-100.

> [...] Le Rouleau reflète une période où divers types de ces produits avaient été convertis en argent ou en métaux précieux, puis rassemblés et accumulés en un lieu central pour être remis à Jérusalem ou au Temple, ou aux deux, mais pour des raisons politiques ou halakhiques [raisons de loi religieuse] ne purent être acheminés jusqu'à leur destination légale. L'inaccessibilité de Jérusalem ou du Temple – ou des deux – se prolongeant, ces objets devaient être entreposés, de façon temporaire ou permanente, dans une *guéniza* [dépôt d'objets sacrés] selon les dispositions de la loi [1].

Malgré le peu d'attention accordé par le monde érudit à la thèse de Lehmann, j'estime qu'elle fait progresser d'un pas de géant notre compréhension du *Rouleau de Cuivre*. Elle tient compte de la signification spécifique de la terminologie religieuse du 3Q15, ce qui a échappé à la plupart des autres études [2]. Également, elle explique les énormes quantités d'or et d'argent énumérées dans le rouleau, qui auraient aisément pu être accumulées durant la période entre les deux révoltes. Néanmoins, elle bute sur un sérieux obstacle : le type de caractères du *Rouleau de Cuivre* appartient à la dernière partie de la période hérodienne, environ 25-75 apr. J.-C. [3]. Selon toute probabilité, le *Rouleau de Cuivre*, comme le reste de la bibliothèque de Qoumrân, fut déposé dans la grotte 3 avant ou très peu de temps après la destruction du Temple en 70 apr. J.-C.

Dès lors, il semble vraisemblable que le trésor du *Rouleau de Cuivre* ait consisté en dîmes et contributions rassemblées durant les dernières et turbulentes années avant la destruction du Temple. Il est possible que le trésor soit parvenu au Temple peu avant le début de la guerre, puis ait été emporté en secret hors de la ville et caché lorsque l'armée romaine entra en Galilée. Cependant, il semble plus probable qu'une bonne partie du trésor n'atteignit jamais le Temple. Étant donné le chaos grandissant des dernières années précédant l'arrivée des troupes de Vespasien, les juifs qui avaient la responsabilité de recueillir les dîmes et les contributions ont peut-être jugé malavisé de les déposer dans le trésor public. Ils préférèrent diviser le trésor et le disséminer dans un grand nombre de caches différentes dans des lieux à l'est de la ville.

1. *Ibid.*, p. 99.
2. Exception importante parmi eux, B. Z. Lurie, *The Copper Scroll from the Judaean Desert*, Publications of the Israel Biblical Research Society 14, Jérusalem, Kiryat-Sepher, 1963 (en hébreu).
3. F. M. Cross, « Excursus on the Palaeographical Dating of the Copper Document », dans *DJD III*, *op. cit.*, p. 217-221.

HUITIÈME PARTIE

La reconstitution des manuscrits

CHAPITRE DIX-NEUF

Comment relier les fragments des manuscrits de la mer Morte ?

Hartmut Stegemann

Quels procédés les chercheurs mettent-ils en œuvre pour tenter de reconstituer les divers types de puzzles apportés par les rouleaux fragmentaires ? Les grands rouleaux intacts, qui proviennent surtout de la grotte 1, n'ont guère présenté de difficultés. Presque tout le texte est là, le travail d'assemblage est très restreint.

Les manuscrits fragmentaires posent un problème plus difficile. De nombreux indices permettent aux chercheurs de distinguer les fragments d'un manuscrit précis : la nature du support sur lequel il est écrit, différentes caractéristiques physiques du manuscrit, la morphologie des lettres, les particularités littéraires du texte, l'écriture du scribe.

La tâche suivante consiste à trouver un certain ordre pour disposer les fragments. Lorsque le texte intégral est connu grâce à des copies postérieures – par exemple, pour les livres de la Bible, les apocryphes et les pseudépigraphes –, il sert de guide, comme l'image sur la boîte d'un puzzle.

Les cas vraiment problématiques sont les documents inconnus dont aucun morceau ne s'emboîte. L'auteur de ce chapitre, Hartmut Stegemann, a conçu une méthode originale et novatrice pour disposer ces fragments dans un ordre sensé, fondé sur le type de détérioration – causée par des rongeurs, des insectes ou l'humidité qui, chacun à leur manière, attaquent un manuscrit roulé. Les résultats de cette nouvelle méthode de l'auteur sont tout simplement stupéfiants.

*

Quand les premiers manuscrits de la mer Morte furent mis au jour, assembler leurs morceaux ne posait pas de problème véritable. L'un des rouleaux de la grotte 1 de Qoumrân était même presque complet. Il n'y avait rien à assembler. C'était le fameux *Rouleau d'Isaïe*. Les chercheurs lui ont attribué le sigle 1QIsa : grotte 1 de Qoumrân, *Rouleau d'Isaïe*, et le « a » suscrit le distingue d'un autre manuscrit d'Isaïe trouvé dans la même grotte, dit 1QIsa.

D'autres rouleaux de la grotte 1 – du moins ce qui en a survécu – sont principalement en un seul grand morceau, il n'y a donc pas grand-chose à assembler. Il en va ainsi du *Commentaire d'Habacuc*, du rouleau de la *Guerre des Fils de Lumière et des Fils des Ténèbres*, et du *Manuel de Discipline*. Sur les sept rouleaux entiers de la grotte 1, deux seulement étaient en partie morcelés et durent être reconstitués. Mais, en plus de ces rouleaux intacts, on trouva aussi de nombreux fragments dans cette grotte : environ soixante-quinze rouleaux fragmentaires ont aujourd'hui été identifiés.

Peu à peu, les recherches entreprises par les archéologues professionnels et par les Bédouins ont mené à la découverte de rouleaux et de fragments de rouleaux dans dix autres grottes de Qoumrân, désignées par les sigles 2Q à 11Q. Des morceaux de rouleaux ont également été mis au jour lors de fouilles à Massada et dans des grottes d'autres oueds se jetant dans la mer Morte – le Nahal Hever, le Wadi Murabba'ât, le Nahal Se'elim et le Wadi ed-Daliyé[1].

Au total, les onze grottes de Qoumrân ont livré à elles seules environ huit cents rouleaux différents. La dimension de leurs fragments, très diverse, va de larges pans contenant plusieurs colonnes à des miettes grandes comme l'ongle du pouce et ne comportant qu'une seule lettre. Trouvé dans la grotte 3, le *Rouleau de Cuivre* est rédigé sur des feuilles de cuivre. On a aussi retrouvé quelques ostraca (inscriptions sur des tessons de poterie). Mais les autres sont tous rédigés sur du cuir (parchemin) ou du papyrus.

La quantité de fragments varie évidemment suivant les grottes. La plus vaste cache fut celle de la grotte 4 ; elle recelait un plus grand nombre de documents différents que l'ensemble de toutes les autres

1. Voir Introduction, « Des grottes et des savants : survol ».

grottes – environ cinq cent quatre-vingts. Ces cinq cent quatre-vingts manuscrits étaient brisés en une infinité de fragments qui n'a jamais pu être dénombrée avec précision, les estimations allant de dizaines de milliers à des centaines de milliers. Près de 75 % de ces manuscrits de la grotte 4 ne sont toujours pas publiés, et la majorité des savants n'y ont donc pas encore accès.

Dans la reconstitution de tout document fragmentaire de la mer Morte, la première tâche consiste à distinguer et à regrouper les morceaux appartenant à un même rouleau. Ces fragments sont parfois faciles à identifier parce qu'ils sont collés les uns aux autres. Mais, le plus souvent, ils sont éparpillés à travers toute la grotte.

Trois indices fondamentaux permettent au chercheur de rassembler les fragments d'un même rouleau. Le premier est la matière du support sur lequel il est rédigé. Un fragment écrit sur du parchemin ne fait manifestement pas partie du même rouleau qu'un fragment écrit sur du papyrus. Certains rouleaux sont écrits sur un matériau épais, d'autres sur un fin. La couleur peut aussi varier du brun au jaune ou au rougeâtre, et être vive, foncée, ou intermédiaire.

Un deuxième indice est fourni par la coutume des scribes de l'Antiquité de préparer leurs supports d'écriture en incisant de fines lignes à intervalles réguliers sur le rouleau. L'espace entre ces lignes varie et, après inscription du texte, l'espace entre les lignes du texte varie aussi. Le texte est écrit parfois en alignant le haut des lettres sur les lignes, parfois entre les lignes. Ces repères aident à identifier les fragments provenant d'un même échantillon du texte. La dimension de l'espace entre les lignes constitue un autre repère important pour regrouper les fragments d'un même document. Enfin, le nombre de lignes dans chaque colonne d'un rouleau est assez régulier, de même que la largeur des colonnes. L'examen de ces ressemblances aide aussi à relier des fragments provenant d'un même rouleau.

Troisièmement, l'écriture des différents scribes varie. Les chercheurs travaillant régulièrement sur ces manuscrits sont capables de distinguer ces écritures. En général, mais non toujours, un rouleau était écrit par un seul scribe. En identifiant son écriture, un chercheur moderne peut dire si un fragment donné appartient ou non à un manuscrit de ce scribe.

C'est à l'aide de ces méthodes que sont assemblés les fragments d'un manuscrit. On aboutit souvent à une boîte de petites parcelles ressemblant à un puzzle, avec cependant cette différence : la majorité des pièces de ce puzzle, sinon toutes, restent introuvables. Comment, alors, reconstituer l'ensemble du manuscrit ? Comment déterminer la place des morceaux les uns par rapport aux autres dans le manuscrit originel ?

Dans le cas de manuscrits bibliques, la difficulté est minime. Le texte biblique déjà connu, comme l'image sur la boîte d'un puzzle, fournit une grille, un modèle sur lequel on peut localiser chaque morceau subsistant du manuscrit ancien. Le texte biblique intégral, tel qu'il nous a été transmis, sert en quelque sorte de miroir sur lequel placer ces morceaux, et ce, même si nous n'en possédons qu'un tout petit nombre. Ce procédé est un peu plus compliqué que pour une image exacte (mais pas de beaucoup), parce que même les textes bibliques présentent des variantes, généralement mineures.

Cette méthode de reconstitution est aussi employée pour des manuscrits non bibliques dont on possède par ailleurs des copies intégrales de versions anciennes. Les fragments qoumrâniens de livres apocryphes comme celui de *Tobie* et le *Siracide* figurent parmi ceux qu'une édition moderne de ces textes bien connus permet de reconstituer. D'autres proviennent de manuscrits différents des précédents, pour lesquels nous possédons des documents plus tardifs – tels l'*Écrit de Damas*[1] ou des fragments des livres d'Hénoch.

Enfin, on a parfois retrouvé plus d'une copie d'un texte à Qoumrân même, par exemple des fragments de huit ou neuf copies des *Cantiques du sacrifice du Sabbat* et, en plus du grand *Rouleau du Temple* qui mesure près de huit mètres soixante-quinze, des fragments d'une autre copie de ce texte. Dans certains cas, comme ceux-ci, une copie peut servir de grille pour la reconstitution d'une autre copie.

Grâce à cette méthode, près de 40 % des manuscrits de la mer Morte peuvent être reconstitués intégralement, ou au moins en partie. Environ 20 % des manuscrits sont bibliques – près de cent soixante-dix. Des fragments de chacun des livres de la Bible hébraïque, excepté celui d'*Esther*, ont surgi à Qoumrân. Et une autre tranche de 20 % provient de textes connus par ailleurs, soit par des copies modernes de versions antiques, soit par des copies antiques. De plus, certains fragments, bien que n'étant pas strictement bibliques, citent ou paraphrasent des passages bibliques ; la Bible aide alors à reconstituer l'ordre originel des fragments qui ont subsisté.

Malgré tout, 50 % des manuscrits de la mer Morte – des textes auparavant inconnus – restent dépourvus de grille permettant de recons-

1. Voir chap. 5.

truire les fragments, d'agencer les morceaux les uns par rapport aux autres. La majorité de ces textes inconnus avant leur découverte dans les grottes de la mer Morte ont survécu en morceaux très fragmentaires, et très détériorés.

La première publication de textes des manuscrits de la mer Morte auparavant inconnus et subsistant partiellement en fragments ne tentait pas de les disposer dans un certain ordre, et encore moins de reconstituer le texte. En 1954 (deux ans après le décès de E. L. Sukenik, doyen des éditeurs des manuscrits), Nahman Avigad publia les fragments du fameux rouleau des *Hymnes d'action de grâces* provenant de la grotte 1. Il classa les morceaux épars d'après les différentes écritures des scribes qui avaient copié les hymnes, en présentant d'abord les grands fragments et terminant par les plus petits – au total soixante-six fragments disjoints appartenant à ce rouleau. Les éditeurs ultérieurs ont généralement suivi cette méthode. Les éditeurs de ce type de manuscrits disposent habituellement les fragments de leurs rouleaux par ordre de grandeur, à partir des plus grands, sans la moindre tentative de restituer l'état originel du rouleau. Les publications de manuscrits de Qoumrân, dont la plupart sont l'œuvre de J. T. Milik, reflètent en tout cas bien peu de tentatives orientées vers une quelconque reconstitution des rouleaux originels. Le principal problème réside dans le manque total d'une méthode confirmée permettant de reconstituer les rouleaux fragmentaires sans l'aide de textes parallèles.

Le procédé prédominant pour la reconstitution de ce type de textes est celui des puzzles – trouver les pièces qui s'assemblent. Leurs bords sont complémentaires, et la jointure doit être suffisamment grande et distincte pour s'assurer que les deux morceaux s'emboîtent réellement. Outre leur contour, on peut souvent constater que deux morceaux se correspondent parce qu'ils forment ensemble deux parties d'un mot ou même d'une lettre. Les morceaux de ce type sont appelés « joints matériels », leur identification étant fondée sur leurs caractéristiques matérielles plutôt que sur leur contenu thématique.

Notons, par ailleurs, que les joints matériels sont utiles aussi pour la reconstitution de manuscrits dont nous possédons des textes modernes servant de grille. Le joint matériel est souvent plus fiable que la grille d'un texte parallèle, car le texte à reconstituer peut présenter des variantes par rapport au texte de la grille. Même dans le cas de manuscrits bibliques, peu d'entre eux sont mot pour mot identiques.

En plus des joints matériels, le contexte thématique permet une certaine reconstitution. Même si les fragments ne s'emboîtent pas, on peut les disposer les uns par rapport aux autres[1]. Ce sont les « joints éloignés ». De toute évidence, ces joints sont souvent assez hypothétiques

Cependant, j'ai mis récemment au point une méthode pour identifier les joints éloignés – c'est-à-dire pour situer les uns par rapport aux autres des fragments ne s'emboîtant pas – qui a produit certains résultats remarquables. La clef de cette nouvelle méthode est la relation visible entre des fragments contenant des zones endommagées de forme similaire.

Par définition, les fragments de rouleaux sont endommagés, puisqu'il s'agit de fragments et non de rouleaux complets. En étudiant comment ils ont été endommagés, nous avons la possibilité de comprendre, du moins en partie, comment ils peuvent être reconstitués.

Presque tous ces fragments de Qoumrân proviennent de rouleaux (et non de feuilles séparées[2]) qui ont été enroulés et par la suite endommagés dans les grottes de la mer Morte pendant qu'ils étaient encore enroulés.

Ceux qui connaissent l'aspect des rouleaux modernes de la Torah (contenant les cinq « livres de Moïse ») en usage aujourd'hui dans les synagogues savent que chaque extrémité est fixée à un bâton axial pour faciliter le déroulement et l'enroulement du rouleau d'un bout à l'autre. Mais ce n'était pas le cas pour les rouleaux antiques tels que ceux de Qoumrân[3]. Ils étaient simplement enroulés sur eux-mêmes,

1. André Lemaire, « Fragments from the Book of Balaam Found at Deir Alla », *Biblical Archaeology Review*, septembre-octobre 1985.

2. Les textes des phylactères (*tephillin*) et les *mezuzot* étaient écrits sur des feuilles plutôt que sur des rouleaux. Les *tephillin* sont des petites boîtes de cuir noir contenant des passages des Écritures, qu'on attache sur la main gauche et sur le front avec des lanières de cuir noir ; on les porte pour la prière du matin tous les jours de l'année sauf les jours du Sabbat et de fête fixées par les Écritures. Voir l'article de L. Rabinowitz, « Tefellin », dans *Encyclopedia Judaica*, vol. 15, Jérusalem, Keter Publishing House, 1972, col. 898-904. Une *mezuza* est un rouleau de parchemin fixé au montant des portes des pièces dans les maisons juives. Voir l'article de Rabinowitz, « Mezuzah », dans *Encyclopedia Judaica*, vol. 11, col. 1474-1477. On a aussi trouvé un texte désigné sous le sigle 4Q Testimonia, consistant en un petit recueil de citations, écrit sur un feuillet et non un rouleau. Pour former un rouleau, on cousait ensemble les feuilles (dans le cas de parchemin) ou on les collait (dans le cas de papyrus).

3. Nous ne savons pas exactement quand les bâtons axiaux commencèrent à être utilisés. Mais un fragment de disque, sans doute autrefois fixé à l'extrémité d'un bâton, a été trouvé dans la synagogue d'Ein Gedi, et sa datation indique la période entre le IIIe et le VIe siècle apr. J.-C. Voir Hershel Shanks, *Judaism in Stone*, New York, Harper & Row/Washington, DC, Biblical Archaeology Society, 1979, p. 134.

formant un tube creux au centre. L'extrémité du début et celle de la fin consistaient en pages blanches que le lecteur pouvait tenir pour enrouler ou dérouler le manuscrit sans poser les mains sur la partie écrite du parchemin ou du papyrus. Ces pages blanches sont nommées « pages de poignées ».

Certains rouleaux des grottes de la mer Morte se trouvaient rangés dans des jarres, mais la plupart étaient simplement empilés ou posés verticalement les uns contre les autres par terre, sans protection. Au fil des millénaires, nombre de rouleaux ont subi de graves dommages. Les deux principaux agents de détérioration furent l'humidité et les animaux (insectes et rongeurs). Or la dégradation ainsi produite est d'un certain type, et répétée. Quand le bas du rouleau touchait un endroit humide, les dernières lignes de toutes les colonnes ont souvent disparu. Quand le rouleau était posé à l'envers, c'est le haut des colonnes qui a été détruit au long des siècles. Les bords ainsi endommagés suivent un schéma répétitif. Outre les bordures, l'humidité peut attaquer un rouleau à partir de la couche extérieure, ou intérieure (en passant par le creux cylindrique au centre du rouleau). La dégradation traverse parfois toutes les couches, mais il arrive que les plus intérieures, protégées par la masse même du rouleau, ne soient pas atteintes. Les dégradations causées par des rongeurs et des insectes, friands de ces rouleaux, se produisirent selon un schéma assez semblable.

Le résultat est que les trous et les cassures d'un rouleau se répètent suivant des formes similaires ou même identiques à travers les différentes couches endommagées. On retrouve ce schéma dans les fragments qui se sont détachés de ces trous et ces cassures.

Si l'on essaie de reconstituer le *texte* d'un rouleau (son *écrit*), trous et cassures sont gênants et n'apportent que des problèmes en l'interrompant maintes fois. En revanche, si l'on essaie de reconstituer le *rouleau*, les caractéristiques répétitives de ces dommages deviennent une aide fiable pour retrouver la disposition originelle de ses fragments.

Que peuvent nous apprendre ces formes répétitives de dégradation ? Premièrement, les fragments présentant des *formes de dégradation qui se correspondent* doivent être placés sur un même axe horizontal déterminé à partir du haut ou du bas du rouleau originel.

Deuxièmement, la distance entre les motifs répétitifs permet souvent de placer les fragments dans un certain ordre. Ceci parce que la distance entre des endroits endommagés qui se correspondent *augmente* en se propageant des couches intérieures aux couches extérieures du rouleau, et *diminue* en se propageant des extérieures aux intérieures.

La proportion de cette augmentation ou de cette diminution peut être calculée mathématiquement, en fonction de l'épaisseur du cuir ou du papyrus, et de l'enroulement ou de l'enveloppement plus ou moins serré du rouleau.

On dispose aussi d'autres indices utiles. Le début du rouleau était-il enroulé à l'intérieur ou à l'extérieur ? Dans les grands rouleaux – ceux qui comportent cinquante colonnes ou davantage, et mesurent souvent plus de six mètres de long –, la fin se trouvait généralement enroulée à l'intérieur. L'enroulement de ces rouleaux était aussi très serré, de sorte que l'augmentation de la distance entre des points de détérioration correspondants est assez courte, de un à cinq millimètres. Les rouleaux moins longs – une catégorie mesurant généralement entre un mètre cinquante et deux mètres, et contenant de douze à vingt colonnes – étaient enroulés moins serrés. L'augmentation de la distance entre des points de détérioration correspondants y est le plus souvent de cinq millimètres. Enfin, dans une troisième catégorie de rouleaux, le texte commence à l'intérieur et non à la couche extérieure. Ces manuscrits sont presque toujours très lâchement enroulés, quelle que soit leur longueur. L'augmentation de la distance entre des points de détérioration correspondants est assez grande.

En conséquence, une fois identifiés les points de détérioration correspondants, nous mesurons l'épaisseur du cuir ou du papyrus, puis tentons de déterminer le degré de serrage, la longueur originelle du rouleau, et s'il commençait à l'intérieur ou à l'extérieur. La largeur des colonnes est un autre repère utile ; curieusement, les manuscrits de Qoumrân ne présentent pas de largeur standard. Connaître le nombre de colonnes par feuille aide également ; car tout rouleau est en définitive composé de feuilles cousues ou collées ensemble. Enfin, nous recherchons le nombre de lignes par colonne, qui varie d'environ sept à cinquante dans un rouleau, mais est relativement constant pour toutes les colonnes d'un même rouleau.

Il n'existe malheureusement aucune étude complète et très récente sur les caractéristiques physiques des manuscrits de la mer Morte. La plupart des éditions de ces manuscrits parues jusqu'à présent donnent très peu d'informations sur ce sujet et en sont souvent totalement dépourvues. L'édition du *Rouleau du Temple* effectuée par Yigael Yadin fait exception. Son exposition est excellente, mais, hélas, ne concerne que ce rouleau.

Une étude des caractéristiques physiques des rouleaux serait d'une aide immense pour la reconstitution tant des manuscrits encore inédits que de ceux déjà publiés. Dans bien des cas, les informations ainsi obtenues permettraient d'établir la position que des fragments éparpillés occupaient dans leur rouleau originel, faisant ainsi clairement apparaître la structure et le contenu de nombreux textes anciens – et ceci, même pour des fragments de manuscrits publiés depuis longtemps.

Un exemple de mes propres travaux suffit à le démontrer. En 1982, Maurice Baillet[1] a publié deux cent quinze fragments d'un rouleau provenant de la grotte 4. Un fragment de douze lignes (4Q511, fragment n° 10) appartenait manifestement au début du texte. Un fragment d'un autre rouleau (4Q510) était un texte parallèle ; ces deux éléments ont permis une reconstitution fiable, et sans aucun moyen technique, des dix-huit lignes de texte de la première colonne de ce rouleau.

En effet, sur ce premier fragment, la distance entre les points de dégradation se correspondant est d'environ 13 centimètres. Une autre longue bande du haut du rouleau représente les deux dernières colonnes du texte. Sur cette bande, la distance entre les points de dégradation n'est que de 5,8 centimètres à l'extrémité gauche. D'autres fragments révèlent une distance de 7 et 8,8 centimètres entre les points de dégradation correspondants. On peut donc disposer ces fragments selon leur place originelle dans le rouleau. Le résultat final donne une suite continue des douze colonnes du rouleau primitif, ce qui représente environ 80 % du texte originel.

Ce manuscrit est intitulé les *Fils du Sage*. Au lieu des deux cent quinze fragments éparpillés figurant dans l'édition publiée[2], nous avons maintenant une belle succession, bien fondée, de plusieurs cantiques. On peut étudier leur contenu, le style de leur composition, rechercher leurs liens avec d'autres textes poétiques de leur époque, etc. Certes, achever une telle reconstitution demande plusieurs semaines. Mais en récompense, au lieu d'une liste d'hypothétiques suggestions, on obtient une nouvelle édition, exacte et méthodiquement établie, d'un texte auparavant inconnu du monde érudit. Dès lors, ne nous étonnons pas si les fragments tels qu'ils ont été publiés auparavant ne donnent qu'une très lointaine idée de leur véritable importance.

1. Maurice Baillet, *Qumran Grotte 4*, Oxford, Grande-Bretagne, Clarendon Press, 1982, III (4Q482-520).

2. Il faut préciser qu'une portion de ce rouleau, formant les fragments 44-59, était restée collée quand les restes du rouleau parvinrent au musée. Baillet a essayé de retrouver l'ordre originel de ces fragments (voir p. 242 de son édition et les planches LXIII-LXV). Mais il ne semble pas avoir obtenu de résultats corrects.

NEUVIÈME PARTIE

Manuscrits et controverses

CHAPITRE VINGT

Interview de l'éditeur en chef John Strugnell

Avi Katzman

L'antisémitisme (et les sentiments anti-israéliens) se sont toujours profilés à l'arrière-plan du « scandale des manuscrits de la mer Morte », qui a commencé par la décision d'exclure les juifs de l'équipe de chercheurs recrutés pour publier cette bibliothèque de trésors religieux juifs.

Fin 1990, l'antisémitisme occupa le devant de la scène quand John Strugnell, alors éditeur en chef de l'équipe, exprima avec virulence ses opinions antisémites (et anti-israéliennes) au cours d'une interview accordée à un journaliste israélien, qui parut d'abord dans Ha-Aretz, *le quotidien de Tel-Aviv, puis dans la* Biblical Archaeology Review.

Peu après cette interview, les coéditeurs de Strugnell votèrent la révocation de ses fonctions d'éditeur en chef pour des « raisons de santé » (toutefois, ils ne lui retirèrent pas la réserve de manuscrits encore inédits dont la publication lui avait été assignée).

Voici l'interview qui provoqua la révocation de Strugnell. Il y prétend avoir connaissance de quatre autres manuscrits de la mer Morte. Jusqu'à présent, aucun n'a fait surface. De temps à autre, circulèrent des rumeurs sur d'éventuels rouleaux supplémentaires, mais que rien de concret ne vint confirmer.

*

John Strugnell, éditeur en chef des manuscrits de la mer Morte, a accepté de répondre à une interview à condition que, outre le journal hébreu *Ha-Aretz* pour lequel j'écris, je la rapporte aussi dans une publication de langue anglaise. Cet article remplit mon obligation de parution en anglais. L'interview eut lieu le 28 octobre 1990, dans le petit bureau du professeur Strugnell à l'« École française », l'École biblique et archéologique française située dans la partie Est de Jérusalem.

Ce fut lui-même qui amena sur le tapis le sujet de son antisémitisme en répondant, quand je lui demandai s'il était contre Israël : « Voilà un moyen sournois d'en venir à la question de l'antisémitisme, n'est-ce pas ? »

A un moment ultérieur de l'interview, je lui demandai sans détour s'il était antisémite. Il rejeta ce terme : « Je ne peux admettre l'emploi du mot antisémitisme. A mon sens, c'est un terme fumeux, galvaudé, introduit en Allemagne, pays de philosophes à l'esprit nébuleux. Il déguise la véritable question : êtes-vous contre les juifs ? Êtes-vous contre les Israéliens ? Êtes-vous contre l'État d'Israël ? Êtes-vous contre le sionisme ? Cela n'a rien à voir avec l'idée d'être contre les Sémites. Je ne suis pas antisémite. J'ai passé ma vie à étudier les différents peuples sémites depuis l'Éthiopie jusqu'à Bagdad. Je ne connais personne au monde qui soit antisémite. »

Il était « antijudaïste », dit-il. « Le judaïsme est d'origine raciste [...] c'est une religion de peuple ; ce n'est pas une religion supérieure. Un antijudaïste, voilà ce que je suis. Vous voyez, je plaide coupable. Je plaide coupable de la manière dont l'Église a constamment plaidé coupable, parce que nous ne sommes pas coupables ; nous avons raison. Le christianisme se présente comme une religion qui vient remplacer la religion juive. La juste réponse des juifs au christianisme est de devenir chrétiens. Des atrocités ont été commises dans le passé, j'en conviens – l'Inquisition, des choses de ce genre. Nous devrions certainement nous conduire en gentlemen chrétiens. Mais le jugement fondamental à porter sur la religion juive est, selon moi, négatif. »

Strugnell nia que son attitude envers le judaïsme ait affecté ses travaux. « A moins que quelqu'un ne m'en parle [du judaïsme], quand je travaille sur un texte de Qoumrân, je ne pense pas à la stupidité que manifestèrent les juifs, à leur erreur. Je me préoccupe d'essayer de découvrir ce que dit un document dans son contexte. »

Je lui demandai ce qui l'ennuyait dans le judaïsme.

« Le fait qu'il ait survécu alors qu'il aurait dû disparaître, répondit-il. Le christianisme emploie aujourd'hui un langage bien plus pacifique concernant toute cette question. Mes termes sont crus. Je l'exprime avec brutalité. Pour moi, la réponse [au problème juif] est la conversion massive.

– Mais en quoi le judaïsme vous ennuie-t-il ?

– C'est la survivance du groupe, des juifs, de la religion juive. Cette religion est horrible. C'est une hérésie pour le christianisme et nous recourons à différents moyens pour traiter nos hérétiques. Vous constituez un phénomène que nous n'avons pas réussi à convertir – or nous aurions dû réussir.

« Je crois que la bonne réponse pour l'islam, le bouddhisme et toutes les autres religions, est la conversion au christianisme. Le judaïsme me dérange en un sens différent, parce que les autres sont devenus chrétiens quand nous avons œuvré énergiquement à cette conversion, tandis que les juifs se sont cantonnés dans une position antichrétienne. »

Strugnell exprima aussi son sentiment sur l'État d'Israël. Son « premier amour fut la Jordanie », dit-il.

« C'est là qu'on a trouvé les manuscrits, et le gouvernement jordanien a rassemblé les manuscrits. J'ai travaillé avec les Jordaniens, j'ai appris à les connaître et à les aimer. Je n'aime pas Israël en tant que puissance occupante d'une partie de la Jordanie. Et il est bien évident que cette région faisait partie de la Jordanie. »

Malgré ses opinions sur Israël et la Jordanie, Strugnell déclare que certains de ses amis sont israéliens.

« Vous savez ce que disent les antisémites : "Certains de mes meilleurs amis sont des juifs." Eh bien, certains de mes amis sont des Israéliens. Mais l'occupation de Jérusalem – et peut-être celle de tout l'État – est fondée sur un mensonge, ou du moins sur une prémisse qui ne peut être défendue. Je le dis sans aucunement mâcher mes mots. L'occupation de Jérusalem est indéfendable.

« Regardez simplement les croisades, poursuivit-il. Nous n'avons pas pu maintenir cette position. Nous – les Anglais et les Français – n'avons pas pu maintenir les croisades malgré notre immense supériorité militaire initiale et nos magnifiques réalisations dans le pays. Les croisades ont constitué une grande période de construction ; mais, fondamentalement, elles étaient indéfendables. C'est mon point de vue concernant Israël. »

Tout en trouvant la position d'Israël insoutenable, il n'était pas enclin à recommander le démantèlement de l'État juif :

« Savoir si je suis contre l'État d'Israël, c'est une question politique, tout comme de savoir si je suis contre le Koweït ou l'Iraq. Je pense avoir répondu à cette question. Sur le moment, j'ai trouvé votre position insoutenable, mais je n'estime pas impossible de maintenir un État israélien ou sioniste, dans l'avenir. Des négociations seront nécessaires, mais je ne vois aucune raison pour qu'il…

– Mais vous n'êtes pas pour ?

– Eh bien, cet État constitue un fait établi. Vous avez quatre millions de gens dans ce pays, même si les sionistes se sont fondés sur un mensonge. Mais maintenant, ils y sont ; on ne va pas déplacer une population de quatre millions de personnes. Même les nazis n'y sont pas arrivés.

« Je désapprouve l'existence de l'État actuel d'Israël, mais je ne suis pas opposé à un "foyer national juif", selon le vieux jargon [de la déclaration Balfour], qui pourrait bien être un État, ou encore un canton ou une fédération.

« Suis-je opposé au sionisme ? Je pense qu'on en a eu notre dose, mais on ne peut pas nier sa présence. C'eût été une bonne chose s'il n'avait jamais existé, mais il a existé ; il est donc couvert par une sorte de clause d'antériorité. »

A propos des rouleaux, Strugnell affirme qu'au moins quatre autres rouleaux ont été découverts, mais n'ont pas encore réapparu au grand jour : « De mes propres yeux, j'en ai vu deux. » L'un des deux est une copie intégrale du *Livre d'Hénoch*. D'après Strugnell, c'est à cause de l'archéologue israélien Yigael Yadin que ces rouleaux ne sont pas encore parvenus entre les mains des savants. Après la guerre des Six Jours, Yadin réquisitionna le fameux *Rouleau du Temple*[1] conservé par un marchand d'antiquités de Bethléem du nom de Kando. Yadin versa à Kando 250 000 dollars, selon Strugnell (105 000 dollars selon Yadin), ceci pour encourager toute autre personne possédant des matériaux issus des rouleaux à se faire connaître. Mais la somme n'était pas assez élevée, dit Strugnell : « Yadin remit à Kando 250 000 dollars alors que nous lui en avions offert un million cinq semaines auparavant. Quand les possesseurs des manuscrits l'apprirent, ils se hâtèrent de traverser le Jourdain. » D'après Strugnell, ces rouleaux – comme le *Rouleau du Temple* – provenaient de la grotte 11 de Qoumrân. Ils se trouvent maintenant « quelque part en Jordanie, possédés par différentes personnes. Plusieurs ont été vendus à de grands banquiers. Pour ces personnes, ce sont des investissements. Cela ne sert à rien de chercher à les forcer à vendre. Si elles ont vraiment besoin de liquidités – comme l'une d'elles actuellement, semble-t-il –, j'ai l'argent. »

Quant aux deux autres rouleaux, ceux que Strugnell n'a pas vus :

1. Voir chap. 7.

« [Lankester] Harding [directeur du Département des antiquités de Jordanie] m'a confié sur son lit de mort qu'il en avait vu trois, dont je n'ai vu qu'un – cela fait donc quatre. »

Strugnell ne craint pas que ces manuscrits ne se détériorent avant de pouvoir être examinés par des spécialistes : « Ils sont tous conservés avec le plus grand soin, nul n'a de souci à se faire à leur sujet. Ils constituent un investissement supérieur à toute valeur de la Bourse israélienne ou celle de New York. »

Strugnell reproche à l'Office des antiquités d'Israël d'avoir fait perdre un quart de million de dollars de fonds de recherche en retardant la confirmation de sa nomination au poste d'éditeur en chef des manuscrits de Qoumrân après le décès, en 1987, de son prédécesseur dans cette fonction, le père Pierre Benoît :

« L'Office des antiquités israélien a mis si longtemps [à la confirmer] que nous avons perdu des sommes considérables. Les personnes prêtes à nous donner de l'argent voulaient être sûres que j'en avais la responsabilité ; nous avons ainsi perdu un très beau cadeau de quelque deux cent cinquante mille dollars. »

Strugnell apparut ensuite très humain. Il me parla même de l'humour qu'il goûtait :

« Les clichés raciaux sont une merveille de notre humour – où serions-nous sans les blagues arméniennes, les blagues polonaises, les blagues juives ? Cette remarque pourrait laisser entendre que je déteste toute une catégorie de gens, mais ce n'est pas vrai. »

Strugnell soutient que nombre de juifs eurent la possibilité de voir les manuscrits de la mer Morte même lorsque les Jordaniens en avaient la possession :

« Malgré l'obligation pour les touristes de présenter un certificat de baptême [pour entrer en Jordanie], j'ai vu des gens qui avaient l'air on ne peut plus juif entrer au musée [d'Amman] munis de [ces certificats]. »

Bien qu'il lise couramment l'hébreu, Strugnell ne le parle pas.

« Je [le] lis, mais, pour le parler, il faut des gens à qui parler. Dans mon travail, ils parlent bien mieux anglais. »

Strugnell ne s'intéresse pas beaucoup non plus à la loi juive. Il laisse cet aspect de son travail à ses collègues juifs. Je lui ai demandé s'il avait étudié le Talmud :

« Je l'ai étudié à l'université, mais il n'a pas pour moi d'intérêt du point de vue existentiel. Le Christ nous a libérés de la Loi, dit saint Paul. Je suis heureux de laisser mes collègues juifs s'occuper de cet aspect.

– Le fait que vous ne vous intéressiez pas à la loi juive ne vous empêche-t-il pas d'apprécier l'importance de certains de ces matériaux ?

– J'en sais assez pour savoir à qui m'adresser. Le texte sur lequel je travaille en ce moment [le MMT] abonde évidemment en points de loi. Et ce qui m'a vraiment retardé dans l'achèvement de ce travail a été la conscience de ne pas être compétent pour traiter cet aspect du sujet. »

CHAPITRE VINGT ET UN

Silence et antisémitisme autour des manuscrits

Hershel Shanks

La publication de l'interview reproduite au chapitre précédent entraîna la révocation de John Strugnell en tant qu'éditeur en chef et eut aussi une autre conséquence : elle suscita un débat sur l'influence de l'antisémitisme dans le processus de publication des rouleaux. Quatre-vingt-six de ses collègues et anciens étudiants signèrent une lettre exprimant leur gratitude envers Strugnell, « un homme qui a tant contribué à l'étude du judaïsme antique ». Tout en indiquant leur « consternation » devant ses « déclarations grossièrement dénuées de sensibilité et répréhensibles sur les juifs et le judaïsme », ils émirent l'idée que ces déclarations pourraient être imputables à une maladie. Du moins, affirmèrent les signataires, ils n'avaient « jamais lu ou entendu la moindre preuve d'antijudaïsme dans l'enseignement ou les travaux [de Strugnell] ».

La Biblical Archaeology Review *a décidé de publier une analyse approfondie de la question de l'antisémitisme dans les travaux sur les rouleaux. Voici cet article.*

*

Durant des années, la question de l'antisémitisme est restée larvée, à l'ombre des recherches sur les manuscrits. Chacun espérait qu'elle n'en sortirait point. Tout le monde s'accordait à reconnaître que l'introduire dans la controverse des manuscrits ne pouvait faire de bien à personne. Le silence établi autour de l'antisémitisme a ainsi représenté une longue et honorable tradition dans l'histoire des manuscrits de la mer Morte.

Nul ne se réjouit de ce que la bête, dans l'interview de Strugnell, ait maintenant dressé sa tête hideuse hors de l'ombre. Chacun croyait cette question enfin morte et enterrée, puisque les recherches sur les manuscrits avaient été ouvertes aux chercheurs juifs (y compris les Israéliens).

Le 27 octobre 1990, le lendemain même de l'interview accordée par Strugnell au correspondant de *Ha-Aretz*, j'essayai personnellement de vider le problème lors d'une journée entière de forum public parrainé par la Smithsonian Institution de Washington (DC). Dans l'allocution d'ouverture, je déployai tous mes efforts pour souligner que les membres actuels de l'équipe de publication étaient « indubitablement dénués de tout préjugé ». Au moment des questions, quelqu'un m'interrogea sur le fait que l'équipe originelle de publication des manuscrits composée de huit hommes, nommée en 1953 sous l'égide de la Jordanie, était *Judenrein* (exempte de juifs). J'expliquai que la « partialité [des Jordaniens] ne s'étendait pas aux savants eux-mêmes » et que des juifs étaient aujourd'hui membres de l'équipe de publication. « Cette partialité ne joue aucun rôle aujourd'hui », dis-je, citant même l'exemple de John Strugnell : « Il a recruté plusieurs éminents chercheurs israéliens [pour ce projet]. »

Rétrospectivement, on se demande s'il était approprié de garder le silence en 1953 lorsque, sous l'égide de la Jordanie, une équipe « exempte de juifs » fut nommée pour publier les rouleaux. En effet, les manuscrits de la mer Morte constituent une bibliothèque de textes religieux du judaïsme antique. Si une protestation quelconque fut émise lors de la nomination de l'équipe, elle n'a laissé nulle trace. On estima probablement plus sage – si jamais cette pensée effleura un esprit – de ménager les sensibilités jordaniennes et de ne pas compromettre le projet. Peut-être. Que se serait-il donc passé si quelques juifs avaient été admis dans l'équipe au fil des ans ? En tout cas, jusqu'à la guerre des Six Jours, en 1967, les chercheurs juifs furent complètement exclus des travaux sur les manuscrits placés sous l'autorité de l'équipe éditrice.

Mais au terme de la guerre des Six Jours, les manuscrits non publiés, qui étaient conservés au Musée archéologique de Palestine dans la partie Est de Jérusalem, tombèrent aux mains des Israéliens. Les rouleaux étaient à présent sous autorité israélienne. Or il se passa une chose curieuse. Pas une seule voix ne s'éleva pour rectifier la situation. Personne ne dit : maintenant que le gouvernement jordanien ne détient plus le contrôle de la situation, nous pouvons nommer dans l'équipe quelques chercheurs juifs, et même peut-être quelques chercheurs israéliens.

Au contraire, les timorés Israéliens confirmèrent les « droits de publication » de l'équipe « exempte de juifs », à la seule condition que ses chercheurs publient rapidement les manuscrits[1]. Le reste de la communauté érudite garda le silence.

Un facteur vint compliquer encore l'affaire : plusieurs membres de l'équipe éditrice originelle affichaient ouvertement et avec véhémence des opinions hostiles à Israël. Exception notoire et distinguée : Frank Cross, de Harvard, ne partageait pas la partialité de l'équipe à l'encontre d'Israël. Par contraste, un autre membre de l'équipe originelle, qui vit encore, n'a jusqu'à présent jamais mis les pieds en Israël. Après 1967, durant des années, des chercheurs de l'équipe travaillant dans la partie Est de Jérusalem refusèrent de franchir l'ancienne frontière entre l'est et l'ouest de Jérusalem, niant ainsi, à leur manière, l'existence d'Israël. Vestige très récent de cette attitude, le refus de John Strugnell, fin 1990, d'être soigné dans un hôpital juif de la partie Ouest de Jérusalem, malgré un grave problème médical et en dépit de l'équipement inférieur de l'hôpital arabe où il fut admis. Même les cheikhs d'Arabie Séoudite ne poussent pas aussi loin leur animosité envers l'État d'Israël. Le refus de Strugnell de se faire soigner dans un hôpital israélien concorde avec ses déclarations, dans l'interview, affirmant que « c'eût été une bonne chose s'il [le sionisme] n'avait jamais existé » et que l'État d'Israël était entièrement « fondé sur un mensonge ».

Un jeune étudiant en thèse de doctorat, Michael Klein, aujourd'hui doyen du campus du Hebrew Union College à Jérusalem, écrivit à Mgr Patrick Skehan de la Catholic Iniversity pour demander la permission de consulter un fragment de Targum provenant de Qoumrân. Klein croyait, à tort, que la publication en avait été attribuée à Skehan. Ce dernier lui apprit qu'en fait Milik (lequel ne répond à aucun courrier) en était chargé ; Klein ne put donc jamais voir ce fragment. Mais, dans sa réponse au jeune chercheur, Skehan dit :

> Puisque vous m'envoyez aussi un double au carbone de votre lettre adressé au professeur Magen Broshi, je me sens obligé de vous informer aussi qu'en aucune circonstance, pour quelque raison que ce soit, et dans

1. Cette restriction ne s'appliquait évidemment pas aux rouleaux acquis auparavant par les Israéliens et rapidement publiés par des savants israéliens et américains. La plus récente publication fut celle de Yigael Yadin, *The Temple Scroll : The Hidden Law of the Dead Sea Sect*, Londres, Weidenfeld and Nicolson, 1985, p. 45.

aucune mesure, je ne dois accorder par l'intermédiaire d'un fonctionnaire israélien une permission d'accéder à un objet légalement conservé au Musée archéologique de Palestine.

Quelques autres membres de l'équipe éditrice partageaient cette attitude.

Pendant une quinzaine d'années après que les rouleaux du Musée Rockefeller (nouveau nom du Musée archéologique de Palestine) furent tombés aux mains des Israéliens, aucun juif ne travailla sur ces textes. Enfin, vers le milieu de la décennie 1980, John Strugnell brisa cet ostracisme en recrutant l'aide du savant israélien Elisha Qimron pour travailler avec lui sur le texte inédit et important intitulé MMT. Dans un autre projet, Strugnell travailla avec Devorah Dimant, de l'université de Haïfa. Emanuel Tov, de l'Université hébraïque, fut chargé de la publication d'un rouleau biblique. Quand J. T. Milik put être persuadé de céder une part de sa réserve de textes non encore publiés – Strugnell était alors éditeur en chef –, plusieurs de ces textes furent attribués à Joseph Baumgarten, de l'Université hébraïque à Baltimore, et à Jonas Greenfield, de l'Université hébraïque à Jérusalem. Strugnell fit aussi entrer dans l'équipe Jacob Sussman, savant talmudiste, pour interpréter les lois religieuses juives (*halakha*) contenues dans le MMT, et Shemaryahu Talmon pour interpréter les dispositions du calendrier dans ce même texte. L'étiquette « Interdit aux juifs » fut réellement retirée du projet de publication des manuscrits de la mer Morte, et ce, dans une large mesure suite aux nominations effectuées par John Strugnell.

Au grand soulagement de tous, la question de l'antisémitisme, même potentielle, disparaissait donc de l'horizon. C'est alors que survint l'interview de Strugnell.

La réaction à cette interview fut très différente aux États-Unis et en Israël. La réaction initiale des Américains fut une sorte de démenti : « Ce n'est pas le John Strugnell que je connaissais. » Les collègues proches du chercheur proclamaient à qui mieux mieux qu'en dix, vingt ou trente ans, jamais ils n'avaient entendu John Strugnell tenir ce langage. « Après tout, n'est-ce pas lui qui a fait admettre des chercheurs juifs dans le projet ? »

Tous les propos de Strugnell au cours de l'interview étaient dus à son état mental, me dit-on à maintes reprises. « Je suis persuadé que c'est sa maladie qui parle », dit un étudiant en thèse de doctorat cité dans le *Harvard Crimson*.

Sans aucun doute, John Strugnell est un homme très malade, physiquement et mentalement. Il est permis aujourd'hui d'en parler – car, d'une part, ce fait est inextricablement lié à la question de son antisémitisme, et, d'autre part, les journaux l'ayant déjà évoqué, nous ne pouvons être accusés d'inconvenance. Plus important, peut-être, est le fait que notre débat ne saurait en rien effacer – ou augmenter – l'humiliation de John Strugnell et le profond embarras ressenti à son égard, ni la douloureuse tragédie personnelle que reflète cette situation.

Depuis des années, Strugnell était alcoolique ; cette maladie a gravement affecté ses capacités dans l'accomplissement de son travail. Tout le monde le savait. Mais personne n'en parlait publiquement – d'un commun accord de gentlemen, semblable à celui observé autrefois par la presse envers les membres du Congrès adonnés à la boisson. L'allusion la plus directe à l'alcoolisme de Strugnell qui ait jamais été publiée le fut dans un article du *Boston Herald* en 1989, qui décrivait sa « petite pièce vétuste dans un monastère de Jérusalem », « garnie de bouteilles de bière américaine et israélienne [...]. Les cartons vides de bouteilles sont rapidement transformés en casiers de classement portant encore les noms de Budweiser et de Maccabi, une bière du pays ».

L'alcoolisme de John Strugnell entravait sérieusement son travail ; pourtant, aucun effort ne fut entrepris ni par ses collègues de l'équipe ni par l'Office des antiquités israélien pour lui retirer ses fonctions. Ses collègues le disent en outre atteint de psychose maniaco-dépressive. Ces éléments viennent évidemment compliquer la question de l'éventuel antisémitisme de John Strugnell.

Selon une optique, nous l'avons indiqué, les opinions qu'il a exprimées dans l'interview ne sont guère que le produit de son esprit dérangé. Cette interview ne reflète donc pas la pensée véritable de l'homme : il s'est seulement livré à des élucubrations nées de sa perturbation mentale.

Selon l'optique opposée, son état mental n'a fait que lui délier la langue. *In vino veritas*, pour ainsi dire. Peut-être s'est-il exprimé en termes plus extrêmes qu'il ne l'aurait fait autrement, mais l'interview reflète avec véracité son attitude et ses convictions profondes.

Nombre de ses étudiants et de ses collègues adoptent la première optique, affligés – ce qui est fort naturel et compréhensible – par l'humiliation et la disgrâce publiques encourues par leur mentor et ami. C'est la possibilité qu'ils suggèrent, sans nécessairement l'embrasser à fond, dans une lettre signée (ajoutant : « Nous ne sommes pas en mesure de connaître le degré d'influence de sa maladie sur ses propos »).

Si nous pouvions conclure que les déclarations de Strugnell étaient simplement le fruit d'un esprit dérangé, sans lien aucun avec son attitude véritable envers les juifs et le judaïsme, il nous serait alors possible d'éviter les questions qui surgissent lorsqu'on découvre qu'un antisémite exerce les fonctions d'éditeur en chef des manuscrits de la mer Morte. Afin de déterminer si ses déclarations antisémites lors de l'interview étaient l'effet de sa maladie mentale actuelle, nous pouvons examiner les opinions qu'il a exprimées antérieurement à cette interview. Certains témoignages n'ont apparu dans des rapports de presse que depuis la publication de l'interview. Ils montrent, de fait, que John Strugnell était et demeure antisémite et farouchement opposé à Israël.

D'après Magen Broshi, conservateur de la Maison du Livre à Jérusalem, où sont exposés la plupart des manuscrits de la mer Morte originaux et intacts : « Nous savons depuis vingt ans qu'il [Strugnell] est antisémite » (cité dans un journal britannique, *The Independant*, 14 décembre 1990). Un article du *Jerusalem Report* cite Broshi mentionnant « l'antisémitisme farouche » de Strugnell.

Broshi n'était pas le seul à avoir constaté l'antisémitisme de Strugnell. Selon le *Boston Jewish Advocate* (10 janvier 1991), « nombre des collègues [de Strugnell] connaissaient depuis longtemps ses attitudes antijuives ». Y est citée cette déclaration de Nahum Sarna, professeur honoraire d'études bibliques à l'université Brandeis : « Plusieurs personnes remarquèrent l'antisémitisme de Strugnell dès ses premiers jours à Harvard. Il ne cachait pas ses opinions antisémites. Si certains de ses étudiants affirment qu'ils ne l'entendirent jamais prononcer une remarque antisémite, ce n'est pas l'avis de quelques membres de la faculté. »

Le même article cite également Cyrus Gordon, professeur honoraire à l'université Brandeis et à celle de New York : « Ses habitudes et ses remarques s'étaient ébruitées, elles étaient notoires. Mais c'est comme un fils insupportable – il demeure toujours votre enfant et vous n'aimez pas parler de ses défauts à vos collègues, vos amis ou vos voisins. »

D'après le magazine *Time* (édition pour l'Europe et le Moyen-Orient, 24 décembre 1990) : « Les savants ont longtemps jasé sur les idées offensantes de Strugnell. » En une certaine occasion, il y a plusieurs années, rapporte le *Time*, « Strugnell porta un toast au président de l'Autriche, Kurt Waldheim, dont la section nazie commit des atrocités durant la Seconde Guerre mondiale, en le louant comme le plus grand homme de ce demi-siècle ».

Newsweek rapporte son « âpre aversion pour l'État d'Israël ». Bien que critiquer Israël ne soit pas forcément signe d'antisémitisme, à un certain point, la frontière entre antisionisme et antisémitisme s'estompe. L'antisémitisme de Strugnell, si toutefois il n'avait pas franchi cette frontière, en était bien proche.

Selon un article du *Baltimore Sun* (23 décembre 1990) : « Plusieurs [étudiants et collègues] disent que [Strugnell] faisait preuve d'une aristocratique hauteur britannique envers les juifs et le judaïsme », ajoutant qu'il se montrait souvent « chaleureux, généreux et d'un grand soutien » envers des juifs individuels.

Un ancien étudiant juif (par ailleurs signataire de la lettre en faveur de Strugnell) est cité, disant : « Il me tint des propos désobligeants, et je relevai le fait. Il se contenta de rire et se déroba. » Un rapport de la Jewish Telegraphic Agency note qu'un membre doyen de l'équipe éditrice, Eugene Ulrich, « reconnut que Strugnell avait depuis longtemps la réputation de faire des remarques inappropriées » – « du dénigrement », dit Ulrich.

Un chercheur interrogé pour un poste à l'université se souvient que Strugnell lui fit alors des remarques antisémites. Un autre ancien étudiant, juif, me dit qu'il avait travaillé en étroite collaboration avec Strugnell sur des questions théologiques et le savait un théologien chrétien très « conservateur », croyant en une théologie de la « substitution », selon laquelle le christianisme a supplanté le judaïsme en tant que « véritable Israël ». Les juifs sont ainsi le faux Israël. Le judaïsme n'est donc plus valide ; l'alliance relatée dans l'Ancien Testament a été brisée. D'après le *Jerusalem Post* (20 décembre 1990) : « C'est la vieille réponse chrétienne au problème juif », déclara Strugnell lors d'une discussion ultérieure, après son retour aux États-Unis.

Les collègues et les étudiants qui signèrent la lettre de soutien, nous l'avons vu ci-dessus, s'abstiennent soigneusement de considérer l'indélicate question de l'antisémitisme de John Strugnell. Plusieurs signataires m'ont avoué qu'ils ne savaient pas vraiment si John Strugnell était antisémite ou non. En outre, ils admettent qu'il est tout à fait possible d'être un excellent chercheur (ce qu'est assurément John Strugnell), de produire un travail dénué de parti pris, d'enseigner sans parti pris – et cependant d'être antisémite.

Le message qu'ils veulent faire bien comprendre dans leur lettre, c'est simplement que l'antisémitisme de Strugnell, si toutefois il est antisémite, n'eut aucune influence sur son travail professionnel. Nous ne possédons aucune preuve que son antisémitisme ait affecté son travail, malgré les affirmations de certains savants. Nous ne sommes nullement en mesure d'en juger. Ses étudiants et ses collègues peuvent parfaitement avoir raison.

Mais nous devons aller plus loin – ce qu'ils ne font pas. Peut-être son antisémitisme n'a-t-il pas affecté son travail, cependant cette éventualité ne suffit pas pour faire l'impasse sur la question de savoir s'il est antisémite. Il nous faut aussi examiner la nature de son antisémitisme, et nous demander également si un antisémite était en droit de travailler sur ces trésors religieux juifs, même si, par ailleurs, il en a la compétence.

Les témoignages déjà présentés nous permettent de conclure que John Strugnell est antisémite. Il est nécessaire de le dire. Ceci ne signifie pas qu'il faille chercher à débusquer l'antisémitisme derrière chaque buisson. Nous ne prônons pas une chasse académique aux sorcières. Mais quand il se manifeste – sous quelque forme que ce soit –, ne détournons pas les yeux. Si nous ne devons pas le traquer, de même nous ne devons pas non plus esquiver le problème quand il surgit. Les deux extrêmes sont dangereux, il faut l'admettre.

Pourquoi est-ce important de sonder la nature de l'antisémitisme de John Strugnell ? Parce qu'il ne vient pas d'un franc-tireur isolé comme Louis Farrakhan, mais d'un professeur érudit, de souche chrétienne, enseignant à la Faculté de théologie de Harvard. Son interview était frappée au vitriol brut : « une religion horrible », « d'origine raciste », qui « n'aurait jamais dû survivre » – et ces propos viennent moins de cinquante ans après la suppression des fours crématoires d'Auschwitz (ou leur mise en réserve, pourraient craindre certains). Il parla même de l'incapacité de Hitler à « déplacer » quatre millions de juifs (l'estimation habituelle du nombre de juifs exterminés dans l'Holocauste s'élève bien sûr à six millions, chiffre contesté par ceux qui nient l'Holocauste). Condamner cette forme d'antisémitisme est facile – et tout le monde l'a évidemment fait.

Strugnell, s'il n'avait été malade, ne se serait certainement pas exprimé publiquement en termes aussi crus. Mais sous ces insultes mensongères se tapit une forme de polémique antijuive bien plus sophistiquée, intellectuelle et soigneusement élaborée. C'est la doctrine rejetée d'un âge révolu. C'est la perspective selon laquelle le judaïsme n'est pas une religion valide, la perspective que le christianisme est le véritable Israël et les juifs le faux Israël, la perspective que les juifs sont « obstinés » parce qu'ils n'ont pas accepté le Christ, la perspective que le Nouveau Testament a invalidé l'alliance exposée dans l'Ancien Testament, la perspective que le christianisme a « supplanté » le judaïsme et que ce dernier devrait disparaître. Le jargon académique résume cette position par le terme de « doctrine de la *substitution* ». C'est la position sur laquelle reposent les insultes de Strugnell. C'est la position embrassée par John Strugnell, et ce, longtemps avant que la maladie n'affecte son esprit, nous dit l'un de ses anciens étudiants qui le connaît bien. On ne sort pas tout d'un coup semblable théorie parce que l'on souffre d'une maladie mentale. Cette théorie bien développée fait depuis longtemps partie de la philosophie du christianisme de Strugnell. Le Britannique Strugnell s'est converti au catholicisme, or l'Église ne professe pas aujourd'hui la doctrine de la substitution.

Quelles conclusions tirer de ces constatations ? Et d'abord, lesquelles *ne pas* en tirer : nous ne nions certes pas à John Strugnell ou à tout autre antisémite le droit d'exprimer ses propres opinions. Les antisémites sont libres d'énoncer leurs idées avec autant de crudité ou de subtilité qu'ils le souhaitent. Mais nous – tant les chrétiens que les juifs – sommes libres et moralement obligés de condamner l'antisémitisme quand il fait surface. C'est tout aussi vrai si l'antisémite est un grand érudit et un éminent professeur ou s'il s'agit d'une star de musique pop.

Dans leur lettre soigneusement pesée, les étudiants de Strugnell n'évitent pas seulement la question de savoir si leur professeur et ami est antisémite, ils affirment aussi que, au cas où il le serait effectivement, son travail n'en a jamais été affecté : « Nous n'avons jamais lu ou entendu aucune preuve d'antisémitisme *dans ses travaux ou son enseignement* » (italiques ajoutées). La précision en italique est importante. *En dehors de ses travaux et de son enseignement*, il a exprimé des opinions antisémites, comme le reconnaissent certains des signataires, pourtant, ils n'en disent rien dans leur lettre.

A supposer que ses idées antisémites n'affectent pas sa science, Strugnell n'est-il pas néanmoins inapte, en vertu de son antisémitisme personnel, à diriger l'équipe de publication des rouleaux et à être honoré de la fonction de contrôle exclusif de ces trésors culturels juifs ? Strugnell est – et devrait être – aussi libre que tout autre savant d'étudier et d'interpréter les manuscrits de la mer Morte. Mais un antisémite notoire qui a publiquement adopté ces idées ne devrait pas faire partie d'une équipe de publication détenant le contrôle exclusif de textes religieux juifs inédits.

Nous avons déclaré notre position dans un éditorial accompagnant l'interview de Strugnell : « Il est clair qu'on ne peut permettre à Strugnell de continuer à exercer ses fonctions d'éditeur en chef des manuscrits de la mer Morte. Quand une personne nourrissant les idées de John Strugnell manie ces documents, elle ne peut que les entacher. Nous le disons malgré sa compétence et ses brillantes qualités de savant. »

Jusqu'à présent, l'équipe d'éditeurs a évité toutes ces questions.

Dans la lettre officielle de l'équipe annonçant la révocation de Strugnell, ses signataires (F. M. Cross, J. T. Milik, Émile Puech, Emanuel Tov et Eugene Ulrich) n'ont mentionné que « sa santé et diverses complications », ajoutant : « Nous demeurerons toujours reconnaissants au professeur Strugnell pour ses nombreuses années de service dévoué, ses contributions positives uniques et de vaste portée. » Nulle mention de l'interview antisémite. Comme l'a rapporté le *New York Times* : « En annonçant, lundi, la décision de révoquer Strugnell, ils ont donné comme seuls motifs sa santé et sa récente hospitalisation. » Pourtant, de l'aveu général, comme les interviews personnelles avec les différents acteurs de cette charade en action l'ont révélé, les déclarations antisémites de Strugnell ont, selon les termes du *New York Times*, « dicté la réponse ».

Si la santé de Strugnell avait été la seule raison pour le renvoyer, une hâte aussi excessive n'aurait pas été nécessaire. Il semblerait même malséant de le congédier juste au moment de son hospitalisation. N'aurait-il pas été indiqué de lui laisser un peu de temps pour se rétablir ? Tov, coéditeur en chef avec Strugnell, qui le remplacerait, était en congé sabbatique en Hollande et ne serait de toute façon pas de retour à Jérusalem avant août 1991. Hospitalisé, Strugnell allait maintenant se trouver confronté à ses problèmes personnels. Il allait être « complètement désimbibé », désintoxiqué, et pourrait vraisemblablement maîtriser son problème mental à l'aide de médicaments. Si sa santé était le « seul » problème, comme disait le *Times*, pourquoi n'attendaient-ils pas au moins de voir l'effet de son traitement à l'hôpital ?

Sentant peut-être que les raisons de « santé » n'étaient pas entièrement convaincantes et peu désireux d'affronter la question de l'antisémitisme, certains membres de l'équipe avancèrent un autre motif pour la révocation de Strugnell, un motif aussi injuste que fallacieux : il n'aurait pas assez énergiquement poussé l'équipe à publier les rouleaux. Selon un écho de l'Associated Press, un membre de l'équipe éditrice aurait dit de Strugnell qu'il était « inefficace » en tant qu'éditeur en chef, « parce qu'il n'a[vait] pas poussé les chercheurs à travailler plus vite ». Par une ironie du sort, Strugnell, une fois en butte à cette accusation, devenait ainsi un bouc émissaire. Ces mêmes chercheurs retardataires le punissaient, soi-disant parce qu'il ne *les* avait pas assez énergiquement poussés à achever *leur* travail. Or ce fut Strugnell qui joua un rôle majeur en mettant au point une « suggestion de calendrier » de publication et qui persuada Milik de renoncer à près d'un tiers de son lot pour l'assigner à d'autres chercheurs. Les chercheurs qui renvoyèrent Strugnell, sous prétexte qu'il ne les poussait pas assez énergiquement à publier, furent ceux-là mêmes qui défendaient sa politique de publication – et qui continuent à la défendre – à la seule condition que ce soit *eux*, et non Strugnell, qui tiennent la barre. Avant l'interview antisémite de Strugnell, pas un membre de l'équipe d'éditeurs ne critiqua les directives de Strugnell ou son inefficacité à les presser d'achever leur travail.

De toute évidence, l'équipe a renvoyé Strugnell – ou recommandé à l'Office des antiquités d'Israël qu'il le soit (on ne sait pas exactement à quel endroit cet organisme déforme la vérité) – à cause de l'interview antisémite. Mais elle a donné d'autres raisons – sa santé et son inefficacité – qui ont éludé toutes les questions épineuses impliquées dans la question de l'antisémitisme.

La réaction en Israël à l'interview de Strugnell est aussi curieuse que la réaction dans le reste du monde est déconcertante.

Peu après la publication de l'interview de Strugnell dans *Ha-Aretz*, je téléphonai à Magen Broshi, conservateur de la Maison du Livre à Jérusalem et membre du comité israélien de surveillance, pour lui demander ce qu'il pensait de cette affaire. Il parut s'en désintéresser. « Ne perdez pas votre temps là-dessus », me dit-il.

J'appelai ensuite le professeur Shemaryahu Talmon de l'Université hébraïque, autre membre du comité israélien de surveillance. « Cela ne nous trouble pas », répondit-il.

Plus tard, Broshi déclara à la presse que l'antisémitisme de Strugnell – dont il affirma être au courant depuis une vingtaine d'années – était « totalement hors de propos » ! Pour Broshi, la seule question était celle de la compétence de Strugnell concernant son travail. En écho à cette attitude, Amir Drori, directeur de l'Office des antiquités d'Israël, déclara à un journaliste de *Ha-Aretz* : « La seule [!] considération importante à laquelle l'Office des antiquités doive faire face [pour démettre Strugnell] est la qualité de [son] travail sur les détails des rouleaux. » Quand l'Office des antiquités annonça sa révocation, l'unique raison invoquée fut son « état de santé physique et mental ».

Je ne parviens ni à comprendre ni à expliquer cette attitude. Je ne sais comment la qualifier : timidité, défiance, retenue ? Un vieil aphorisme yiddish dit à peu près en ces termes : « Si on lui crache dessus, il dit qu'il pleut. » Certains ont émis l'idée que les Israéliens sont tellement habitués aux préjugés contre eux qu'ils s'y attendent ni plus ni moins et apprennent à n'en avoir cure.

Les autres chercheurs mêlés à l'affaire des rouleaux, nous l'avons vu, se sont en grande partie arrangés pour éluder la difficulté en attribuant les propos antisémites de Strugnell à ses troubles mentaux. Sans nul doute étaient-ils motivés par le désir de lui épargner ce qu'ils considéraient comme une humiliation supplémentaire. Être alcoolique, hospitalisé pour troubles d'ordre psychiatrique, voir ces problèmes personnels publiquement débattus, être démis de ses fonctions d'éditeur en chef – tous ces faits constituent une terrible tragédie personnelle, inévitablement douloureuse pour toutes les personnes mêlées à cette situation, et surtout pour Strugnell. Il était tout naturel que ses étudiants et ses collègues désirent lui éviter, comme me le confia l'un des signataires de la lettre, le fardeau supplémentaire de se voir stigmatisé comme antisémite. Il lui avait déjà fallu endurer plus de souffrances qu'on ne peut l'exiger de quiconque.

Rétrospectivement cependant, le problème était trop évident, trop récurrent, trop important pour être esquivé. La dimension personnelle de cette tragédie est indéniable. Souhaitons à John Strugnell un total et prompt rétablissement. Qu'il soit honoré comme un brillant savant, un merveilleux professeur, un mentor et collègue attentif, chaleureux et généreux. Mais il n'en reste pas moins à blâmer pour son antisémitisme.

CHAPITRE VINGT-DEUX

Le Vatican occulte-t-il les manuscrits de la mer Morte ?

Hershel Shanks

Le secret obsessionnel dont l'équipe éditrice a entouré ses travaux a engendré de multiples thèses de conspiration : les rouleaux, soupçonnait-on, étaient soustraits à l'examen public parce que leur contenu renfermerait des données susceptibles de saper des doctrines fondamentales du christianisme ou du judaïsme. Le fait que l'équipe officielle de publication ne comprit aucun juif jusqu'à la fin des années 1980 et que, durant des décennies, elle fut même en majorité composée de religieux catholiques, jeta de l'huile sur le feu.

Tant les éditeurs de l'équipe que leurs principaux censeurs, tel l'éditeur de la Biblical Archaeology Review, *nièrent l'existence d'une quelconque conspiration visant à occulter les manuscrits, ou de révélations fracassantes dans les textes inédits, qui seraient embarrassantes pour le judaïsme ou le christianisme. Par ailleurs, réfuter les thèses de conspiration était effectivement difficile alors que les textes demeuraient inaccessibles à quiconque excepté les quelques privilégiés.*

La thèse de la conspiration fleurit en 1991 dans un livre accusant le Vatican de tenter d'occulter les rouleaux et toute interprétation de leur contenu déviant de la ligne officielle. Dans ce chapitre, le directeur de publication de la Biblical Archaeology Review *examine les preuves avancées et conclut que l'accusation est pure absurdité. Plus important : il explique pourquoi rien de ce que l'on trouvera vraisemblablement dans les manuscrits non publiés ne sapera la foi des chrétiens ou des juifs. La théorie de l'évolution n'y parvint pas. Ni la conclusion des archéologues affirmant qu'aucune ville n'existait à Jéricho à l'époque où Josué est censé l'avoir conquise. Ni le fait que l'auteur du récit biblique du Déluge l'a en partie copié sur un mythe mésopotamien.*

*

Dans un livre publié en Angleterre en 1991 et traduit en France, en 1992, sous le titre *La Bible confisquée* [1], les auteurs, Michael Baigent et Richard Leigh, accusent le Vatican d'occulter les manuscrits de la mer Morte parce qu'ils ébranleraient des doctrines essentielles du christianisme.

Première amorce de preuve avancée par les auteurs : les excessifs retards dans la publication. En effet, alors que plus de cinq cents textes ont été mis au jour dans la grotte 4 de Qoumrân depuis sa découverte en 1952, il n'en a été publié qu'environ une centaine au bout de cinquante ans (les trois cents textes provenant d'autres grottes ont presque tous été publiés). Situation encore plus alarmante : la petite coterie d'éditeurs qui contrôle l'accès aux quatre cents textes inédits de la grotte 4 refuse de laisser d'autres chercheurs voir leur trésor secret.

Les éditeurs des textes de la grotte 4 sont en majorité des religieux catholiques, en poste à l'École biblique et archéologique française, dirigée par les dominicains et située dans la partie Est de Jérusalem qui se trouvait sous autorité jordanienne jusqu'en 1967. L'équipe éditoriale fut recrutée en 1953 par le père Roland de Vaux qui, selon Baigent et Leigh, exerça une « autorité quasiment suprême » sur les rouleaux jusqu'à sa mort en 1971. L'équipe réunie par de Vaux comprenait Mgr Patrick Skehan, des États-Unis ; l'abbé Jean Starcky, de France ; le père Jozef Milik, prêtre polonais qui depuis a quitté la prêtrise et s'est établi en France ; un chercheur allemand bientôt remplacé par un autre prêtre français, le père Maurice Baillet ; et John Strugnell, qui se convertit ensuite au catholicisme. Le seul protestant de l'équipe était Frank Cross, venu alors du McCormick Theological Seminary et actuellement à Harvard. Un Anglais agnostique, John Allegro, complétait l'équipe.

A la mort du père de Vaux, en 1971, un autre dominicain de l'École biblique, le père Pierre Benoît, lui succéda dans ses fonctions d'éditeur en chef. A la mort de Benoît en 1987, lui succéda John Strugnell, alors

1. Michael Baigent et Richard Leigh, *The Dead Scroll Deception*, Londres, Jonathan Cape, 1991. Trad. franç. : *La Bible confisquée*, Paris, Plon, 1992.

converti au catholicisme, jusqu'en 1991, où il fut révoqué par ses collègues après la publication de quelques propos violemment antisémites qu'il avait tenus à un journaliste israélien[1]. A la mort de Starcky, son lot réservé de textes fut légué au père Émile Puech, également de l'École biblique. Quand Skehan mourut, son lot fut légué à Eugene Ulrich, de l'université de Notre Dame.

Mais Baigent et Leigh ne s'arrêtent point là. Ils recherchent longuement où, en définitive, réside l'autorité : « A qui, finalement, l'équipe internationale devait-elle rendre compte ? Théoriquement, ses membres auraient dû le faire à leurs pairs, aux autres chercheurs [...]. En réalité, l'équipe internationale semblait ne se reconnaître de compte à rendre à quiconque, sauf à l'École biblique. Et à qui l'École biblique devait-elle rendre compte ? »

Par leurs investigations personnelles et minutieuses, Baigent et Leigh ont mis à découvert, selon leurs termes, une « révélation capitale, non seulement pour nous, mais aussi pour d'autres chercheurs indépendants dans ce domaine » : l'École biblique était directement branchée sur le pape en personne.

Dès ses débuts, l'École biblique a été « étroite[ment] affili[ée] » à la Commission biblique pontificale. Selon les auteurs, l'École biblique est un « auxiliaire de la machine de propagande de la Commission [biblique pontificale] – un instrument de diffusion de la doctrine catholique sous couvert de recherche historique et archéologique ». De Vaux lui-même fut nommé consulteur auprès de cette commission ; à sa mort, Benoît lui succéda dans cette fonction. A la mort de Benoît, son successeur à la tête de l'École biblique fut nommé consulteur auprès de la commission.

Le cardinal Joseph Ratzinger, préfet de la commission, dirige également un autre organisme catholique, la Congrégation pour la doctrine de la foi. La Congrégation est l'héritière de ce que les auteurs nomment une « très ancienne ascendance » : « En 1542, elle avait pris officiellement le nom de Saint-Office. Et auparavant, on l'appelait la Sainte Inquisition. »

Si Ratzinger dirige la Congrégation, le chef officiel n'en demeure pas moins le pape en exercice. Aujourd'hui, Ratzinger, en tant que directeur exécutif, porte le titre de secrétaire de la Congrégation, qui, « autrefois, était appelé le Grand Inquisiteur ».

Les auteurs continuent : « De tous les services de la Curie romaine,

1. Voir chap. 20.

celui de la Congrégation pour la doctrine de la foi est le plus puissant. Et de tous les cardinaux de la Curie, Ratzinger est peut-être le plus proche du pape. »

« Les positions de Ratzinger prises au sein de la Congrégation pour la doctrine de la foi déterminent celles de la Commission biblique pontificale, dont il est aussi le préfet, et de là filtrent ensuite dans l'École biblique. » Ratzinger est décrit comme un « homme profondément pessimiste » qui pense que « seule la suppression de tout dissentiment peut assurer la survie [de l'Église] en tant que foi une. D'après lui, ceux qui ne partagent pas son pessimisme sont "aveugles ou induits en erreur" ». « Le rôle joué à un haut niveau par l'Église dans les recherches sur les manuscrits de la mer Morte », comme ceci le démontre, concluent les auteurs, « ne peut qu'engendrer une forte suspicion ».

Une suspicion que viennent étayer les attitudes reflétées par certains membres de l'équipe éditoriale, tel Mgr Skehan, qui a exprimé l'opinion, disent les deux auteurs, qu'« en définitive, le travail de tout bibliste devrait être guidé et déterminé par la doctrine de l'Église et [citant ici Skehan] "être toujours soumis au droit souverain de notre sainte mère l'Église de juger en dernier recours de ce qui concorde effectivement avec l'enseignement qu'elle a reçu du Christ" ».

« Que se passe-t-il si l'on découvre quelque chose que l'on ne parvient pas à rendre ainsi conforme ? » demandent les auteurs. Ils poursuivent : « D'après les déclarations du père Skehan, la réponse à cette question semble claire. Tout ce qui ne peut être subordonné ou adapté à la doctrine existante de l'Église *doit*, par nécessité, être éliminé. »

La position du père Skehan, nous disent-ils, « trouvait un écho manifeste dans celle du pape Pie XII en personne, qui soutenait que "l'exégète biblique a une fonction et une responsabilité à assumer dans des questions aux implications importantes pour l'Église" ».

Avec cet arrière-plan, on comprend aisément pourquoi « de Vaux tenait à éviter, autant que possible, d'embarrasser les autorités chrétiennes », déclarent les auteurs. « De toute évidence, certaines données de Qoumrân étaient précisément jugées susceptibles de le faire. » Pour éviter cet « embarras », l'équipe dirigée par de Vaux conçut et « imposa [...] une rigide orthodoxie pour l'interprétation » des rouleaux.

« Toute déviation [de cette interprétation] équivalait à une hérésie [... Tout savant] osant contester [l'interprétation de l'équipe] le faisait au risque d'entamer dangereusement sa crédibilité [...] Au fil des années, progressivement, cette orthodoxie dans l'interprétation [est devenue] d'un dogmatisme croissant. »

Les auteurs sous-entendent que de Vaux et ses collègues pourraient même détruire – ou avoir détruit – certains documents compromettants. « Que ferait exactement l'École biblique si, parmi les documents de Qoumrân non publiés ou peut-être non encore découverts, des données défavorables à la doctrine de l'Église faisaient surface ? » Et encore : « Même si le gouvernement israélien prenait des mesures autoritaires et ordonnait la libération immédiate des matériaux de Qoumrân, comment pourrions-nous avoir la certitude que des données susceptibles de mettre l'Église en péril verraient jamais le jour ? »

Cependant, les savants égarés pouvaient être remis dans le droit chemin par des moyens moins draconiens que la destruction de documents. Prenons le cas de John Allegro, l'unique agnostique de l'équipe et, de surcroît, le seul membre à publier tous les manuscrits qui lui avaient été assignés. Strugnell, suite à cette publication, rédigea une « longue critique hostile » – de cent treize pages – que Robert Eisenman, directeur du Département des études religieuses à la California State University, à Long Beach, qualifia de « travail de démolition ». Très tôt, Allegro avait « commencé à s'exaspérer de l'application contrainte déployée [par l'équipe] pour dissocier le christianisme de la communauté qoumrânienne et de ses rouleaux ». Il s'aliéna rapidement les autres membres de l'équipe, surtout après leurs efforts pour faire obstacle à ses perspectives très libres, qu'ils rejetaient. Les autres contestataires des opinions de l'équipe furent, de même, réduits au silence.

Le principal postulat de l'interprétation orthodoxe des manuscrits concerne leur date. « L'élément décisif pour déterminer la signification des manuscrits, et leur lien, ou leur absence de lien, avec le christianisme était, évidemment, leur datation. » Par conséquent, dans la « perspective du consensus », expression désignant la perspective de l'équipe, « les textes de Qoumrân étaient considérés comme très antérieurs à l'ère chrétienne ». Tout ce qui était « susceptible de bouleverser la datation et la chronologie "sûres" établies par l'équipe internationale pour l'ensemble du corpus des rouleaux » était étouffé. Une fois « replacés en toute sécurité dans des temps préchrétiens, [les rouleaux se trouvaient] désarmés de toute éventuelle capacité de contester l'enseignement et la tradition du Nouveau Testament ». Ainsi, l'équipe « désamorça efficacement tout potentiel explosif que pourraient receler les manuscrits de la mer Morte ». « Lorsque les raisons de commodité et la stabilité de la théologie chrétienne le dictaient, les témoignages contraires étaient “ignorés”. »

Selon un autre principe de l'interprétation orthodoxe, « les manuscrits et leurs auteurs devaient autant que possible rester dissociés du “christianisme primitif”, tel que le décrit le Nouveau Testament ». Ainsi, le consensus orthodoxe « présentait les croyances de la communauté de Qoumrân comme entièrement différentes du christianisme ».

La lutte pour le contrôle des manuscrits de la mer Morte est d'une complexité byzantine et ses enjeux sont élevés. Pour quiconque n'a pas une connaissance familière de ses méandres, Baigent et Leigh plaident une cause séduisante – et même peut-être convaincante –, affirmant que le Vatican, ou du moins les religieux catholiques, occulte les manuscrits pour des raisons doctrinales. Mais, en fait, l'accusation est pure absurdité.

J'avoue qu'il semble peu élégant de ma part de le dire, car Baigent et Leigh font quelques remarques extrêmement flatteuses sur la campagne de six années menée par la *Biblical Archaeology Review* pour obtenir le libre accès aux rouleaux tenus encore secrets. Les auteurs nous disent « influents », nous citent longuement et avec approbation ; notre « contribution fut immense ». Leur thèse principale n'en est pas moins si grossièrement erronée qu'elle en est ridicule.

Commençons par une constatation générale : les chercheurs catholiques se situent aujourd'hui à l'avant-garde de l'exégèse biblique moderne[1]. Le *Catholic Biblical Quarterly* fait partie des revues de

1. Le *New Jerome Biblical Commentary* déclare :

> L'exégèse catholique émanant de DAS [*Divino afflante spiritu*] jusqu'à 1970 fut marquée par un intense développement [...]
> Les biblistes catholiques ont reçu l'encouragement de l'Église à travers deux documents capitaux, l'*Instruction sur la vérité historique des Évangiles* de la CBP (Commission biblique pontificale) (1964) et le *Dei Verbum* (*Constitution dogmatique sur la révélation divine*) de Vatican II. Le premier document, en particulier, reconnaissait que les Évangiles étaient formés de plusieurs couches de tradition et ne constituaient donc pas des récits littéraux ou chronologiques de la vie de Jésus. Cette position confirma les résultats de la recherche biblique tout en ouvrant la voie à d'autres progrès dans l'étude scientifique et critique du Nouveau Testament parmi les biblistes catholiques [...]
> La recherche catholique sur le Nouveau Testament s'est certainement imposée dans les études néotestamentaires. Elle a réussi à convaincre un plus grand nombre de catholiques intelligents que les positions bibliques ultraconservatrices du passé n'étaient plus défendables et que les nouvelles approches possédaient leurs propres valeurs aptes à nourrir le culte et la

recherche biblique les plus estimées à travers le monde. Il partage ce sommet avec le *Journal of Biblical Literature*, publié par la Society of Biblical Literature. Ni les protestants ni les juifs ne possèdent une revue consacrée aux études bibliques comparable au *CBQ*. La *Revue biblique*, éditée par l'École biblique, est aussi une revue hautement respectée, qui publie des articles émanant de chercheurs juifs, protestants et catholiques.

Ceci ne signifie pas que les chercheurs catholiques ne sont jamais partiaux. Ils le sont parfois – et de façon subtile – comme nous le sommes tous, y compris les agnostiques et les incroyants. Tout au plus pouvons-nous prendre honnêtement conscience de nos prédilections et maintenir une vigilance constante pour les empêcher d'affecter nos recherches. Chaque allégation de partialité doit être examinée en toute objectivité. Une condamnation systématique de l'érudition biblique catholique pour motif de partialité est aujourd'hui purement et simplement dénuée de fondement.

Examinons quelques faits plus spécifiques. Comme le relatent Baigent et Leigh, un certain nombre de chercheurs ont contesté le consensus officiel. Parmi eux figure Robert North, dont la position atteint le cœur de la perspective du consensus en mettant en question la datation des rouleaux déterminée par l'équipe. Le consensus, dit North, est « inquiétant [...] Il est important de souligner la fragilité des preuves ». North attire l'attention sur quatre cas où de Vaux se vit obligé de revenir sur sa datation. North, disent Baigent et Leigh, « a également trouvé affligeant que, même pour une question aussi cruciale, des spécialistes, “indépendamment de l'influence exercée par de Vaux”, n'aient pas été invités à apporter leur contribution à la conclusion » de l'équipe.

Baigent et Leigh reconnaissent, cependant, que North est en fait un religieux jésuite. Mais il y a pire encore à l'encontre de leur thèse. North n'est pas un simple prêtre catholique qui, perdu dans un bled quelconque, n'aurait pas reçu le mot d'ordre des hautes sphères. North

---

spiritualité. Elle a intégré les résultats de l'étude scientifique du Nouveau Testament au débat de questions touchant des dogmes, par exemple, les limites de Jésus concernant sa propre personne, l'avenir et l'Église ; la mesure de fiabilité des *Actes des Apôtres* pour rechercher la genèse historique de l'Église ; le degré de créativité exercée dans la formation de la tradition évangélique ; l'historicité limitée des évangiles de l'Enfance.

John S. Kselman, S. S., et Ronald D. Witherup, S. S., « Modern New Testament Criticism », Englewood Cliffs, NJ, Prentice-Hall, 1990, p. 1142-1143.

est le directeur de publication de l'*Elenchus of Biblica*, répertoire annuel de tous les articles présentant un lien quelconque avec la Bible parus l'année précédente. Il est aussi professeur d'archéologie à l'Institut biblique pontifical. En tant que tel, il travaille dans l'ombre même du Vatican. Si quelqu'un avait dû recevoir le mot d'ordre – au cas où mot d'ordre il y avait –, ce devrait être North.

Ou bien prenons le cas du père Joseph Fitzmyer, éminent professeur honoraire à la Catholic University of America de Washington (DC). Il fut l'un des censeurs exprimant les plus bruyantes critiques envers les membres de l'équipe pour ne pas avoir publié leurs textes[1], plaidant sans succès auprès de Milik pour que ce dernier libère certains de ses textes et que Fitzmyer lui-même puisse les publier[2]. Comment se fait-il que Joe Fitzmyer n'ait jamais reçu le mot d'ordre ?

Mais ce n'est nullement le point le plus faible de la position des auteurs. Leur édifice tout entier repose sur la supposition insensée qu'à notre époque des chercheurs indépendants puissent, sous l'effet de l'intimidation, étouffer leurs propres perspectives. Baigent et Leigh citent le sort de John Allegro : il publia les textes qui lui avaient été assignés, et ses travaux furent sauvagement revus par Strugnell, qui consacra plus de cent pages à en corriger les erreurs. Mais ceci ne put se produire que parce que la compréhension du texte présentée par Allegro était très défectueuse, et non parce que ses interprétations étaient contraires à celles de l'équipe. Nul doute que Strugnell ait éprouvé une certaine jubilation à corriger les erreurs d'Allegro, mais, à ma connaissance, personne n'a fourni une défense substantielle des travaux d'Allegro face aux critiques de son censeur. De l'avis de Fitzmyer, lui-même un chercheur extérieur à l'équipe, les travaux d'Allegro ne devaient être utilisés qu'avec la plus « extrême prudence ». En outre, comme le reconnaissent Baigent et Leigh, Allegro courut à sa propre perte en publiant un livre intitulé *The Sacred Mushroom and the Cross*[3] ; il y niait l'authenticité de l'existence historique de Jésus, qui ne serait qu'une simple image surgie dans le

1. « Leading Dead Sea Scroll Scholar Denounces Delay », *Biblical Archaeology Review*, mars-avril 1990.
2. Joseph A. Fitzmyer, « A Visit with M. Jozef Milik », *Biblical Archaeology Review*, juillet-août 1990.
3. John Allegro, *The Sacred Mushroom and the Cross*, Garden City, NY, Doubleday, 1970. Trad. franç. : *Le Champignon sacré et la Croix : étude de la nature et des origines du christianisme dans les cultes de la fécondité du Proche-Orient*, Paris, Albin Michel, 1971.

psychisme sous l'influence d'une drogue hallucinogène, la psilocybine, ingrédient actif de champignons hallucinogènes. Quatorze éminents savants britanniques condamnèrent le livre dans une lettre au *London Times*. L'éditeur présenta ses excuses pour l'avoir publié.

Si les idées d'Allegro n'eurent pas gain de cause, il ne subit cependant aucune intimidation et ne fut point réduit au silence. Nombre d'autres chercheurs se sont écartés des thèses de l'équipe régnante. Barbara Thiering, de l'université de Sydney, en Australie, soutient que le Maître de Justice, figure dominante des textes de Qoumrân, est Jean-Baptiste et que Jésus est le Prêtre Impie. Pour J. L. Teicher, de l'université de Cambridge, Paul est le Prêtre Impie. Otto Betz, de l'université de Tübingen, suggère que Jean-Baptiste vécut à Qoumrân[1]. Norman Golb, de l'université de Chicago, soutient que la bibliothèque de Qoumrân provenait en réalité de Jérusalem et représente les concepts du judaïsme prédominant. Selon Lawrence Schiffman, de l'université de New York, les doctrines fondamentales de la secte de Qoumrân ne sont pas de caractère essénien, elles sont sadducéennes[2].

Jose O'Callaghan affirme que des fragments de l'évangile de Marc, ainsi que des *Actes des Apôtres* et de l'*Épître aux Romains* de Paul, ont été trouvés parmi les textes d'une des grottes de Qoumrân. Quelle est donc cette voix indépendante qui défie l'autorité des représentants du Vatican en avançant que des documents de cette époque du christianisme ont été découverts à Qoumrân ? Celle d'un jésuite espagnol ! Ces catholiques – tels North, Fitzmyer et O'Callaghan – feraient bien de se ressaisir s'ils veulent étouffer les idées non orthodoxes, en particulier celles qui voient un lien entre les documents de Qoumrân et le Nouveau Testament. Pour comble d'avanie, O'Callaghan publie ses idées dans des revues catholiques comme *Biblica* et *Civita cattolica*.

Personne ne peut refuser la parole à tous ces chercheurs dissidents. Ils se voient peut-être refuser une tribune à des assemblées privées contrôlées par l'équipe éditoriale. Mais leurs idées sont largement diffusées dans des publications parallèles. Leurs arguments prévaudront-ils ? L'acceptation ou le rejet exprimés par leurs pairs le déterminera, et non les efforts coercitifs de l'équipe éditoriale.

En fait, Baigent et Leigh adoptent eux-mêmes les idées d'un chercheur indépendant, Robert Eisenman, qui s'oppose énergiquement à celles de l'équipe éditoriale. D'après ce dernier – ainsi que Baigent et

1. Voir chap. 16.
2. Voir chap. 3.

Leigh –, le chef de Qoumrân surnommé le Maître de Justice est en réalité Jacques le Juste, mentionné dans le Nouveau Testament comme le frère de Jésus. Pour Eisenman, Jacques était le chef des Zélotes, secte juive militante qui joua un rôle majeur dans la Première Révolte juive contre Rome (66-70 apr. J.-C.), tragiquement terminée par l'incendie de Jérusalem et la destruction du Temple. Les adeptes de la communauté de Qoumrân étaient des Zélotes et non des Esséniens, soutient Eisenman. En tant que Zélotes, ils étaient les héritiers d'une longue lignée de juifs sadocides – fondée par Esdras, perpétuée par Judas Maccabée, Jean-Baptiste, Jésus, et finalement Jacques, frère de Jésus. Dans ce scénario, Paul était l'ennemi juré de Jacques. C'est Paul qui fit de Jésus un Dieu. Paul est « le Menteur » des textes de Qoumrân, l'adversaire du Maître de Justice. Paul, toujours d'après Eisenman, vécut trois ans à Qoumrân. Le second adversaire du Maître de Justice, le Prêtre Impie, est – selon cette thèse – Ananie, le grand-prêtre de Jérusalem. Ananie s'arrangea pour faire mettre à mort Jacques, événement relaté dans le Nouveau Testament où, toujours d'après Eisenman, le nom d'Étienne a été substitué à celui de Jacques. C'est alors, dit Eisenman, que la Judée se révolta. Ce fut le commencement de la Première Révolte juive contre Rome. Les Romains envoyèrent un corps expéditionnaire sous le commandement de Vespasien et Jérusalem fut détruite. Paul l'emporta en créant le christianisme. L'histoire de Jacques (et de l'authentique Jésus, le militant) fut étouffée, jusqu'à ce que l'interprétation des manuscrits de la mer Morte par Eisenman la ressuscite.

Si le père de Vaux est le Prêtre Impie selon l'évangile de Baigent et Leigh, Robert Eisenman est alors le Maître de Justice. Conscient que mon résumé de la thèse d'Eisenman est d'une grossière insuffisance, je risque de me voir attribuer le rôle du Menteur.

A vrai dire, aucun résumé des idées d'Eisenman ne saurait être adéquat (j'ai omis sa suggestion qu'en fait Paul était peut-être un agent secret de Rome). Comme le déclarent eux-mêmes Baigent et Leigh vers la fin de leur livre de deux cent soixante-six pages consacré en grande partie aux idées d'Eisenman : « Il serait impossible, dans le cadre de notre propre ouvrage, de rendre adéquatement justice au poids de preuves réunies par Eisenman » (tout en affirmant quelques pages plus loin : « Les recherches d'Eisenman ont révélé la *simplicité* fondamentale de ce qui semblait auparavant une situation d'une rebutante complexité »).

Les idées d'Eisenman pourraient cependant prévaloir – bien que

Baigent et Leigh se trompent lourdement en déclarant qu'une « phalange croissante de partisans se rassemble autour de Robert Eisenman, et [que] les savants influents et éminents sont de plus en plus nombreux à adopter sa cause ». A ma connaissance, pas un seul savant n'a exprimé par écrit son accord avec le scénario d'Eisenman.

Mais que ses idées l'emportent ou non, là n'est pas la question. L'important, c'est qu'elles soient libres de se frayer un chemin sur l'agora des idées. Elles ont été présentées à ses collègues du monde érudit et au public. Le premier livre dans lequel il expose ses arguments (*Maccabees, Zadokites, Christians and Qumran*) a été publié par les prestigieuses éditions scientifiques E. J. Brill de Leyde en 1983. Son deuxième ouvrage (*James the Just in the Habakkuk Pesher*) a été publié en 1985 par – attention, êtes-vous assis ? comme disait mon grand-père – par l'une des propres éditions du Vatican, *Tipographia Gregoriana* ! (Il fut plus tard révisé et édité par Brill.) A l'instar des pères North, Fitzmyer et O'Callaghan, les éditions vaticanes n'ont apparemment pas reçu le mot d'ordre sur ce qui était doctrine casher ou ne l'était pas. Sinon, pourquoi des éditions vaticanes auraient-elles publié Eisenman ?

Bref, de nos jours, il est difficile d'étouffer les idées. En outre, l'équipe a certainement choisi un curieux principe pour faire valoir la pureté doctrinale : une datation des rouleaux à une époque très ancienne. L'équipe fait remonter les rouleaux à une période située environ entre 250 av. J.-C. et 68 apr. J.-C., année où, selon l'interprétation des témoignages archéologiques donnée par de Vaux, les troupes romaines détruisirent la localité de Qoumrân. Cette datation lointaine, d'après l'accusation portée contre les éditeurs de l'équipe, dissocierait les manuscrits et le christianisme. Vraiment ? Elle coïncide pourtant avec la vie de Jésus sur terre. Si, par exemple, une naissance d'une vierge-mère se trouvait attestée dans un texte de Qoumrân datant du Ier ou du IIe siècle av. J.-C. au lieu du Ier ou IIe siècle apr. J.-C., cette différence aurait-elle une grande importance en ce qui concerne son potentiel destructeur pour la doctrine chrétienne ?

Ces réflexions nous mènent à une faille encore plus profonde de l'argumentation de Baigent et Leigh. Ils présument que quelque chose, dans ces mystérieux manuscrits anciens, pourrait gravement saper la doctrine ou la foi chrétiennes. Quoi donc ? Il est difficile de l'imaginer. Et Baigent et Leigh ne proposent pas la moindre suggestion de sa teneur. Supposons qu'un texte rapporte une naissance d'une vierge préfigurant celle de Jésus. Et alors ? Nous savons déjà que des récits de naissance d'une vierge-mère circulaient à cette époque. Le judaïsme et le christianisme ont tous deux survécu à la découverte de l'évolution, et à celle d'un récit mésopotamien du Déluge qu'utilisa l'auteur biblique pour composer l'histoire de Noé. La foi juive ou la foi chrétienne n'ont pas non plus été sapées par les affirmations d'archéologues annonçant qu'aucune ville de Jéricho n'existait à l'époque où Josué est censé en avoir fait sept fois le tour avec son armée avant que ses murs ne s'effondrent.

Allegro écrivit un jour à Strugnell : « Le temps que j'achève [mes travaux], il ne vous restera plus aucune Église à laquelle adhérer. » De toute évidence, Allegro sous-estimait la force des fondements théologiques de l'Église. Tout comme Baigent et Leigh.

Mais, ironie suprême, la menace même que redouterait l'Église – selon le postulat de Baigent et Leigh – s'est déjà réalisée, et ce, sans que les fondements de l'Église s'en trouvent le moins du monde heurtés ou ébranlés. De plus, sa concrétisation s'est produite avec une assistance considérable de la part des chercheurs catholiques. Baigent et Leigh suggèrent que les rouleaux pourraient contenir « quelque chose de compromettant, quelque chose de menaçant pour les traditions établies, peut-être même [qui] les réfute ». Ils dépeignent de Vaux et ses collègues comme [des hommes] craignant qu'une révélation dans les rouleaux « ne soit susceptible de démolir l'édifice tout entier de l'enseignement et de la foi du christianisme ». Ceci parce que, selon les deux auteurs, « on a cru jusqu'à présent que les enseignements de Jésus étaient uniques ».

Eh bien, oui et non. L'érudition moderne a mis en lumière les correspondances existant entre l'enseignement de Jésus et d'autres mouvements sociaux et idéologiques de cette époque. Mais, par ailleurs, sa symbiose particulière des idées était unique et le demeure.

Tous les savants s'accordent pour dire que les documents de Qoumrân sont d'une extrême importance pour notre intelligence du christianisme primitif. Ces textes ont apporté une nouvelle dimension à notre compréhension de ses origines : des dizaines de livres et des centaines d'articles ont été écrits sur le lien possible entre les textes de Qoumrân et le Nouveau Testament. L'une des conclusions majeures de cette vaste recherche est que la doctrine primitive du christianisme et ses systèmes de croyance n'étaient *pas* uniques. Au chapitre 14, de quelques décennies consacrées à étudier l'incidence des textes de Qoumrân sur notre compréhension du christianisme primitif, James VanderKam tire deux conclusions principales : « 1) L'Église primitive, dans une bien plus large mesure qu'on ne le supposait auparavant, a poussé dans la glèbe juive. 2) Parmi les croyances et pratiques de l'Église primitive, un plus grand nombre qu'on ne le supposait auparavant n'étaient pas exclusivement siennes. »

Aucune résistance, générale ou émanant des milieux catholiques, ne s'est opposée à ces conclusions ou à la publication de leurs preuves. Et pourtant, ce seraient là les conclusions destructrices que la conspiration du Vatican est censée empêcher de se dégager – ou du moins de parvenir au grand jour.

Baigent et Leigh citent un passage d'un texte de Qoumrân encore inédit mentionnant un personnage qui sera appelé « Fils du Très-Haut » et « Fils de Dieu », des noms que l'on retrouve, attribués à Jésus, aux versets 1,32-35 de *Luc*. C'est une « découverte extraordinaire », disent-ils. Nous sommes d'accord. Mais nous sommes heureux de dévoiler que cette donnée a été fournie à la *Biblical Archaeology Review* par un éminent exégète catholique – et les piliers de la doctrine de l'Église ne se sont pas effondrés à la suite de sa publication[1].

Paru plus récemment encore, un article révèle qu'un texte de Qoumrân contenait des béatitudes préfigurant à bien des égards les béatitudes du Sermon sur la montagne. L'auteur ? Le père Émile Puech, de l'École biblique[2].

Baigent et Leigh accusent l'équipe d'éditeurs de « dissimuler laborieusement » les liens qui existent entre des textes de Qoumrân et des événements du Nouveau Testament. Or, bien au contraire, les implications des textes de Qoumrân pour les études néotestamentaires ont fait ouvertement l'objet de vastes débats aboutissant à ce résultat : certains concepts et certaines doctrines auparavant considérés comme exclusivement chrétiens ne sont plus aujourd'hui compris comme tels.

Toutefois, une énigme demeure : pourquoi les chercheurs qui détiennent le contrôle des textes ont-ils insisté pour en tenir secrets un si grand nombre ? La réponse, je le crains, n'a rien d'aussi dramatique que Baigent et Leigh voudraient nous le faire croire. L'explication est, hélas, fort prosaïque.

Initialement, à mon sens, ils gardèrent sous cloche leurs parts de gâteau pour un mobile qui anime tous les monopolisateurs : le pouvoir. Ils étaient les membres exclusifs de ce qu'un chercheur extérieur

1. Voir chap. 15.
2. Émile Puech, « Un hymne essénien en partie retrouvé et les Béatitudes », *Revue de Qumran*, 13, n°s 49-52, octobre 1988.

à l'équipe a qualifié de « cercle magique ». Ils avaient autorité sur l'ensemble d'une discipline. C'étaient eux les spécialistes. C'étaient leurs noms que l'histoire transmettrait à la postérité comme ceux des auteurs des éditions princeps. C'étaient eux qui pouvaient conquérir des étudiants en doctorat en leur faisant miroiter un manuscrit de la mer Morte inédit à publier pour leur thèse.

Plus récemment, un autre facteur a joué : la pure opiniâtreté. Les éditeurs des manuscrits ne répondent à personne. Ils ne connaissent d'autres lois que les leurs. Ils s'offusquent des pressions que leur ont fait subir des étrangers – en outre, non simplement des savants extérieurs, mais des amateurs aux connaissances sommaires, tels le directeur de publication de la *Biblical Archaeology Review* et des hommes de la grande presse. Réaction de ces éditeurs : ils se braquent. Et disent qu'on ne leur marchera pas sur les pieds.

Voilà les motifs qui se cachent derrière le refus d'accorder le libre accès aux rouleaux non publiés, au lieu d'une conspiration ourdie par le Vatican, et l'attitude des Israéliens le montre bien. Tout en ayant dernièrement affirmé leur autorité sur les rouleaux, ils acquiescent au monopole exercé par les éditeurs de l'équipe – à condition toutefois que cette dernière soit élargie, ce qui fut fait, afin d'inclure des Israéliens. Assurément, les Israéliens ne peuvent faire partie d'une conspiration dirigée par le Vatican. Or, d'éminents savants israéliens participent au consensus officiel. Baigent et Leigh n'expliquent pas comment l'idée de se joindre à une conspiration dont le but est de sauvegarder la pureté de la doctrine chrétienne a pu séduire les Israéliens.

Les auteurs

Otto Betz
Auparavant professeur de Nouveau Testament au Theological Seminary, à Chicago. Enseignait le Nouveau Testament et le judaïsme ancien à l'université de Tübingen. A présent à la retraite.

Magen Broshi
Conservateur de la Maison du Livre à Jérusalem, où sont abrités la majorité des manuscrits de la mer Morte intacts. A dirigé des fouilles sur le mont Sion et dans d'autres lieux à Jérusalem. Membre du comité consultatif du Bureau des antiquités d'Israël pour les manuscrits de la mer Morte.

Frank Moore Cross
Professeur au département d'hébreu (dotation Hancock) et autres langues orientales à l'université de Harvard. Directeur du Semitical Museum de Harvard. Auteur de *Canaanite Myth and Hebrew Epic* (Cambridge, MA, Harvard University Press, 1973), *The Ancient Library of Qumran and Modern Biblical Studies* (éd. rev. Grand Rapids, M. I., Baker Book House, 1980), et coéditeur de *Scrolls from Qumran Cave 1* (Jérusalem, Albright Institute of Archaeological Research and Shrine of the Book, 1972). Membre de la première équipe d'éditeurs des textes de la grotte 4 de Qoumrân. Ancien président des American Schools of Oriental Research et de la Society of Biblical Literature.

Harry Thomas Frank
Professeur de religion au Oberlin College. Archéologue membre permanent des fouilles de Tell el-Hesi en Israël. Auteur de *Discovering the Biblical World* (Maplewood, NJ, Hammond, 1975). Décédé.

Ronald S. Hendel
Professeur-assistant au département d'études religieuses de la Southern Methodist University. Auteur de *Parallel Themes in the Ugaritic Epic Poems and The Hebrew Bible.* Travaux en cours : *The Text of Genesis 1-11 : Massoretic Text, Samaritan Text, Septuagint, and Qumran.*

Avi Katzman
Journaliste au *Ha-Aretz*, grand quotidien de Tel-Aviv.

Raphael Levy
Écrivain, journaliste, cinéaste, directeur de relations publiques, et passionné des manuscrits de la mer Morte.

P. Kyle McCarter, Jr.
Professeur d'études bibliques et du Proche-Orient antique (dotation William Foxwell Albright) à l'université Johns Hopkins. Auteur de commentaires sur les *Livres I et II de Samuel* pour la collection Anchor Bible. Prépare une nouvelle édition et traduction du *Rouleau de Cuivre* de Qoumrân pour les éditions Princeton University Press. Ancien président des American Schools of Oriental Research.

Lawrence H. Schiffman
Professeur au département d'hébreu et études judaïques à l'université de New York. Auteur de *Who Was a Jew ? Rabbinic and Halakhic Perspectives on the Jewish-Christian Schism* (Hoboken, NJ, Ktav, 1985), *Text and Tradition, A History of Second Temple and Rabbinic Judaism* (Hoboken, NJ, Ktav, 1990), et éditeur d'*Archaeology and History in the Dead Sea Scrolls* (Sheffield, en association avec l'ASOR, 1990). En 1989-1990, chargé de cours sur les manuscrits de la mer Morte à l'Institute for Advanced Studies de l'Université hébraïque, à Jérusalem. Récemment chargé de l'édition des textes de la grotte 4 de Qoumrân.

Hershel Shanks
Fondateur et directeur de publication de *Biblical Archaeology Review* et *Bible Review*. Président de la Biblical Archaeology Society, éditeur de *A Preliminary Edition of the Unpublished Dead Sea Scrolls – The Hebrew and Aramaic Texts from Cave Four – Fascicle One* (1991) et de *A Facsimile Edition of the Dead Sea Scrolls – Volumes I*

and II (1991). Auteur de *The City of David : A Guide to Biblical Jerusalem* (Jérusalem, Bazak, 1973) et *Judaism in Stone : The Archaeology of Ancient Synagogues* (New York, Harper & Row, 1979). Éditeur de *Ancient Israel : A Short History from Abraham to the Roman Destruction of the Temple* (Englewood Cliffs, NJ, Prentice Hall, 1988).

Hartmut Stegemann

Professeur d'études néotestamentaires à l'université de Göttingen. Directeur du Centre de recherches sur Qoumrân à l'université de Göttingen. Auteur de nombreux articles sur Qoumrân et sur les problèmes concernant le Jésus historique. Prépare un dictionnaire des textes non bibliques de Qoumrân.

James C. VanderKam

Professeur d'études de l'Ancien Testament à l'université de Notre Dame. Auteur de *Enoch and the Growth of an Apocalyptic Tradition* (Washington, DC, Catholic Biblical Association, 1984) et de *The Book of Jubiles* (Louvain, Belgique, Peeters, 1989). Éditeur de textes des *Jubilés* provenant de la grotte 4 de Qoumrân. Président du Comité des manuscrits anciens des American Schools of Oriental Research.

Yigael Yadin

Acquit pour Israël quatre manuscrits de la mer Morte provenant de la grotte 1, et, plus tard, le *Rouleau du Temple.* Fut le grand archéologue d'Israël jusqu'à sa mort en 1984. Dirigea des fouilles à Massada et Hazor, ainsi qu'une expédition de recherche des manuscrits dans les grottes proches de la mer Morte. Directeur du département d'archéologie puis de l'Institut d'archéologie de l'Université hébraïque, à Jérusalem. A édité *The Scroll of the War of the Sons of Light against the Sons of Darkness* [le *Rouleau de la Guerre de Qoumrân*] (Oxford, Oxford University Press, 1962), *Tefillin from Qumran* (Jérusalem, Israel Exploration Society and the Shrine of the Book, 1969) et *The Temple Scroll* (Israel Exploration Society, 1983). Auteur de *The Message of the Scrolls* (New York, Simon & Schuster, 1957) et de livres de vulgarisation sur Massada, Hazor, les documents de Bar Kokhba, et le *Rouleau du Temple.*

Index

Abegg, Martin G., 21, 22, 104, 104 *n* 1.
Abraham, 263, 240.
Actes des Apôtres, 242, 248, 259, 335.
Adam et Ève, 224.
Adler, Elkan, Nathan, 109.
Aqiba (Rabbi), 211.
Albina, Najib, 85.
Albinus, 153.
Albright, William F., 47, 48, 83, 158, 182.
Alexandre le Grand, 11 *n*.
Allegro, John, 17, 19, 283, 331, 334, 335, 338.
- *The Sacred Mushroom and the Cross* (*Le Champignon sacré et la Croix*), 334, 334 *n*.
American Center for Oriental Research (ACOR), 284.
American Schools of Oriental Research, 45-48, 69, 70, 282.
Amos, 121
Anan, 113.
Ananie (et Saphir), 242.
Ananie (grand-prêtre), 336.
Anaqim, 219, 220.
Ancient Biblical Manuscript Center, 23, 24.
The Ancient Library of Qumran and Modern Biblical Studies (Cross), 231.
Antiochus IV Épiphane, 60, 75, 119.
Antiochus VII Sidétês, 53, 62.
Antipas, Hérode, 258, 264.
Antiquités judaïques (Josèphe), 207, 208, 264.
antisémitisme,
- de Strugnell, 20, 30, 309-314, 316-326.
- et antijudaïsme, 310.
- et publication des rouleaux, 315-326.
Apocalyptique, 58-60, 77, 80, 82 202, 211 *n*, 245-247.
- définition, 209.
- développement ; aide des textes des rouleaux pour le comprendre, 208-212.
- Esséniens et christianisme primitif, 230, 231.
Aquila, 193 *n* 2.
Artaxerxès I, 172, 173.
Atrahasis, mythe, 220, 221, 221 *n*, 222 *n*.
authenticité des rouleaux, 41, 42, 46, 48, 128, 129, 158.
Avigad, Nahman, 70, 301.

Babylone, exil à, 120, 121, 172, 173, 178, 196.

babylonienne, théorie des origines esséniennes, 120-122, 123.
Baigent, Michael, *The Dead Sea Scroll Deception* (*La Bible confisquée*), 328-340.
Baillet, Maurice, 71, 305, 328.
bains rituels, 145, 239.
- dans *Rouleau du Temple*, 275, 276.
- *voir aussi* Jean-Baptiste.
Baltimore Sun, 321.
baptême, 145, 239.
Bar Kokhba, révolte de, 188.
Baruch, 199.
Baumgarten, Joseph, 98, 104, 318.
Beall Todd, 93.
Bechtel, Elizabeth Hay, 22, 23.
Bédouins,
- découverte des grottes de Qoumrân, 10, 35-40, 116, 182, 282.
vente de textes, 15, 16, 158, 159, 282.
Ben Ezra, synagogue, voir *guéniza* du Caire.
ben Joseph, Sa'adia, 107.
Ben Sira, Sagesse de, voir *Ecclésiastique*.
ben Zakkaï, Yohanan, 197, 198 *n* 1.
Benoît, Pierre, 313, 328, 329.
Betz, Otto : sur Jean-Baptiste en tant qu'Essénien, 256-266, 335.
Bible grecque, *voir* Septante.
Bible hébraïque, 28, 107, 213, 233.
- compréhension aidée par les rouleaux de la mer Morte, 202-212.
- concile de Jamnia (Yabné), 197, 198.
- familles de textes, 195.
- *hebraica veritas*, 185.
- histoire des « fils de Dieu » dans *Genèse*, 213-224.
- stabilisation du canon, 196, 197.
- texte massorétique, 188, 229.
- textes médiévaux, 186, 187.
- texte normalisé, histoire du, 181-201.
- versions, 185, 186.
- *voir aussi* Recension rabbinique.
Biblical Archeology Review, 18, 20, 26.
- articles sur l'antisémitisme et la publication des rouleaux, 315-326.
- campagne pour libérer l'accès aux manuscrits de la mer Morte, 18, 332.
- interview antisémite de Strugnell, 309-314.
Biblical Archaeology Society (Société d'archéologie biblique, à Washington),
- publication de photographies de rouleaux, 24, 25.
- publication de textes reconstitués par informatique, 21, 22, 104.
Bisheh, Ghazi, 285.
Boston Jewdish Advocate, article sur Strugnell, 320.
Braun, Herbert, *Qumran und das Neue Testament*, 232.
Broshi, Magen, 28, 317.
- sur Strugnell, 320, 325.
- sur le temple visionnaire dans le *Rouleau du Temple*, 151-153.
Brownlee, William, 46, 48, 115.
Burrows, Millar, 46, 48, 72, 115, 116.
- *The Dead Sea Scrolls* (*Les Manuscrits de la mer Morte*), 229.

calendrier(s),
- solaire (364 jours), 95, 147.
- utilisé dans les études évangéliques, 245.

Cananéens, 217, 218.
- Rephaïm, 219, 220.
cantique de Moïse, 216, 217.
Cantique des Cantiques, 197 *n* 1, 198, 200.
Cantiques du sacrifice du Sabbat, 74, 168, 241, 300.
caractères des manuscrits, 43, 46, 48, 54, 55.
- araméens, 17, 54, 77, 134, 138, 234, 255.
- comme moyen de datation, 54, 55, 132, 133.
- hébraïques, 46, 54, 55, 155 *n* 1, 191 *n* 3, 194.
- hérodiens, 216.
- importance dans l'assemblage des fragments, 299, 300.
- marques des scribes, 299.
- paléo-hébraïques, 191, 191 *n* 3, 194, 195.
- *Rouleau de Cuivre*, 282, 286, 288, 293.
- *Rouleau du Temple*, 132-134.
- samaritains, 44, 190.
catholicisme, *voir* Vatican.
CD, voir *Écrit de Damas*.
cécité comme châtiment, 205.
célibat, 140.
Cène, 227, 243-245.
- date, 245.
charité, 93.
Charlesworth, James, 284.
christianisme, 67, 68, 73, 82, 83, 114, 115.
- apocalyptique, 231.
- conceptions de Strugnell, 321, 322.
- et judaïsme, 83, 147, 227, 229, 254, 255.
- et manuscrits de la mer Morte, 29, 81, 82, 114, 127, 141, 227-253, 338, 339.
- et secte de Qoumrân, 230-236, 241-253.
- influence essénienne sur, 142, 145-147, 231 *n* 3.
- perspective eschatologique, 245, 247, 248, 249, 250.
- tradition juive du, 211, 212.
- *voir aussi* Vatican.
Chroniques, 135, 136, 200.
commentaires bibliques,
- *Commentaire d'Habacuc*, 37, 47, 55, 64, 105, 116, 247-249, 261, 298.
- *Pesher Nahum*, 55, 79, 176, 274.
Commission biblique pontificale, 329.
communauté des biens, 92, 242.
concordance des rouleaux, 17, 21, 22.
Congrégation pour la doctrine de la foi, 329.
conservation des textes, 16, 25, 47.
- *Rouleau de Cuivre*, 284-286.
- fragments, 301.
- manuscrits en possession privée, 266.
- méthodes de déroulement des rouleaux, 131, 132, 283.
Contre Apion (Josèphe), 196.
crachat, 93, 94.
Cromer, Lord, 111.
Cross, Frank M., 27, 72, 84, 85, 317, 324, 328.
- *The Ancient Library of Qumran and Modern Biblical Studies*, 231.
- contenu historique des rouleaux, 51-64.
- compréhension du texte biblique aidée par les rouleaux, 202-212.
- identification de la secte de Qoumrân, 95.
- texte normalisé de la Bible hébraïque, historique du, 181-201.

cuir, rouleaux de, *voir* parchemin.
culte sacrificiel au Temple de Jérusalem, 262.

Daniel, 189, 199, 200, 212.
datation des rouleaux, 38, 46, 52-55, 71, 72, 188, 333.
- par monnaies voisines, 52, 53.
- par autres documents, 54.
- par graphie des caractères, 46, 48, 54, 55.
- tests au carbone 14, 71.
- et interprétation orthodoxe des rouleaux, 330, 331.
- *Écrit de Damas*, 112, 113, 116.
- *Ecclésiaste*, 200 *n*.
- manuscrits de Massada, 187, 188.
- *Rouleau d'Isaïe*, 45-47.
- *Rouleau du Temple*, 132, 133, 151, 175-177 *n* 1.
David, 135.
- *Psaumes*, 262.
Dead Sea Scroll Deception (The) (Baigent et Leigh), 328-339.
Dead Sea Scrolls (The) (Burrows), 229, 230.
Déluge, 220-224.
- dans les mythes mésopotamiens, 220-222.
Département des antiquités d'Israël, 18 ; *voir aussi* Israël, Office des antiquités d'.
- droits sur les manuscrits de la mer Morte, 18-20, 26, 48, 49, 69, 70, 158, 316.
- droits sur le *Rouleau du Temple*, 130, 156.
Deutéronome, 137, 139, 148, 168.
- mort par pendaison, 176.
- texte hébreu, 213, 216, 217.
- Cantique de Moïse, 216, 217.
DeVries, Bert, 284.
Dimant, Devorah, 318.
Douze Petits Prophètes (Les), 188 *n* 1.
Drori, Amir, 20, 325.
Dupont-Sommer, André, 72, 228, 230.

eau, pureté rituelle, 101, 145.
Ecclésiaste, 197 *n*, 198, 200.
- datation, 200 *n*.
Ecclésiastique (*Sagesse de Ben Sira*), 107, 300.
Écrit de Damas (CD), 27, 55, 76, 93, 146, 168, 169, 251.
- copies du Caire, 27, 29, 68, 69, 103-117, 123, 261.
  • exhortation, 169, 271.
  • voir aussi *guéniza* du Caire.
- datation, 112, 113, 116, 274.
- définition de CD, 120 *n* 1.
- description, 112, 113.
- et Esséniens, 118, 120.
- et textes des rouleaux, 115-117.
- fragments, 300.
- loi religieuse, 113, 114, 121, 122.
- Pharisiens, informations sur, 271-274.
- publication, 103, 104.
- résumé historique, 120, 121.
- sur peine de mort, 169.
- sur propriété de biens, 93.
- sur remariage, 169.
École biblique, 42, 69, 282, 328, 331, 333.
- affiliation papale, 329.
écriture, *voir* caractères des rouleaux.
Eisenman, Robert, 233, 331, 335, 336.
- *James the Just and the Habakkuk Pesher*, 337.
- *Maccabees, Zadokites Christians and Qumran*, 337.
Elliger, Karl, 247.

'Elohim, définition, 214 *n* 1, 215 *n* 2.
Éphraïm, 274.
Ère de la Colère, 113.
eschatologie, 209, 210, 231, 238, 265.
- dans christianisme et secte de Qoumrân, 245-252.
- et repas sacré, 243-244.
- voir aussi *Guerre des Fils de Lumière contre les Fils des Ténèbres*.
Esdras, 172, 233.
Esdras, 172, 173, 291.
- rôle dans la fixation du canon du *Pentateuque*, 164, 172, 173, 175, 176, 195.
Esséniens, 13, 55-58, 264, 265.
- absent du Nouveau Testament, 253.
- apocalyptique, 231.
- calendrier, 147.
- centres, 119 *n* 1.
- comme secte de Qoumrân, 14, 27, 51, 56-64, 72-74, 86, 87-93, 95, 164, 166, 167, 257.
  • arguments contre, 27, 56, 67, 73, 74, 90, 257.
- conceptions théologiques, 58, 59.
- croyance en l'immortalité de l'âme, 251.
- dans Pline, 14, 56, 72, 85-90.
- difficultés de leur historique, 60.
- et christianisme primitif, 142, 145, 146, 231 *n* 3.
- et Jean-Baptiste, 144, 145, 256-266, 240 *n* 1.
- et Jésus, 142, 144.
- et Qaraïtes, 122, 123.
- et Sadducéens, 75, 76, 87, 88, 96-99, 102.
- « Hérodiens », 144.
- ordination des prêtres, 143.
- origines, 118-124.
- pain, sept corbeilles, 143, 144.
- parallèles entre Josèphe et les textes des rouleaux, 91-93.
- plan du temple dans *Rouleau du Temple*, 148-153, 170.
- prédéterminisme, 91.
- prophètes, 265.
- propriété de biens, 92.
- pureté rituelle, 139-142.
- relations sexuelles, 140.
- *Rouleau du Temple* comme Torah essénienne, 133-137, 164-171.
  • arguments contre, 164-171.
- Temple de Jérusalem, rejet, 146, 147, 262, 263.
- voir aussi *Écrit de Damas*.
Esteridge, Sydney, 49, 50.
Esther, 198, 200, 300.
États-Unis,
- réaction à l'interview antisémite de Strugnell, 318-320.
évangile,
- de Jean, 232, 239, 243-245, 250.
- de Luc, 238, 239, 243, 245-247, 254, 255, 258, 260.
- de Marc, 9, 236, 238, 239, 243, 258, 335.
- de Matthieu, 238, 243, 247, 258, 262, 263.
Évangiles, 235, 236.
- synoptiques, 238, 245.
- *voir aussi* évangile.
Ézéchiel, 190, 195, 200, 219.

fêtes décrites dans le *Rouleau du Temple*, 137, 138, 143, 147.
« fils de Dieu », 213-224.
- concept israélite, 218.
- descendance, 218-224.
- et mythe du déluge, 219-224.
- identification, 215, 216.
- racines cananéennes du concept, 217, 218.
- *Rouleau du Temple*, 175, 176

Fils de Lumière contre les Fils des Ténèbres, voir *Guerre des Fils de Lumière contre les Fils des Ténèbres.*
Fils du Sage (Les), 305.
fin du monde, *voir* eschatologie.
Firkowitch, Abraham, 109.
Fitzmyer, Joseph, 235, 247, 334.
fouilles, 30, 298.
- par de Vaux, 14, 15, 71, 290.
- par Yadin, 127, 130, 184.
- Département des antiquités de Jordanie, 282.
- de Massada, 127, 130, 184.
- de l'établissement de Qoumrân, 14, 51, 72, 81.
Fragments of a Zadokite Work (*Fragments sadocides*) (Schechter), 37, 112, 116 ; voir aussi *Écrit de Damas*.
Frank, Harry Thomas,
- sur découverte de rouleaux dans grotte 1, 35-50.

Gamaliel II, 197 *n*.
Genèse,
- Cycle primordial, 223, 224.
- « fils de Dieu » sur terre, 213-224.
Gibson, Margaret Dunlop, 107.
Ginzberg, Louis, 68, 69.
gnosticisme, 211.
Golb, Norman, 80, 81, 335.
- sur l'établissement de Qoumrân, 15, 257.
Goliath, 219, 223 *n* 2.
Gordon, Cyrus, 320.
Greenfield, Jonas, 318.
guéniza du Caire, 68, 103-112, 116, 117, 123.
- collection maintenant à l'université de Cambridge, 111.
- définition du terme, 68 *n* 2, 110.
- état, 108, 110.
- « malédiction » sur les chasseurs de textes, 108.
Guerre des Fils de Lumière contre les Fils des Ténèbres (La) (*Rouleau de la Guerre de Qoumrân*), 43, 168, 250, 298.
Guerre des Juifs (La) (Josèphe), 264.
guerre des Six Jours (1967), 19, 28, 70, 127, 130, 131, 156, 316.

ha-Levi, Yehouda, 107.
Ha-Aretz, interview de Strugnell, 209-314, 316, 325.
Habacuc, Livre d', 248, 249.
Habacuc, Commentaire d', 58, 64, 105, 116, 247-249, 298.
- découverte, 37.
- *James the Just in the Habakuk Pesher* (Eisenman), 337.
- photographies, 47.
- Prêtre Impie, 57, 64.
Haggadah, définition, 207 *n* 2.
Haqqoç, maison de, 291.
halakha, 193, 199, 318.
- à Qoumrân, 168, 169, 272, 273, 277.
- commentaires de Strugnell sur, 313.
- définition, 270 *n* 3.
- pharisienne, 270-274, 276-278.
- *voir aussi* MMT, loi religieuse.
el-Hamed, Mohammed Ahmed (ed-Dhib, « le Loup »), 36, 37.
Hamiram, livres de, 99, 101.
Hand to Heaven, 157, 160.
Harding, Lankester, 313.
Hasmonéens,
- période, 12, 55, 56, 61, 63, 71, 75, 76, 79, 82, 113, 119.
- *halakha*, usage ancien du terme, 273.
- et Pharisiens, 270, 274, 276, 277 *n* 2.

Hazor, 127.
Hazou, Aboud, 158-162.
Hazou, Marcos, 157, 158, 161.
Hébreux, 240, 241.
Hebrew Union College, négatifs des manuscrits de la mer Morte, 24.
hellénisme, 68, 82, 119, 121, 192, 197, 200, 277.
- et psaumes, 208.
Hendel, Ronald S.,
- sur histoire des « fils de Dieu » dans *Genèse*, 213-224.
Hénoch, 70, 200, 210, 212.
- copie complète, 312.
- fragments, 300.
Hérode, 144, 152, 253 *n* 1, 258.
- période hérodienne, 12, 54, 55, 75, 76.
- Temple, 152, 153.
« Hérodiens », 143, 144.
Hexaples (Origène), 41, 186.
Hillel, 182, 193-195, 197, 199, 200, 212.
Hippolyte, 251.
Histoire naturelle (Pline), 89, 257.
Hitler, Adolf, 118, 123 *n* 2, 323.
Homme de Raillerie, 105, 113, 115.
Huntington Library, 22-24.
Hunzinger, Claus, 16.
Hymnes d'action de grâces, rouleau, 43, 94, 168, 252, 262, 263.
fragments, 301
- publication, 301.
- référence aux Pharisiens, 273.
Hyrcan, Jean, 61.

'Ijha, Ibrahim, 38.
immortalité de l'âme, 251.
Isaïe, rouleau d', 42, 168, 190, 298.
- apocalyptique, 210.
- caractères, 46, 48.
- datation, 46, 48.
- découverte, 37, 43, 46.
- longueur, 132.
- origines babyloniennes indiquées, 121.
- photographies, 46, 47.
- possession de Sukenik, 43-45.
- type de texte, 195.
Israël,
- conceptions de Strugnell, 311, 312.
• réactions, 325, 326.

James the Just in the Habakkuk Pesher (Eisenman), 337.
Jacques le Juste, 336.
Jamnia, concile (Yabné), 197 *n* 1.
Jannée, Alexandre, 52, 176.
Jaubert, Annie, 245.
Jean-Baptiste, 104, 114, 233, 238-240, 249.
- à Qoumrân, 259-262, 335.
- comme Maître de Justice, 233, 261, 335.
- dans les Évangiles, 257, 258.
- et apocalyptique, 211.
- et Esséniens, 144, 145, 240 *n* 1, 256-266.
- mort, 258, 259.
- prophète, 258, 266.
- style de vie, 261, 262.
Jean l'Essénien, 264.
Jérémie, 189-191, 195, 199.
Jéricho, 10, 41, 55, 56, 61, 62, 64, 69, 89, 145, 184, 260, 287, 288, 291, 327.
Jérôme, 186
Jérusalem,
- bannissement des lépreux, 141
- *Jerusalem Report (The)*, 321.
- latrines, 139, 140.
- porte des Esséniens, 140.
- relations sexuelles, 140
- Temple, *voir* Temple de Jérusalem.

- Ville sainte, 139, 169.
Jésus de Nazareth, 83, 104, 114, 141, 142, 233, 234, 240-242, 257, 339.
- Cène, 243-245, 227.
- comme Maître de Justice, 140, 115, 228.
- comme messie sacerdotal, 246.
- comme Prêtre Impie, 233, 335.
- dans *The Sacred Mushroom and the Cross*, 335, 336.
- et apocalyptique, 211.
- et Jean-Baptiste, 258, 261.
- miracle de la multiplication des pains, 142-144.
- mort, 245.
- position anti-essénienne, 142, 144.
- récits de l'Enfance, 247, 255.
- résurrection, 251.
- Sermon sur la montagne, 142, 227, 237, 339.
Jewish Theological Seminary, 109.
Job, 190.
Joël, 248.
Joum'a Mohammed, 36-40.
Jordanie,
- opinions de Strugnell, 311, 313.
- Département des antiquités de Jordanie, 282, 284.
- droits sur les manuscrits de la mer Morte, 16, 19, 48, 130.
- *Rouleau de Cuivre*, 282, 284-285.
Josèphe, Flavius, 73, 79, 89, 93, 95, 257.
- *Antiquités judaïques*, 144, 207, 264.
- canon hébreu, 196-198 *n* 3.
- *Contre Apion*, 196.
- et Esséniens, 13, 56, 72, 98, 140, 176, 240 *n* 1, 251, 251 *n* 2, 260, 265.
- et Pharisiens, 77, 277.
- établissement de Qoumrân, 53.
hebraica veritas, 285
- et Hérode, 144.
- et Jean-Baptiste, 258.
- *Guerre des Juifs (La)*, 264.
- parallèles avec textes des rouleaux, 91-93.
- prédéterminisme, 91.
- propriété de biens, 93.
- et Sadducéens, 79.
judaïsme, 68.
- à l'époque de la rédaction des manuscrits de la mer Morte, 11-13, 76, 77
- apocalyptique, *voir* apocalyptique.
- avant 70, 9, 10.
- bains rituels, 145.
- conceptions de Strugnell, 310, 311, 321.
- et christianisme primitif, 9, 83, 147, 211, 227, 229, 254, 255.
- et prédéterminisme, 91.
- étude, 76, 77.
- évolution, 211.
- force, 338.
- groupes rivaux, 82, 83.
- moderne, 269, 270.
- rabbinique après la destruction du Temple, 83.
- rabbinique, *voir* judaïsme rabbinique.
- Second Temple, 67, 68, 74, 80, 82, 105, 167, 175, 176, 234, 269.
judaïsme rabbinique, 67, 77, 82-84, 147, 148, 202, 210, 269, 270.
- datation, 278.
- origines, 269-278.

Kaige, *voir* Recension de Kaige.
Kando, 255.
- *Manuel de Discipline*, vente, 39, 40.
- *Rouleau du Temple*, négociations de vente, 128, 158-163, 312.

Katzman, Avi, interview de Strugnell, 309-314.
Kiraz, Anton, 44, 45, 48.
Klein, Michel, 317.
Kuhn, K. G., 182.

Lambert, W. G., « The Theology of Death », 222.
latrınes, 139, 140.
Lehmann, Manfred, 292, 293.
Leigh, Richard, *The Dead Sea Scroll Deception*, 328-340.
lépreux, 141.
Lettre halakhique, 74 ; *voir aussi* MMT.
Levy, Raphael,
- textes trouvés dans la *guéniza* du Caire, 103-117.
Lewis, Agnes Smith, 106.
liste canonique, 196-198, 198 *n* 3, 200.
lois religieuses, voir *halakna.*
- *voir aussi* MMT, loi religieuse.

Maccabée,
- Jonathan, 63, 88, 119.
  • comme Homme Maudit, 63.
  Judas, 61, 119, 233.
- Simon, 61, 62-64, 119, 192.
  • comme Prêtre Impie, 61, 64.
Maccabees, Zadokites, Christians and Qumran (Eisenman), 337.
Maccabées, 61, 75, 82, 192, 200, 270.
McCarter, P. Kyle (Jr.),
- sur *Rouleau de Cuivre*, 281-293.
Maimonide, Moïse, 108.
Maison du Livre, 19, 28, 50, 69, 151, 320.
Maître de Justice, 58, 59, 64, 76, 96, 104, 105, 113, 115, 119, 121, 248, 249, 266.
  tentatives d'identification, 114, 228, 228 *n* 1, 233, 261, 335, 336.
- défini, 96 *n* 1.
- lettre, 26, 95-96, 139 *n* 1.
- et *Rouleau du Temple*, 133, 167.
Manassé, 274.
Manuel de Discipline, 40, 91-94, 98, 105, 114, 116, 142, 168, 251, 259, 260, 262, 298.
- crachat, 93.
- découverte, 37.
- description physique, 39.
- eschatologie, 249, 250, 266.
- Messie, 246.
- parole durant assemblées, 235.
- prédéterminisme, 91-92.
- propriété commune des biens, 92, 242.
- purification et sanctification, 239.
- repas rituels, 243, 244.
manuscrits de la mer Morte (textes de Qoumrân),
- authenticité, 40-42, 128, 129, 159.
- accusations de supercherie, 49, 158.
- campagne de la *Biblical Archaeology Review* pour en libérer l'accès, 18, 20.
  concordance, 17, 21, 22.
- conservation, *voir* conservation des textes.
- contexte historique, 51-64.
  et christianisme, 29, 81, 82, 114, 127, 140, 141, 227-253.
- datation, *voir* datation des rouleaux.
- découverte, 10, 15, 16, 37, 35-40, 69, 182, 184.
- définition, 10, 11, 181.
- déroulement, méthodes de, 131 132, 283.
  description physique, 37, 39, 40.
  détérioration, 25, 37, 47.
  équipe de recherche, *voir* recherche.

- et *Écrit de Damas*, 115, 116, 122, 124.
- intérêt du public, 26.
- interprétation orthodoxe, 331, 332.
- le plus long, voir *Rouleau du Temple*.
- matériaux, voir *Rouleau de Cuivre* ; papyrus ; parchemin.
- musée Israël, *voir* Maison du Livre.
- non publiés, 30.
- période d'écriture, 11, 12.
- Pharisiens, informations sur, 269-278.
photographies, *voir* photographies des manuscrits de la mer Morte.
- processus de publication, *voir* publication des manuscrits de la mer Morte.
- propriété, revendications de, 18-20, 26, 48, 69, 70, 130, 131, 158, 316.
- publicité, 48.
- reconstitués par informatique, 21, 22, 104.
- sectaires *versus* non sectaires, 55, 80, 86, 90, 91, 93, 94, 164-166.
sectes associées aux, *voir* Esséniens ; secte de Qoumrân ; Sadducéens.
- textes bibliques,
  • compréhension aidée par les rouleaux, 202-212.
  • *versus* textes non bibliques, 114, 115
vente, *voir* vente des manuscrits de la mer Morte.
- *voir aussi* Qoumrân textes, leurs titres ; et noms de leurs lieux à Qoumrân, grottes.
Margoliouth, George, 115.
Marmadji (père), 42
Massada,
- fouilles, 127, 130, 184.
- textes, 54, 74, 107, 187, 192.
massorétique, texte, 188, 229.
Maudit (le), en tant que Prêtre Impie, 63.
Melchisédech, 200, 240, 241, 246.
Ménélas, 119.
mer Morte, description de la région, 35, 36, 86.
- par Pline l'Ancien, 89.
Messies, 59, 80, 82, 83, 105, 113, 115, 209, 231, 246, 247, 252, 258, 261.
- *voir aussi* apocalyptique.
mezuzot, 302 *n* 2.
Michée, 272.
Midrash, 141.
Milik, Jozef T., 18, 21, 70, 103, 104, 116, 301, 324, 328.
- et *Rouleau de Cuivre*, 283, 287, 289.
- influence essénienne sur l'Église, 231 *n* 3.
retards de publication, 255, 318, 325, 334.
miracle de la multiplication des pains, 143, 144.
Mishna, 9, 88, 175, 270
- définition, 88 *n* 1.
- loi religieuse, 75, 96-102.
- peaux animales, 100.
- pureté requise des prêtres, 276.
- pureté rituelle des os, 100.
- *voir aussi* judaïsme rabbinique.
MMT (*Miqsat Ma'aseh ha-Torah*), 74-76, 78-80, 85, 87, 88, 314.
- bain rituel, 275, 276
- comme document sadducéen, 96, 97, 175.
descriptions de lois pharisiennes, 275-277.
- loi religieuse (*halakha*), 74, 78, 79, 99-102, 318

- polémique antipharisienne, 78, 79, 273, 275-277.
- pureté de l'eau, 101.
- pureté requise des prêtres, 276.
- pureté rituelle des os animaux, 101.
Moffett, William A., 23.
Moïse, 134 *n* 1, 143.
- cantique de Moïse, 216, 217.
- loi mosaïque, 145.
monnaies anciennes, 53.
Montefiore, Claude Goldsmid, 106.
mort, peine de, 169.
- par pendaison, 176.
Moore, George Foote, 210.
Mousa, Khalil, 36, 38-40.
Murphy-O'Connor, Jerome,
- sur origines esséniennes, 118, 121, 122.
Musée archéologique de Jordanie, 284, 285-313.
Musée archéologique de Palestine, *voir* Palestine.
Musée Rockefeller, 16, 19, 133, 134, 159.
Musée d'Israël, *voir* Maison du Livre.

Nahash, 203-208.
Nahum, commentaire de, voir *Pesher Nahum.*
nazis, 118, 123 *n* 2, 312, 321.
Néhémie, 291.
Néphilim, 219-223.
Neusner, Jacob, 79.
New York Times, 114, 324.
Noé, 247 ;
- *voir aussi* Déluge.
North, Robert, 333, 334.
Nouveau Testament, 73, 85, 88, 141, 332.
- absence des Esséniens, 253.
- étude critique catholique, 332 *n* 1.
- miracle de la multiplication des pains, 143-145.
- *Qumran und das Neue Testament* (Braun), 232.
- ressemblances avec des textes des rouleaux, 233-241, 254, 255.

O'Callaghan, Jose, 236, 335.
Office des antiquités d'Israël, 20, 24, 313, 325, 326.
- droits de publication limités souhaités par, 23, 24, 317.
Og, roi, 219.
Onias III, 119.
Origène, *Hexaples*, 42, 186.
os, pureté rituelle, 100, 101.
Osée, 271.
ostraca, 10, 298.
Oxford Centre for Postgraduate Hebrew Studies (Institut des hautes études hébraïques d'Oxford) et négatifs des manuscrits de la mer Morte, 24.

pains, miracle de la multiplication des, 142-144.
Palestine, 11 *n* 1, 38, 43, 82, 182.
- lieu d'origine des Esséniens, 119, 120, 122.
- Musée archéologique de Palestine, 16, 316, 318 ; *voir aussi* musée Rockefeller.
papyrus, 183, 184, 298, 299, 310 *n* 2.
- papyrus juridiques samaritains, 184.
- papyrus Nash, 43, 46, 187 *n* 3.
parchemin, 132, 183, 298, 299.
- pour *mezuza*, 302 *n* 2.
- pureté des peaux animales utilisées, 100.
Pâque, 245.
Paul, 9, 104, 114, 235, 249, 259, 336.

- épîtres, 145, 234-236, 250, 251.
- comme Prêtre Impie, 233, 335, 336.
Pentateuque, 164-166, 168, 171, 172.
- définition, 133 *n*.
- études critiques de sa composition, 173.
- passages dans *Rouleau du Temple*, 133, 156.
- pharisien, 196.
- règles de pureté rituelle, 139-141.
- rôle d'Esdras dans fixation du canon, 164, 165, 173, 174, 176, 195.
- sa Recension rabbinique, 194.
- samaritain, 84, 171-173, 190.
- types de textes, 189-193, 195.
Pentecôte, 248.
période hasmonéenne, *voir* Hasmonéens.
période hellénistique, *voir* hellénisme.
période hérodienne, *voir* Hérode.
période romaine primitive, 71.
Pesher Nahum, 55, 79, 176, 274.
Petits Prophètes, rouleaux des, 188.
Pharisiens, 12, 13, 55, 56, 61, 68, 75, 88, 97, 144, 194.
- avant 70 apr. J.-C., 269-278.
- bains rituels, 276.
- connaissances apportées par les rouleaux de la mer Morte, 269-278.
- continuation de leurs enseignements, *voir* judaïsme rabbinique.
- désaccords avec secte de Qoumrân, 271-274.
- Éphraïm, 274.
  • recension de Kaige, 199.
- et apocalyptique, 212.
- et prédéterminisme, 91.
- et MMT, 275, 276.
- et pureté rituelle des os, 100.
- loi religieuse, 270, 271
- polémiques contre, 77, 78, 96, 97
- pureté requise des prêtres, 276.
- rôle politique, 277 *n* 2.
Philon d'Alexandrie, 73, 90.
- sur Esséniens, 14, 72.
photographies des manuscrits de la mer Morte, 46-48.
- détérioration, 25.
- négatifs Bechtel, 22, 23.
- du Hebrew Union College, 24
- de l'Oxford Centre for Postgraduate Hebrew Studies, 24.
- premiers travaux, assemblage des fragments, 16.
- publiées par la Biblical Archaeology Society, 24.
- *Rouleau de Cuivre*, 281, 284-286.
- *Rouleau du Temple*, 132
Pie XII, 330.
Plenderlieth, H. J., 132.
Pline l'Ancien, 56, 73, 93.
- et Esséniens, 14, 72, 88-90, 98.
- *Histoire naturelle*, 89, 257.
poterie, 298.
prédéterminisme, 91.
Preliminary Edition of the Unpublished Dead Sea Scrolls (A) (Wacholder et Abegg), 104 *n* 1.
Prêtre Maudit, 57, 61, 119.
- tentatives d'identification, 61, 63, 64, 233, 335, 336.
- dans *Commentaire d'Habacuc*, 64.
prêtres, 170, 240, 241, 246, 261, 263.
- ordination (esséniens), 143.
- pureté requise (sadducéens), 276.
prophètes et prophéties, 262, 265, 266.
- *Elie redivivus*, définition, 266 *n* 1.
- Joël, 248.

- Jean-Baptiste, 266.
- rouleaux des *Petits Prophètes*, 188.
Psaumes, rouleau des, 129, 155, 159, 161, 262.
Psautier, 168, 189, 208.
pseudépigraphes, 114.
- définition, 14 *n* 1.
Ptolémée, 62, 64.
publication des manuscrits de la mer Morte, 70, 76, 254, 304, 305
- concordance, 17, 21, 22.
- et antisémitisme, 315-326.
- *Écrit de Damas*, 103, 104.
- droits de publication des chercheurs, 17, 18, 20, 21, 22-24, 317, 318.
- fragments de la grotte 4, 15, 19, 305.
- fragments de la grotte 1, 15.
- livres bibliques, 187.
- retards, 20, 21, 30, 317, 318, 324, 325, 328, 334.
- *Rouleau de Cuivre*, 283, 285.
- *Rouleau du Temple*, 70, 157, 212, 304, 317 *n* 1.
- rouleau des *Hymnes d'action de grâces*, 301.
- texte reconstitué par informatique, 21, 22, 104.
Puech, Émile, 20, 252, 325, 329, 339.
pureté rituelle, 139, 140.

Qaraïtes, 71, 109, 112, 113, 118, 122, 123.
- ressemblance avec Esséniens, 123 *n* 1.
Qimron, Elisha, 75, 139 *n* 1, 318.
Qoumrân, grottes, 10, 35, 180-182, 281, 282, 289, 298.
- découvertes des Bédouins, 35-40.
- grotte 1, 15, 27, 35, 37, 50, 262, 263, 273, 297, 298, 301.
  • découverte, 27, 35-37, 182, 298.
- grotte 3, 29, 281, 282, 290, 293.
- grotte 4, 18, 19, 69, 87, 116, 167, 305.
  • accès depuis l'établissement, 257.
  • contrôle israélien des fragments, 19.
  • équipe de recherche, 16-18, 328
  • fragments, 133, 254, 298, 299.
  • lettre du Maître de Justice, 26.
  • *Liste des Testimonia*, 62, 302 *n* 2.
  • MMT, 74-76, 78-80.
  • problèmes, 15.
  • *Samuel*, 203, 205-207.
- grotte 6, 116.
- grotte 7, 236.
- grotte 11, 87, 167, 171, 183, 208, 262, 312.
- exploration, 30, 282.
Qoumrân, établissement, 14, 15, 55, 56, 87-89, 229.
- accès depuis grotte 4, 257.
- bains rituels, 239.
- centre communautaire, 53.
- construction, 81.
- datation du site, 52, 53.
- destruction, 55, 235.
- et Jean-Baptiste, 239, 259, 260.
- fouilles, 52, 53, 71, 81.
- repas communautaire, 227.
  • rituel, 232, 243, 244.
- site, 15, 53.
Qoumrân, secte, 74, 75, 79, 80, 86-102, 116, 289.
- conceptions théologiques, 58.
- Conseil de la communauté, 168.
- désaccords avec les Pharisiens, 271-274.
- documents sectaires, 74.
- et christianisme primitif, 229-235, 242, 253.
- et Jean-Baptiste, 260-263.

- et MMT, 276.
- formation, 275.
- loi religieuse, 168-170.
- messies, 59, 261.
- origines esséniennes, 13, 14, 51, 56-61, 72, 73, 87-89, 93-95, 164, 257.
  • arguments contre, 14, 27, 56, 73, 74, 89, 90.
- origines sadducéennes, 67-88, 96-99.
- perspective eschatologique, 58-60.
- prêtres, 57, 58.
- voir aussi *Écrit de Damas*; Esséniens.

Qoumrân, textes (manuscrits de la mer Morte), 11, 27, 69, 76-80, 170, 171, 241, 290.
- absence de manuscrits du Nouveau Testament, 85, 335.
- aide pour comprendre le mouvement apocalyptique, 208-212.
- calendrier solaire, 94.
- catalogues, 85.
- description de la collection, 74, 76, 77, 85.
- et christianisme primitif, 82, 83, 145, 146.
- et *Écrit de Damas*, 115-117, 122-124.
- et textes bibliques, 83, 84, 187-189.
- état, 47, 303.
- fragmentaires, 15-17, 30, 69, 128-130, 132-134, 162, 300.
  • méthodes d'assemblage, 297-305.
- importance, 28, 29.
- parallèle à l'Annonciation de l'évangile de Luc, 254, 255.
- ressemblances avec le Nouveau Testament, 232-239.
- *Samuel*, 203-207.
- sectaires versus non sectaires, 93, 94, 165.
- types de texte, 84, 189-192.
- *voir aussi* manuscrits de la mer Morte, et titres des manuscrits, ex. *Rouleau du Temple*.

Qumran und das Neue Testament (Braun), 232.

qoumrâniennes, études, *voir* recherche.

rapports historiques, *voir* noms des auteurs, ex. Josèphe, Flavius.

Ratzinger, cardinal Joseph, 329, 330.

Recension de Kaige, 199, 200, 193 *n* 2.

Recension rabbinique, 181, 182, 187-190, 192-195, 202, 203.
- comme continuation des enseignements pharisiens, 270.
- définition de « recension », 181 *n* 1.
- œuvres exclues, 199, 200.

recherche qoumrânienne, 68, 70, 71, 87, 184, 227.
- conséquences pour la compréhension de l'histoire du judaïsme et du christianisme, 68, 77, 145-148, 233, 234.
- droits de publication, 17, 18, 20-24, 317, 318.
- et antisémitisme, 315-326.
- étude des questions spécifiquement juives, 71.
- la Scrollery, 16.
- nouvelles directions, 71, 177 *n* 1.
- raisons du secret, 339, 340.

relations sexuelles à Jérusalem, 140.

Rephaïm, 219, 220.

Règle de la Communauté, voir *Manuel de discipline*.

Règle de la Congrégation, 244.
Révolte juive contre Rome, Première et Seconde, 54, 71, 74, 80, 82, 88, 153, 188, 189, 192, 201, 259, 336.
Rouleau de Cuivre, 29, 281-293.
- caractères, 282, 287, 288, 293.
- conservation, 285, 286.
- contenu, 287-289.
- découverte, 282, 298.
- déroulement, 283.
- dialecte hébreu, 286.
- état, 284, 286.
- exposition au musée, 284, 285.
- lettres grecques dans, 288.
- particularités du texte, 286-288, 290.
- photographies, 281, 284, 285.
- publication, 283, 285.
- trésor décrit, 282, 283, 287-291.
  • maison de Haqqoç, 291.
  • Temple de Jérusalem comme source, 290-293.
Rouleau du Temple, 87, 94, 184, 212.
- achat, 28, 70, 128, 129, 131, 154-163.
- acquisition par Yadin, 28, 128, 129, 154-163.
  • prix de négociation, 128, 129, 131, 154-156, 159-162.
  article de Yadin, 127-150.
- authenticité, 128, 129, 156.
- bain rituel, 275, 276.
- caractères, 132, 134, 138.
- caractéristiques, 134, 138.
- comme sixième livre de la Torah, perdu depuis longtemps, 164-178.
- comme Torah essénienne, 133-137.
  • argument contre, 166-171.
- confiscation par Israël, 130, 157.
- contenu, 137, 138, 156.
- création d'un sanctuaire par Dieu, 262, 263.
- datation, 138, 139, 151, 175-177 *n* 1.
- déroulement, 131, 133.
- description de fêtes, 137, 138, 143, 144, 147.
- *Deutéronome*, 176.
- document composite, 173-175.
- et christianisme primitif, 127.
- et Pharisiens, 277.
- état, 130, 131, 156.
- fragment, 161-163.
- importance, 141.
- latrines dans Jérusalem, 139, 140.
- lépreux, 141.
- loi religieuse, 79, 168-171.
- longueur, 132, 168-171.
- parchemin,132.
- peine de mort, 169, 176.
- photographies, 132.
- plan du temple, 148-153, 156, 170.
- polémique antipharisienne, 276, 277.
- principe de rigueur, 139, 140.
- publication, 70, 95, 157, 165, 304.
- question de l'autorité mosaïque, 166 *n* 1.
- référence aux prêtres, 170.
- Statuts du Roi, 136, 137, 148, 169, 176.
  Tétragramme, 133, 134.
- traduction anglaise, 26.
- unification de passages disparates, 138.
rouleaux fragmentaires, 15-17, 30, 69, 128-130, 132-134, 161, 162.
  assemblage, 297-305.
  • textes bibliques, 300.
  • par schéma de détérioration, 302-305.
  • clefs de, 299.

- état, 298, 301.
- *Fils du Sage (Les)*, 305.
- rouleau des *Hymnes d'action de grâces*, 301.
- schéma thématique, 301, 302.

Sacred Mushroom and the Cross (The) (*Le Champignon sacré et la Croix*) (Allegro), 334.
Sadducéens, 12, 13, 55, 26, 77, 97.
- et apocalyptique, 212.
- et Esséniens, 67-85, 98-99.
- et MMT, 75, 76, 102, 275.
- et prédéterminisme, 91.
- existence des anges, 98 *n* 1.
- loi religieuse, 79.
- Manassé, 274.
- pureté de l'eau, 100, 101
pureté des os d'animaux, 100, 101.
pureté des peaux animales pour parchemin, 100.
- pureté requise des prêtres, 276.
- relation avec la secte de Qoumrân, 75, 76, 79, 87, 88.
Sadoq, 97, 113, 119.
Sadocides, 57, 63, 113, 119, 123, 233, 336.
- *Fragments sadocides*, voir *Fragments of a Zadokite Work*.
Salahi Faidi, 38, 42.
Salomé, 258, 259.
Salomon, psaumes, 88 *n* 2.
Saltykov-Scherin, bibliothèque nationale, 109.
samaritain,
Pentateuque, 84, 171-173, 191.
- papyrus juridiques, 184, 208.
Samuel, Athanase, Josué (métropolite), 39-41, 44-47.
- vente de manuscrits, 48, 49.
Samuel, 29, 193 *n* 2, 202, 203.
attaque de Yabesh de Galaad décrite par Josèphe, 208.
- reconstitution du texte originel, 203-207.
- types de texte, 190-192, 194.
Sanders, James A., 23.
Saphir, Jacob, 108.
Sarna, Nahum, 320.
Saül, 202-205.
Schaeffer, Claude F. A., 218 *n*.
Schechter, Solomon, 68, 76, 104-115.
- au Jewish Theological Seminary, 112.
- *Fragments of a Zadokite Work*, 112, 116.
Schiffman, Lawrence H., 27, 51, 169.
- Pharisiens, 269-278.
- repas qoumrâniens, 244.
- origines sadducéennes de la secte des rouleaux de la mer Morte, 67-85, 87-88, 335.
- origines sadducéennes du MMT, 96-98.
Scholem, Gershom, 211, 211 *n* 1.
Schubert, Kurt, 142.
Schürer, Emil, 97.
Scrollery (salle des Rouleaux), 16.
The Scrolls from the Dead Sea (Wilson), 25, 228, 228 *n* 2.
The Scrolls and the New Testament (Stendahl), 230.
sectaires, manuscrits, *voir* commentaires bibliques ; *Manuel de Discipline* ; rouleau des *Hymnes d'action de grâces*.
sectes associées aux manuscrits de la mer Morte, *voir* Esséniens ; secte de Qoumrân , Sadducéens.
Sennachérib, 176.
Septante, 84, 172, 173, 185, 186, 190, 194, 216, 217.
- famille textuelle égyptienne, 191.
Sermon sur la montagne, 142, 227, 339.

Shahin, Khalil Iskander, *voir* Kando.
Shammaï, 193.
Shamoun, George Ishaya, 38-41.
Shanks, Hershel,
- fragment parallèle à l'Annonciation de l'évangile de Luc, 254, 255.
- histoire des manuscrits de la mer Morte et recherche, 9-31.
- question de l'occultation des manuscrits par le Vatican, 327-340.
- sur antisémitisme et processus de publication des rouleaux, 315-326.
- sur intrigues autour du *Rouleau du Temple*, 154-163.
- sur origines esséniennes, 118-124.
Shenhav, Joseph (« Dodo »), 131.
Skehan, Patrick, 317, 328, 329, 331.
Smith, Morton, 18.
Sowmy, Boutros, 45-48.
Starcky, Jean, 252, 328, 329.
Statuts du Roi, 136, 137, 147, 148, 169, 176.
Stegemann, Hartmut, 28.
- assemblage des fragments de rouleaux, 297-305.
- *Rouleau du Temple* comme sixième livre de la Torah perdu depuis longtemps, 164-178.
Stendahl, Krister, *The Scrolls and the New Testament*, 230.
Stephen, Stephen Hanna, 41.
Saint-Marc, monastère, 37-40, 44, 46-48.
Strugnell, John, 18, 20-22, 75, 139 *n* 1, 328, 329.
- alcoolisme, 319, 324, 326.
- antisémitisme, 20, 30, 309-314, 316-326.
  • commentaires de Broshi, 320, 325.
  • commentaires de Sarna, 320.
  • réaction aux États-Unis, 318
- critique du travail d'Allegro, 331, 334.
- éditeur en chef des manuscrits,
  • publication, 18, 21, 325.
  • révocation, 20, 30, 309-315, 324-326, 329.
  • inclusion de juifs dans l'équipe, 316, 318.
- et rouleaux en possession privée, 30, 31.
- psychose maniaco-dépressive, 319, 320, 324, 326.
- *Rouleau du Temple*, 173
- sur Israël, 311, 312.
- sur la Jordanie, 311.
- sur loi religieuse, 314.
- sur Yadin, 312.
Sukenik, E. L., 50, 70, 115, 301
- acquisition de rouleaux, 42-45
- sur Esséniens, 72.
Sussman, Jacob, 318.

Talmud, 78, 79, 88, 106, 175, 270.
- de Babylone, 195, 196, 274.
- de Palestine, 274.
- définition, 274, 275.
Taylor, Charles, 107, 108, 111.
Teicher, J. L., 233, 335.
Temple de Jérusalem, 27, 80, 144, 169, 172.
- bibliothèque, 80.
- construction, 135, 136.
- culte sacrificiel, 262.
  rejet essénien, 146, 147, 170, 262.
- rôle des Pharisiens, 270, 277.
- trésor, 290-293.
Temple Scroll (The) (Yadin), 26, 157, 166, 304, 317 *n* 1.
téphillin, 302 *n* 2.
Testaments des Douze Patriarches, 212.

Testimonia, 62, 302 *n* 2.
Tétragramme, 134.
textes bibliques, 29, 83, 84.
- compréhension aidée par les rouleaux de la mer Morte, 83, 202-212.
fragmentaires, 300, 301.
- types de, 189, 190.
- *voir aussi* œuvres spécifiques, comme la Bible ou la Septante.
Thiering, Barbara, 233, 335.
Time, magazine, 321.
Timothée I (patriarche), 41.
Tobie, 300.
Torah, 135, 136, 252.
- « construis une clôture autour », 271, 272.
- descriptions de rouleaux modernes, 302, 303.
- extensions, 171-173.
- *Rouleau du Temple* comme sixième livre, 164-178.
- voir aussi *Pentateuque*.
Tov, Emanuel, 20, 318.
- éditeur en chef des manuscrits, 20, 24.
tour de Babel, 224.
Trever, John, 45-48, 115.

Uhrig, Doris, 157.
Uhrig, Joe (M. Z), 28, 128, 129, 154-163.
- problèmes financiers, 160, 162.
- *Hand to Heaven*, 158, 160.
Ulrich, Eugene, 20, 320, 324, 329.
université de Cambridge, 104, 108, 111.
- collection Taylor-Schechter de la *guéniza*, 112
Université hébraïque, 38, 69

Van Der Ploeg, J., 42.
VanderKam, James, C., 27, 29, 51.
- identité des adeptes des rouleaux de la mer Morte, 86-102.
- christianisme et rouleaux de la mer Morte, 227-253.
Vatican, 16, 30.
- érudition catholique, 332, 332 *n* 1, 333.
- thèse de l'occultation des manuscrits, 327-340.
  • failles, 332-340.
Vaux, Roland de, 16, 329, 330, 333, 336.
- fouilles de Qoumrân, 14, 15, 71, 290.
vente des manuscrits de la mer Morte, 16, 27, 69.
- par Kando, 39, 40, 128, 158-161, 163, 255.
- par le métropolite Samuel, 49, 50.
- *Rouleau du Temple*, 128-130.
- au métropolite Samuel, 39, 40.
- à Sukenik, 43-45.
Vermès, Geza, 18, 91 *n* 3, 233 *n* 1, 235 *n* 1, 253 *n* 2.
Vincent, L.-H., 42.
Vulgate, 186.

Wacholder, Ben Zion,
- reconstitution informatique de textes des rouleaux, 21, 22, 104, 104 *n* 1.
Wadi Qoumrân, documents trouvés au, *voir* manuscrits de la mer Morte ; Qoumrân, textes.
Waldheim, Kurt, 321.
Wall Street Journal, 49.
Wechsler, Tovia, 48.
Welhausen, Julius, 214.
West Semitic Research Project, 284.
Wills, Lawrence, 174.
Wilson, Andrew M., 173

Wilson, Edmund, 228, 229.
- *The Scrolls from the Dead Sea*, 25, 228, 228 *n* 2.
Wolfson, Leonard, 131, 162 *n* 2

Yabné, 197, 197 *n* 1.
Yadin, Yigael, 26, 28, 43, 49, 107, 182.
- décès, 157.
- fouilles, 127, 130, 184.
- acquisition du rouleau des *Psaumes*, 159.
- achat de rouleaux pour Israël, 50, 51, 312.
- commentaires de Strugnell, 213.
- et *Rouleau du Temple*, 28, 70, 127-150, 154-156, 162, 163, 165-167, 171, 174, 212.
- *The Temple Scroll*, 28, 157, 166, 304, 317 *n* 1.
Yousef (père), 41.

Z (M.), *voir* Uhrig, Joe.
Zayadine, Fawzi, 285.
Zélotes, 71, 336.
Zeitlin, Solomon, 71.
Zuckerman, Bruce et Kenneth, 281, 284, 285.

Table

Introduction. Des grottes et des savants : survol
Hershel Shanks 9

I. La découverte

1. La découverte des manuscrits
Harry Thomas Frank 35

2. Le contexte historique des manuscrits
Frank Moore Cross 51

II. Les origines

3. Les origines sadducéennes de la secte des manuscrits de la mer Morte
Lawrence H. Schiffman 67

4. Les adeptes des manuscrits de la mer Morte : Esséniens ou Sadducéens ?
James C. VanderKam 86

5. Le « premier rouleau de la mer Morte » : trouvé en Égypte cinquante ans avant les découvertes de Qoumrân
Raphael Levy 103

6. L'origine des Esséniens : Palestine ou Babylonie ?
Hershel Shanks 118

III. Le *Rouleau du Temple*

7. Le *Rouleau du Temple* : le plus long rouleau de la mer Morte
Yigael Yadin 127

8. Le gigantisme du temple visionnaire dans le *Rouleau du Temple*
Magen Broshi 151

9. Intrigues autour des manuscrits
Hershel Shanks 154

10. Le *Rouleau du Temple* : un sixième livre de la Torah, perdu pendant deux mille cinq cents ans ?
Hartmut Stegemann 164

IV. Les manuscrits de la mer Morte et la Bible

11. L'archétype du texte de la Bible hébraïque
Frank Moore Cross 181

12. Lumières sur la Bible émanées des grottes de la mer Morte
Frank Moore Cross 202

13. Quand les fils de Dieu s'unissaient aux filles des hommes
Ronald S. Hendel 213

V. Les manuscrits de la mer Morte et le christianisme

14. Les manuscrits de la mer Morte et le christianisme
James C. VanderKam 227

15. Parallèles à l'évangile de l'enfance de *Luc* dans un rouleau inédit de la mer Morte
Hershel Shanks 254

16. Jean-Baptiste était-il essénien ?
Otto Betz 256

VI. Les manuscrits de la mer Morte et le judaïsme rabbinique

17. Lumières nouvelles sur les Pharisiens
Lawrence H. Schiffman 269

VII. Le *Rouleau de Cuivre*

18. Le mystère du *Rouleau de Cuivre*
P. Kyle McCarter, Jr. 281

VIII. La reconstitution des manuscrits

19. Comment relier les fragments des manuscrits de la mer Morte ?
Hartmut Stegemann. 297

IX. Manuscrits et controverses

20. Interview de l'éditeur en chef John Strugnell
Avi Katzman 309

21. Silence et antisémitisme autour des manuscrits
Hershel Shanks 315

22. Le Vatican occulte-t-il les manuscrits de la mer Morte ?
Hershel Shanks 327

Les auteurs 341

Index 347

Edition exclusivement réservée
aux adhérents du Club
Le Grand Livre du Mois
15 rue des Sablons
75116 Paris
réalisée avec l'aimable autorisation des éditions du Seuil

Réalisation : Pao Éditions du Seuil
Achevé d'imprimer sur les presses de
Bussière Camedan Imprimeries à Saint-Amand (1-98)
Dépôt légal : mars 1996. (1/3599)

ISBN 2-7028-0820-4